留学・国際交流が人生に与える影響

The Impact of Study Abroad on Life:
Testimonials From 2000 Participants Over 50 Years

50年・2000人の証言

塩澤 正

Gerard Krzic

John Miller

●

編集

中部大学

本書を30年以上に渡り中部大学とオハイオ大学との友好関係の維持・発展にご尽力し、2,000名を超える中部大学からの留学生を、第二の母のように献身的に見守ってくださったJoung Hee Krzic 先生に捧げます。

This book is dedicated to Joung Hee Krzic sensei. She was a light for students in the program and was a "second mom" to over 2,000 Chubu students at Ohio University over the last 30 years. May her legacy continue to live on. We will continue to honor her memory with our commitment to the Ohio University-Chubu University relationship.

目　次

まえがき／はじめに

竹内芳美　7
Lori Stewart Gonzalez　8
塩澤　正　9

序　章
国際交流・留学の意義を考える　中部大学とオハイオ大学の50周年に寄せて　19
オハイオ大学を訪問して　　　　　　　　　　　　　　　竹内　芳美　20
オハイオ大学を訪れて　両大学の連携・交流を拡大したい　家　泰弘　23
研究者人生を形作った海外経験とオハイオ大学との想い出　飯吉　厚夫　24
オハイオ大学との交流で学んだ新たな国際連携活動の展開　山下　興亜　26
オハイオ大学との交流　　　　　　　　　　　　　　　　石原　修　28
オハイオ大学に学ぼう　　　　　　　　　　　　　　　　佐野　充　31
自然環境と文化交流は世界の共有財産　　　　　　　　　河内　信幸　34
50周年記念が意味するもの　　　　　　　　　　　　　　塩澤　正　36
研究をとおして進める海外連携の楽しさ　　　　　　　　長谷川浩一　38
教室の枠を超えた学び　オハイオから持ち帰った教育改革　趙　偉　40
人的交流と相互の信頼関係の大切さ　　　　　　　　　　岩堀　祐之　41
オハイオ大学と中部大学の研究交流と学生教育の交流　　威知　謙豪　43
日本人ラテンアメリカ研究者の見たオハイオ大学の地域研究　田中　高　44
海外英語研修プログラムとカケハシ・プロジェクト　　　今村　洋美　46
留学体験のサポートに携わってきて　　　　　　　　　　上田　美紀　48
コロナ禍におけるオハイオ大学との国際共同研究　　　　野田　明子　51
二度のアメリカでの滞在から　　　　　　　　　　　　　堀田　典生　53
オハイオ大学との私的なつながり　　　　　　　　　　　藤吉　弘亘　55
2023年度派遣交換客員教授として学んだこと　　　　　　棚橋　美治　57
グローバルな視点を持ち始めた私の原点「オハイオ大学」　垣立　昌寛　59
「就職」から「キャリアプランニング・プレイスメント」へ　市原　幸造　62
オハイオ大学への想い　　　　　　　　　　　　　　　　西川　鉱治　64
時代が日本留学への背中を押したとき　　　　　　　　　庄山　敦子　67
世界に一つだけの花を咲かせるために　　　　　　　　　蓑島　智子　70
「カージック・ラウンジ」オープン！　　　　　　　　　鈴木　清明　72
心のこもったギルファート先生の散骨式　　　　　　　　鈴木　清明　76
With love and with honesty, the embrace is inevitable　岡島　健　79

第1章

キャリアへの影響 ··· 85

新たな技術、自信、持久力、チャレンジ精神を培った2年間　安永　權二　86

バランスは崩さなければ保てない！ "Balancing by Unbalancing!"　市川　和彦　88

留学経験がなかったら人生は全く違っていた
　　グローバルな視点と一歩前に踏み出す勇気を得た留学　倉田　隆弘　92

エネルギーの源と未解決の人生の課題を与えられた留学経験　長瀬　愼治　95

今の自分があるのはオハイオ大学での生活のおかげ　野村（岡本）恵里歌　97

人生を豊かにしてくれた大学院留学　ダルース・柴山友子　100

留学がもたらした変化　畑山ゆかり　103

大学生が経済を発展させる　田中　宏樹　105

オハイオ大学留学はグローバルに活動するための「パスポート」　木村　健二　109

異文化との出会い、そして自己成長　鈴木　浩平　111

オハイオ大学への留学が人生のターニングポイント　稲福　貴史　113

留学と国際的なキャリア構築の魅力　廣瀬　豪保　116

視野が一気に広がり、英語に苦手意識がなくなった　大島　智之　119

留学は人生の分岐点　筒井　博司　121

留学で得たもの・無くしたもの　栁澤　頼昵　123

弱さを知ることが強さの秘訣　佐藤　空　126

人生のターニングポイント　内藤　優伍　128

第2章

人生への影響 ··· 133

オハイオ大学は私の人生の基礎　濱渕　明寿　134

なぜ国際交流が必要なのか　塩澤　正　136

留学は人生を変える！　小森早江子　140

留学を考えている若い人たちへ　大下　浩之　143

留学のススメ　野口真由美　146

カナダに18年住んで
　　それは知っている振出交換したことから始まった　トーマス・有紀子　148

オハイオ大学院留学が私の人生に与えた影響　貝原塚二葉　150

かけがえのない9年間を振り返って　出口　良太　152

すべてのきっかけはオハイオ長期研修から　太田嘉奈子　155

オハイオ留学が教えてくれた二つの意識
　　「イメージ」と「Challenjoy精神」　太田　翼　158

サラダに何をかけますか？　大坪　知佳　160

3

人生を変えた "One coke, please."　　　　　　　　　　　幸島　沙織　162
自分を見つめ、新たな目標が見えてきた留学　　　　　　　松田　佳子　165
Connecting the Dots　　　　　　　　　　　　　　　　　高橋　聡子　168
大人になること　　　　　　　　　　　　　　　　　　　　服部かおる　170
考え方、生き方、そして性格までも変わった留学生活　　　杉山　優太　173
アメリカの大学生活で得た異文化理解　　　　　　　　　中島江梨香　176
海外留学が私に与えた影響
　　客観的・論理的に考える習慣、自己表現力の向上、人間としての成長　　入米蔵康平　179
夫は夫、妻は妻なのだ　　　　　　　　　　　　　　　　　西尾　みさ　181
Bobcats Changed My Life　　　　　　　　　　　　　　　齋藤　友実　185
自信につながったオハイオ大学長期研修　　　　　　　　　渡邊　未空　187

第3章
価値観の変化 ……………………………………………………191

青春の誓いを破って、アメリカに行く　めぐり来る生命　　和崎　春日　192
「人生で一番楽しかった」留学生活　　　　　　　　　　　伊藤ゆうこ　195
オハイオ大学と中部大学　人生と観光業への無尽蔵な影響　尾崎　弘　197
広がる世界、狭まる世界　　　　　　　　　　　　　　　　鹿島　崇司　200
アメリカで考えた第二次世界大戦　　　　　　　　　　　　室津　拓也　202
忘れられない笑顔と刺激的な異文化体験　　　　　門田（中間）優希　205
日本を離れてみて分かること　　　　　　Mika Hartshorn（山本）　207
ドイツと日本の24時間は平等ではない？　　　　　　　　　植田　海輝　210
CRMを重視せよ　　　　　　　　　　　　　　　　　　　小倉　新　212
「深く掘れ　己の胸中の泉　余所たよて　水や汲まぬごとに」　仲田　弘大　215
留学で培った異文化適応能力は海外駐在員として生きる土台に　小林　将輝　218
Athensが与えてくれた人生の彩り　　　　　　　　　　　杉本　裕介　221
今も活かされる留学での経験　　　　　　　　　　　　　　服部　憲明　224
テキトーな国、アメリカから学んだこと！　　　　岩崎（大西）真以　226
「普通」でないから意味がある　　　　　　　　　　　　　田崎　佑　229
自分の目で見て、感じ、考え、行動することの大切さ　　　今泉ひかる　232

第4章
コミュニケーションの能力への影影 ………………………………237

言語聴覚士としてアメリカに生きる　　　　　　　　　　　渡辺　晃子　238
アイデンティティの一部になった「英語」　　　　　　　三島恵理子　242
オハイオ大学で日本語を教えて　　　　　　　　　　　　　出口　綾子　244
「みんなちがってみんないい」は本当だった！　　　　　胡桃澤優子　246

私を変えた出会い　　　　　　　　　　　　　　　　若尾　三花　249
知識は力なり　「生きた知識」を得たオハイオ大学院留学　竹之越将斗　252
「泣かないで、あなたの英語は上達しているわ」　　　近藤絵里菜　254
「英語が話せないなら、アメリカに来るな!」　　　　不破理恵子　257
アメリカの魅力に「やる気が止まらなかった！」　　　杉浦　達也　260
日本に来てくれてありがとう！！　　　　　　　　　高橋樹里奈　263

第5章 / Unit 5
Life Beyond Boundaries ···267

A Testament to the Breadth and Depth of our Partnership　Gillian Ice　268
A Unique International Strategic Relationship with Chubu University in Japan
　Spanning 50 Years　M. Duane Nellis　270
"Transformational Partnerships" with Chubu University　Ji-Yeung Jang　272
The Quest for Intercultural Competence:
　A Never-Ending Dialogue　Gerry and Joung Hee Krzic　274
The Impact of Experience Abroad　Susan Gilfert　279
Significance is Behind the Scenes:
　Miracles and Heart-Warming Stories　Tadashi Shiozawa　282
Looking Forward to Another 50-Years!　Chris Thompson　284
A Rare International Partnership with so Much Care and Efforts　Taka Suzuki　286
Time, OPELT, and Dr. Niwa　John W. Miller　287
40 Years in Athens　Teruhisa (Terry) Masada　292
My Thoughts on the International Exchange　Timothy Hoffman　293
It Really Changed My Life　Gregory King　296
Impact of Chubu Program on My Life　Kristin Krzic　297
Studying at Chubu University Three Times:
　No Plan? But You Have to Get Out There　Robert King　300
The Bridge　Nori Shirasu　302
A Profound Effect on my Later Career　S. Patrick Eaton　304
A New Lesson: Be Patient　Diane Cahill　306
Beauty of "Work Hard, Play Hard"　Becky Challenger　307
My Study Abroad　Amy Oya　308
A Professional and Personal Connection　David Laurence　310
Significance and Value of Partnership Programs　Ashley Ford　311
The Spaces on our Campuses　Kevin Jambor　315
Aegis　Pat Maher　318
Life at OU Shaped Who I Am Today　Erika Nomura　320

Learning Diplomacy Under the Cherry Trees	Aki Tanaka	323
Language, the Sculptor	Chris Hartsel	325
My Experience at Ohio University	Sachiko Sugiyama	328
Passing a Global Baton of International Cooperation	Masayasu Higuchi	330
Becoming an Adult Through Study Abroad	Rana McKenzie	333
Unforeseen Benefits of International Sports	Julian Hartshorn	335
Being President of the Ohio University Japanese Student Association	Kathryn Safreed	338
My Time Studying at Chubu University as a Turning Point in my Life	Evan Lewis	340
The Best Decision I Ever Made	Nick Norman	342
I Am what I Am Because I Studied Abroad	Matthew Lanigan	344
My Friends at Chubu University	Zachary Hughes	347
My Interactions with the Chubu Students	Dakota Williams	348
Experience of a Lifetime	Zach Delin	350
Making Friends	Kyra Jeffers	351
The Most Extraordinary Experience of My College Years: Working with Chubu students	Melanie Potraz	353
It's Not Just the Language	Kayla Irvin	355
Kansas City Royals to My Own Clothing Brand	Akihisa Miwa	356
Growth through Teaching	Olga Miyachi-Sormaz	359
A Life-Changing Experience	Adam Martinelli	361
The Best Memories I Have: Working with Chubu Students	Savannah Barnes	363
Worldwide Friends and the Memories Included	Brooke Shelley	366
The Transformative Power of Cultural Exchange	Grace Cobb	368

執筆者紹介　371

編者紹介　376

あとがき　377

まえがき

竹内芳美

　異なる文化や考え方を理解し、友好関係を築き、平和に生きるためには「国際交流」が必要です。しかし、それ以上に、異なる環境での学びや経験は、個人の価値観を再構築し、発想の幅の広がりや技術・能力の飛躍的な発展を促します。また、異なる考え方や人々との接触は、グローバリゼーションに必要な多様なものへの寛容性を育み、人間の器を大きくします。このような意味で、国際交流は 21 世紀のリーダーを育てる大学教育にとって、必要不可欠と言えるでしょう。

　中部大学は創立当初から国際交流の重要性を認識し、学生や教職員にその機会を提供してきました。幸いにも米国のオハイオ大学という素晴らしいパートナーに恵まれ、2000 人を超える学生・教職員が両校の交流事業に参加し、ここに学術交流協定締結 50 周年を迎えることができました。この節目に留学や国際交流により学び、人生が豊かになった方々の証言をまとめ、エッセイ集として出版することができることを心より嬉しく思います。

　多くのエピソードはオハイオ大学と中部大学での学生や教職員の実体験から得られたものですが、留学・国際交流の意義やその人生への影響が分類・整理されていますので、広く、日本の国際交流や国際教育に携わる教職員の皆様の参考になるかと思われます。

　この 50 年にわたる素晴らしいパートナーシップを築いてきた両校の教員、学生、スタッフの皆様に心から感謝し、次の 50 年のますますの発展に期待したいと思います。

（中部大学理事長・学長）

Preface

Dr. Lori Stewart Gonzalez

Over the past 50 years, Ohio University's partnership with Chubu University has been a shining example of the importance of global education. Today, it is more important than ever that we learn with and from our revered international partners.

Through immersive exchange experiences for more than half a century, our students and faculty have had opportunities they would not have anywhere else. Our partnership with Chubu University has served as an outlet for our students to develop empathy, to appreciate diverse perspectives and cultures, and to develop the capacity to solve problems that transcend borders.

Each visitor from Chubu University enriches our campus in countless ways, and we are incredibly fortunate to have so many Chubu University students and faculty members studying and doing research on our campuses.

The lustrous cherry blossom trees gifted to us by Chubu University are a hallmark of the Athens Campus' beauty. Each year our community gathers to celebrate the arrival of the cherry blossoms and the welcoming of spring with the Sakura (cherry blossom) lighting, fostering a collective sense of hope and optimism for the future.

These trees symbolize the unique friendships we have all over the world and the immense role these connections play in the betterment of society and the sense of hope and optimism for the future.

We are very proud of our historic partnership with Chubu University, and we look forward to future programs that will benefit our students, faculty, staff and alumni for years to come.

(President of Ohio University)

はじめに

50年、2000人の証言が意味するもの

　中部大学は1964年に工業大学として創立された。そのためか、国際交流や留学とイメージが結び付かない人もいるかもしれない。しかし、その9年後には米国のオハイオ大学と学術交流協定を結び、教員や大学院生の交流事業を始めている。ちょうど50年前の1973年のことである。その後、両校で数百名の教職員と2,000名を超える学生を送り出し、また受け入れている。そしてそのほぼ全員に何らかの奨学金を給付（返還不要）している。一つの大学とこれほど長きに渡り、これほど手厚く、これほど多くの人的交流を推進している大学は他には例をみないのではないだろうか。このように、中部大学は実は日本でも最も国際交流に力を入れている大学の一つなのである。

　関係者には後にノーベル賞を受賞するオハイオ大学の学生を指導した教員もいる。留学先に戻り、エンジニア、大学教員、総合商社社員、公認会計士、言語聴覚士などとして社会で大活躍している卒業生も少なくない。留学や在外研究で人生が変わった人たちである。特別な職業に就かなかった参加者らも、「あの留学がなかったなら今の自分はない」、"It really changed my life." と口々に語る。それほど、強烈なインパクトをもって、短期間に人の考え方や人生そのものに多大な影響を与えるのが「経験学習」（"Experiential Learning"）の最たるもの、つまり海外留学である。大学院への留学は当然だが、特に中部大学の「長期研修」（セメスター留学）では、アメリカ人学生とともに寮で生活し、参加者の英語力に関わらずアカデミッククラスを履修するので、その不安、敗北感、自己効力感、達成感、感動などは一般的な海外語学研修とは比較にならないほど強烈である。

　この協定締結50周年を機に彼らの強い想いと成長の記録をエッセイ集として残すこととした。加えて、この交流に携わった教職員に国際交流への思いを綴ってもらった。それが本書である。2,000名を超える関係者から約150名の声を集めて価値観の変化や人間的成長、行動力やコミュニケーション能力の向上など、

6つに分類して整理した。エピソードの多くは、中部大学やオハイオ大学での体験に基づいているが、50年間に渡る 2,000 名の留学体験者の声は、留学や異文化体験に関する代表的な証言と言えるかもしれない。ある程度、一般化が可能であり、国際交流の意義と効果に関する貴重な資料になると思われる。国際教育関係者や留学体験者には非常に共感的で、興味深く、示唆に富むエッセイばかりである。広く、日本の国際教育に携わる教職員や研究者の皆様、そしてこれから留学を考えている学生の皆さんに読んでいただければ幸いである。

　留学や国際交流の意義を挙げればきりがないが、本書では主に 4 つの領域での精神的、行動的変化について具体的なエピソードを添えて執筆していただいた。教員や職員の皆様には、研究者や指導者としての視点も加えていただいた。以下がその 4 つの領域である。

1) 将来のキャリアへの影響と人脈の拡大（留学や海外体験があったからこそ、今の仕事や生活に繋がっている話と考察）
2) 総合的な人生への影響（人間的成長、自己啓発、精神的な成長、行動力や問題解決能力の向上に繋がるエピソードと考察）
3) 価値観の変化、視野の広がりと深化（考え方の変化とその原因となったエピソード、驚いた、感動した、憤慨した、理解不可能と思ったことなど）
4) コミュニケーション能力の向上（語学力の向上、総合的コミュニケーション能力の向上、言語学習や対人関係に関する辛くて感動的なエピソード）

　本書ではこれに加えて、主に中部大学とオハイオ大学に限定されるエッセイは「国際交流の意義」として序章に収めた。また、英文でのエッセイは、読みやすさを考慮して、第 5 章として一つにまとめた。日本人でも英文で書く執筆者が少なくなかったことは、留学や国際交流の一つの成果とも言えるかもしれない。

中部大学とオハイオ大学の 50 年の提携の歴史と成果

　本書の内容を十分理解するには、中部大学とオハイオ大学の歴史とそのユニークな関係を知る必要がある。少し説明しておきたい。

　中部大学は 1973 年にオハイオ大学と学術交流協定を結んだ。その友好の交流の歴史は創立者の強い国際交流への想いから始まる。中部大学の創立者である三浦幸平先生は早くから大学の国際化の重要性を認識し、1967,68 年と「広域

かつ徹底的な米欧視察」を行ったようだ。この視察の一環としてアメリカ東海岸を訪れ、のちに中部大学とオハイオ大学を繋いだ田中友安教授（中部大学初代国際交流センター長）に、ご在職大学であるカトリック大学を案内してもらう。田中教授は中部大学の工業物理学科の勝守寛教授の九州大学の同窓生という関係にあった。5年後の1972年、勝守教授は在外研究でこのカトリック大学に滞在する。このとき、当時の三浦学長から姉妹校提携の相手校探しという命を受けていたという。このとき田中教授は、すでに6年間ほどオハイオ大学に特別講義のため招かれており、このオハイオ大学を提携校の相手として推薦したのであった。当時のオハイオ大学と中部大学とは歴史も規模も大きな差があったが、スプートニックショック、オイルショック、ベトナム戦争といったアメリカの社会情勢を受け、工学部強化の必要性のあったオハイオ大学にとっては、機械工学専攻と電気工学専攻の分野で博士課程を有する中部大学との人的・学術的交流は、興味をそそるのに十分なものがあったようだ。もちろん、のちに指導学生の中からノーベル賞受賞者を出すような田中教授の高い学術的評価や広い人脈がこの提携の裏打ちをしていたのは間違いない。そして、翌年の1973年の5月26日に、中部工業大学の三浦幸平学長とオハイオ大学のクロード・ソウル学長が協定書に調印した。田中教授はその年の9月、長年の懇請を受け入れて、オハイオ大学に移籍したのであった。

多彩な交流と成果

　交流協定はその当初から教員や大学院生の派遣を中心とする画期的なものであった。その主なものは、オハイオ大学では、本学から2名の大学院生を受け入れ、授業料を免除しさらに奨学金を提供する、加えて、1年間2名まで授業料免除の枠を設けるというものであった。オハイオ大学からの奨学金だが、これには「三浦幸平奨学金」（のちにチャールズ・J・ピン奨学金となる）という名前が冠された。さらに、オハイオ大学から英語教育の専門家を2名、中部大学に2年契約で派遣することになった。これがのちの6名（のちに5名）のOPELT教員が所属するPASEOプログラム（英語教育準集中課程）へと発展していく。逆に中部大学からは、オハイオ大学が推薦する教授を毎年1名1学期間、客員教授として受け入れ、その旅費と滞在費を中部大学が負担するという提案がなされた。正規の給与はオハイオ大学が支給した。協定書には、さらに、オハイオ大学で本学学生が参加する夏季英語短期研修の実施が付記された。

　協定締結の年の1973年には、早速オハイオ大学から最初の客員教授である

ジェイムス・ギルファート教授が中部大学に招聘され、翌年の 1974 年には、中部大学から初めての大学院生として機械工学科卒業生の伊藤昌弘氏がオハイオ大学大学院で学ぶことになる。その後、2023 年度まで 94 名の大学院生がオハイオ大学大学院で学んだ。その中から博士課程まで進み、本学や海外の大学の教員となったり、あのインテルや東芝電気、LINE、丸紅アメリカなどに就職したり、社会で大活躍している修了生が大勢輩出される。1977 年には、最初の派遣英語教員 2 名が着任し、以後現在まで、合計 57 名もの英語講師がオハイオ大学から派遣されている。さらに、オハイオ大学から三浦幸平客員教授として、2023 年までに毎年 1 名、合計で 45 名が招聘されている。本学からもロバート・グリデン客員教授として 2003 年から現在まで 18 名がオハイオ大学に招聘されている。

　オハイオ大学創立 175 周年記念の 1979 年には、中部大学から 175 本のソメイヨシノの苗木を寄贈した。その後、オハイオ大学創立 200 周年に合わせて追加寄贈し、現在 200 本を超える桜の木がキャンパスの隣を流れるホッキング川沿いに桜並木を作っている。現在ではあのナショナル・ジオグラフィック誌にもアメリカの桜の名所として紹介され、学生のみならずアセンズ市民の憩いの場となっている。毎年、本学からの留学生も参加し、「Sakura Festival」が開催される。夜間照明も点燈され、オハイオ州の各地から多くの人々が参加する行事に発展している。

　1994 年度には協定締結 20 周年を記念して「長期研修プログラム」がスタートした。本学の在学資格のまま 1 学期間（約 4 か月）をオハイオ大学で研修するというものだ。これは現在でも他に例をみないほど斬新なプログラムで、参加者の英語力に関わらずオハイオ大学の正規授業をも履修するというものである。アメリカ人学生と机を並べて正規授業の履修は大変だが、その達成感は大きな自信につながる。現在は毎年合計で約 70 名前後の中部大学生が、オハイオ大学で研修をしている。2023 年まで累計でこの長期研修に参加した中部大学生は 1,618 名にのぼる。短期・派遣・大学院留学生などを加えると、累計で 2,000 名以上の本学学生がオハイオ大学に留学したことになる。

　1994 年は中部大学の開学 30 周年にもあたっていた。この際にはオハイオ大学からロタンダが寄贈され、中部大学の図書館の前の芝生広場に建ち、今や本学のシンボルにもなっている。加えて、オハイオ大学から紅白のハナミズキも寄贈され、創立者胸像の前に植樹された。このほか、図書館資料の交流も始まり、互いの大学教員が執筆した書籍などが、継続的に交換されることとなった。そ

の保管場所として、オハイオ大学では図書館の一角にChubu University Commemorative Japan CollectionとChubu Reading Room（障子戸がある学習ルーム）が設置されている。中部大学の図書館にも「オハイオ・ラウンジ」が設置され、図書やオハイオ大学に関する資料を閲覧することができる。

その10年後の2004年はオハイオ大学創立200年に当たる年であった。協定締結30周年と合わせて中部大学は国際学研究科のオフィスとして使用されている建物の改築・拡張に際して、資金援助を行った。この建物は当時の学長名に因み、「山田インターナショナルハウス」と名付けられた。現在、ここの1階には「Chubu Room」があり、中部大学からの教員がオハイオ大学滞在時にはオフィスとして利用することができる。

この他、オハイオ大学生が中部大学に留学するプログラムとして、山田和夫日本研修プログラム（3か月）、日本研修（派遣留学）プログラム（半年または1年）、大西良三特別奨学生（大学院留学）、サマープログラム（2か月）などがあり、今まで300名近いオハイオ大学生や大学院生が本学で学んでいる。その中には、のちに本学の教員になったり、日本で起業したりする卒業生もいる。また、中部大学開学50周年記念の2014年には、オハイオ大学から中部大学へ「田中・オハイオ賞」がプレゼントされた。田中友安教授の名を冠したこの賞は、国際活動に積極的に取り組んだ本学の教職員が10年間に渡り毎年1名選抜され、オハイオ大学での授賞式への旅費及び賞金が授与さるというものである。その授賞式は、毎年11月中旬にオハイオ大学で開催されるInternational Education Weekの中で執り行われている。加えて、2015年には、オハイオ大学キャンパス内にTanaka Hallと命名された学生寮も新築された。

この他、オハイオ大学で教鞭を執ったマッカーシー教授の夫人より終戦直後の東京を写した多くの貴重な写真資料が本学に寄贈され、全国から反響があった。他にも、学科や研究室レベルでもオハイオ大学との人的・学術的交流もある。すべてをこの紙面で紹介することはできないが、50年の間に両大学の発展とって有意味な学術交流の歴史が長く、深く刻まれてきていることは間違いない。

長期海外研修（セメスター留学）とは

最後に本書に頻繁に登場する「長期研修プログラム」について説明したい。これはオハイオ大学と本学の提携20周年を記念して1994年に始まったものである。すでに30年の歴史がある。

この留学プログラムの最大の特長は、外国語としての英語の授業以外に、英

語能力にかかわらず専門科目（文化間コミュニケーション、あるいはスピーチ・コミュニケーションの基礎）をアメリカ人と一緒に通常のアカデミッククラスで履修することができるという点である。授業は特別に留学生のために準備されたものではない。予習、小テスト、プロジェクト提出、中間・期末試験などつぎつぎと課題が課せられる。これをこなしていかねば、容赦なく落第してゆくのがアメリカ式授業である。留学生達は英語でハンディーがある上に、これらの課題をきちんと提出し、それなりの成績を修めなければならない。そのため、彼らはかなりの時間を勉強に費やすこととなる。しかし、その結果、いつの間にか、膨大な量の英語を読み、書き、聴き、話していることとなるのである。これは英語自体を学習するのではなく、英語を使って他の教科を学習してゆくなかで、英語も伸ばそうという Content-Based Teaching（内容重視の英語教授法）や CLIL（内容と言語の統合的学習法）の考え方を取り入れたものである。ある程度英語力のある学生は、この方法の方が外国語としての英語の授業に参加するより、英語力が伸びる。その意味で、このプログラムは、日本人学生だけを同じクラスに詰め込んで、英会話を現地で学習する「夏季海外短期語学研修」などとは根本的に異なる。一見、大変そうだが、30年間、途中帰国する者もなく継続してきた。英語力が不十分な者でもオハイオ大学の厚いバックアップ体制の下、誰でもその気になれば、十分ついていける。いや、勉強嫌いの学生でも、本当に英語やコミュニケーションの勉強が楽しくなる、そんなプログラムなのである。以下が一般的な時間割と学習時間である。

典型的な時間割

	Mon.	Tu.	Wed.	Thr.	Fr.	Sat/Sun
9:00	Sports		Sports		Sports	Excursions/ Field Trips / Sports events (every two or three weeks)
10:00		Lang. Fluency		Lang. Fluency		
11:00	(Jap. Asst.)					
12:00						
1:00	COMS Support		COMS Support		American Experience class/ visits	
2:00						
3:00		COMS 1030		COMS 1030		
4:00						
5:00						
6:00	Tutoring sessions	Conv. Hour	Meeting		(Cultural Events)	
7:00						

学習時間

Courses for the fall semester	Hours
COMS Support for academic course /English for S/L	105
American Experience class*	117
Foundation for public speaking (COMS1030) **	90
PE Class	45
TOTAL	357
CREDIT HOURS	33

* Includes school visits, poster conference and field trips
** Includes COMS 1030 instruction and tutoring

　このように彼らの生活は専門科目の授業のための勉強を中心に回る。忙しいが、「こんなに充実していていいのだろうか」と学生達が口々に語るほど、毎日充実感と自己達成感を味わうことができる。まさに、「よく学び、よく遊ぶ」。プログラムも終了に近づいたころには、「アメリカは本当に勉強になる」「苦しいけど楽しかった」「現地解散にしてほしい」「このままここを卒業したい」などと語る者が多い。実際、毎年、多くの学生が、自ら再渡米して教員や友人を訪ね、後に、1年間の交換留学生や大学院生となり海外の大学にもどっていく。

　このプログラムに参加した学生達を見ていると、その効果は絶大であることがわかる。帰国後、授業中の態度や英語学習に対する姿勢が一変することは多くの教員が証言するところである。なにより、自分に自信をつけて、一回りも二回りも成長した「大人」になって帰ってくる。そこには、視野の広がった「たくましい国際人」候補生が大勢いる。私たちの知る限り、このような体験をしてきた学生達は就職もいい。今まで、提携大学の大学院に進学した学生達は、ほぼ100% このプログラムの参加者である。このユニークで、本格的な留学の主な特徴は以下の通りである。

■春か秋学期の1学期間（約4か月）をオハイオ大学で過ごす正規留学
■英語以外に、現地の学生といっしょに専門科目や体育も英語で履修
■専門科目にはサポートクラスやチュートリアルを設けバックアップ
■小学校訪問、WDCへの研修旅行、ピクニックなど多様な交流の機会
■寮生活とコミュニティー訪問で豊富で様々な異文化体験
■全員にネイティブスピーカーのカンバセーション・パートナー
■出発前後には授業やオリエンテーションで半年間の準備とアフターケア
■現地の日本語の授業にアシスタントとして参加

- 桜祭り、International Street Fair、Japan Night、Weekly Japanese Culture Hour などの企画と参加
- 自己負担は生活費、食費、渡航費、保険代のみ（授業料は中部大学が負担）

　留学参加者たちのオハイオ大学での生活は朝のカフェテリアの朝食で始まる。バイキング形式のカフェテリアで、思い思いの食事をとる。急いで食べ終えて、リュックをかついで授業に向かう。キャンパスが広いため、授業によっては学内を 15 分も歩かなければ教室まで到着しない。一日 3、4 時間ほどの授業に参加し、残りの時間はほとんど図書館の机かコンピュータの前に座る。空いた時間に昼寝をする者、夕食まで寮の仲間達と遊ぶ者、課題に取り組む者など様々だ。午後 5 時にまたカフェテリアが開く。アメリカ人の友人や世界各国からの留学生たちとテーブルを囲む。夏時間を採用しているアメリカは夕食後も 9 時ごろまで明るい。外でフリスビーやバスケットをする者もいる。暗くなるころには、また図書館やコンピュータルームに戻り、閉館時である 12 時まで勉強する。そしてそれぞれの寮に戻り、ルームメイトを起こさないようにと気を使いながら床につく。これが彼らの典型的なウィークデイの一日である。

　しかし、週末にはスポーツや映画やパーティーで大いに羽を伸ばす。ルームメイトの実家や教員宅へ招待される者、友人達と大リーグ観戦に行く者、イベントを企画したり、クラブに参加するもの、川で釣をしたり、近くの農場で乗馬をしたり、大学付属のゴルフ場でゴルフをする者、などなど様々だ。本文にもよく登場するカンバセーション・パートナー（英会話の相手になってもらったアメリカ人学生たち）と週末を過ごす学生も多い。中にはパートナー達と恋に落ちる者、はしゃぎすぎて警官に名前を控えられた者などもいる。

　1 学期間の 4 か月は決して長い期間ではないが、このプログラムの参加者に言わせれば、その人間交流の幅広さ、生活の充実度、新しい経験の豊富さなどを基準にすれば、日本での生活の 3 年分にあたるそうだ。その 3 年分の生活の中で、人間や社会を観察し、自分の葛藤、成長、その後の人生やキャリアチョイスへの影響、それにお世話になった方々への思いや感謝がここに掲載されている。

（編集委員会代表、中部大学国際センター長）

Ohio Universityの寮群

中部大学空撮

序章

国際交流・留学の意義を考える

中部大学とオハイオ大学の50周年に寄せて

"The world is a book and those who do not travel read only a page"
-Saint Augustine

「世界が本だとすれば、旅しない人はまだ1ページ目しか読んでいない」
―聖アウグスティヌス

オハイオ大学を訪問して

竹内芳美

　2023年の11月13日から15日の日程で、初めてオハイオ大学を訪問した。オハイオ大学との友好協定を結んで50周年という機会に訪問できたことを嬉しく思う。3日間という短い滞在だったが、たいへん歓迎していただいた。これは協定に基づき、双方の教員の交換、中部大学の学生の英語研修への送り出し、オハイオ大学の学生の受け入れ、オハイオ大学からのOPELT教員の派遣などを50年の長きに渡って営々と積み重ねてきた結果があるからだと納得した。

　本学に着任して以来、オハイオ大学とは親密な関係にあるということは聞いてはいたが、実感はなかった。オハイオ州にある州立大学の一つであるという程度の認識で、本学と同じような立場の大学かなと思っていたのだが、聞くと見るとは大違いということを訪問してしみじみ感じた。

　オハイオ大学は、オハイオ州最古で、全米でも9番目に古い、1804年の創立という伝統のある大学で、アセンズという小さな町に溶け込んでいる。その敷地は広大で、煉瓦造りの校舎と宿舎などの建築物が統一的な建て方で配置されている。大きな木々と芝生が、春になると新緑と緑の絨毯のようになることはいとも簡単に想像できた。今回の訪問は11月なので木々の葉は落ち葉となって、芝生の

MOU にサインする Gonzalez 学長と竹内学長

上に敷き詰められたように散在していたが、これがまた風情を醸し出している。

　オハイオ大学とのミーティングで印象に残ったのは、卒業生の25%ほどが寄付をして、それがかなりの額に上っていることだ。企業からの寄付をお願いすることについても常時2名の専任職員が、企業訪問して対応しているようで、卒業生とはSNSで連絡を取り、大学の現状などを報告して関係を保っていた。加えて、学生の半数近くが学内の宿舎に住んでおり、衣食住を同じにしていると、卒業してからも同胞意識を高めることに作用し、大学に愛着をもつことにつながっているようだ。

　オハイオ大学には卒業生の同窓会組織も多くあり、同窓意識が高いことに感心した。本学にも同窓会組織はあるが、地方組織等は多くなく、さらに若い会員が様々なイベントや寄付に積極的であるとは言い難いのが現状だ。卒業生を今まで以上に大切にして下部組織を増やし、寄付などをしてもらえるような工夫が必要と感じた。また、春日井を核として愛知県内の企業800社以上の本学応援企業群である幸友会との密な関係をいっそう高めて、共同研究や寄付などを推進していくことが喫緊の課題となるだろう。

　さて、今回の3日間で盛り沢山の行事をこなした。1日目はヤマダハウスを訪ね、続くキャンパスツアーではオハイオ大学の象徴でもあるカトラー・ホールを皮切りに、図書館1階にある中部大学コレクションを見学し、さらに中心的な建物であるベーカーセンターへ移動して長期研修で滞在中の本学学生との昼食会があった。午後からは同じベーカーセンターにて大学の方針や運営に関するミーティングがあり、同窓会組織や寄付、運営に関する意見交換が行われた。その後、メインイベントの一つであるオハイオ大学と中部大学の友好協定50周年記念に特化した祝賀会が開催された。このときに、国際担当副学長のアイス教授と私、塩澤正国際センター長、カージック先生、田中オハイオ賞の受賞者である小森早江子先生らの挨拶をはじめ、100名以上の参加者と共に懇親を深めた。

　2日目の午前中、工学・技術・管理研究室、ロボット研究室、機械工学研究センター、先進材料処理センターなどを見学した。研究自体は本学と変わりないが、外部資金の導入にはかなり熱が入っていた。続いて、パッション・ワークスという障がい者の仕事スタジオを訪れ、一緒にデザイン画を描き、地域社会とのつながりを重視していることがよく分かった。その後、ベーカーセンターに戻り、かつて本学にお越しいただいた客員教授や受け入れをしていただいた元教授陣と昼食を共にしながら、思い出話を聞かせていただいた。続いて、ウォルター・フィールドハウスに移動してアスレチック施設や設備のツアーをした後、

スタジアムで50周年記念のフットボールを
プレゼントされる竹内学長

スポーツプログラムの運営とビジネス関係
についての話があり、寄付もあってかスポー
ツを大学の重要なイベントとしていること
が読み取れた。夕方からは奨学金を得てオハ
イオ大学で学んでいる中部大学卒の大学院生
らと夕食を取りながら懇談し、その後、カー
ジックOPIEディレクターの主催するカンバ
セーション・アワー（本学学生とオハイオ大学
生や地域住民との談話会）に参加させていただ
いた。

　3日目は、7月1日に第23代のオハイオ大
学の学長に就任したゴンザレス学長を交え
た昼食会の後、友好協定の更新のための署名
を交わした。その後、トンプソン教授の日本
語教室に招かれ、授業を見学した。そして、今回の訪問のもう一つの大きなイ
ベントである、ホッキング川沿いに計画されているフレンドシップ・パークとジャ
パンパビリオンの起工式と、飯吉前理事長から寄贈された50本の桜の植樹式を
行った。ホッキング川沿いの200本を超える桜はアセンズの町でも有名であり、
人々は桜の季節に盛り上がるそうだ。その後、ゴンザレス学長主催のパーティで
夕食を取ったあと、アメリカンフットボールを見学した。2.4万人収容可能な立
派なスタジアムで、オハイオ大学対セントラルミシガン大学の熱戦を見学し、第
1クォーターと第2クォーターの間にはフィールドに降り、ゲストとして紹介さ
れた。そのときゴンザレス学長から記念のボールをプレゼントされるなど、友好
関係を大いにアピールすることができた。

　このようにスケジュール満載の3日間だったが、オハイオ大学の現状を見るこ
とができたことを心から感謝したいと思う。本学を今まで以上に発展させ、次の
50年につなげるよう努力しなければ、との意を強くした訪問であった。

（学校法人 中部大学 理事長／中部大学長）

オハイオ大学を訪れて
両大学の連携・交流を拡大したい

家　泰弘

　2023年5月にオハイオ大学を訪れる機会を得た。飯吉厚夫名誉総長（前理事長・総長）に同大学から名誉博士号が授与されることとなり、飯吉先生の名代として学位記授与式に出席した。スピーチの中で、今年が両大学の交流50周年に当たることを記念して50本の桜をオハイオ大学に寄贈する旨を述べると会場から大きな拍手が湧いた。オハイオ大学のキャンパスの一角を流れるホッキング川の河畔には、かつて中部大学から寄贈された200本の桜が大きく育

学位記授与式で挨拶

ち、全米でも有数の桜の名所の一つになっている。年月を経て枯れたり弱ったりしている樹もあったことから、このたびの追加寄贈となった次第である。

　オハイオ大学との交流は、この何年かCOVID-19の影響で停滞を余儀なくされていたが、2023年に入って種々の制限が緩和されたことによって復活してきている。実際5月に訪問した際には留学中の中部大生30名ほどに会う機会もあり、彼ら彼女らがキャンパスライフを満喫している様子を確認することができた。

　最近ではインターネットの発達により、遠く離れた地をヴァーチャル訪問することも可能になってはいるが、やはり実際に現地に出かけて空気を肌で感じることに代えられるものではない。若いうちに海外体験それも旅行や短期訪問ではなく、ある程度以上の期間異国の地で腰を据えて勉学・研修・研究活動に従事するとともに異文化に触れることは、その後の人生を送る上で大きな糧となる。

　筆者についていえば、最初の長期滞在は東京大学物性研究所の助手を務めていた1980年の夏のことで、マサチューセッツ工科大学（MIT）のドレッセルハウス（M. S. Dresselhaus）教授のグループの客員研究員として3か月滞在した。同大学の強磁場実験施設に当時完成したばかりの強磁場発生装置を用いた実験

で良い結果を得ることができた。当時ドレッセルハウス・グループには様々な国籍の大学院生が20人ほども居てまさに黄金期であり、後にその中から多くの教授が輩出した。

　その翌年、物性研での所属研究室が教授の定年退官で店仕舞いすることになったので、ベル研究所（ニュージャージー州）に移籍した。ベル研で2年間、その後IBMワトソン研究所（ニューヨーク州）に移って1年を過ごした。ベル研もIBMワトソン研も企業の研究所でありながら大学以上に基礎研究の陣容が充実していた。もっともそれは当時の良き時代のことであって1990年代以降は様変わりしてしまったが。1980年代前半の当時、日本の大学における実験系研究室とは比べようもない先進的な研究環境もさることながら、ランチタイムにカフェテリアで研究者たちが議論している様子が印象的で、こういうところから新しいアイデアが生まれるのだと納得させられた。

　米国での3年間は研究者としては大いに刺激的で充実していた一方、後から振り返ると、東海岸の都会での生活は常に緊張を強いられていたように思う。それに比べて、オハイオ大学があるアセンズの街はゆったりと時間が流れている印象で、セキュリティ面からしても中部大生の留学先として好適の地と思われた。交流50周年から次のステージに進む上で両大学の連携・交流を拡大して行きたいとの思いを強くした。

（学校法人 中部大学 総長）

研究者人生を形作った海外経験と
オハイオ大学との想い出

飯吉厚夫

　若い頃の海外での経験が、人生を形作る上で非常に大きな意味を持つということは、私が経験から感じたことである。慶應義塾大学でドクターを修了後、アメリカのプリンストン大学で研究をする機会を得たが、そこでの経験が研究者としての基盤を作ったと言っても過言ではない。アインシュタインがかつて住んでいた住居が近所にあり、この道を通っていたのだと想像するだけで、彼の思想

に直に触れたような気がした。この
ように、プリンストンの街の雰囲気
が、今でも私に非常に強い印象を残
している。中部大学も、海外から来
た留学生に、そのような印象を残す
ことができるようなキャンパスにな
ることを望んでいる。

　1999年に中部大学に学長として着
任してから25年が経とうとしている
が、オハイオ大学との交流は、在任中
の最も重要な想い出の一つとして、

左からGlidden 名誉学長、飯吉前理事長・
学長、大西前学園長（右）（2004 年）

私の中に深く刻まれている。2004年に、オハイオ大学の200周年の記念式典に当
時の大西学園長らと共に参加し、ヤマダハウスのテープカットや、桜の植樹式な
どに参加し、当時のオハイオ大学のグリッデン学長らから大変な歓待を受け、両
大学の関係の深さを再認識した。中部大学創立50周年の際には、マックデイビス
学長らの訪問団をお迎えしたのも、楽しい思い出として心に残っている。

　そのように交流を続けてきた古くからの友人であるオハイオ大学から、2023
年5月に名誉理学博士の授与を受けたのは、この上なく光栄なことである。多く
のオハイオ大学や中部大学の教職員のみなさんから祝福の言葉をいただいたこ
とに、あらためて感謝の意を表したい。

　中部大学は、「濃尾平野の天香久山」と称されるほど、郊外の環境の良い場所
に美しいキャンパスを持っているが、オハイオ大学も、アセンズというアメリカ
の静かな田舎街にあり、レンガ作りの非常に美しいキャンパスを有していて、二
つの大学同士は非常に似ている。大学の教育・研究分野や研究レベルなど、様々
なところがベストマッチで、オハイオ大学と中部大学を結びつけた三浦幸平先生
は先見の明があったと感じ入っている。お互いの大学には、これからさらに発展
していくポテンシャルがあると思っているので、今後も連携を深めながら、特に
研究交流が促進され、よい成果をあげることを期待している。

　中部大学生に期待したいのは、理系の学生がもっと卒業後にオハイオ大学の大
学院に進学してほしいということである。授業料免除・生活費支給でアメリカの
大学院に留学できる、他大学には類を見ない素晴らしい奨学金制度があるので、
利用して世界に果敢に飛び出していってもらいたい。そして、グローバルに活躍
する中部大学卒業生のネットワークを作って、中部大学の世界でのプレゼンスを

さらに高めてほしい。それが、私がこれからの50年の間に生まれてほしいと望む、両大学の交流のアウトカムである。

（学校法人 中部大学 名誉総長）

オハイオ大学との交流で学んだ
新たな国際連携活動の展開

山下興亜

Benoit オハイオ大学副学長と
山下興亜学長 (2014年)

中部大学（当時中部工業大学）は創設10年目の1973年にオハイオ大学と姉妹校提携を結び、新進気鋭の大学として世界に開いた教育研究を展開した。その活動は学生の教育交流、教員の研究交流さらには管理者の相互訪問による大学の管理運営についての意見交流と大学全体に及ぶものであった。ここにオハイオ大学との国際交流活動の特徴があり、その成果は深い尊敬と熱い信頼を育み、日常の大学活動として定着している。

ところで、両大学は一連の交流活動を展開する中で、常に新たな国際交流の在り方を模索し、それぞれの大学の将来構想の立案や改革に取り込んできた。オハイオ大学の将来構想についての一端は、3名の学長経験者による本学主催の講演会での意見表明や寄稿文から伺い知ることができる。

チャールズ・J・ピン氏（オハイオ大学名誉学長）は1994年3月の本学幸友会主催の講演会で、これからは知識を基盤とした社会経済の時代となり、オハイオ大学は新たなグローバル人材の育成教育を国際的な連携活動の強化発展により推進すると強調された。ロデリック・J・マックデイビス学長（当時）は、21世紀の社会が求める優れた国際的なリーダーの養成教育を、大学が単独で孤立した組

織としてではなく、国際的に開いた強力なパートナーシップを基本としかつ多様なコミュニティとの協働のもとで前進させると主張されている（2014年11月、中部大学開学50周年記念、第2回大学長フォーラム）。さらに、M.ドウェイン・ネリス学長（当時）は、本学園の記念誌「結晶、第9集（2019）」に寄稿され、オハイオ大学の最も強力な国際的なパートナーは中部大学であり、学生、教員、卒業生そして地域の人々までが、中部大学から多様な恩恵を受けているとし、今後、新規な発想のもとに世界中の他の大学ともパートナー連携を拡大強化し、優れた国際的な人材育成を追求していくと表明されている。このようにオハイオ大学は21世紀に入り世界的な視点にたっての人材育成を強化発展すべきとの認識のもとに、その実現に向けて多面的な国際交流戦略を展開されていると、私なりに納得した。

　一方、中部大学は1990年代以降、大学改革を継続的に進め学部や大学院の新設や研究施設の増設等の教育研究に関わる組織体制の整備充実に加え、新たな社会連携活動として国際交流や地域連携を大学の基本的な任務として全学的に取り組むことにした。一つは、社会貢献活動とりわけ地域貢献活動の取り組みであり、「地育地活」の人材養成と人材供給の視点に立って構想しその実践方策を検討した。まず、本学は産学連携活動として1998年に工学部内にTLO（技術移転室）を設け、本格的な活動を開始した。その後、地域の多くの自治体、商工会議所、諸団体等と連携協力協定を結び、技術移転や技術相談のみならず優秀な人材の養成や供給の在り方について協議し、その実践（例えば、報酬型インターンシップの開始）を試みた。つまり、社会貢献活動を通して人材養成教育の強化を図ったのである。

　二つは、海外の多様な大学等と連携協定を結び、個別専門分野の教育や研究を進めることを基本にした。その上で、より複雑で困難な国際的な課題を複数の大学間での共同事業によって根本的に解決するという新たな国際連携活動を展開した。

　具体的な活動の一つは、国連機関の一つである国際情報発展網協会の支援により、中国上海国際博覧会の催事として、2010年9月1日から「中部大学週」を開催したことだ。ここでは開発途上国への情報提供や技術支援事業の一環として、本学が蓄積してきた教育研究活動や社会連携活動の優れた実績を公開した。また、本学と交流している9大学（中部大学、外交学院、ハルビン工業大学、華東師範大学、復旦大学、圓光大学、テリ大学、アジア工科大学、マレーシア科学大学）の学長によるパネル討論会を「持続可能な開発に関する教育・研究の協定

大学間連携の在り方を探る」をテーマとして開催した（第1回学長サミット）。特に、各大学の人材養成の国際的な取り組み状況と具体的な教育連携として大学院教育プログラムについて議論し、継続事項とした。

　第2回学長サミットは中部大学の開学50周年記念行事の一環として、2014年11月7-8日に中部大学で開催した。ここでは10大学（中部大学、オハイオ大学、ウエスト・バージニア大学、圓光大学校、外交学院、安徽理工大学、華東師範大学、同済大学浙江学院、ニューイングランド大学、アジア工科大学院）の学長が参加し、「大学におけるグローバル人材の育成と国際協力」をテーマに討論した。特に、第1回会議の議論を踏まえて国際教育プログラムの強化と学位授与についての検討を深めた。もう1点は卒業生に本格的なグローバルな活動の場を提供するために、協定大学間での支援体制とその実現方策について検討し、可能なところから実践することにした。特に、グローバル企業にとっては信頼できる現地の人材確保は最重要課題となっており、この人材需要に真摯に応えるための複数大学による国際的な連携活動について検討し、その結果を「春日井宣言」として発出した。しかし、本学におけるこの取り組みは、事業継承の問題もあり、熟成中とみている。

　中部大学はオハイオ大学との協定締結から始まる50年間の国際交流活動を通して、多くの国際性豊かな俊秀を輩出し、国際社会で「あてになる」人材育成の重責を果たしている。国際的な指導者の養成教育が緊要な課題となっている今日、本学はこれまでの点的な国際交流活動に加えて、面的な広がりを持つ国際連携活動へと組織体制を整備拡充して、その実をあげることが期待されている。

（学校法人 中部大学 名誉学事顧問）

オハイオ大学との交流

石原　修

　グレイハウンドバスでワシントンDCを夜に出て、ミシガンの留学先に行く途中、早朝オハイオに到着。お早う（Ohio）だと思ったのは、もう50年以上前の事だ。今回オハイオ大学との協定締結50周年に寄せられたOB・OGからのメッ

セージには、私自身が感じたこと
が多く書かれており、当時のこと
を思い出した。

　短期留学を終えて日本の大学
卒業後、アメリカに留学、その後
カナダで研究生活、そしてアメリ
カの大学でテニュアを取り教授
になった。大学経験と、子供を通
して見えたアメリカの教育制度
から、日米の教育に対する姿勢の

Nellis 元学長、石原前学長

違いを感じることになった。アメリカでは教室は学びの共同体の場であり、教員
と生徒・学生は共に学ぶという姿勢で、常に活発な意見交換が行われる。一方、
私が大学生の頃、多くの日本の大学では、一段高い教壇から学生へと一方向の授
業風景が当たり前になっていた。教育・教授という言葉には、上から下に教え知
識を授ける、つまり上の者が作り上げた目標に向かって導き育てていくという、
傲慢な響きを感じた。そうなると、授業は一方向の流れしか生まない。大学の在
り方を考えるようになった。

　大学は様々な個がぶつかり合う、コミュニティの誇りとなる学びと探求・研
究の場である。Universityという言葉には、人や学問分野におけるダイナミック
な変化を伴うDiversityを、みんなが一緒になって取り入れていく魅力が感じら
れる。それは人間の個としての輝きを引き出していくEducationの場である。そ
のために、大学間連携を通しての国際交流が大きな役割を果たすものと考えてい
る。オハイオ大学との交流の一端を振り返ってみる。

　2014年春、オハイオ大学を訪問し、長期研修の学生がオハイオ大学の学生と
一緒に学ぶ姿を目の当たりにした。キャンパスにある200本を超える桜並木が、
両大学の友好のシンボルとして、アセンズの市民にも親しまれていた。11月に
は中部大学に、オハイオ大学マックデイビス学長とその一行をはじめ、米豪中韓
泰からの協定校の学長を招待し、グローバル大学ネットワークの構築を目指した
「春日井宣言」を発出した。これは新聞で「中部大学と5か国9大学国際人養成
『春日井宣言』に調印」、「中部大学開学50周年　大学におけるグローバル人材の
育成と国際協力ネットワークの構築へ」という見出しで大きく取り上げられた。

　2017年10月。私はオハイオ大学第21代学長就任式に出席した。ネリス新学長
の演説の中で、国際交流を通しての人材育成が熱く語られ、中部大学との連携が

紹介された。"We create more opportunities for students to study abroad. In fact, today, one of our key strategic friends in this global endeavor is with us. I am honored to have the president of Chubu University with us, Dr. Osamu Ishihara. Let's please recognize him for being here." 大講堂に集う大勢の聴衆の中で私は紹介され、立ち上がることを促され盛大な拍手を受けることになった。さらに演説が進む中で桜並木のことが紹介された。"We celebrate each spring on our campus through the beauty of the Cherry Blossoms that were a gift of the president of Chubu University to Ohio University on our 175th anniversary. We thank his predecessor for this gift, Dr. Osamu Ishihara." ここで再び立ち上がることを促され、また盛大な拍手。翌日CU-OUの会が開かれ、過去の交換教授・留学生を含め100人を超す人々が集まり、これまでの交流の長い歴史を感じるものとなった。その後2018年12月には、ネリス学長一行の中部大学訪問が実現した。

　2020年3月新型コロナ感染症の拡がりに伴い、すでに長期研修が始まっていた参加学生を急遽呼び戻し、交流が一時中断することになった。キャンパスライフそして国際連携も、新型コロナウイルス禍のあおりを受けたものの、今コロナ禍の収束に伴いキャンパスは正常に戻り、交流は再開されている。正門から緩やかな坂道が続き、その左手に広がる広大な芝生の中に、オハイオ大学との協定締結20周年を祝って寄贈された白いドーム型の建造物ロタンダがあり、学生は再びその周りに集っている。協定締結以来毎年続く教職員の相互派遣、2,000人を超える大学院生・学部生の相互派遣、オハイオ大学から派遣されている英語教育教員集団の存在、そして文理の枠を超えた共同研究も進んでいる。国際交流に関わった学生は、オープンキャンパス等いろいろな機会に、中部大学の魅力を発信してくれている。そして春日井市における唯一の総合大学として、着実にコミュニティの誇りとなっている。春日井宣言の精神がオハイオ大学との交流により、着実に育っていることを感じる。今後とも中部大学

Nellis 学長就任の際の中部大学訪問団一行（2017 年）

ファミリーの一人一人の成長する姿を見守っていきたいと思っている。

（中部大学　第5代学長）

オハイオ大学に学ぼう

佐野　充

オハイオ大学との学術交流協定締結50周年記念行事に、竹内学長に随行することになり、関係者に三つのお願いをした。一つ目はオハイオ大学の寄付金や基金集めとその仕組みについて担当者から詳細を聞きたい、二つ目は米国の大学スポーツと基金集めの関係についてオハイオ大学の現状を知りたい、三つ目はカレッジスポーツを観戦したい、そして、その場に中部大学マスコットの「ちゅとら」を連れて行きたい、である。

スタジアムを視察

一つ目は、米国の大学収入に占める基金収益の比率が3分の1にもなると聞いていたからで、オハイオ大学の基金集めとその運用の実態をぜひ知りたかったからである。二つ目については、カレッジスポーツが基金集めの手段としてどのように活用されているのか、オハイオ大学の具体的な事例について知りたかったからである。三つ目は、スポーツを通じてオハイオ大学の文化や雰囲気を体験したかったからであり、また、中部大学の「ちゅとら」がどこまで受け入れられるのかを知り、中部大学とオハイオ大学の友好に「ちゅとら」の活用を考えたかったからである。

訪問初日の午後、基金関係部署との会合に参加した。オハイオ大学の基金規模は約12億ドル（1,800億円：2023年11月渡米時のレート 1ドル＝約150円で計算、以下同様）、その利回りは2%程度、また、年間の収益（寄付金＋基金収益）はおおよそ7,500万ドル（112.5億円）らしい。基金集めは、大学とは独立した組織によって運営され、約90人のスタッフが従事している。卒業生の4分の1とつな

がっており、さらにその4分の1が年間100〜150ドル（1万5,000〜2万2,500円）の寄付をする。これが寄付金の大部分を占めており、また、基金の運用は債券が中心で、堅実な方針を取っているようだ。オハイオ大学の取り組みは中部大学にも参考になると感じた。アメリカの大学は、在学中のみならず卒業後も支援し、「良い教育で成功する卒業生が増えるほど基金が増える」＝「大学教育を評価する」システムを持っていることは大いに参考にすべきだろう。

　基金運用は、安全性が高く、利回りの良さが求められる。そのためには、将来成長する分野の選択が重要である。大学教育も将来成長する分野で活躍する人材を育成するのが目的だから、大学の基金運用は、将来成長する分野を見据えた人材育成システムの一部として機能しているし、さらに確実で高い利回りを望む姿勢は、大学に社会と真摯に向き合うことを求めることになる。それは、社会の課題解決や学問の発展を促し、良質な研究を行うための環境を整えることにつながる。この点において、日本の大学も大いに学ぶべきである。

　訪問二日目の午後、スポーツ施設の見学とスポーツ部局メンバーとの懇談があった。アメリカンフットボールができる巨大な室内体育館、2万4000人を収容できるアメリカンフットボール場、そして、1万3000人を収容できて寮も併設したバスケットボールアリーナを見学した。また、スポーツに関するレクチャーを受けた。スポーツ収益はおおよそ400万ドル（6億円）、また、マスコットキャラクターなどの権利関係収益は約50万ドル（7,500万円程度）だったように思う。これらの収益はすべてスポーツ部局に還元され、NCAAの規定により大学運営に組み込むことは禁止されている。オハイオ大学のスポーツ収益力や施設の充実度は、日本の大学のスポーツ部活動では想像もできない。選手のGPA（成績平

オハイオ大学正門：「汝、知識と知恵と愛を育むようにこの門を入れ」

均）が低下すると試合に出られなくなるが、そのために学業支援のチューターや専用の勉強部屋が用意されている。奨学金と共に、選手への大学の支援が手厚いことは大いに参考にになった。

　訪問三日目、午前中に、経営学部大学院のスポーツアドミニストレーションコースの主任教員Dr. Lamar Reams氏と会うことができた。この大学院コースは、プロ野球MLBのドジャースの元オーナーだったWalter O'Malley氏の助言によって開設されたそうである。優秀なスポーツアドミニストレーターを全米へ数多く輩出しているオハイオ大学が誇るコースとのことである。在学生は、スポーツビジネスで活躍している卒業生にディレクトリーからアクセスし将来のキャリア形成に繋げられるとのことである。ワールドシリーズやスーパーボウルなどの巨大スポーツビジネスに関わる機会もあるようだ。

　お昼には、昼食会と協定更新の調印式が行われ、その後、寄贈した桜が植えられたフレンドシップパークの開所式が行われた。そして午後5時前、我々に一つ目のフットボールのパスPresident's TAILGATEが手渡された。TAILGATEとは、スポーツを観戦する前に、ワゴン車の後ろのドア（tailgate）を開けて、家族や知人たちと飲食を楽しむイベントのことだ。オハイオ大学へ寄贈した「ちゅとら」を連れて、パスを見せて室内体育館に入ると、250人以上のマーチングバンドの演奏やチアリーダーのパフォーマンス、そして、オハイオ大学マスコットのボブキャットの姿があった。会場には飲食物が用意され、それを楽しみながら試合を待つ。パスを持った多くの家族連れの子どもたちに「ちゅとら」は人気者になった。「ちゅとら」は中部大学とオハイオ大学の友好のシンボルである。

　試合開始40分前ほどになると、マーチングバンドやチアリーダーが隣のフッ

50周年記念訪問一行、学長公邸にて

トボール場へ向かったので、我々もその後を追った。その際に、二つ目のパス Pre-Game Sideline が渡された。このパスを持っていると、試合前のグラウンドを歩くことができる。観客が入ったフットボール場のグラウンドを歩くことは、観客からの目線を肌で感じ、「パスを持ったあなたは特別な人」であると体感させられる心憎い演出である。そして、三つ目のパス The President's Suite は、フットボール場正面に位置するビル5階の特別室から試合を観戦できる特権である。この部屋からの眺めは素晴らしく、選手の動きが良く見えるし、スポーツ専門ケーブルテレビ ESPN の中継映像も室内に流れている。また、部屋は暖かく（11月のアセンズの夜は氷点下に近い）、もちろん、飲食物も用意されている。いわば上流階級の社交場である。勝ち試合とともに話が弾む。ゲストは試合を満喫し、Gonzalez 学長もご機嫌だし、フットボールを活用した接待も素晴らしい。これなら大学やスポーツチームに寄付しよう、とそんな気にさせられる。

　オハイオ大学から学ぶべきことは山ほどあった。

（中部大学 副学長［国際・地域連携担当］）

自然環境と文化交流は世界の共有財産

河内信幸

　私は2012年2月初旬から4月初旬まで、Glidden Visiting Professor Program の交換教授としてオハイオ大学に滞在した。私にとってオハイオ大学の滞在は初めてであったが、自然環境に恵まれたオハイオ生活は貴重な体験となった。

　オハイオとは、ネイティヴ・アメリカンのイロコイ族の言葉で「美しい川」ないし「偉大な川」という意味であり、同じ名前を持つオハイオ大学の自然に囲まれたキャンパスは、まさに学生

交流の場 Bromley Hall

たちにとって憩いの場所となっていた。私の研究室は Wilson Hall にあったが、窓からはキャンパスの大木が見え隠れし、住みついたリスたちがいつも窓に近づいてきた。寒い時期の滞在であったものの、晴れた日のキャンパスは屋外でも学生たちの談笑やスポーツが絶えなかった。その中には留学生の姿もあり、大学の自然環境が多くの学生を包み込んでおり、自然環境が国籍を超えた共有財産になっているように感じた。

　当時のオバマ政権は、再生可能エネルギーを中心とする「グリーン・ニューディール」を梃子に、アメリカの繁栄を支えてきたインフラのパラダイム・シフトを実現したい方針であり、オハイオ生活はそんな時代状況にフィットするものでもあった。その結果、オハイオ生活は私に現代のSDGs（持続可能な開発目標）を意識するきっかけとなり、帰国後、ますます「グリーン・ニューディール」と再生可能エネルギーの研究を深めることになった。しかも、当時のオハイオは異常ともいえるほど暖冬であり、突然の雷雨も多く、地球温暖化と気候変動を痛感せざるを得なかった。そのため、オハイオ生活でも「持続可能な社会」の重要性を改めて感じた。

　もう一つ実感したのは文化交流の意義と重要性である。滞在間もない2月末、Alden Library で Interpreting the Visual Objects in the Harris Collection というワークショップが開催され、私もパネリストの一人として日本の「墨絵」（SUMI-E）の歴史について問題提起をした。Harris Collection は古くから中部大学と関係が深く、日本の文化や歴史に関する所蔵品が多いことで知られている。「墨絵」自体は、中国の唐の時代から日本に伝承し、鎌倉時代と室町時代にかけて日本文化に定着していったものである。オハイオ大学には中国からの留学生も多く、このワークショップでも国籍や言葉の壁を超えて文化交流の意義を痛感した。私は、2005年10月から2006年9月まで、ハーヴァード大学の客員研究員を務めたが、ボストンでも幅広いワークショップや研究会が行われており、ハイブリッドな文化交流の試みが様々な形で行われていた。

　オハイオ大学で私の宿舎は Bromley Hall にあったが、夕食を終えるとよく音楽学部（School of Music）のコンサートに出かけた。演奏される曲目はクラシックやアメリカン・ポップスだけではなく、日本の太鼓や三味線、さらには中国楽器を使ったものもあり、その幅の広さに驚かされた。音楽は世界の共通言語であり、国際的な共有財産であると今更ながら思い知らされた。コンサートは音楽学部のものだけでなく、Memorial Auditorium のシンフォニー・オーケストラなども強く印象に残っている。しかも、観客はアセンズ近郊の人々が多く、彼らに

とってはコンサートが憩いの場になっており、コンサートが地域住民の重要な文化インフラになっているように感じた。

　当時の私は、科研費の支援を受けてアメリカの「パブリックアート」政策を研究していた。これは、1930年代のニューディール政策、特に連邦芸術計画（Federal Art Projects）にルーツがあり、第二次世界大戦後の「パブリックアート」政策へと継承されていくことになる。オハイオ生活はこのような研究をますます深める契機になり、文化インフラが世界の共有財産であることを痛感することになった。

（中部大学　名誉教授）

50周年記念が意味するもの

塩澤　正

Dr. Krzic と

　ちょうど50年前の1973年に中部大学はオハイオ大学と学術交流協定を結んだ。中部工業大学創立後わずか9年後である。本学は他大学に先駆けて国際交流を重視していたことが分かる。特定の大学と人的・学術的な交流をこれほど長く、しかも発展的に継続している大学は他にはほとんど例はなく、全国的にも誇るべき実績である。また、その長さだけではなく、両大学の関係は強い「信頼関係」によって結ばれている。実は、これこそがこの50周年記念のもっとも祝うべきことかもしれない。これは中部大学生や本学の教職員がオハイオ大学で常に歓迎され、有意義な留学生活や研究ができることが保証されているということを意味する。オハイオ大学にとっての中部大学も、まったく同じ意味合いを持っているはずだ。

　その中で学生らは価値観が翻るような異文化体験をし、コミュニケーション能力を高め、考え方やキャリアチョイスの幅が広がり、国際的に活躍できる人間として成長できる。これはまさに、中部大学の「基本理念」や「教育上の使命」

にある「広く国際的視野から物事を考えられる人を育てる」とも合致する。それを知ってか分からないが、2023年度の本学の「学びに関する調査」では、在学生の約4割が国際交流に関心を持っていると表明している。これは国際交流が外国語や異文化に興味のある一部の人たちのものではなくなっていることを意味する。複言語・複文化社会を生きる21世紀のリーダーには、多様な価値観への寛容性や異文化適応能力は不可欠だと、学生たちは私たち以上に自覚しているのかも知れない。

　実際にオハイオ大学や中部大学に留学した学生の中には、その後ソニー、丸紅、Intel America などに勤務した者やアメリカや日本で公認会計士、大学教授、Speech Pathologist、通訳などとなり社会で大活躍している者も少なくない。留学参加者は互いの大学が大好きになり、生涯の友人を見つけ、留学先の大学を第二の母校と呼び、卒業後も互いを訪問しあうことも珍しくない。事実、1994年に最初のオハイオ大学での「長期研修プログラム」に参加した卒業生たちは2023年で50歳になるが、留学30周年記念を家族を連れて米国のアセンズで祝おうと計画している。それほど彼らにとってオハイオ大学での留学は思い出深く意味のあることだったのである。

　このオハイオ大学での長期研修プログラムで30年以上に渡って大変学生がお世話になった Joung Hee Krzic 先生が残念なことに2023年の12月にお亡くなりになったが、本学の追悼ホームページには数えきれないほどの卒業生からのメッセージが寄せられた。留学中の苦しい時に母のように助けられ、有意義な留学生活を送り人間として成長できたのは、Joung Hee 先生によるところが大きいと皆、自覚し、心より感謝しているのである。これほど留学先の教員を慕い、卒業後も想いを寄せるような関係をつくるプログラムはなかなか他にはない。Joung Hee 先生も中部大学の学生が大好きであった。手術をしなければ、もう少し中部大学の留学生をお世話できるのにと悔やんでいた。まさに中部大学とオハイオ大学の長い間の信頼関係があるからこその話である。

　他にも、オハイオ大学との関係があるからこそ、中部大学のキャンパス内にオハイオ大学からの留学生や先生方が多数常駐し、学内で恒常的に異文化交流の機会が生まれることも特記しておきたい。年間600 〜 700名もの学生が履修登録するPASEOプログラム、今後の地域・国際交流の中心的役割を果たす Glocal Forest と Krzic Lounge、それに学生募集の広報活動なども、オハイオ大学との長い友好関係なしには成り立たないだろう。互いに大切にすべき存在であることは間違いない。このような関係の大学を海外に持っている中部大学は幸運であ

り、ここまでこの関係を成長させてきた本学とオハイオ大学の先達たちの努力に心より感謝申し上げたい。

　最後に、本学の『桃園の夢』にあたるオハイオ大学の卒業生向け雑誌である *Ohio Today* の50周年記念記事で紹介されたOPIE DirectorのKrzic先生の一言を引用し、このエッセイを締めくくりたい。"...the OHIO-Chubu has weathered a global pandemic and is emerging as strong as ever, ready for the next 50 years.... what we really learned from COVID is that...technology is fine, but we've really realized the value of this in-person connection. Nothing beats that for education."

　（オハイオと中部大学の交流関係はコロナ禍を生き延び、かつてないほど強いものとなり、次の50年に向けて準備万端である。コロナ禍で学んだことは、テクノロジーもいいが、対面での人間関係の価値である。教育でそれを凌ぐものはない。）

（中部大学　国際センター長）

研究をとおして進める海外連携の楽しさ

長谷川浩一

久しぶりにお会いした現ハートフォードシャー大学の Roland Perry と

　私が学生時代を過ごした大学は「自由な学風」が根付き、やりたいことを思いのまま打ち込むことのできる「研究者」を志す者にとっては素晴らしい環境であった。そして研究はどんな専門分野であれ、発展していけば海外連携が構築されていくことも学生時代に知った。また、学部卒業研究に取り組んでいたころ、私達が扱う生物（線虫）を使って「プログラム細胞死」の研究成果をあげた3名の研究者達が「ノーベル医学・生理学賞」を受賞した。自由な学風のなかで研究にうちこむ学生達におおきな刺激となり、手を伸ばせば自分もノーベル賞を取れるので

ないかと勝手に思い込み、みんなますます研究を頑張っていた。

　研究に燃える勢いそのまま、大学院生になってからは可能な限り国際学会に参加した。初めての国際学会はローマで開催された計400名程の会であった。様々な研究者達の話を聞くことはとても刺激的で勉強になり、何より自分の研究の話を様々な研究者達が聞いてくれることが楽しくて仕方なかった。熱気あふれるポスター発表が終わり、私も少し持ち場を離れてひと段落していたとき、ひとがまばらにしか残っていない会場にひとり私のポスターを見て熱心に「メモ」するおじさんがいることに気づいた。「勉強熱心なおじさんだ」「私がいろいろ教えてあげよう」と思い、マンツーマンでじっくりと説明を「してあげた」。そのときは全く知らなかったのだが、メモを取っていたのは評価者として若手研究者優秀賞の審査をしていたのだった。また、そのおじさんは線虫学の権威で当時イギリス・ロザムステット研究所のローランド・ペリー先生であったことを受賞パーティのときにやっと気づくのであった。このとき以来ペリー先生との交流は今でも続き、のちに線虫学雑誌の編集メンバーとして私を招待してくださった。顔の広いペリー先生は若手研究者達を鼓舞する能力に長け、研究の楽しさ、研究チームや国際シンポジウムを組織する方法などを示して下さり、今の私の研究・教育方針に大きな影響を及ぼしたひとりであるといえる。また、その時にいただいた賞のお陰で、つぎはノーベル賞だとますます意気込んでいたのであった。

　はじめての国際学会への参加からはじまり、国内外の多くの研究者達と知り合い、共同研究をすすめる素晴らしい学生生活を送ることができたことに対して本当に感謝している。そして中部大学に職を得て、自由に、思いのまま研究し、そして教育を展開できる場を準備していただける中部大学にも感謝している。学生時代から積み上げてきた研究者達との関係は、私が大学教員となってからの研究、そして教育を進めていくうえで大きな財産となっている。学会等で知り合い、同じ時代を過ごした同年代の友人たちが各国で大学や研究所にてポストに就いていて、お互いの学生同士を交流させたり、家族同士で交流したりすることも楽しいものである。しかし、まだカロリンスカ研究所（ノーベル生理学・医学賞の選考委員会がある場所）からの電話が来ていないため、まだまだ研究を頑張らなければならない。

（国際センター　副センター長／応用生物学部　環境生物科学科）

教室の枠を超えた学び
オハイオから持ち帰った教育改革

趙　偉

Dr. Mary Tuckerと

約15年前、2008年2月、私はオハイオ大学の客員教授として新たな地平を目指した。アセンズの寒風が吹き抜ける中、College of Business の Mary Tucker 教授との共同研究が始まった。零度以下の冷たい空気を温かな歓迎で溶かすように、教授をはじめとする教員たちが開いた歓迎会は、私の心に深く印象を残すものであった。

留学中、当時の学部長 Hugh Sherman 先生を含む多くの先生方と共に過ごした食事会やホームパーティーは、単なる社交の場に留まらず、文化と知識の交流の舞台となった。その中で得た最も価値ある経験は、教員のアントレプレナーシップ研究グループでの研究会への参加であった。そこで交わされた意見は、Global-Entrepreneur という概念を私に教え、研究の地平を広げるきっかけとなった。文化的背景の多様性を生かしたハイブリッド・アントレプレナーという私の研究からグローバル・アントレプレナーへの視野の拡がりは、私にとって計り知れない研究資産になった。

しかし、何よりも私の教育観に革命をもたらしたのは、Mary Tucker 先生の授業でのアクティブ・ラーニングの体験であった。実際の若手アントレプレナーを教室に招き、彼らの会社が直面する課題をリアルに学生に提示し、解決策を考案させる授業であった。教科書だけでは学べない実践的知識と経験が学生に提供され、学生たちは会社経営において重要な視点を在学中から明確にするようになった。この学生たちの成長を目の当たりにし、中部大学でも同様の科目を提供したいと思い、新たな教育の形を模索するきっかけとなった。

オハイオから帰国して10年が経ち、2019年には経営情報学部で地域や企業との連携プロジェクトを核とした教育を展開している。オハイオ大学での経験から学んだ教育改革は、FSPと「志プロジェクト」の二つの社会連携の授業で具現

化されている。FSP（Future Skills Project）は実際に社会で活躍する経営者を講師に迎え、学生がその会社の課題解決に取り組み、学生の主体性と応用力の育成を目的とする学習である。「志プロジェクト」は、学生が企業を訪問し、インタビューや調査を通じて「会社案内」を作成するものである。これらの経験を通して、学生たちは思考力、課題解決力、コミュニケーション能力、そして行動力を磨いている。

　オハイオ大学での留学は、ただのアカデミックな交流にとどまらず、教育の本質を再考し、その実践を通じて学生の可能性を拡げるような新たな教育方法を体験する機会であった。異文化を横断する学びの経験は、私にとっても学生たちにとっても、知識の海を越えた航海への一歩となった。

（国際センター　副センター長／経営情報学部　経営総合学科）

人的交流と相互の信頼関係の大切さ

岩堀祐之

　中部大学の創立者三浦幸平先生がオハイオ大学と1973年に交流を始めてから2023年で50周年になる。日本の大学も海外大学と連携し、グローバル化の推進が大事であると言われている中で、中部大学とオハイオ大学はこの間学生の送り出しや教員の相互交流を通じて相互に発展を遂げてきたことは大変素晴らしいことである。50周年ということで私も寄稿させていただくことになった。

受賞スピーチ

　私は1988年に東京工業大学大学院博士課程を修了、同年名古屋工業大学に助手として就職、2004年に中部大学に就職して現在に至るが、私が国際交流に興味をもつことができたのは、私がいた当時の東京工業大学の研究室の環境や就職した名古屋工業大学での上司の勧めなどが国際研究活動に大きな影響を与える

切っ掛けになったと振り返っている。

　大学院時代の研究室には、インド、サウジアラビア、タイから国費留学生ほか、中国の大学からも客員准教授の先生がおられ、私も研究室で一緒に過ごしていた。彼らとも違和感なく暮らしていたことで、他研究室にもいた中国留学生も含めて皆仲間となり良い感性がついた感じがする。

　また名古屋工業大学に就職してからも、当時の上司（助教授）の先生がオタワ大学に行かれたりしていたが、外国の大学に先生を作って門下生になることを勧められた。このお陰でブリティッシュ・コロンビア大学（UBC）は自分が研究指導を仰ぐ教授を見つける機会ともなった大学で、1994 年に文部省在外研究員として 10 か月間留学したこともあるが、最初に訪ねた 1990 年から 26 年間に渡りグローバル研究活動の源にもなった。

　そういった背景と影響もあり 2010 年ごろからアジアの大学との連携を推進することになり、インド工科大学グワハティ校（2012 年 MOU 締結）やチュラロンコン大学（2014 年 MOU 締結）、哈爾浜理工大学（2014 年准教授受け入れ）など国際研究交流を始め出した。

　中部大学での国際交流活動が認められ、オハイオ大学において 2017 年 10 月に Tanaka-OHIO Award という賞をオハイオ大学の Nellis 学長から頂ける機会を得ることができ、それが初めてオハイオ大学に行けることになった自身のきっかけである。最初にオハイオ大学の国際交流担当の Edmonds 教授からヤマダ・インターナショナルハウスでいろいろお話を伺った。田中オハイオ賞の由来となる田中先生（Tomoyasu Tanaka 先生）は、物理学の先生でオハイオ大学の教授をされておられ、田中先生が中部大学工学部工業物理学科に異動されて、オハイオ大学との研究交流が始まったということをお聞きしている。工業物理学科といえば私が所属している工学部情報工学科の前身の学科であり、その話は自身にもとても親近感がもてた。オハイオ大学にお寄りした際には、先方の国際交流センターのスタッフの方（Ji-Yeung Jang さんはじめ Edmonds 教授）からとても綿密なスケジュールを立てて頂いて、式典の打ち合わせをはじめ、私の医用画像認識の研究紹介や 3 次元 CG の研究紹介を各 1 時間程度セッティングしていただいたが、聴講された学生は内容の理解もよく熱心に聞いておられた。このような盛大な式典でもてなしをしていただいたことはオハイオ大学の皆様に対して深く感謝する次第である。

　2019 年 9 月に有志の 7 名の教員が中部大学から研究交流促進の目的でオハイオ大学を訪ねた際にも、マッチング度が高い教員を紹介していただいて懇親を深め

る機会をもてたが、先方の教員からもとても親密に対応いただいた印象である。

　中部大学の石原前学長にも国際交流をバックアップしていただけた。今は竹内学長はじめ塩澤正国際センター長など、親身にバックアップしていただいている。国際交流は組織間の人的交流が大事であり、学長レベルの相互連携・発展とともに相互の信頼関係はとても重要である。ここにオハイオ大学と中部大学の両大学の今後の益々の発展をますます願うものであるとともに、中部大学の一員として感謝する次第である。

（工学部　情報工学科）

オハイオ大学と中部大学の
研究交流と学生教育の交流

威知謙豪

　私は2015年1月から3月までの3か月間、Robert Glidden Visiting Professor としてオハイオ大学で研究を行う機会を得た。滞在中は会計学の Robert H. S. Sarikas 先生とファイナンス論の Andrew Fodor 先生に指導を受けた。また、経営情報システム論の Hao Lou 先生や、言語学科の Christopher Thompson 先生、出口綾子先生からもサポートを受けた。

Copeland Hall 内の威知研究室で

　この期間中、私は『特別目的事業体と連結会計基準』（同文舘出版、2015年3月）の原稿の最終校正を行いながら、Sarikas 先生と Fodor 先生とのディスカッションを通じて新たな研究分野を模索していた。両先生からは、国際会計の研究や米国における金融危機の検討にあたり歴史的な観点からの詳細な研究が重要であるという助言を頂いた。この経験が、2023年8月刊行の2冊目の研究書『金融資産の認識中止に関する会計基準—設定根拠と変化の経路—』（同文舘出版）において採用した研究方法の基礎の一つとなった。

　オハイオ大学での滞在中、オハイオ大学経営学部卒業生で、中部大学大学院経

営情報学研究科への進学を希望する Jack Clancy 氏の研究について指導を行う機会があった。Clancy 氏は 2018 年 3 月に本学大学院経営情報学研究科を修了し、現在、日揮ホールディングス株式会社で活躍している。同じくオハイオ大学経営学部卒業生で 2023 年 3 月に本学大学院経営情報学研究科を修了した Nicholas Farris 氏も、株式会社エスワイシステムで IT エンジニアとして専門知識を発揮している。修士論文の副査として両氏の研究に関与できたことは良い経験となった。また、私のゼミ出身の内藤優伍氏は、本学経営情報学部卒業後、オハイオ大学大学院の Khosrow Doroodian 先生の指導の下で 2021 年 12 月に金融経済学の修士号を取得し、現在はデトロイトの Sumitomo Electric Wiring Systems, Inc. で勤務している。

　2018 年 3 月と 2019 年 3 月にもオハイオ大学を訪問する機会に恵まれた。2018 年 3 月の訪問は研究資料の収集を目的としたもので、2019 年 3 月は本学のオハイオ大学長期研修プログラムの引率者として訪問した。オハイオ大学到着当初の本学学生のサポートにあたり、オハイオ大学 Ohio Program of Intensive English（OPIE）ディレクターの Gerard Krzic 先生と Joung Hee Krzic 先生には多くの協力を頂いた。

　このように、オハイオ大学と中部大学の 50 年に渡る緊密な提携は、教育と研究の両面で、多くの優れた成果を挙げている。今後も両大学の連携を通じて、更なる成果と交流の推進を期待している。

（経営情報学部　経営総合学科）

日本人ラテンアメリカ研究者の見た
オハイオ大学の地域研究

田中　高

　2020 年 1 月 25 日から 3 月 29 日まで、オハイオ大学（OU）に交換教授として滞在した。カウンターパートの経済学部 Prof. Julia Paxton は中米エルサルバドルのフィールド調査などをしてきた開発経済学者で、いろいろな意味で刺激になった。エルサルバドルは在米移民からの郷里送金が経済を下支えしていてその額は

約74億ドルに達し、GDPの20%強を占める。彼女のフィールド調査は、送金されたドルは低所得者層ほど貯蓄に回され、中所得者以上の層ではむしろ消費に支出されていることを実証分析した。通説を覆す卓見である。USAID（米国国際協力局）の全面的な支援もあったそうで、さすがに西半球は米国の影響力が強いと感じた。

夕焼けを背景に

　Juliaの勧めもあり2月28日〜29日にOUアセンズキャンパスで開催されたOLAC（Ohio Latin Americanist Conference）に参加した。私の報告のタイトルは Latin America and Japan's Lost Decades -The Emergence of China and the Republic of Korea である（『貿易風—中部大学国際関係学部論集』2021年第16号に全文掲載）。Current Political and Economic Considerations というセッションには30人くらいの参加者がいて、長年本学とオハイオ大学の図書館同士の交流に尽力されてきた Jeffrey Ferrier の顔もあった。米国にはラテンアメリカについての総合的な学術研究組織であるLASA（Latin American Studies Association）があり、私も数回参加しパネルを企画したこともあるが、OLACのような地域的なラテンアメリカ研究学会で報告したのは初めてだった。プログラムを見ると3日間に七つのセッションが開かれ、各セッション平均三つのパネルが設けられていて、おそらく参加者総数は500〜600人であろう。日本のラテンアメリカ研究の中心的な組織である日本ラテンアメリカ学会（AJEL）の会員数は500人ほどであるから、この数字だけ見ても、研究者層の厚みの違いを感じる。

　オハイオ大学の位置する中西部は、ロスアンゼルスのある西海岸や南部フロリダなど、ヒスパニック人口はそれほど多くはない。しかしスペイン語、歴史・文化・文学など人文科学を中心に、政治経済、法律などの社会科学分野に分厚い研究者層があり、その規模には圧倒された。もう一つ私の印象に残るのは、ロジスティクス面での組織的な学会運営のやり方だ。登録、報告書のアップロードなどインターネットを駆使し、おそらく学会イベントの専門業者もいて、実にプロフェッショナルに進めていた。それに比べるとAJELはよく言えば手作り感があって人海戦術だ。2012年に本学で全国大会を開いたが、キューバから招いた研究者の入国ビザ申請、航空券手配、空港送迎、理事会の弁当から懇親会の手配まで、主

催校が担当する。それに比べるとOLACは組織的で、主催校OUのコーディネーター Prof. Betsy Partyka は私のパネル会場に駆けつけてくれたが、ロジスティクス面はほとんど任せきりで、会の進行全体を鳥瞰している感じだった。

　Julia はオハイオ大学のラテンアメリカ研究の重鎮で中米政治研究で著名な Prof. Emeritus Thomas Walker（2023年5月死去）とのささやかな夕食会を計画してくれていたが、コロナ禍のため中止となった。Thomas とは1990年のニカラグア大統領選挙監視員で現地で合流し、再会を楽しみにしていたので残念というほかはない。

（国際関係学部　国際学科）

海外英語研修プログラムと
カケハシ・プロジェクト

今村洋美

　私は、1991年に中部大学の専任教員になって以来33年間、人生の半分以上を中部大学の英語教育と国際交流に関わってきた。その中でも、国際交流専門委員や国際交流センター副センター長などとして、国際センターの皆さまと、数々の海外英語研修プログラムに関わらせていただいたことが、私の人生の宝となっているのは間違いない。

　具体的には、オハイオ大学、マンチェスター大学、香港理工大学、ハワイ大学、ブリティッシュ・コロンビア大学、ニューイングランド大学、グリフィス大学などの英語研修プログラムの引率教員として、英語学習だけでなく世界各国からの留学生やホームステイ先の人々との異文化体験を通して成長していく中部大学生たちの一助になれたことは幸せなことである。また、中部大学とオハイオ大学をはじめとする世界の大学との交流発展に少しでも貢献できたのであれば何よりである。

　その中でも、日本政府が推進する「カケハシ・プロジェクト（KAKEHASHI Project）」に中部大学が採択され、2017年3月15日から22日の8日間、中部大学生とともにアメリカ合衆国ミシガン州デトロイト市に派遣された引率業務は忘

れることができない。このカケハシ・プロジェクトは、日本政府（外務省）が、対外発信力のある将来有望な人材をアメリカへ派遣し、政治、経済、社会、文化、歴史、外交政策などについて、日本に対する理解を促進するとともに、親日派・知日派を発掘し、日本の外交姿勢や魅力などを積極的に発信して、日本の外交の基盤を充実させることを目的とした対日理解促進交流プログラムで、JICE（日本国際協力センター）が実施している。

　募集要項やポスターに明記された「航空運賃、滞在費等ほぼ全額免除で8日間のアメリカでのプロジェクトに参加できます」という文言にも惹かれ、カケハシ・プロジェクトの説明会には、予想をはるかに超える約200人の学生が集まり、23人の募集人数に対し87人の応募（競争率3.8倍）があった。応募学生の中には、海外長期研修参加中にオハイオ大学などから応募した学生もいた。

日本文化についての発表場面　　　　　　Oakland Community College にて

　このカケハシ・プロジェクトを成功させるべく、国際センターを中心にカケハシ・プロジェクト運営委員会が設けられた。その委員会は、委員長に石原修国際センター長、副委員長に林良嗣副センター長、委員として、河内信幸教授（国際関係学部長）、塩澤正教授（英語英米文化学科主任）、デービッド・ローレンス准教授（引率教員：英語英米文化学科）、北條泰親国際センター事務部長、鈴木清明国際センター事務部次長、岡島健国際センター事務部課長、今村（引率教員：全学英語教育科）の9人が、派遣学生選考からオリエンテーション、派遣中の日本からのサポートなど、カケハシ・プロジェクト全般のアドバイスおよび支援にあたった（文中の肩書等は開催時のもの）。

　学生たちは、現地の大学や高校などで日本の魅力などについての英語による発表、在デトロイト日本総領事館への表敬訪問や日系企業の訪問、ワークショップおよび成果報告会での発表を行ってきた。6日目の日本国総領事館・米国政府・交流学校関係者等を招待した成果報告会でグループごとに発表を行った際、どの

グループも堂々とした英語での発表および応答で、改めて中部大学生の底力に感動した。このような政府のプロジェクトに本学が採択されたのは名誉なことであったが、それ以上に、本学の学生がアメリカで政府のミッションをこなしていく姿を目の当たりにできたことが何よりうれしく誇らしかった。このような素晴らしい中部大学生のプロジェクトに参加できたことに感謝の気持ちで一杯である。

（人間力創成教育院　語学教育プログラム）

留学体験のサポートに携わってきて

上田美紀

オハイオ大学の研修生らと　左端が筆者

オハイオ大学は、私にとって留学生活を送った母校である。しかし、オハイオ大学との関係は、私が想像していたより遥かに長い間続くこととなった。オハイオ大学で日本語教育に携わっていた私は、提携校であり短期留学生の派遣先である中部大学で日本語教育を担当することとなったからだ。

提携校からの短期留学生受け入れプログラムの運営とは、勿論日本語教育を担当するのであるが、それ以外にもさまざまなことが含まれている。短い留学期間には、留学生が今まで経験したことのないようなことが次々起こる。それを一つ一つスムーズに乗り越えられるよう手助けすることも私の仕事であった。

まず、人間関係構築に対するサポートが挙げられる。本学日本研修プログラムにはカンバセーション・パートナー・プログラムがあり、来日直後の短期留学生に本学学生を紹介する。限られた留学期間に最大限交流活動をしてもらうことを目的としているが、時には関係維持が困難になることもある。私は日本人学生の

ためにメールでの相談窓口を担当し、何か問題が起きた時にアドバイスを行ってきた。習慣や文化の違いをはじめ、様々な理由で起きる小さな行き違いを陰ながら修正する手伝いをしてきた経験は、私にとって、留学生のみならず本学学生の成長を見守る機会となった。

　仕事は異文化間の人間関係をサポートするだけに留まらなかった。留学生は、同時期に留学している人達と、授業だけでなく寮に帰っても、行事や研修旅行も一緒である。中には何らかの理由で関係にひびが入ることもある。私が中部大学で仕事を始めて数年経って、当時留学していた学生も留学期間が残り1か月になった頃に、留学生同士で仲違いが起き問題となった。自分達で解決できない様子を察知したオハイオ大学から「How to Become a Mediator（仲裁の仕方）」という資料が届き、私はそれを急ぎ読んで実践することとなった。最初は自分の立場を主張するだけだった二人が、徐々に相手はどう感じたのかを理解し始め、幸い最終的に話し合いは成功した。その後、当事者達は残りの留学生活を無事終えることができた。私はこの経験で、留学生が相手の立場で物事を考えることを学ぶ瞬間を目の当たりにし、また一つ留学体験が人に与える成長を確認した。

　また、留学生の苦手克服のサポートも仕事の一つだったと言えるだろう。短期

オハイオ大学とホッキング川

留学生の日本研修プログラムには地域の小学校を訪問する行事がある。これは、本学がオハイオ大学からの短期留学生受け入れを始めた平成5年（1993年）から教室外活動の一環として行ってきた。留学生は自国文化や自分の趣味などを日本語で紹介するスピーチを用意して発表する。これは、留学生がスピーチを準備する「作文」の授業を担当してくださった先生方に支えられ、長年継続して来ることができた行事であると言える。また、小学生は留学生のスピーチを聞き、さま

ざまな交流活動を行う。毎年、訪問した小学校では通常授業を変更しこの行事の
ために時間を作る等、多大なる協力をしてくださった。平成14年（2002年）に
学習指導要領が改定され、「総合的な学習の時間」が設けられてからは、この行
事は小学校で正式に「国際理解」の時間として扱われることとなり、相互学習の
場として双方の目的を踏まえ、より意味深い行事と成長することとなった。これ
は、留学生にとっても日本語能力だけでなく様々な能力を伸ばす機会となってい
た。中には母国語でも発表は苦手という留学生もおり、これまでに苦戦を強いら
れた留学生も数多くいた。発表原稿の作成はもとより、実際人前に立って日本語
で発表することに恐怖を感じた留学生も数多くいたであろう。訪問前日まで原稿
を読む練習や教室活動で小学生への指示の出し方などの練習に付き合って、なん
とか当日を迎えたこともあった。しかし、この苦手を乗り越え自分の発表を無事
終えると、留学生は達成感を得るとともに日本語で話すことへの壁を一つ乗り越
えたような様子を見せる。それまで、日本語で話しかけてもすぐに母語を使って
しまっていた留学生も、日本語で話し続けるようになる。留学生活では、日頃避
けていた苦手なことにも挑戦しなければならない状況もあるかもしれないが、そ
れはある意味本人を成長させる機会となり得ることを実感した。

　私はこれまで多くの学生の変化を見届けてきた。中部大学での短期留学を修
了した人の中には、大学を卒業してから日本と関わる仕事に就いた人や、日本で
働く経験をした人、また中には今でも日本で活躍している人も数多くいる。その
ような人達にとっては、中部大学での短期留学の経験が、それまで自身が描いて
いた将来とは違った扉を開くきっかけとなったのではないかと思う。現在、私は
日本研修プログラムの運営は担当していないが、修了した留学生には中部大学で
経験した成長を活かして、今後もそれぞれの場所で活躍してくれることを期待し
ている。

（人間力創成教育院　語学教育プログラム）

コロナ禍における
オハイオ大学との国際共同研究

野田明子

2019年9月10日から19日まで、国際連携強化・大学院生の研究留学を目的とし、中部大学工学部平田豊教授をリーダーとするオハイオ大学視察団に加えていただき、初めてオハイオ大学を訪問することとなった。多くの見学・イベントが計画され、素晴らしいおもてなしの中で、両大学の連携関係が非常に良好なものであることを強く感じた。短期間の滞在であったが、オハイオ大学の学生

前列右から2人目が筆者

やスタッフの皆様と密に交流できたことは、今日も継続するオハイオ大学との国際共同研究・連携に繋がっている。

翌2020年2月、私の大学院指導生は、中部大学大学院生海外研究指導委託支援により短期留学生となり、Edison Biotechnology Institute のShiyong Wu教授の研究室でオハイオ大学の研究者や大学院生と研究を実施させていただいた。しかし、予期しなかった新型コロナウイルス感染症パンデミックのため、同時に計画した私の2020年3月8日からの訪問は中止となり、大学院生は途中で帰国することとなった。このような緊急事態にもかかわらず、大学院生が無事帰国でき、ほっとした次第であった。

その後も新型コロナウイルス感染拡大は収束することなく、オハイオ大学への交換客員教授としての訪問は一度見送りとなった。しかし幸運にも交換客員教授の期間終了に間に合い、2022年2月〜3月にアセンズに滞在し、2019年の訪問時にはできなかった医学系の教育実習の見学と国際共同研究を進行した。この間、大変ではあったが、米国の大学におけるコロナ禍の感染対策を受けたことは貴重な体験となった。

もう少し、この経過の詳細を述べ、オハイオ大学との国際共同研究の意義を紹介したい。

　2019年、オハイオ大学国際センター・センター長のLorna Jean Edmonds 教授、DirectorのJi-Yeung Jang氏をはじめ国際センターの皆様の多大なご尽力と充実した企画と組織力のおかげで、短期間に多くの教員・研究者とも交流を深めることができた。偶然にも宿泊先の手配ができなかったようで、Lorna Jean Edmonds 教授のご自宅に数日滞在させていただき、お世話になった。私にとってはホテル宿泊より嬉しいことであり、Lorna Jean Edmonds 教授の偉大さと細やかな心配り・温かさに大変感動するとともに、女性リーダーとして憧れを感じた。

　また、Edison Biotechnology Institute のShiyong Wu教授にお会いすることができ、紫外線の心血管系への影響に関する研究について討論させていただいた。この内容は大変興味深く、私がお役に立てる可能性があると感じ、共同研究を構想するに至った。Wu教授の研究分野は私の専門分野（循環病態学）とは全く異なっていたので、2019年9月の訪問時の討論の機会がなければ共同研究を構想することもなかっただろうと思われるが、その後この構想が具体化し、現在も継続している共同研究の基本になっている。Wu教授から研究内容を私に丁寧に説明いただいたことに加え、米国における研究体制を垣間見ることができたことは、大きな刺激になった。

桜並木にある記念碑　　　　　コロナ禍のオハイオ大学　　　Edison Biotechnology 研究所

　さらに、心理学部門のJulie A. Suhr教授の研究室ミーティングに参加し、発表の機会をいただいた。そのおかげで、研究室の大学院生の皆様とも深く交流でき、オハイオ大学の大学院生の意欲的な姿を拝見し、楽しく討論できたことは非常に嬉しいことであった。今回得られた関係を大切にし、学部生・大学院生にオハイオ大学の魅力を伝え、オハイオ大学との交換留学など将来の大学院生の国際交流連携・強化に繋げていきたい。

　新型コロナウイルス感染拡大で、当研究室の大学院生の研究が縮小・停滞するのみならず、2019年から目的であった国際交流・共同研究も順調に進行でき

ず、さらには研究費獲得も困難となり、大学院生とともに見通しの難しい日々を過ごした。しかし、2022年のアセンズでの滞在を通し、人脈を広げ、多様性・質を高められる環境の下、新たな情報や視点に触れることが可能となり、人とのつながりが生活を豊かにするきっかけとなったことを改めて感じた。今回の滞在を活かして、学部生・大学院生が世界中で活躍し、教育・研究成果を挙げられるよう、少しでも貢献したい。

　最後にもう1つ、オハイオ大学訪問で実感した国際連携の象徴について紹介する。

　中部大学から寄贈したソメイヨシノがキャンパス近くの川沿いに一面に広がっている。これが中部大学からの贈り物であることをオハイオ大学で出会った誰もが知っており、この桜並木は両大学の今後の発展と連携の強さをありありと示すものであった。オハイオ大学を訪問し、この壮大な景色を一度ご覧になるとおそらくこの重要性を深く理解できるであろう。

（生命健康科学部　生命医科学科）

二度のアメリカでの滞在から

堀田典生

　私は研究で何か大きなことを成し遂げたいという思いがある。日本国内で活躍する多くの研究者は、海外の研究室で修行し、海外の研究者と英語をつかって当たり前にディスカッションできるという印象を持っていた。そこで私は、英会話のトレーニングを自らに課し、海外の研究室に行くことを狙っていた。そしてこれまでに、2回の米国滞在のチャンス（2か月間のオハイオ大学と8か月間のテキサス大学南西校医療センターでの研究の機会）を得た。そこでの研究で、私は自らの研究を発展させるのみならず、人のつながりや研究に対する考え方など様々なことを得ることができた。さらに、その滞在では、日本人が、海外留学や海外体験をすることの重要性について考えさせられた。

　日本はその地理的条件から、海を囲む島国としての特異性を持つ。この特異性は国を守り、文化を維持するのに有益であるかもしれない。しかし、国際理解

オハイオ大学工学部棟 Russ College of
Engineering and Technology

において、カルチュラルアイソレーション、言語の壁、日本の教育システムにおける国内志向の強調など、いくつかの弊害をもたらしていると考えられる。これらの弊害を克服し、国際理解を促進するためには、まず、国際交流や留学の促進が必要であると考えられる。海外に行って、その空気や文化、人に触れることで、我々は多くのことを学ぶことができる。

自己認識を深め、日本の文化や習慣が一つの視点に過ぎないことに気づくことは、謙虚さを育み、偏見を減少させるだろう。そして国際社会の中で日本を発展させる原動力となり得る。私自身、アメリカでの滞在により、多様性を受け入れることがいかにこの国際社会において重要であるかを学んだ。

　一方で日本の若者の海外留学離れが進んでいる。このことは、本邦の超少子高齢社会において、安倍政権以降、外国人労働者の受け入れが拡大され、国際感覚を持った人材が必要とされていることや多くの企業がグローバル人材を求めている事実に逆行している。私には、この残念な事実の原因を明らかにすることはできない。しかし、もし、それが言語の壁から来ているのであれば、私の経験をお伝えしたい。私はアメリカにおける二度の滞在で、言葉で困ったことが多々あった。特に、テキサスでの生活を立ち上げるための電気の契約の電話は最悪であった。しかし、私が真面目に真剣に話すと、下手な英語でもだいたい伝わった。謙虚に感謝の気持ちをもって会話すれば、だいたいの会話は成立した。渡米前の心配は取り越し苦労であった。

　海外留学や海外体験により異なる価値観を理解することから、自分自身や日本人のアイデンティティについて洞察を得ることができるだろう。また、異なる文化を受け入れることによって、多様性を尊重し、豊かな日本社会を築く機会が生まれると考えられる。私が学生時代をやり直せるなら、休学してでも留学したい。また、アラフォーの今でも海外の長期滞在のチャンスを狙っている。もし海外に行くことに躊躇している若者がいたら、私は行くことを強く勧めたい。

(生命健康科学部　スポーツ保健医療学科)

オハイオ大学との私的なつながり

藤吉弘亘

　私には、これまでの人生の節目で
出会った大切な人たちが何人かいる
が、そのうちの一人がオハイオ大学
出身の先生であった。それは私が中
部大学の博士後期課程の学生だった
約25年前まで遡る。そこから現在ま
でのオハイオ大学との私的なつなが
りを紹介したい。

　1997年に中部大学で博士号を取
得した後、米国ピッツバーグにある

OU で学ぶ学生さんたちと

カーネギーメロン大学にて研究員として働くことが決まっていた。しかし、当
時の私は英語が大の苦手で、やっていけるのか不安があり、OPELT の門を叩い
た。そこで出会ったのが、OPELT の教員であった Haynes Ralsten 先生である。
Haynes（ここでは親しみを込めてファーストネームとさせて頂く）は、オハイオ
大学出身のとても気さくな先生で、年齢が近いこともあり、先生としてだけでな
く、友人のような接し方をしてくれたことで、英語に対する苦手意識を低減して
くれた。

　1997年9月に私と妻は渡米し、ピッツバーグという街で初めての海外生活を
送ることとなった。渡米後も Haynes と連絡を取り合い、Haynes が12月のク
リスマス休暇で実家のあるウエスト・バージニアに戻る際には、ピッツバーグ
の空港でピックアップして、ウエスト・バージニアの実家まで私の車で移動
し、米国での初めてのクリスマスを一緒に過した。道中のピッツバーグのある
ペンシルベニア州からウエスト・バージニア州に入ったタイミングで、Haynes
がウエスト・バージニアに縁のある歌 "Take Me Home, Country Roads" を突然歌
い出したのは忘れられない思い出の一つである。Haynes の実家では、ご両親
をはじめ家族の方に温かく受け入れてもらい、クリスマスを一緒に過ごした。
また、彼女が卒業したオハイオ大学のあるアセンズまでドライブもした。一緒

に過ごす時間の中で、ピッツバーグでの生活や研究員としての仕事に関する会話から、私が頭の中で日本語から英語への変換を考えず、英語から英語で直接反応して返答できていると褒めてくれた。これは自分では認識していなかったが、英語に適応できたことを知る良い機会となり、それ以降、米国での研究生活に少し自信が持てるようになった。1999年に長男が生まれ、Haynes のご両親に顔見せに訪問するなどと家族ぐるみの交流が続いた。

　私は3年間に亘る米国での研究員生活を経て、2000年に帰国して中部大学の教員となった。一方、Haynes は入れ違いのように、米国に戻り、ウエスト・バージニア大学の医学部に入学した。2005年から1年間、私は在外研究員として再度カーネギーメロン大学に家族と共に滞在した。2006年に、Haynes はウエスト・バージニア大学医学部を卒業し、医学博士となった。ウエスト・バージニア大学の学位授与式には、私たち家族は友人として参加し、彼女の新しい人生の門出を彼女の家族とともに祝した。分野を変えて医学博士になることは簡単な道ではない。彼女の勇気と行動力に敬意を表するとともに、私自身も大きな影響を受けた。

　そして、2022年の夏に、最初は先生と学生の関係から始まり、友人となった Haynes の母校であるオハイオ大学に家族と共に6週間滞在する機会を得た。滞在中は、Robert Glidden Visiting Professor として、Department of Electrical Engineering and Computer Science（EECS）の Jundong Liu 先生をはじめ、多くの教員と研究交流について議論した。また、この滞在においては、オハイオ大学の Office of Global Affairs & International Studies の Kate McClure には、生活面で手厚いサポートをして頂いた。Kate の旦那さんである Robert McClure はオハイオ大学の音楽学部の先生であり、彼の音楽スタジオを見学し、研究分野以外での交流も深めることができた。また滞在中に、中部大学を卒業したオハイオ大学の大学院生を住居に招待し、パーティを開催した。オハイオ大学の大学院生として頑張っている中部大学の卒業生と話していると、25年前に初めての海外で奮闘していた自分を思い出し、「初心忘るべからず」で研究に対する情熱がさらに沸騰した。夏のオハイオ大学の美しいキャンパスでの滞在は、研究者として、教育者として新たな関係を築く良い機会となった。これがきっかけとなり、2023年の春には、博士後期課程の大学院生を半年間、訪問研究員として Liu 先生の下に派遣し、人工知能に関する共同研究へと発展した。この滞在を経て、オハイオ大学と中部大学が、次の50年に向けて、新しく深い関係を築いていく時期が来たと確信し、そしてこのつながりは今後も発展していくことと信じてやま

ない。ここまで記したように、私が、学生、研究者、教員というそれぞれの立場においてオハイオ大学とのつながりがあったことを紹介し、このつながりに感謝の意を表する。

（This essay is dedicated to the memory of her mother, Ms. Katherine Ralsten.）

（理工学部　AIロボティクス学科）

2023年度
派遣交換客員教授として学んだこと

棚橋美治

2023年度派遣交換客員教授として、オハイオ大学（以下OU）Russ College of Engineering and Technology に1か月、宇宙航空学科の紹介をはじめ、類似研究関係者との学術交流に関する意見交換を行う好機を与えられた。

2021年度、飯吉前理事長より、2018年度開設の工学部宇宙航空理工学科（2023年度より理工学部宇宙航空学科）からの派遣のご進言があり、国際センター運営委員の池田先生（2023年度より理工学部長）より、学科の国際交流専門委員の下名にご推薦があった。小職には想定外の大変勿体ないお話であり、申請させて頂いた。

2022年度派遣された理工学部AIロボティクス学科の藤吉先生にいろいろお話を伺い、申請内容を具体化し、OUから受け入れを承認頂いた。その後、2018年度派遣された同学科の平田先生からも当時の情報をご提供頂いた。海外で客員として派遣されるのは初めての経験であり、期待と不安が入り交じっていた。米国出張自体は、前職でも度々あったため抵抗感はなかったが、今回は本学からの代表派遣であり、OUとの社交儀礼を兼ねて新規開拓する調整要素が含まれているため、立ち位置が全く異なった。

折しも2023年は、学術交流協定締

Welcome Reception でのスピーチ

結50周年を迎える節目であり、次の50年を視野に入れた新たな交流を展開して行くためのスタートアップの好機として、小職が少しでもお役に立てばと思い、Welcome Reception、ホストの先生方との学術交流及び学生への講義では、まずは学科の活動PRと研究紹介を行い、学部としても学術交流を進める様促した。驚いたことにWelcome Receptionでは、関係者が旧友のように親しく話しかけて下さり、長年の友好関係に根付いた厚い信頼感を肌で感じた。

丁度、本学の同窓会会報「桃園の夢」にOUとの協定締結50周年が特集され、国際センター長の塩澤先生よりその意義を詳しくご説明戴いていた。お蔭でこの信頼感が育まれた所以が拝察できた。塩澤先生とは、現地の歓迎会で初めて親しくお話させて頂き、国際連携課の筒井課長、岡島担当課長及び大矢さんと共に、親交を深めることが出来たことも大きい。

今回の目的に、OU Russ College 他の関係者との人脈づくり及び理工系学生交流の促進を挙げていたが、友好の輪に本学科が仲間入りさせて頂いたことが大きな成果である。OUの Global Affairs の方々には、諸手続や公私に亘るお付き合い等で大変お世話になった。日系の鈴木先生には、日本の学生が国際化するためには何が必要かと伺ったところ、最初は日米で文化の違いが大きく感じられるが、いろいろ付き合っていくとかなりの部分が共通していることに気付いた。この共通点を認識し、それぞれのアイデンティティを尊重し合う姿勢が心の国際化には必要ではないかとのご意見を戴き、腑に落ちた思いがした（ご本人の意図と多少離齬はありうることをご海容願う）。

理工系学生の交流促進については、特に Global Affairs の方から近年理工系学生の長期留学が少ないため、是非促進して欲しいとの要望があった。今回の経験から、語学は勿論、研究の取組み方や知見を修士までに磨いておき、博士課程で派遣するくらいでないと対応出来ないものと思われ、今後海外の大学院志望学生に対しては、しっかりとてこ入れしてレベルアップを図る必要があると感じた。

学術交流としては、小職の研究対象としている電動垂直離着陸型固定翼無人機（eVTOL）の開発に関わる、主に空力制御や機体の諸元策定につながる要素研究の促進を目指し、OUのホスト役 Dr. Wilhelm 准教授（Mechanical Engineering）の自律制御の知見を活かした共同研究の在り方を協議した。ホストとの議論を通じ、それぞれ予算を確保の上、協業を調整する方針を確認した。米国では、教員の研究レベルによるが、同先生の場合、軍やNASA或いは企業からの委託予算が億円規模であり、外部からの侵入や障害物への対処法をシミュレートし、飛行実証するような極めて実用的な研究をされており、軍事研究に対する抵抗感が日

本の学会と全く異なるところが改めて浮き彫りとなった。恵まれた研究環境である。

　また、授業担当も高学年対象の数科目のみで、研究に専念できる環境が整っていた。学部生は卒研が任意で、院生はテーマも含め一から考えさせ、論文を読み込むように指導される方針は、実力を付ける上で有効なやり方として参考になった。一方、学内予算は無く、修士の人件費も含めて全て外部予算を獲得しなければならないという、本学に比べて予算獲得の条件が厳しい状況がある。昨年度藤吉先生のホスト役を務められたDr. Liu准教授（Electrical Engineering and Computer Science）とも、マルチコプタ型ドローンの衝突回避制御研究に関する協議を行ったが、概ね同様であった。授業を依頼されたDr. Al-Majali准教授（Mechanical Engineering）とは、固定翼無人機の機体設計に関する研究紹介を受け、今後交流を図っていくこととなった。

　終盤に行われたDr. Elizabeth Sayrs教授（Provost）とのCourtesy Meetingや Debrief Meetingでは、OUのRuss Collegeと本学の工・理工学部との間で院生の留学や教員の学術交流の促進を図ること、その中で、学生の希望するテーマや設備がOUにない場合は、ホストの紹介による近隣のオハイオ州立大学への留学もあり得ることなども話し合った。また、2019年に本学から7名の研究者が訪問し、研究紹介が行われたことを踏まえ、今後好季節に本学にお越し頂ければ幸いであることを申し上げた。既に、2024年5月にOUからの訪問が予定されているとのことであり、更なる交流促進に協力させて頂きたいと思う次第である。

　最後に、今回の派遣に関わられた全ての方々に厚く御礼申し上げる。

（理工学部　宇宙航空学科）

グローバルな視点を持ち始めた 私の原点「オハイオ大学」

垣立昌寛

　オハイオ大学と中部大学との協定締結50周年にあたり、心よりお祝いを申し上げたい。

海外研修引率にて（1993年）

　私は大学を卒業し中部大学に就職するまで語学が不得意だったこともあり、海外（旅行）に行ったことがなかったため、「異文化交流」「国際交流」という言葉は当時の私には全く無関係だと考えていた。そんな私が就職して5年が経過した1993年に、中部大学の海外提携校であるオハイオ大学での夏期海外研修旅行の引率を命じられた。「これはたいへんなことになった。出発前に英語の勉強やオハイオ大学の情報を収集しなくては……」とまずは語学センターのオペルトの先生（オハイオ大学教員）にお願いして英会話の特訓を受けた。また、オハイオ大学への留学経験のあった卒業生や国際交流センター（当時）職員から様々な情報を入手し、同大学へ学生引率に出かけた。

　異国の地、オハイオ大学に着いて感じたことがいくつかある。まずは広大で自然豊かなキャンパスだ。中部大学も緑豊かな広大なキャンパスだが、オハイオ大学は中部大学以上の広さに加えて大自然そのものであった。キャンパスにかわいいリスが駆け回っていることに驚きを隠せなかった。そして、オハイオ大学の先生方がとても親切だったこと。この上ない笑顔で私や学生たちを迎えてくれたことは、今でも鮮明に覚えている。身振り手振りを使って必死にコミュニケーションを図ろうとしている私に、真剣に耳を傾けていただき、ニコッとして「OK, Great！」と言ってもらえた喜びは、今でも忘れられない。そして、中部大学の学生（交換プログラムの大学院生）や社会人として同大学で学んでいる卒業生の何人かに現地で会うことができ、彼らのオハイオ大学での充実した生活ぶりを聞いて、「これがまさに真の留学」と感じ入った。中部大学との国際交流プログラムがとても充実していること、また奨学金等の支援体制もしっかりしていることなどを再認識し、オハイオ大学と連携協定を締結している意義や中部大学としての強みが良く理解できた。

　オハイオ大学での滞在は2週間ほどであったが、「もっと滞在したい」と心から感じた。当時購入したオハイオ大学キャラクター「ボブキャット」が付いたグッズは今でも大切に使用している。これらのオハイオグッズは私が学生寮寮監を務めていた頃に、寮内で学生生活を送っていたオハイオ大学からの留学生が毎年大学祭で販売していたが、本学関係者だけでなく、学外からの来場者にも人気であったことを思い出す。

異文化に触れた経験が全くなかった私だが、初めての海外出張先であるオハイオ大学に訪問した翌年には、国際関係学部事務室に部署異動となり、以降、学部主催の海外研修旅行でマレーシア、シンガポール、タイ、香港、中国、台湾などの各地への学生引率を経験することとなっ

美しいオハイオ大学 College Green

た。その後も課外活動の引率で韓国の大学に出向いたこともあり、数々の海外経験を経て、すっかり「国際人」感覚になった自分がいた。これまでを振り返るとやはり、グローバルな視点を持ち始めた私の原点は「オハイオ大学」での体験であり、交流協定締結50年を境に、さらに大学間の活発な交流が進むことを願って止まない。そして今後、より多くの本学園の教職員が、オハイオ大学との交流に積極的にかかわり、その経験の中で得たグローバルな視点を、日々の業務などの中で活かしてほしいと考えている。もちろん私自身も、引き続きグローバルな視点を持ちながら仕事に携わっていきたい。

　コロナ禍での海外留学や海外研修等の中止などを経て、世界ではグローバル化に逆行する保護主義的な考え方が台頭しつつある一方で、デジタル化が進み、オンライン上のコミュニケーションツールによって海外の方々との気軽な接触も可能となっている。このような状況を受けて、授業科目のグローバル化や学生・研究者の国際流動性が今後より促進されることが期待されている。ぜひこれを機会に、オハイオ大学との連携プログラムのあり方が時流に乗ってアップデートされ、さらに大学間の距離が縮まり、より多くの人が交流にかかわることになれば嬉しく思う。

　最後に、これまで学園・大学で数多くの業務を担当してきたが、私のグローバルな視野を大きく拡げてくれ、国際感覚を身につける原点ともなり、人間力向上の機会を提供してくれた「オハイオ大学」に敬意を表するとともに、今まで関わってきた同大学の先生方に感謝を申し上げ、私のエッセイを閉じたい。

（学校法人 中部大学　事務統括本部長）

「就職」から
「キャリアプランニング・プレイスメント」へ

市原幸造

Krzic ご夫妻と野球談議

私が中部大学に転職してきたのは29才の時だった。それまでは民間企業に勤めていたが、学生の就職支援をする仕事に惹かれてのことであった。そんな私が入職3年目の1991年8月、オハイオ大学への1か月余りの海外研修プログラムで、野田恵剛教授とともに30数名の学生を引率するという機会をいただいた。

プライベートで遊びに行ったくらいの海外経験しかない私は、英会話には全く自信はなかったが、野田先生が付いているから自分の仕事は学生たちのお世話をすること、と理解してその役目を果たすことにした。とはいえ、多少は英語でコミュニケーションすることもあろうかと通勤の車内で英会話のテープを聞いてそれなりに準備をしたつもりだった。だが、コロンバス空港で出迎えてくれたオハイオ大学側の受入れ担当者であるパトリシアさんが、私に歓迎の言葉をかけてくれたような気がしたが、全く聞き取ることができず、それ以降は英語での会話は諦めてすべて野田先生に通訳してもらうことにした。

こんな感じで私にとって初めての海外での仕事がスタートしたが、ただ一人日本語で話しかけてくれたのがジェラルド・カージック先生だった。カージック先生は中部大学と中日ドラゴンズがとても気に入っている様子で、私たちのことを本当に親切にサポートしてくれた。アメリカメジャーリーグで史上最高の三塁手と称されるマイク・シュミットが、オハイオ大学の卒業生であることもカージック先生に教えてもらった。奥様のジョン・ヒー先生とともに中部大学の理解者として非常に大切な先生である。

アセンズ滞在中に、私は学生たちが講義を受けている様子を見学したり、オハ

イオ大学の美しく広大なキャンパスを散策したりしながら、レンガ造りの校舎や天然芝の野球場やフットボール場など、きれいに整備された素晴らしい施設の写真を撮影して歩いた。

　日頃、就職課員として学生の支援をしていた私は、アメリカの大学では学生への就職サポートはどのように行われているかを聞いてみたくなり、オハイオ大学でその役割を担っている部署を訪ねることにした。当時そこは2階建ての建物で「キャリアプランニング　アンド　プレイスメント　センター」というサインがある建物であったと記憶している。多くのスタッフがいるオフィスとカウンセリングルームの他に、いくつも用意されたインタビュールームでは毎日のように様々な企業の担当者が来て、学生が面接試験を受けているとのことだった。そのとき私は、就職支援には「キャリアプランニング」と「プレイスメント」という二つの側面があるということを初めて認識した。

　当時は日本の大学では、大学生の進路選択にあたって「キャリア」という概念や単語が用いられることはほとんどなく、就職支援の中心は求人手続きをされた企業を学生に斡旋することと、採用試験対策として履歴書添削や面接指導をすることであった。しかし、一方では社会で働いた経験がない学生に就職後の自分をイメージさせて、その仕事がやりがいを感じられるものなのかを判断させることの難しさを、おそらく日本のどこの大学の就職担当者も感じていたはずである。

　ところがアメリカでは日本ではまだ行われていなかった「インターンシップ」が社会に定着していて、それに関する多くの種類の情報誌が学内外の書店で販売されており、学生たちは在学中や卒業後の一定期間をインターンシップに充てて、就業体験をした上で卒業後の進路選択をしているとのことであった。また、卒業と同時に就職する学生は卒業生全体の6割程度とのことだった。新卒一括採用が慣習となっている日本の大学生の就職事情との違いにとても驚いて、帰国後に上司に報告する際に、若者にとっては合理的と思えるこの職業選択の仕方について一生懸命に説明したことを憶えている。

　この経験が本学の「就職部」における業務内容を、従来の就職支援に加えて肯定的な自己概念を涵養するプログラムや業界について学ぶプログラムを1、2年生向けに実施するなど、低学年からの職業観醸成にも広げていく契機となった。そして、2002年に他大学に先駆けて中部大学の「就職部」は「キャリアセンター」へと名称を変更して、1年生から4年生まですべての学生のキャリア開発をサポートする部局を目指すことになった。私自身もその頃から日本で広く導入され始めたキャリアカウンセリングの知識・スキルを学び、学生に一層寄り添っ

た支援を心がけて日々の仕事に取り組むことになった。

　オハイオ大学のカレッジ・インに滞在していた野田先生と私は、たびたび様々な方のご自宅にお招きいただき懇談をさせていただいた。カージック先生ご夫妻の自宅、本学からの留学生がホームステイさせてもらっているご家庭、そして最も印象深かったのは、オハイオ大学と本学とのご縁をつないだ田中友安先生にご自宅での夕食にお招きいただいたことだ。田中先生が日本を出てアメリカで大学教授として教鞭をとることになった経緯や三浦幸平先生とのことなどをお話いただいたと思うが、恥ずかしながら具体的にどんな話をしていただいたか、ほとんど憶えていない。ただご自宅を改装したときに壁の中から出てきた新聞の日付が1902年だったというお話は、今でも憶えている。

　アセンズの街を歩けば、すれちがう市民に「チューブ」、「チューブ」と親しく声をかけられた。私がその地を訪れたのは、今から32年前の1991年の話だ。オハイオ大学と中部大学の交流が始まって18年目のことである。今年で50年の節目を迎える両大学による交流の歴史は、これからもまだまだ続いて行く。

（学校法人 中部大学　事務統括本部副本部長／中部大学　事務局長）

オハイオ大学への想い

西川鉱治

　オハイオ大学と本学が1973年に姉妹校提携を結んで50年になる。1973年といえば、1ドル308円の固定相場制から変動相場制に移行した年である。この日米の歴史的なタイミングで姉妹校提携を結んだことは当時の両大学が先見の明を持っていたことへの証であり、この50年間、両校の交流を紡いできた歴代の両校関係者および担当者の並々ならぬ思いの結晶に外ならず、本学における国際交流史や各種留学プログラム、そして各種留学支援奨学金制度の礎となっていることは言うまでもない。

　私自身のオハイオ大学との関わりは、1989年（平成元年）と1998年（平成10年）の2回、約1か月間のオハイオ大学への海外研修旅行に引率として参加したことに始まる。約3週間のオハイオ大学での語学研修と10日間ほどでナイアガ

ラ、ボストン、ニューヨークなど5都市を巡る超過密スケジュールの見学ツアーからなる。この研修旅行は後にオハイオ大学長期研修プログラムへと発展的に終了した。

　今、111分に及ぶビデオを観ている。このビデオは1989年の学生参加者の1人が撮影、編集したものであり、オハイオ大学での授業風景を始め、各行事、見学ツアーの様子を収めたものである。当時を思い出しながら、2回の研修旅行での写真や旅行時の自身が記したシステム手帳のメモを見ながらこの稿を記している。

　1989年の研修旅行は、男子22人、女子13人の4年生から1年生までの35人の学生を教員と2人で引率した。大阪国際空港から乗り込む飛行機は出発から遅延し、サンフランシスコ空港での乗継ぎができないというハプニングに始まり、慣れない地で乗継便の手配やらオハイオ大学への連絡などに追われた。幸いにも当時オハイオ大学に留学中の本学を退職した職員に連絡が取れ、本学プログラムの責任者の先生に伝えていただき事なきを得た。アセンズでは授業以外に連日オハイオ大学が提供してくれる様々なプログラムに学生は休む間もなく、興奮した日々を過ごすことになる。時には講義室へ移動中の学生が体調不良で動けなくなったり、連日数人の学生が体調不良で授業を欠席したりもした。朝から晩までキャンパスと寮での集団生活に慣れない学生同士のトラブルもあり、毎回、その場での対応が必要となった。これらのことは私自身の大学職員としての様々な経験値を上げることに繋がっている。

　オハイオ大学を出発する前日に開催された卒業パーティーでは、副学長、アセンズ市長をはじめ、本学学生を含めて100人以上の参加者のもと修了証が授与された。実は引率の私たちにも修了証が授与され、もう少し真面目に研修に参加すればよかったと後悔したものである（笑）。パーティーは、学生が授業で学んだ寸劇や歌などの発表会も兼ねており、学生たちの成長ぶりを目の当たりにすることができた。本学研修旅行団が多くのオハイオ大学関係者に支えられていたことを改めて感じたひとときである。

　当時の参加学生とは、今なお交流が続いている学生が何人もいる。私が知っている限りこの時の参加者同士で3組が結婚して家庭を築いており、そのうちの2組は私自身が人前結婚式での立会人をさせていただいた。研修旅行がきっかけとなり彼らの豊かな人生に繋がったのであれば引率者としてうれしい限りである。ちなみにこの年の研修旅行は、帰国時にも機体故障で帰国が1日遅れ、最後の最後までトラブル続きであった。今、思い起こせばそれも楽しい記憶である。

1998年の研修旅行は、男女8人ずつ3年生と2年生の16人の学生を1人で引率する。2回目のオハイオ大学は10年の時が経ってはいたが、前回訪問時によく利用したアセンズの町にある中華料理店も営業していて懐かしく感じたり、1回目の訪問時にお世話になったオハイオ大学の担当者が"actress"になっていて驚いたり、前回のわずかな経験が引率者として少しだけ余裕をもたらしてくれた気がする。学生16人は学年、学科を超えてお互いを尊重しつつ助け合いながら、明るく楽しく、そして時にはぶつかりながらハードスケジュールのアセンズでの研修に取り組んだ。プール好き（？）の学生たちは、授業後に寮のプールで連日交流を深めた。寮の責任者に無理を言って共有スペースを貸し切り、本学のサポートをしてくれた現地のご夫妻を含めて20歳の誕生日を迎えた学生の誕生パーティーを開いた。

　彼らは、帰国後も交流を深めており、翌年の「ナイトウォーク（一晩かけて本学から研修センター（恵那）までの約42キロを歩く行事）」にチームで参加したり、花見、潮干狩り、小旅行とイベントいっぱいの学生生活を過ごした。研修旅行から25年経っているが、誰一人として欠けることなく、私を含めて今なお全員が連絡を取れる仲である。彼らが与えてくれた経験こそが、その後の大学職員としての自信と充実を与えてくれた。

　当時、2回目の16人の参加者のうち4人が大学院（オハイオ大学1人、本学3人）に進学した。本人たちの言によればオハイオ大学研修旅行で様々な刺激を受けたことが大学院進学への大き

1998 年の研修参加者と（2014 年）

なきっかけとなったに他ならないとのこと。この研修旅行が彼らにとってより豊かな学生生活をもたらした。

　これらの2回の研修旅行では当時オハイオ大学大学院に留学中の本学卒業生の支援があり、その活躍を忘れてはならない。大学の先輩として参加者の良き相談者となり、種々のプログラムにおいても積極的にサポートしてくれた。

　2回の研修旅行の参加者や大学院生との交流は、間違いなく私の大学職員としてのキャリアを高めてくれた。そして、多くの宝物を与えてくれた。オハイオ大学での鮮明な記憶や経験が大学職員としての力となり、私自身の中部大学での職

員生活を豊かなものに変えてくれたことは疑う余
地がない。感謝の一言である。

　本学には本学卒業生がオハイオ大学大学院への
進学を支援する種々の奨学金制度がある。このよ
うな海外の大学院進学を支援する奨学金制度は全
国の大学にもほとんど例がないようである。これ
らの奨学生は、海外や国内で研究者や職業人とし
て活躍しているもの、本学職員として在学生のサ
ポートをしているもの、などなど様々な場所で活
躍している。これらの奨学金制度は、オハイオ大

研修参加者からの
五十路誕生日お祝いマグカップ

学と本学の50年にわたる交流の積み重ねがもたらしてくれたものとして本学が
自慢できる制度の一つといえるだろう。引き続き、オハイオ大学と中部大学が緊
密な交流を通して、未来を担う若者たちを支援し、先行き不透明なVUCA時代
に様々な社会で活躍できる人財が育成されることを期待している。

（学校法人 中部大学　参与）

時代が日本留学への背中を押したとき

庄山敦子

　中部大学とオハイオ大学で教授として講義をされ、両大学の交流に多大な貢
献をされた初代国際交流センター長の田中友安教授のもとで、私が業務に就いた
のは、今から30年前である。1993年、オハイオ大学からの短期研修の学生を受
け入れるため、外国人留学生のための日本語教育施設として中部大学留学生別科
が設置された（2007年閉鎖）ばかりの頃であった。田中教授は留学生別科長を兼
ねられた。同年秋学期からオハイオ大学で日本語を学ぶ学生のために、中部大学
で約4か月間の日本語と日本文化体験を盛り込んだ特別プログラムが開始され
た。その時からオハイオ大学から初めて学生研修団を受け入れることとなり、中
部大学の教職員、学生が歓迎し、友好親善や異文化交流の機会に大きな期待を寄
せた。

大学開学 30 周年、交流 20 周年記念にオハイオ大学から
ロタンダが贈呈される（1994 年）

　1994年当時、日本が観光立国として歩みをすすめる10年も前であり、日本に関する情報提供も弱く、海外の学生にとって日本への留学の思いはそれほど成熟していなかった。オハイオ大学からの2回目の研修団を募集するのが容易ではなかったようで、学生の送り出しを担当されたカージック先生は苦労されたと聞いた。なんとか第2回の研修団も編成された。第1回、第2回とオハイオ大学からカージック先生と夫人のジョン・ヒー先生が全期間同行され、お二人によるサポートが大きかった。

　オハイオ大学からの学生研修団と、留学生別科で1年以上日本語を学ぶ中国をはじめアジアからの留学生を加えて、留学生の数は急激に増加した。このように留学生の積極的な受け入れを後押しした背景には国策として、「留学生受け入れ10万人計画」があり、当時の留学生数を先進国並みの10万人まで増加させることを目指していた。

　受け入れ環境が整った2年後の1995年から当時の財団法人日本国際教育協会（AIEJ）による短期交換留学生推進制度（受け入れ）が開始された。この制度が日本留学への背中を強く押すことになった。その内容は、大学間交流協定の促進と国際競争力の獲得という目的のため、姉妹提携校からの留学生には渡航旅費や奨学金等、たいへん手厚い支援をおこなうものであった。一人でも多くの留学生が本学に留学してもらうため、我々はその制度をオハイオ大学はじめ姉妹提携校の担当者に強く働きかける契機として活用した。そのため、オハイオ大学に加えて新たに提携校を増やし、留学生も増加した。

　中部大学生にとって、姉妹提携校留学生の「カンバセーションパートナー」というボランティアへの関心はとても高かった。募集をかけるといつも短期間で定員が埋まった。採用された場合、留学生と苦労しながらも楽しそうに会話をしている姿をよくみかけた。「パートナーになれなくても交流や会話をしても良いじゃない」と学生に言うと、「それは違う。カンバセーションパートナーという役割があるからこそ、堂々と交流ができるのだ」と答えた。控えめな性格にみえ

た学生は、英語でコミュニケーションをとり、日本語学習のサポートをし、留学生との交流で積極的な姿勢をみせていた。パートナー役に漏れた何人かの学生はというと、翌年、募集がかかると真っ先に申し込んだ。中部大学の学生達が忙しい中、自発的に留学生との交流のために時間を割いている姿を見るとうれしく思った。留学生の受け入れが開始されなければ、このような光景を見ることがなかったのだから。パートナー役をきっかけに英語学習への動機付けや、海外留学に挑戦してくれたらと思っていた。実際に多くの学生がそういう道に進んでいた。

第1回日本文化研修参加者（1993年）中央が故山田和夫元学長、上段右から5人目が田中友安先生、6人目がKrzic先生、その斜め前がJoung Hee先生

　国際交流を支える業務は、たいへん地道な事務作業の積み重ね、調整能力と粘り強さが求められた。日本留学、国際化への推進を開始した時期に業務に就いたため、毎日が多忙であったが、私自身は好きな仕事であり、やりがいも感じた。少ない人数で業務を進めていたため、個人が担当する業務量が多かったが、日本語の先生方と連携しながらチーム力で乗り切った。その一方で他の部署から理解が得られない場面もあった。常々田中教授から、「国際交流とは国際貢献であり国際平和への橋渡しである。留学生が学んでいる大学は多様な文化を許容し、魅力がある証でもある。本学の学生にとって異文化や多言語に触れる機会を提供し、海外に目を向けるきっかけにもなるのだから」と言われ、自らを奮い立たせたこともあった。所属部署を異動すれば、目指す目標も当然変わっていくが、留学生の受け入れを開始した当時、多様な業務に関われたことは自分を成長させてくれたと今でもそう思っている。

（学生教育部）

世界に一つだけの花を咲かせるために

蓑島智子

「世界に一つだけの花　一人一人違う種を持つ　その花を咲かせることだけに一生懸命になればいい」これは2003年当時、大ヒットしていたSMAPの「世界に一つだけの花」のフレーズだが、この歌を聞くと私がオハイオ大学長期研修の引率で出逢った学生たちを思い出す。

1993年にオハイオ大学と中部大学との学術交流20周年を記念して両大学の図書館間でも交流事業を行うことになり、図書等を相互で寄贈したり、それらの図書等を設置した記念文庫をそれぞれの図書館に設けたり、図書館職員の人事交流を行う等の活発な交流事業が行われてきた。その事業の一環で、図書館職員であった私は1996年に日本語資料の整理など図書館業務のためオハイオ大学へ派遣されたのだ。2003年にはそれらの業務に加えてオハイオ大学長期研修の引率も行うため、二度目のオハイオ大学への出張をすることになった。

当時の上司からは「学生がホームシックになるかもしれないから、よく話を聞いてやってくれ」と言われ、最初はこちらから積極的に声かけをしてみたのだが、学生からは「なんでこの人はここにいるの？」といった戸惑いのような空気を感じていた。その頃は、まだ自分の中でも、研修に参加した学生たちを一括りで捉えていて、一人ひとりの「顔」が見えていなかったように思う。

アセンズには約1か月間滞在し、日々図書館で業務を行いながら、時々授業を見学したり学生たちの行事に参加したりするほか、病院への付き添いなどをするうちに、次第に学生の方からも話かけてくれるようになり、各自の持ち味を知ることが日増しに増えていった。「こんなに勉強するのは生まれて初めてです！」という言葉を何度学生たちから聞いたことだろうか。その言葉を発する学生は、大変だがやる気に満ちた表情で、一所懸命に課題に取り組む姿を頼もしく嬉しく思ったものだ。見学した授業では、熱意をもって内容の濃い授業を行う先生方と、その授業を真剣に受ける学生たちの様子が印象深かった。授業理解のためには相当の量の自習をする必要があり、「大変だ〜」と言いながらも、頑張れば少しずつでも確実に英語力が向上していくことや、学ぶこと自体の喜びを感じてい

るようだった。そして、何より学生たちは厳しくも愛情をもって真摯に向き合ってくれる先生方に褒めてもらい、認めてもらえることにモチベーションの高まりを感じているようだった。滞在中、学生たちの英語スピーチを聞く機会が何度かあったが、短期間でこれほどまでに英語力が伸びるのかと大変感銘を受けた。これも、オハイオ大学と中部大学の長年培われた友好な関係の上に成り立つ、細やかに配慮された充実したプログラムによるものだと改めて実感した。

　ある日、A君から「Thank You Party は日本の祭りをやりたい」と提案があった。これは中部大生がお世話になっている方々へ感謝の気持ちを伝えるために開くパーティで通常は立食パーティをしていたようだが、オハイオ大学の方々に日本の祭りを楽しんでもらいたいという強い気持ちからの提案だった。早速、私は当時長期研修の担当部署であった学生課へ相談したところ、現地で可能な範囲で行うことができれば実施してもよいとの返事をもらい、オハイオ大学側にも了承を得て、「お祭り企画」を進めることになった。リーダーは提案者のA君とし、祭りへの参加は強制ではなく任意であること、あくまで勉強に支障のない範囲で準備を進めることに留意することとした。結局全員が参加を希望し、具体的な内容が決まってくると屋台や金魚釣りの材料として、ダンボールをもらいに近隣のスーパーへ皆で行くなど忙しく準備に取りかかった。

　また、ある日ミーティングで「『世界で一つだけの花』を英訳して皆で一緒に歌いたい」と提案があり、「やろう！やろう‼」と盛り上がった。英訳は一人ひとり、少しずつフレーズを分担し、チェックしあって皆で英語の歌詞を完成させた。アセンズでの濃密な日々の中で、自分だけの種に気づいたり、頑張っている自分に「やればできる！」と少し自信を持ったり、そんなオンリーワンな自分を大事に育てていこうという思いと、歌詞にこめられた意味と重なったのではないだろうか。学生たちはそのような気持ちをお世話になった方々に、感謝の気持ち

「世界で一つだけの花」を英語で合唱

Thank you party にてお祭り企画

とともに伝えたかったように私には思える。

　学生たちが長期研修に参加した動機は、英語力の向上はもちろんのこと、大学に入学したが面白くない、今の自分を変えたいという思いで参加した学生も少なくなかった。A君も「何か」を求めて研修に参加してきたが、素晴らしいリーダーシップを発揮して、両大学の皆が一緒に楽しめる祭りを実現でき企画は大成功となった。英語の歌詞を見ながら、全員で歌った「世界で一つだけの花」はオハイオ大学の方々にも、その歌のもつ意味を共感いただけたようで、会場には感動の輪が広がった。研修後しばらくして、A君は進路が決まったことを図書館まで報告しに来てくれた。その顔は心が定まり晴れやかに輝いているようで、私も自分のことのように嬉しく、A君と喜びあったことが昨日のことのように思い出される。

　この学生引率という貴重な経験を通して、学生それぞれに素晴らしい可能性があり、何かのきっかけでぐんぐん伸びていくことを強く感じた。異なる環境に身を置き、勉学に励みながら、異文化に触れ、人との出逢いや出来事を通して気づき、鼓舞され、成長に繋がる機会を得られるこのオハイオ大学長期研修のような留学体験が、それぞれの花を咲かせるきっかけの一つになるのではないだろうか。

　私自身このかけがえのない経験を経て、一人ひとり大切な種をもつ学生達の成長を願う気持ちがゆるぎない心の柱となり、より一層業務に取り組む姿勢に表れているように感じている。そして、何が自分にとって喜びなのか、エネルギーが湧いてくるのか、自分の種も改めて実感できたように思える。

（国際・地域推進部　地域連携課）

「カージック・ラウンジ」オープン！

鈴木清明

　2023年10月4日、竹内理事長・学長、家総長、武藤副学長はじめ多くの教職員、学生の方々にご参加いただいて、「カージック・ラウンジ」のオープニングセレモニーを開催した。カージック・ラウンジは、中部工業大学（現・中部大学）

が、1973年にオハイオ大学と学術交流協定を締結して50周年を迎える2023年にオープンした国際交流ラウンジである。

19号館2階から20号館2階、20号館1階のエリアを語学・国際交流・地域交流ができるグローカル（Global+Local）なエリアとして整備

カージック先生の紹介パネル

するという構想が2019年度に持ち上がり、2020年度にワーキング・グループを立ち上げ、2021年度にGlocal Forest検討委員会が発足し、進めているものである。ちょうど、この2023年度に20号館2階に国際交流ラウンジをつくることになり、オハイオ大学との協定50周年にふさわしいラウンジとすることとなったわけである。

これまで5階にあったOPELT教員（Ohio Program for English Language Teaching：オハイオ大学が認めた英語教員）の研究室を2階に移し、国際交流ラウンジと隣り合わせにすることで、学生とネイティブ教員の距離を近づけるという考えはGlocal Forest検討委員会で一致した。

当初の提案では、このエリアは20号館2階の北側にOPELT教員の研究室を配し、南側をラウンジにするというものだったが、北側の景色を取り込むという案もあがり、議論を重ねた結果、20号館2階の中央部分のほぼ正方形のエリアをラウンジとし、隣接するように西側にOPELT教員の研究室を配置することになった。管財部を通じて3社に提案を依頼し、現在の形を提案した会社の企画を採用した。東西を行き来する通路でもあるこのラウンジの出入り口を直線で結ばず、南側にカーブを設けたユニークな作りとしたのが特徴である。

「Ohio Lounge 50」── 国際センターから提案したこのラウンジの名前だ。この名前はGlocal Forest検討委員会ではまったくの空振りだった。「図書館にオハイオラウンジがあるから」というのがその理由だ。区別するために50周年を記念した「50（Fifty）」とは入れたものの、学内でも混乱をきたすのではないかということもあり、不採用となった。では、どういう名前にするか。会議では、オハイオ大学がある町の名前を取って「Athens Lounge」という案も出たが、市原大学事務局長から「アメリカなどでは誰かの名前を付けたりするのではないか」という発言があった。その時、塩澤国際センター長と私の目が合った。塩澤先生はすかさず「オハイオ大学と中部大学の交流にもっとも貢献してくださっている

のはカージック先生なので、彼の名前を付けて Krzic Lounge はいかがでしょうか？」と発言。すると周りからも「いいですね」の声。塩澤先生は「カージック先生は30年近く中部大生を受け入れてくださっていますから」とダメ押し。私も「その名前を付けられれば一番いいですね」と加えた。武藤委員長・副学長からのアドバイスにより、「ご本人の了解を得たうえで進めましょう」ということになった。まさかカージック先生の名前をつけられるとは想像していなかっただけに、会議終了後は、嬉しさに満ち溢れて、心が弾んだ。

　さっそく塩澤先生からカージック先生に会議の報告がなされ、カージック先生は戸惑われながらもご快諾された。そして、カージック・ラウンジの準備が本格的にスタートした。内装やそのデザイン、家具、使用素材などが最終的に固まるまでにはさまざまな困難もあったが、関係者のご尽力のおかげで予定通り9月30日の秋のオープンキャンパスまでには完成の見込みが立った。そこで私は一つの提案をした。オープニングセレモニーをしよう。

　10月4日14：00に開催することが決まった。カージック先生には来日していただきたかったが、学期中であり、カージック先生のご指導の下では本学の英語英米文化学科の2年生約40人がオハイオ大学に留学中だ。オンラインでのライブ参加を依頼したところ、深夜（オハイオは午前1：00）にもかかわらず参加いただけることになった。

　大学の建物の竣工式などは、大学幹部や関係する教職員だけで行われることが多いと思うが、このカージック・ラウンジのオープニングセレモニーは学生たちと一緒に開催したかった。司会は学生、テープカットにも学生が参加し、オハ

オープニングセレモニーでテープカット

イオ大学長期研修に参加した学生は研修の思い出やカージック先生に対する感謝の気持ちを英語で伝え、ちゅとらも登場するという計画を竹内理事長・学長、武藤副学長、佐野副学長を交えた打ち合わせでお伝えしたところ、ご快諾いただいた。ひとつ想定外の変更は、このセレモニーをすべて英語で行うことになったことだ。ただ、そのおかげで、カージック先生にも内容がより伝わりやすいものになった。

　そして、オープニングセレモニー当日。実施する側としては本当にバタバタすることばかりであり、いくらか失礼なところがあったとは思うが、この手作りのオープニングセレモニーを何とかすべて滞りなく進めることができた。ご列席いただいた大学幹部の方々や教職員にはもちろんのこと、国際連携課員はじめ協力してくれた学生の皆さんにも感謝したい。

　このオープニングセレモニーを行って本当に良かったと思ったのは、セレモニーの成功そのものだけではなく、その前後にオハイオ大学長期研修に参加した学生たちが次々にカージック先生とオンラインで語り合っていたことだ。学生たちの第一声は「Do you remember me？」でそのすべてに対してカージック先生は「Yes, XXX（名前）！」と返しておられた。ラウンジ内のカージック先生の紹介パネルにある「the Krzics are like a second set of parents in America.」というのはまさにその通りで、学生たちはアメリカのお父さんに元気でやっているところを見せているようだった。

　このように成功裏にスタートを切ったカージック・ラウンジだが、本当にこのラウンジが意味あるものになるためには、国際交流ラウンジにふさわしい雰囲気を保ち続け、イベント等も行ったりしながらここを利用する学生たちが満足する居場所となることである。これからもこのラウンジの運営はもちろん、今後も続くGlocal Forest プロジェクトを成功させるべく、努力を惜しまない所存である。

（中部大学　国際・地域推進部）

心のこもったギルファート先生の散骨式

鈴木清明

故ジェームズ・ギルファート先生

中部大学とオハイオ大学での学術交流協定は1973年に結んで2023年にちょうど50年となった。一つの大学とこれほど長く、しかも深い交流を続けている大学は他にはなかなか例をみないだろう。これほど長い関係があると、思わぬところで様々な人間同士の接点が生まれ、互いの信頼や感謝に導かれて心温まる奇跡のような話が生まれる。2023年11月に中部大学で執り行われた故ギルファート先生の散骨式もその一つである。

ギルファート先生は、1973年にオハイオ大学と中部大学が学術交流協定を結んですぐに来日したオハイオ大学からの初代三浦幸平客員教授である。中部大学と日本をこよなく愛する親日家であったと伺っている。1970年代、80年代にオハイオ大学に中部大学から派遣された大学院生らは、必ずギルファート先生がコロンバス空港までわざわざ迎えに来てくださったという。このエッセイ集の中にもいくつかのエピソードがある通り、初期の大学院生はその後も大変お世話になり、長いお付き合いをさせていただいたらしい。

濱渕明寿さんもその一人である。濱渕さんは1987年に三浦幸平奨学生として、オハイオ大学大学院に入学、ギルファート先生に直接学問を教わることはなかったが、オハイオ大学の大学院生時代には、日ごろからギルファート先生や先生の奥様、娘のスーザン先生にも大変お世話になったという。実は、スーザン先生は、1980年代に中部大学に英語教員として派遣され、当時、大学院留学を目指していた濱渕さんに英語を教えていた。親子2代で中部大学と深い関係がある。その後、スーザン先生は長く日本に滞在され、オハイオ大学のある Athens の実家でお母様と一緒に暮らしている。

濱渕さんは、オハイオ大学の大学院で国際学修士と会計学修士を取得し、米大手会計事務所（KPMG, Deloitte）で会計監査に従事された。現在はリスクとコン

プライアンスを担当するニューヨーク在住の公認会計士（CPA）である。ニューヨーク州公認会計士協会マンハッタン・ブロンクス支部役員で地元自治体の緊急事態管理室にも所属されている。その濱渕さんから、7月17日、中部大学に国際電話があった。7月17日は祝日「海の日」だが授業日だ。事務職員は休日扱いのため約半数のみが出勤だった。その日、地域連携課の蓑島さんは出勤しており、その国際電話を受けることができた。蓑島さんは、濱渕さんが学生の頃は附属三浦記念図書館勤務で、スーザン先生を通じてお互いを知っており、濱渕さんのことをよく覚えていた。蓑島さんは電話終了後、「卒業生の濱渕君からお電話がありました。オハイオ大学に留学していた人で、今、アメリカからの国際電話でした。オハイオ大学からの初代客員教授のギルファート先生の散骨式を日本で行いたいという相談でした」という。実は濱渕さんは、図書館の蓑島さんを頼りに本学に電話をしてきたということだった。

　濱渕さんはスーザン先生から、ギルファート先生の遺言の一つが遺骨の一部を大好きな日本に散骨してほしいということであることを知り、その方策を考えていたのである。ギルファート先生の奥様は高齢のため来日できず、娘のスーザン先生も足の手術の直後で来日できないので、濱渕さんがご遺族代表としておひとりでアメリカから来日するということだった。大変お世話になったとはいえ、ご親戚でも実のご遺族でもない濱渕さんが、仕事を休んで遺骨を日本まで運び、住職まで手配するという。ギルファート先生とスーザン先生との間に親戚以上の強い信頼や尊敬があるのだと分かった。このような話は50年という長い関係がある中部大学とオハイオ大学でしかあり得ない話だろう。

　私はこの散骨式は実現しなければならないと確信した。蓑島さんは関係省庁や春日井市などと法的な問題がないかどうかを確認し、私は大学の関係部署との調整を行った。散骨場所は創立者の胸像のある庭で、オハイオ大学が交流20周年を記念して1994年に寄贈されたアメリカハナミズキの根元に散骨することとした。濱渕さんからの希望は、古くからご存じのご住職に依頼してお経を唱えてもらいたい、アメリカ国歌・

オハイオ大学から贈られたアメリカ
ハナミズキの根元に散骨する濱渕さん

日本国歌も流したい、献花もしたいということだった。すべて実現したいと思ったが、「散骨式」は過去に例はない。ネットで調べたり、ChatGPT に相談してみたり、散骨式の会場や散骨予定場所を実際に確認してみたり、ご住職に相談したり、いろんな調査を行い、散骨式の方法とその手順のたたき台を作った。加えて、スーザン先生が希望された音楽（Adajo in G minor by Albioni）やギルファート先生が滞在当時の1973年に流行った曲を用意したりした。また、ギルファート先生の写真をプリントして額に入れ、アメリカ・オハイオ大学と日本・中部大学の小旗のセットを用意し、献花用の花を手配し、さらに、古い学内誌からギルファート先生や濱渕さんの記事を探し出すなど、この散骨式のために様々な準備を蓑島さん、国際連携課員が総力を挙げて周到な準備が出来た。

11月29日の13時30分、散骨式が始まった。ご住職が入場し、読経。その後、参列者全員が献花を行った。竹内学長の弔辞に続いて濱渕さんがご遺族の言葉を英語と日本語で語られた。式を終え、遺影を手にした蓑島さんを先頭に創立者胸像の庭まで歩いた。そこで再びご住職がお経を唱える中、濱渕さんによる散骨が2本のアメリカハナミズキのもとに行われ、参列者は合掌し祈りをささげた。その後、佐野副学長による閉式の言葉の後、濱渕さんから参列者に対してお礼が述べられた。

濱渕さんは本学在学中にはギルファート先生の愛娘のスーザン・ギルファート先生に英語を学び、オハイオ大学に留学してからはギルファート先生ご自身にさまざまなご支援をいただいたことを紹介された。初代客員教授に選ばれたことを誇りに思い、責任感をもって職務を全うされたこと、日本の技術のすばらしさ

散骨式終了後に写真に納まる関係者

を理解し、それを自慢されていたこと、日本のお風呂をアメリカに送り、自宅に設置されたこと……などのエピソードを披露していただいた。

　ギルファート先生が遺言として、遺骨の一部を日本に散骨することを望まれるほど、どれだけ日本や中部大学のことが好きだったかが次から次に濵渕さんの口から伝えられた。それはまるで濵渕さんという中部大学とオハイオ大学で学び、巣立った教え子の身体を借りてギルファート先生が感謝を述べているかのように私には思えた。ギルファート先生の望みをこのような形で実現できて本当に良かった。キャンパス内への散骨という行為に対して快諾いただいた大学関係者に心から感謝したい。

　あの海の日の7月17日、濵渕さんが祝日と知らずに電話してきたこと、祝日にも関わらず蓑島さんが出勤していたこと、蓑島さんが国際センターと同じ国際・地域推進部に所属していたこと、こんな偶然が重ならなかったら……ひょっとしたらこんなにも心のこもった、素晴らしい散骨式はできなかったかもしれない。2013年にお亡くなりになりながら、日本での散骨のタイミングが合わず、ようやく実現したのがオハイオ大学と中部大学が協定を結んで50周年の2023年になったことも、単なる偶然とは思えない。

　この50周年という大きな節目の年にこのような記念すべきことに関わることができたことに心から感謝したい。

（国際・地域推進部）

With love and with honesty, the embrace is inevitable

岡島　健

50年目のパートナーシップ　―私と偶然同い年―

　私は1973年生まれで、オハイオ大学と中部大学が協定を結んだ年に生を受けた。このパートナーシップに関わることを運命づけられたのかもしれないと思っている。前任校の中部大学第一高校ではケンタッキー州・オーエンズボロの高校との交流に携わったが、いずれもアメリカの田舎町である。豊かな芝生の広がっ

ヤマダハウス内の Chubu Office にて

た平屋建ての家、ハロウィンの時期の各家の飾りの数々、至る所に姿をあらわす動物たち（リスや鹿！）、そしてどこまでも広がる青い空とそこにうかぶ白い雲。アメリカの田舎町は美しいと私は思う。自然が豊かで、牧歌的で、ゆったりとしていて、人も心なしかみなおおらかで笑顔である。本当に空が高い。人々は身体も心も大きい。あくせくチマチマと背中を丸めて日本の教育機関で働く私に、もっとおおきな心で生きなさいと説いているように感じる。そんなオハイオ州アセンズの人たちと自然、雰囲気を私は愛している。私がメールなどで気兼ねなく friends, colleagues と呼びかけられる海外のパートナーは、彼らだけである。いつかアメリカの素敵な田舎町で長期間滞在して心身ともに解き放たれたい、というのが私の夢のひとつである。

　私が初めてアセンズを訪れたのは2017年2月である。オハイオ大学長期研修の引率であった。滞在中にアカデミー賞の発表があり、誤ってラ・ラ・ランドの受賞がアナウンスされた。OPIEの年配の女性教員が、「あんな映画が選ばれるなんて、私すぐテレビ切っちゃったわよ」と言っているのを聞いて、アメリカにいることを実感した。2月なのに雷が鳴って大雨が降り、大きな火事も起きた。私が行くと何かが起こるのでは、と申し訳ない気分になったのを覚えている。それからアセンズへは4回ほど訪れたが、大きな事件は起きていないのでホッとしている。スケジュールがタイトな弾丸出張ばかりなので、いつかゆっくりと、オハイオ大学の友人たちと時間をかけてコーヒーやビールを飲みながら、様々なことを語り合いたい。

Welcome Trouble!

　オハイオ大学との交流を含め、国際交流の仕事に携わるようになって、既定路線、前例踏襲主義の事務仕事をしていては経験できないことを数多く体験し、ビジョンが拡がり、ものの考え方が劇的に変化した。海外を相手にした仕事は、前と同じやり方は通用せず、予定通りに運ぶ物事は少なく、想像の斜め上を行くハプニングの連続である。最初のオハイオ大学訪問の際の出来事だが、学生全員が事前に知らされていた時間割が間違っており、教員が「これが留学だ」といっ

てその場で時間割をみんなで破るよう促す。大学幹部との食事会の時間と場所が現地に到着してから変わる。それも3回。今思えばこれはほんの些末な出来事であった。日本ではありえない事例に、最初はかなり面食らったがもう慣れきってしまった。今では「そう来たか!」と笑いをかみ殺しながら、さあ、どうこのトラブルを片づけてやろうかとワクワクしている自分がいる。職場のパソコンの前で私が笑っている時はたいてい、とんでもない知らせをメールで見た時である。心の中で「Welcome Trouble!」とつぶやきつつ、さあ、また新たな話のネタが増えたぞ、とほくそ笑む。ほかの人から見るとちょっと普通でないかも知れない。トラブルの発生や海外からの無茶振りをどう片づけるか考えること、そして厄介事が無事に片付いて顛末を振り返ることが快感になっている(ほとんど病気かも)。国際交流に携わったことがある方なら、私の気持ちがわかってくれるのではないかと、少し期待している。

With love and with honesty, the embrace is inevitable.

国際交流の仕事に必要な要素は何かと聞かれれば、「愛情(情熱)と誠実さと想像力」と答える。愛情と誠実さについては、ここに引用する米国の劇作家、テネシー・ウィリアムズの言葉に集約される。

> We come to each other, gradually, but with love. It is the short reach of my arms that hinders, not the length and multiplicity of theirs. With love and with honesty, the embrace is inevitable.
>
> (愛情をもって、私たちは互いに徐々に近づいてきている。私の腕の短さが妨げなのであって、他の人たちの腕の長さや数は問題ではない。愛と誠実さがあれば、私たちが抱擁に至ることは必然であろう。-Tennessee Williams, Cat on a Hot Tin Roof; PERSON -TO -PERSON 日本語は拙訳)

　私の腕はまだまだ短い。経験も知識も語学力も海外のパートナーに及ばないと気おくれを感じることが未だある。その中で、目の前の物事に誠実に粘り強く取り組むこと、相手に敬意を持って接すること、そして何よりも自分の仕事に情熱と誇りを持って最後までやり切ることが、言語も教育システムもバックグラウンドも、ものの考え方も異なる海外のパートナーと分かり合うことにつながると信じている。自分のことも相手のことも信じ愛することが一番大切なのではないか。その時はうまくいかず望む結果が出なくとも、情熱をもって誠実に粘り強く

相対していれば、どこかで相手が理解してくれて、歩み寄って私の短い腕をとって、抱擁に至るのだと信じている。そして、自分の経験から‐こう思うことができるのは幸せなことだが‐それが正しいと私は感じている。

　想像力が大切なのは、何も海外のパートナーに限った話ではない。自分の身近な他者への想像力を持つことも大切である。身近な人にも、自分とは言語も文化も異なる遠く離れた人たちに対しても、ただしく想像力を持つことができるようになることが、わたしの終生の目標である。インターネットやSNSの急速な発展の裏で、人間の想像力が退化しているような気がしてならない。学生など若い人たちには特に、ほかの人の立場やその人の持つバックグラウンドに対して、今より少しでも想像力を働かせてみてほしい。

最後に　—50年後のパートナーシップの行く先—

　オハイオ大学との提携50周年にあたり、過去の両大学の交流のデータをまとめたり、様々な記録や資料にあたったりした中で、あらためて深く豊饒なパートナーシップに感動を覚えた。多くの人たちの献身的な尽力や、きわめて寛大な資源の提供がそこにはあり、さらに交流に関わってきた多くの人たちの想いが詰まっていて、それが50年にもおよぶ稀有で特別な関係を支えている。これから50年先、どのようにこのパートナーシップが進化していくのかを想像するとワクワクする。新しい人たちが、新しい考え方やツールで、今までの国際交流を超えた、見たこともない交流を創造するのではないかと期待している。そして、た

飯吉前理事長・学長の名誉博士号受賞式後のパーティーにて
左から2人目が筆者 中央がSherman前学長と家総長

くさんの次世代の人たちが人生を変えるような経験をしてほしい。その時まで、私はこのパートナーシップの行く先を見届けたいと思っている。

（中部大学　理事長・総長室／国際連携課）

（上左）オハイオ大学に贈呈した桜、（上右）中部大学内の洞雲亭
（下左）日本語の授業、（下右）茶室で茶道の勉強

第1章

キャリアへの影響

"If you don't like where you are, change it. You're not a tree"

-Jim Rohn

「今いる場所がいやなら変えればいい。あなたは木ではないのだから」

―ジム・ローン

新たな技術、自信、持久力、
チャレンジ精神を培った2年間

安永權二

　中部大学・オハイオ大学提携の黎明期の1976年、中部大学（当時：中部工業大学）よりオハイオ大学大学院へ留学し、1978年にMSEE（Master of Science, Electrical Engineering）を取得した。このエッセイでは、当時の留学前後の体験、及び、留学によるその後の就業、人生、友人関係への影響などについて振り返ってみたい。

　私はオハイオ大学への大学院派遣留学3期生である。1976年3月、電子工学科を卒業し、当時の副学長の勝守寛先生のご支援で、オハイオ大学大学院への留学が実現した。同年5月、成田空港は開港前のため、羽田空港からアメリカ合衆国へ出発した。コロンバス国際空港には、オハイオ大学からギルファート初代中部大学客員教授が深夜にもかかわらず出迎えに来てくださり、大変恐縮したのを覚えている。

　この年、アメリカ合衆国は、建国200周年で、記念コインが作成されるなど、国内の隅々まで活気があった。渡米後、6月から8月はSummer QuarterでまずはOPIE（大学付属語学プログラム）で、英語を集中的に学んだ。この間、

ピン学長（右端）右から3人目が筆者
第1-3期生の大学院留学生たち

Social Security Numberを取得し、F-1ビザとともに銀行に持参し、口座を開設したことを昨日のように覚えている。Summer Quarter終了後、中部大学との関係を築いたあの田中友安先生の自家用車をお借りして、アメリカの自動車免許を取得すべく、公道での運転実技試験を受けた。実技試験中に、試験官が私のことを中国人と思われたのか、毛

沢東の話を仕切りに話してきた。終了後、試験官から、"Congratulations on your driver's test！"と告げられほっとした。田中先生にはのちに、Methods of Statistical Physics、日本名『統計物理学の方法』が出版されたときに丁寧な添え状までいただいた。その後私のような先生の教え子の中からノーベル賞を受賞する人物が登場し、大変嬉しく、また誇りに思う。

1976年11月の感謝祭のころには、Cutler Hall（President's Officeのある歴史的な建物）にて、Charles J. Ping 学長より招待を受けたことも特別な思い出である。大変だが、楽しく有意義なオハイオ大学大学院での2年間の研究生活を経て、電気工学修士MSEEを取得した。留学修了後、シアトル、バンクーバーを観光し、アンカレッジ経由で開港したばかりの成田空港に帰国した。

帰国後は、留学で得た知識や技術を生かし、職場でマイコン用アセンブラ言語によるプログラミング、デバッグ、動作確認、過負荷試験等々、一連の開発、設計に従事した。当時の主な仕事は以下の通りである。

1. 航空管制用着陸制御システム、計器着陸装置ILS（Instrument Landing System）に組み込まれる監視制御装置の開発、設計、空港への設置
2. チップコンピューターを利用したハンディータイプのデータ入力端末の開発、設計
3. デジタル方式携帯電話システム（携帯電話端末、基地局、交換機）の立ち上げ

本書の趣旨である留学の私の人生への影響であるが、まず、オハイオ大学大学院留学で修得した技術、知識を開発、設計に活用できたということだろう。具体的には、MSEE取得のため、具体的な実行すべき目標、一つひとつステップアップする項目、履修科目を明確にする習慣がついた。そして、オハイオ大学大学院において、日々の生活が一貫して授業と研究に結び付けることができた。こうした中で、自分の知識や能力を、国際的に通用するレベルまで向上できたと思う。

また、オハイオ大学大学院留学を通し、これまで以上に世界的な視野を広げられた。私が過ごした2年間のキャンパスライフは、一生の良き思い出、宝物として、いつまでも心の中に残っている。そして、その後の人生の糧となり、大いに役立った。さらに、オハイオ大学大学院での生活で、新たな技術、知識、能力向上につながる自信、何事にも耐えられる持久力、集中力が向上し、

新たな分野への可能性、チャレンジ精神力が養われた。今でいう GRIT（Guts, Resilience, Initiative, Tenacity：最後までやり抜く力）がついたように思う。

　当然であるが、英語力も格段に上がった。オハイオ大学大学院にて理工学系の大学院の留学生として、英語の基本的な語彙と慣用句、そして、専攻している学科の専門用語を修得し、英語を仕事で使えるレベルまで向上させることができた。職場では、開発、設計に従事していた海外からの社員とも、日々、英語で特に不自由なく打ち合わせを行った。休息時間には、親睦を深めることもできた。これらはすべて、2年間の留学の大きな成果と言えよう。

　最後にお世話になった先生方について少し触れて本エッセイを閉じたい。1983年には、田中先生の旧友で、中部大学とオハイオ大学との橋渡し役としてご尽力された勝守寛副学長より小生の結婚時にお祝いをいただいた。大学院を修了後、Dr. James C. Gilfert と Sara ご夫人が来日された折には、名古屋でお会いし、食事等、楽しい時間を過ごさせていただいた。ご夫妻が、後に再び来日された2010年2月には、娘さんの Susan（もと中部大学英語講師）とともに京都でお会いし、楽しい時間を過ごさせていただいた。

　あの1976〜1978年に過ごしたオハイオ大学での留学時代がなければ、その後の仕事も、国際的な人間関係も、留学時代の旧友との40年間の付き合いも、英語でのコミュニケーション能力の向上もなかったかもしれない。その意味で私の人生において非常に大きな意味と影響を持った留学であったと言えよう。

（元NECワイヤレスネットワークス）

バランスは崩さなければ保てない！
"Balancing by Unbalancing!"

市川和彦

　1984年にオハイオ大学機械科修士課程を卒業してすでに40年が経ち、企業を定年退職もし、今では小さな会社を自ら立ち上げて、年金をもらいながら好きなスポーツをする生活だ。本エッセイでは、この40年を留学との関係で振り返ってみたい。

オハイオ大学大学院を卒業してすぐ、中部大学の「オハイオ大学大学院への留学と奨学金」という小冊子に、「オハイオ大学留学が自分の進路・人生に与えた影響について」と題した原稿を書いた。今、企業人としての仕事人生を終え、若い時に考えた方向が果たして正しかったのか、もう一度その40年前の文章を読み返して考えてみた。以下のようなものである。

　「これからの社会は、ITの発展、英語を話す人の増加などにより、国と国との壁は低くなり情報も瞬時に交差するようになる。異種雑多な考えや文化が入り混じる中ではいろいろな方向性が正しくもあり誤りでもある社会となる。そしてそんな中で必要な能力は1.英語、2.いろいろな視野に立って物事を考えられること、3.自分の個性、考えに基づいて行動できること、4.多くの外国人の知り合いを持つこと、である。」

　自分が企業人として歩んできた人生を振り返って考えてみると、確かに40年前にオハイオ大学大学院卒業時に記したことはほぼ正しく、このような能力をオハイオ大学の大学院で培ってきたからこそ、今がある。オハイオ大学に行っていなければその後の自分の歩んだ人生はありえなかったことは疑いがない。もちろん、卒業時気づかず欠けていた部分があり、それは、その後の企業人生で学ぶこととなった。

　1984年オハイオ大学大学院卒業後入社した会社は、アメリカオハイオ州クリーブランド市に本社を構えるルーブリゾールコーポレーションというオイル添加剤を製造販売する化学会社だ。この会社はニューヨーク株式市場に上場されている。添加剤分野では世界のトップ企業で日本にも東京に支社を持ち、工場を愛知県に構えていた。私は、日本で5年そしてアメリカ本社で5年の合計10年間働いた。中部大学とオハイオ大学では機械分野の教育を受けてきたわけだが、まったく異なる化学分野の営業マーケティングを歩み、その間にクリーブランドにあるケースウエスタン大学でMBAも取得した。

　次に1994年入社した会社はこれもニューヨーク株式市場に上場されたインガソールランドという建設機械、工具、ポンプなどを製造販売する会社で、日本の事業部長に就任した。この会社では日本の売上を大きく伸ばしコスト削減も実行して利益を大きく上げたので、アメリカオハイオ州ブライアン市にあるポンプ事業部本社工場にて事業運営する取締役12名の一人として、国際事業全体とM&Aを任され、家族でオハイオ州トレド市に3年半暮らし、合計8年ほど勤

務した。

　最終的に定年退職まで18年間勤めた会社は、2002年に入社したクレーンというこれもニューヨーク株式市場に上場された会社で、そのバルブ事業部の日本支社長およびアジア統括として日本、東南アジア、中国、台湾、韓国事業の責任を持った。

　そして、2020年に定年退職後は投資およびコンサルを行う会社を立ち上げ、不動産投資を中心に一人で会社を運営しているが、基本的には好きなスポーツに明け暮れる毎日を送っている。スポーツは好きで、中部大学時代は中学校から続けていたサッカー部に所属した。このころ一時期ゴルフ部にも所属したことがあり、ゴルフも好きなスポーツである。オハイオ大学では学内で開催されるサッカー大会にいろいろな国々の人たちとチームを作り参加し、オハイオ大学のゴルフ大会では一度優勝したこともあり大学のゴルフ入門クラスをアルバイトとして教えた。

　卒業後は企業人生が忙しくあまりスポーツはできなくメタボとなってきたので50歳でマラソンをはじめ、53歳でトライアスロンを開始すると昔蓄えた体力の貯金が物を言い大会で上位に入賞するようになった。60歳以降は5歳刻みの年代別で競うトライアスロンで世界でも戦える力が付き、添付した写真は2019年に日本代表としスイスローザンヌにて開催されたトライアスロン世界大会に参加した時のものだ。トライアスロンとは水泳、自転車、マラソンの3種目を連続して行う競技だ。自分は3種目どの分野でも一流とは言えないが、それを組み合わせた場合、どれもある程度のレベルでできる人がいない大会では、ほぼ1位か上位に入ることができる。

トライアスロン世界大会に
日本代表として

　仕事では部下も上司もいろいろな国々の人がいて、彼ら彼女らと英語による意思疎通ができなければ仕事を進めることは不可能だ。英語ができ、機械的および化学技術分野を理解し、ビジネスマーケティングにも精通し、相手を説得して動かすわけだが、それぞれの分野で自分はとても一流と言えるような能力があるわけではない。たとえば、英語が話せると言っても日本語訛りが入り文法も間違っていることも多々あり、とても完璧な英語での会話ができるわけではない。しかし、自分のしっかりした信念や考えに基づき、特に技術分野の理解を示し、相

手を共感させることはできる。また、その際最も重要となるフェアで論理的な考え方のもと物事を進めることはできる。これが、仕事や人間関係においてはとても重要だと感じている。

　社会が多様化する中でいろいろなことをこなせるようになるためには、新たなことにチャレンジする勇気を持ち、実際に行動し、それを何とか曲がりなりにもこなせるようになるまで続ける必要がある。たとえば、オハイオ大学に行った時は英語能力や国際的感覚などはなく、その分野があまりにもアンバランスだったが、それをやったことにより何とか日本的なこととバランスをとれる能力が体に養われるようになったと言える。機械科の知識がありながら化学やビジネスに興味を持ち、機械からは大きく離れた分野に一度バランスを崩してみたことが、それぞれの分野で一流ではないにしても、機械を含めたほかの分野とバランスをとり物事を進められるようになった。これは人間関係でも同じことが言え、ともすれば喧嘩になるほど自分の意見を主張しバランスを崩した後でも、関係を再構築することが重要である。たとえば、サーカスで綱渡りをする人をイメージすると、長い棒を持ち絶えず右や左にバランスを崩しながらバランスを取って前に歩くわけだが、そもそもバランスを崩さなければ前に歩けない。バランスを崩す勇気を持ちいろいろなことにチャレンジし行動し、それを何とか続ける。そしてあらゆる分野で一流である必要はなく、組み合わせて最良の解決策を出せるバランス能力を身に着け前に進む。これがオハイオ大学やその後の企業人生で学んだエッセンスである。

　定年退職後の現在、高齢者として健康維持するためにも好きなスポーツ分野のトライアスロンで3種目をこなし楽しんでいる。生涯バランス人生である。

（カスターニエナ合同会社）

Cutlar Hall and College Green

留学経験がなかったら人生はまったく違っていた
グローバルな視点と一歩前に踏み出す勇気を得た留学

倉田隆弘

　この度エッセイを書く機会を頂き、オハイオ大学留学から得られた私の強みについてあらためて考えてみた。特定するのはなかなか難しいが、「グローバルな視点をもっていること」だというのが私の結論だ。私は現在「プロフェッショナル・コーチ」として活動している。活動の範囲は日本国内に留まらずシンガポール、香港、英国そして米国に及ぶ。コーチングの仕事に加えて製品やサービスの品質改善を目的とした手法であるリーン・シックス・シグマの「マスター・ブラックベルト」としても国内外の企業に対して統計的手法のトレーニングやコンサルティングを実施している。オハイオ大学での留学経験から得られたコミュニケーション能力やグローバルな視点が私の活動の根っこを支えてくれているのは間違いの無い事実である。

　三重県の小さな町で生まれ育った私がグローバルな視点を強みとして活動できるようになるきっかけは間違いなく中部大学（当時は中部工業大学）にある。大学2年生の時、ジェリー先生（Dr. Gerard Krzic）の英会話の授業に参加して非常に驚いた。一緒に授業を受けていた一年先輩の栂井さんが、非常に流暢に英語を話していたからだ。授業後、私は彼を捕まえて話しかけた。「先輩は工学部の専攻なのにどうしてそんなに流暢に英語が話せるのですか？」彼は私になぜそんなに英語ができるのかの理由についてとても親切に教えてくれた。彼はオハイオ大学への留学を考えていてそのための準備をしていたということを知った。彼はまた、留学することの魅力を話してくれて、自分もオハイオ大学に留学したいとその場でその気になってし

伊勢の赤福にて、一番左が筆者

まった。Kohei Miura Graduate Fellowship や、英語の勉強の仕方についてとても親切に教えてくれた。その後、彼は私をジェリー先生にオハイオ大学留学を目指している後輩として紹介してくれた。その時が私が2000人を超えるジェリー先生の中部大学の教え子の一人になった瞬間である。そして、それがオハイオ大学留学への第一歩であった。先輩はご家族の事情でオハイオ大学への留学を選択されなかったが、留学が決まった私を祝福をもって送り出してくれたのを覚えている。

　私が1984年6月にオハイオ州のコロンバス空港に到着した時は既に夜の11時を過ぎていた。そんな遅い時間に到着したのにも関わらず、空港には前年に留学生としてオハイオ大学に来られた正田さんとギルファート教授（Dr. James Gilfert）が待っていてくれた。ギルファート教授とはこの時が初対面であった。ギルファート教授は中部大学で英語の先生としてお世話になったスーザン先生（Ms. Susan Gilfert）のお父様で、スーザン先生が事前に私を迎えに来てくれるように教授に連絡してくれていたのだった。スーザン先生とギルファート教授のお陰で私にとってオハイオ大学との出会いは思いもよらず VIP 待遇なものであった。オハイオ大学での大学院生活は Boyd Hall で始まった。Boyd Hall には様々な国から来た留学生たちもいて、文化的多様性に満ちた寮の環境は日本を一歩も出たことのない私にとって非常に刺激的であった。彼らとの交流の中で、日本人が世界からどう見られているのか、日本人としてどう発言し、どう行動したら良いのかについて何度も考えさせられた。

　留学の機会を得る以前は、私は自ら積極的に新しい道を切り開いて行くタイプではなかった。オハイオ大学留学で得られた大きなものの一つは一歩前に踏み出す勇気と積極性だと思う。Kohei Miura Graduate Fellowship を頂きオハイオ大学の大学院を卒業したことが自信となり、その後の私に訪れた大切な人生の様々な局面で、その自信が私の背中を押してくれた。私はオハイオ大学大学院を卒業するとすぐに日本モトローラで半導体設計エンジニアとしてのキャリアをスタートした。日本モトローラでは主に米国の本社で開発されたプロセッサーコアをベースに周辺モジュールを設計して、私は自動車に搭載する集積回路（LSI）を設計する仕事をした。数年後マイクロプロセッサーの周辺モジュールだけではなく、LSIの中心にあるプロセッサーコアを自分の手で設計したいという夢を持つようになった。なぜなら日本の設計部隊ではプロセッサーコアの中身を設計するチャンスがなかったからだ。そんなとき、日本を代表するグローバル企業であるソニーが半導体設計エンジニアを募集している記

事が目に入ってきた。ソニーは独自のプロセッサーコアをシリコンバレーと呼ばれる米国のカリフォルニア・サンノゼで開発しようとしていたのだ。そして英語でコミュニケーションできる半導体エンジニアを募集していた。私はプロセッサーコアを設計したいという夢が叶うかもしれないと思いった。その時の私の行動は自分でも驚くほどくらい積極的であった。すぐに履歴書を書いて応募し、面接ではプロセッサーコア設計への夢を語った。ベストなタイミングだったという運にも助けられた私は、結果としてソニーの赴任者として米国のシリコンバレーで高性能マイクロプロセッサーコア開発チームに加わることができた。赴任先の米国では設計エンジニアとしての役割に加えて、日本のチームと米国のチームの橋渡しをするリエゾン・マネージャーとしての役割も経験させて頂いた。オハイオ大学のBoyd Hall で得られた文化的多様性に溢れた環境での経験が、赴任者として過ごしたシリコンバレーでの7年間を支えてくれたことは言うまでもない。

　2002年、ソニーは出井社長の号令の下、コーポレート・プロジェクトとして海外の拠点をも含めて全社的にシックスシグマという品質改善の活動を実施した。私は同プロジェクト推進の中心的な役割を持つブラックベルトとしての使命を受け、300以上の主にR&D組織のプロジェクトを中心にサポートする機会を与えられた。後にブラックベルトをトレーニングするマスター・ブラックベルトに任命された。マスター・ブラックベルトとしてはソニー独自の Design for Six Sigma（DFSS）プログラムを開発した。そのころシンガポールで開催されたシックスシグマの世界大会でシンガポール人のビジネスパートナーに出会い、グローバルにシックスシグマ・トレーニング＆コンサルティングを実施する仕事を始めた。彼とのビジネス・パートナーシップは今年で既に20年以上になる。もし、オハイオ大学で身につけた英語でのコミュニケーション能力がなかったらシックスシグマ・マスター・ブラックベルトとしてグローバルな世界を相手にして活動する機会は得られなかったと思う。

　私はシックスシグマのビジネスに加えて国際コーチング連盟の認定プロフェショナル・コーチとして、コーチングの仕事も実施している。プロフェショナル・コーチとして企業のエグゼクティブをはじめ、海外から日本に赴任して来られた駐在員やリーダーをコーチング・サポートする仕事をしている。コーチの仕事の一つとして、例えばクライアント自身がまだ気づいていない可能性に気づいて頂くきっかけを提供する。コーチ自身が自分の可能性を信じることができていなければクライアントが自分自身の可能性に気づく場を作ることはできな

い。オハイオ大学での留学経験はプロフェショナル・コーチに必要な視点とマインドセットを私に与えてくれた。

　もし、オハイオ大学での留学経験がなかったら私が歩んできた人生はまったく違っていたと思う。何よりもオハイオ大学への留学を通じて出会った、そして私を支えてくれた、私の人生にグローバルと言うエッセンスを与えてくれた栂井先輩、ジェリー先生、ジョンヒーさん、スーザン先生、ギルファート先生、ローレンス先生、正田先輩、そして田中先生に感謝してこのエッセイを閉じたい。

　　　　（エグゼクティブ・コーチ、シックスシグマ・マスターブラックベルト）

エネルギーの源と未解決の
人生の課題を与えられた留学経験

長瀬愼治

　私がオハイオ大学大学院にKazuo Yamada Fellowshipを受けて留学の機会を得たのは1990年のことだった。これまでの人生の苦悩とエネルギーの源泉として今でも立ち返っていく大事な経験だった。当時の私は、中部大学国際関係学部での4年間を特待生として過ごし、TOEFLの得点も当時の候補者の中では最高点を獲得していた。満を持しての留学、そして、ここからさらに国際政治の研究を続けたいと考えていた。時代はバブル経済真只中。世界が日本を羨望し、そんな日本で育った自分はアメリカでもやれるという根拠のない自信を持ち、気持ちも大きくなっていた。

　そんな自信が吹いて飛ばされるのに1学期もかからなかった。政治学の定量分析の入門コースは何一つ理解できなかった。現代政治哲学のクラスでは、マルクス、ニーチェ、ドイツ批判理論、そしてジェンダー理論を読んだが、期末になっても何一つ理解できず、レポートの提出を延期した。世界中から集まった国費留学生たちは、政府や研究機関での経験と知識に裏打ちされた議論を披露していた。比較的若い欧米の学生は、最新の国際政治理論の文献を読みこなし、ゼミの議論をリードしていた。（今のASEAN事務総長は当時のクラスメイトだ。）実務経験もなく、政治学の基礎知識もなく、分厚い専門書を読む能力も

読み込んだ文献

ない私は、クラスでの議論にまったく参加できず、試験でも合格点がとれず、常に退学の危機と隣り合わせの毎日を過ごすことになった。

学位取得もおぼつかなく、将来の展望もまったく見えなくなってしまった私は、政治哲学を理解することが、物事を考えるための基礎になると考え、現代思想や政治哲学の教科書をいつかは理解できると信じて何度も読むことだけに集中した。自分で設定した期限ぎりぎりのタイミングで、何度読んでも分からなかったテキストが理解できた感覚があり、その後、頭の中がどんどん整理され、言葉が溢れ出てくるような体験をした。これをもって、国際政治の理論を当時アメリカにも紹介されていたフランス・ポスト構造主義などの批判理論的なアプローチで読んでみたいという意欲が沸き、オハイオ大学での滞在を延長する決意をした。

独自の視点から国際政治理論に対する批判理論を展開するという決意で挑戦を繰り返したが、結局、思考を形にすることができず、大きな挫折感を再び味わうことになってしまった。ただ、自分の選択には後悔はなかったと思う。国際政治学の当時最先端の研究や、新しい理論構築の取り組みを追っかけて勉強した。研究の対象となった二つの文献はほとんどのページに付箋と書き込みがされ、本としての形をとどめないくらい読み込んだ。(理解できない腹いせに投げたり、引き裂いたりしたかもしれない。)当時オハイオ大学には冷戦期のアメリカ外交史の権威である John Lewis Gaddis 教授が在籍しており、彼の招へいで、私が批判の対象にした国際政治学の主流派理論の作者である Kenneth Waltz 博士や Robert Keohane 博士の講義を直接聞く機会もあった。また、カオス理論を使って、現代史の概念を考察しようという刺激的なシンポジウムにも参加することができた。当時の学問的な挑戦や問題意識は一生の財産であり、また、それを形に残すことができなかったことは、人生の未解決課題として今も心の中に存在しているし、おそらく生きようとするエネルギーの源なのだろうと思う。

その後私は、国連ボランティアとして東ティモールの独立を支援する国連の

平和維持ミッション（UNTAET：国連東ティモール暫定行政機構）に参加する機会を得た。世界中から集まった150人の国連ボランティアと共に当時の東ティモールの住民約80万人の住民登録をした。そして、そのデータを基にして憲法を制定するための議会の代表者を決める有権者のリストを作り、憲法制定議会選挙の実施を支援した。主権国家を主体とすることを前提として構築されている国際政治の理論を批判する立場から研究をしてきた私にとっては、国家がない場所に降り立って、国家という主体が作られるプロセスに参加できたことは、刺激的かつ価値ある機会だった。活動の一つひとつに魂を込められるような貴重な毎日を過ごした。魂は業績に反映し、10年間の国連職員としての仕事につながった。

　その後、外務省勤務を経て、現在は日本のNPOを支援する組織で働いている。東日本大震災の復興支援プログラムを担当したが、他にも多くの国際プログラムの担当もした。地方創生に取り組む日本の市民セクターのリーダーを連れて、米国の農村地域で同様に地域活性化に取り組む若手リーダーを訪問した。そしてオハイオのアセンズにあるACEnet（The Appalachian Center for Economic Networks, Inc.）という地域経済の振興を支援する団体も訪問した。（ACEnetの代表は、アセンズのCourt St.にあるレストランCasa Nuevaのオーナーでもある。）20数年前に先が見えずに苦悩しながら生活した場所に仕事を持って帰って来られたことは、感慨深かった。同時に当時から未解決のままの人生の課題がまだ有効であることも確認できた。いつかはこの課題を解決できるように残りの人生を送っていきたいと思っている。

（特定非営利活動法人日本NPOセンター職員）

今の自分があるのは
オハイオ大学での生活のおかげ

野村（岡本）恵里歌

　20代前半の若いうちのオハイオ大学への留学体験は、特に最初の数か月間は見ることやることすべてが驚きの連続だった。カルチャーショックや英語力

中央下が筆者、留学生仲間と

の無さによる失敗を楽しんで笑い飛ばす余裕があるときもあれば、コミュニケーションの難しさに打ちひしがれる日もたくさんあった。

海外での生活は間違いなく人を成長させ自立させる。なんでも自分でやらなくてはならない。入学手続き、寮、ミールプランの手配、銀行口座の開設。骨の折れる一通りの手配を全て自分の力、そして英語でやり終えたことに達成感を感じ自信がついた。しかし、これはその後に続く学業での苦労や冒険の序章に過ぎないと後にわかる。語学力とコミュニケーションスキルがもっとあれば、授業への参加、宿題、社交イベントや日常生活全てがもっと楽で有益だっただろう。この点についてはいくら言っても言い足りない。

1995年5月から2年半のオハイオ大学での生活を通じて知ったことは、アメリカは社会全体が日本より20年も30年も先を行っている、すごい国、かなわないな、ということだった。パソコンの普及も日本よりはるかに進んでいたし、議論中心の教育の質の高さ、リーディング・アサインメントや宿題の多さにも驚いた。教科書のわかりやすさにも感動した。日本語の経済学の教科書は難しい単語の羅列で頭に入ってこなかったが、オハイオ大学での経済学の教科書の内容は、たとえばローリングストーンズのコンサートのチケット代についての需要と供給の関係、といった具合に具体例が示され、学生が読んでもとても理解しやすい内容であった。母語である日本語で高等教育が受けられることは一国民として幸せなことではあるが、英語の文献で学んだほうが内容を理解しやすいと気づいたときはショックであった。

アメリカの社会の多様性にも驚かされた。オハイオ大学には世界中からの留学生が多くいたので人種、文化的な多様性はもちろんのこと、日本よりも障がい者の社会参加が進んでいた。アセンズでは電動車イスに乗って自由に行動する人を見かけた。寮で出会った学部に入学したての女子学生は補聴器をつけ、人の口元の動きを見て会話を理解していた。テレビに字幕キャプション機能があるのを教えてくれたのは彼女だった。当時、日本では字幕キャプションはまだなく、これは、私のように英語力が乏しい留学生には救世主的テクノロジー

であった。また、同じ寮に住む学生がレズビアンであることをカミングアウトし、キャンパスでのLGBTQ+集会に参加したことも急進的な出来事であった。日本からの弱視の留学生もいた。支援体制が整っているアメリカに留学するのは賢い選択だし、彼の勇気ある生き方はカッコよかった。国籍、人種、ジェンダー、障がい等、一人ひとりの違いは個性として認め合い、人権が尊重されているのは素晴らしと感じるとともに、それが心地よかった。

　異文化での体験や多種多様な人との出会いは人の性格も変える。私も日本にいた頃よりのんびりと心が広くなり、前向きで陽気になった。間違えたり、知らない人に話しかけたり、質問したり助けを求めたりすることが怖くなくなった。海外では、自分から声を上げないと誰も助けてくれないからだ。前向きな性格のおかげで、日本に帰国後の人生も切り開いていけた。

　加えて、オハイオ大学の修士号とそれまで培ってきた英語力は、私のその後の就職やキャリア形成に確実に貢献した。私は昨年まで20年間、防衛省職員として勤務した。外国との渉外担当として、会議やプロジェクトの調整や英語の翻訳、通訳に従事した。異文化交流が好きな私としては、様々な国々の人と仕事をするのはワクワクするものだった。米国の国防省のカウンターパートの中で、私と同じオハイオ大学の国際学研究科の卒業生（私よりかなり先輩）に出会えたのは、お互いの思い出を共有できて嬉しかった出来事の一つだ。

野外 (College Green) でプレゼン

彼とは、自分がアセンズにいた時にはアップタウンにはこんな店があった、と自慢しあった。

　通訳や翻訳の仕事は、常に勉強、技術の向上、正確さが求められる。渉外業務ではコミュニケーション能力やプロジェクトを円滑に進める能力が問われる。大変やりがいのある、知的でエキサイティングな仕事だったが、特に通訳の時は毎回緊張とストレスが頂点にあった。その分、大きな仕事の山を越えた後の充実感は大きかった。

　国家安全保障の仕事は責任も重く難しかったが、20年間自分の役割に取り組み、貢献できたことを嬉しく思う。「勤勉」、「忍耐」、「異文化への理解」と「敬意」。オハイオ大学での生活から学んだこれらのすべてが私のこれまでを確実に

支えてくれた。50歳で一区切りとし、昨年、家族との時間を優先し、心身共にリフレッシュするために退職した。次のステップを模索しているところに、絶妙なタイミングでこのエッセイの依頼が来た。留学と自分の半生の関係を振り返るいい機会となった。これからも、さらにポジティブで楽しい未来を創造していきたいと思う。

（元防衛省事務官）

人生を豊かにしてくれた大学院留学

ダルース・柴山友子

　オハイオ大学大学院（以下、大学院）で奨学金をいただき修士号を取ったことは、今までの人生で確固たる自信を与えてくれた。それが今の生活や職業に大きく影響している。いや、あの大学院生活で学んだ知識や経験や苦労がなければ今の自分はあり得ないかもしれない。

　現在は米国メリーランド州（首都ワシントンDCの郊外、2005年から永住）に住み、日系企業に正社員として勤務している。私の勤める伊藤忠アビエーションアメリカは伊藤忠商事の子会社で、お客様は日本の省庁や大手企業だ。主に航空部品をアメリカの製造会社から調達して日本のお客様に届ける仕事をしている。日本のお客様から見積りを貰い、アメリカの製造会社に発注、製品が出来たら引き取りに行き、日本に輸出してお客様に届けるというサイクルでプログラムを見る仕事をしている。私の担当するプログラムは日々の仕事量は多く、アメリカ時間の夜の電話会議も毎週ある。半年毎に行われる関係者会議は1週間会議室に缶詰めで朝から夜まで会議をする。そんな大変な仕事だが良いこともある。日本のお客

我が家で同窓会　中央が筆者

様から、日本を前に進めているのは伊藤忠のような商社だ、とお褒めの言葉をいただいたのだ。今まで聞いた褒め言葉で一番嬉しかった言葉だ。自分の仕事に誇りを持てた瞬間だ。

　どの会議に行っても男性しかいない男社会であるが、自分がいつも気おとりせず男性やアメリカ人と対等に仕事をして難しい交渉等もしてきたし、大きな問題が起こっても簡単に諦めずに粘り強く解決方法を模索してきた。これも大学院時代に、アメリカ人と肩を並べて勉強をし、高いレベルの英語力を身に付け学位を取ったことが自分の自信に繋がり何事も尻込みせずに取り組めているからだと思う。大学院時代の勉強量は半端ではなく寝ている間以外はずっと勉強のことを考えていた。今のようにインターネットやメールがそれほど便利ではない時代だったので、たとえばレポートを書く時は、図書館でどんな本があるか調べて館内で本を探し借りて読み、まとめてレポートを書くという膨大な時間がかかる作業をした。大学院の苦労があったからこそ今の粘り強い自分があると思う。

　地元の名古屋に住む友人にアメリカでの生活を話すと、危険な銃社会で英語を使って働きながら生活するのは大変で、海外での子育てはきっと苦労の連続だよねと言われる。確かにアメリカから世界に配信されるニュースは毎日起こる銃撃事件、人種差別問題、格差社会、移民問題、物価高騰と良いニュースはまったく無い。それでも私はアメリカの生活、特にワシントン近郊に住む生活と米国で働く生活が充実していてとても気に入っている。アメリカでは女性は男性と同様に普通に働いている。働いていても家族が最優先で、子供の学校の行事があると上司に伝えれば嫌な顔一つされず早退できる。日本のように長時間労働が良いという風潮はなく、アメリカは定時に帰ってこそ自分の担当している仕事を勤務時間内に終えられる能力があるという意味がある。休暇を取るのも同様だ。夏休みや冬休みを取ることを奨励される。休暇を取らないと休暇が取れないほど自分の仕事を処理できないという意味もある。日本では少し長めの休みを取ると嫌な顔をされるが、こちらは堂々と長期休暇を取る。人生を楽しんでいると思う。

　ワシントンDCは連邦政府や大使館、世界銀行やIMFがあり世界のエリートが集結する街だ。日本からのエリートも沢山住んでいる。日本人の職業は様々で、日本政府からの出向者、弁護士、国際機関職員、医師、看護師、科学者、投資家、会社経営者、ピアニスト等色んなバックグラウンドの人に出会える。地元では出会えない人達だ。日本人女性が立ち上げた「ワシントンDC働く女

性の会」という会に所属している。各界で活躍する女性をパネルに迎え、ディスカッションをしてその後に食事とネットワーキングをする。数年前の日本大使館大使夫人がキャリアウーマンだったので、女性の会はよく日本大使公邸で行われた。この大使公邸は、公式のパーティーが行われる会場で今流行のミニマリストの正反対の、豪華絢爛で大きなクリスタルのシャンデリアや、畳8畳分ほどありそうな大きな絵画等が置かれている。過去には日本の元大臣森まさこ氏、キャロライン・ケネディ前駐日アメリカ大使、芸術家のオノヨーコ氏の妹の小野節子氏（以前は世界銀行勤務で現在彫刻家）などから個人的な話、自分のキャリア上の苦労話、今までどんな努力をしてきたか、日ごろ聞けない失敗談等も聞けて自分も頑張って働こうと元気や勇気をもらう場となっている。留学していなければ恐らくアメリカで正社員として働く自信はなかったし、この働く女性の会にも入らなかっただろう。

　留学は人生に大きな影響力をもたらす教授や友人と出会う場ともなる。私はそれに加えて、アメリカ人の夫とも大学院で出会った。教授陣は親切で学生のためなら何でも手伝う本当にありがたく素晴らしい環境で勉強ができた。ワシントンで大規模な学会があれば、教授自らがミニバスを運転して、私達を連れて行ってくれた。片道8時間ほどの道のりである。国際開発学の専攻だったので途上国に行く機会が必要だと相談すると、南米のエクアドルまでの飛行機代を含む奨学金付きのリサーチツアーを探してくれた。残念なことにこの教授（Dr. William Romoser）は2年前に亡くなったが、私は躊躇なくAthensに戻りお別れ会に参列した。会ではこの教授が数えきれないほどの学生をいろいろな面で支援し、心から人間として尊敬できる人であることを再確認できた。私もこの教授のレガシーを引き継ぎ人に優しく接し、人の役に立つようなことをするように日々心掛けている。

　大学院には外国から留学している学生も多く世界中に友達ができて私の世界は更に広まった。外国人留学生の話を色々聞いて、日本のような先進国に生まれたこと自体が特権であると気が付き、平和な社会、安全・便利で自然が美しい日本のありがたみを更に痛感するようになった。日本からの留学生とも沢山友達になった。異国の地で英語に苦労して一緒に一晩中テスト勉強したり、良い成績が取れなかったら励まし合い、息抜きにホームパーティをしたりと、友人のサポートなしでは留学は失敗に終わっていたと言っても過言ではない。振り返れば留学生活は毎日戦いで苦労を共にした友人たちは戦友で今でもとても深い絆がある。

日本の学生は将来の日本を担う宝だと思う。一人でも多くの学生に外国に留学に行く体験をして欲しいと思う。留学は、価値観がまったく違う環境に自分を置き、視野を広げ、その後の人生を豊かにしてくれることは間違いない。もし留学をするか迷っている人がいれば、絶対に行くべきだと、背中を押したいと思う。

（伊藤忠アビエーションアメリカ）

留学がもたらした変化

畑山ゆかり

　留学を経験していなかったら、カリブ海に浮かぶジャマイカという国に来て、この国の支援に関わる仕事をすることもなかったと思う。井の中の蛙大海を知らずという言葉があるが、大学1年の頃の私は井の中の蛙そのものだった。ただ、井の中の蛙が大海を知ったとしても、大海を泳げるとは限らない。私にとってオハイオ大学への2回の留学は、長期研修で大海を知り、大学院留学で大海での泳ぎ方を習得する期間だったと振り返ることができる。通算しても3年に満たない留学期間だったが、その時に出会った人も、遭遇したトラブルも、乗り越えた壁も全部が今の自分を作っている。

　小学生の頃から開発途上国の貧しさに漠然とした関心があり、将来それらの国に関わる仕事がしたいという希望を持っていた。そのためには、英語は必要不可欠だった。留学に興味はあったものの、積極的に機会を探していたというほどでもなかった。オハイオ大学長期研修の募集を見た時も、いざ留学となると腰が引けてなかなか応募に踏み切ることができなかった。自分の強い意志というより、周りの雰囲気に流されて応募し、選考結果を経て留学が決まった時には足がすくんだ。

　長期研修は4か月間、留学期間としては決して長いものではなく、英語力の向上には短すぎた。ただ、これまでの考え方をひっくり返すには十分な期間であった。研修期間中は寮で同年代の学生に24時間囲まれて生活する。みんなよく勉強し、それ以上によく遊んでいた。そして、実社会へ出るために着実に専

門性を身に着けながら、とても伸びやかな学生生活を送っていた。私はというと、競争の激しい受験を終え大学に入学できたと思ったら就職氷河期に入り、せめて2年生まではゆっくりと楽しみたいとぼんやりと毎日を過ごしていた。彼らとの大きな違いに、今のまま過ごしていては何にもなれないとの焦りから、帰国の頃には学生でいられる期間をもっと有効活用し、将来やりたい仕事に照準を当てて取り組もうというスイッチが入った。あの焦りを感じた寮生活がなければ、オハイオ大学へ修士取得のために留学することはなかったと思う。

　その大学院の2年間は、今になってつくづく思うが、現在の仕事をする上での土台を作った。これまで受けてきた日本の教育と異なり、「参加」することを求められる。発表の機会も多く、発表するだけなら何とか準備で乗り越えられるが、質疑応答では予測できない角度から質問が飛んでくる。ただ、私が答えられない質問があったとしても、聞き手の間で議論が盛り上がるので、その議論にいつも助けられた。今の私が、ものおじせずに意見を述べることができるようになったのは、発言に対して真摯に耳を傾け議論する人たちに囲まれ、自分の考えを述べることに自信をもつことができたからだと思う。

　また、私が在籍した研究科の学生数は25名ほどだが、十か国以上の異なった国籍の学生がいた。異なる宗教、文化、風習の友人たちと過ごしていくうちに、お互いの得意分野を最大限活かすことを学んだ。発表が苦手な私は準備に精を出し、準備が苦手な人は発表を担当する（準備が苦手な人は往々にして遅刻

オハイオ大学　Alumni Gateway

魔でもあるので、発表の当日は気が気ではなかった）。同じ内容のことをするから公平ではなく、得意分野を活かしてお互いを尊重する公平もあるのだと学んだ。公平とか平等は、みんなが同じ質や同じ量を割り当てたり負担したりするだけではなく、資質が基準になって質と量にはデコボコがあると気づけたことは、今のように大海（海外）に出ていろいろな種類の魚たちと泳ぐうえで非常に役立っている。

　現在、カリブに浮かぶ島でJICA海外協力隊の調整員をしている。私は、自分で自分の天井を決めるという悪い癖がある。目指していた仕事ではあるが、留学中の私は今の自分を想像できなかったと思う。それを変えたのは、異なった国籍や、開発途上国で実際に支援に携わった経験を持つクラスメイトだった。同じ年代のリアルな経験談は何よりもの刺激だった。帰国後、開発途上国の支援団体へ就職したくて就職活動をしたが、経験がないという理由でうまく進まなかった。経験を積むために、青年海外協力隊（今のJICA協力隊）へ参加した。やっと、スタートラインに立てた気持だった。クラスメイトからの刺激がなければ、こんなにがむしゃらさは自分に芽生えなかったと思う。

　最後に、流されるようにして行った留学が、こんなにも自分を変えるとは思ってもみなかった。井の中の蛙も、とりあえず川に飛び込んで流れに身を任せてみるのもいいかもしれない。

（JICA Jamaica Office　ジャマイカ在住）

大学生が経済を発展させる

田中宏樹

　「留学」は大きく分けて二つに分けられると思われる。一つは、留学を旅行の延長のように捉え、良い思い出作りの一端にするのか、もう一つは自分自身を成長させるための総合的な学びの機会にするのか、である。自身最初の留学は思い出作りのための留学だった。ただこの何気なく行った最初の留学が、後の私の人生に多大な影響を与えるとは当時は思いもしなかった。

　片田舎出身の私は幼いころから海外に行く事など別世界のものだと思ってい

た。しかし、学部生時代、友人の強い勧めもありアメリカの大学に4か月間留学することになった。オハイオ大学の寮に到着した初日、すでに深夜に近い時間だったが、赤レンガ作りの寮にオレンジ色のランプ、まるで映画でしか見たことのない建物の作りがとても綺麗だったとことを20年以上たった今でも鮮明に覚えている。始めの2週間は見る物すべてが新鮮でとても楽しかった。しかし、その後は自分の英語力の無さが原因で、現地の学生達を避けるようになり、必要最低限の英語しか話さず、日本人学生とばかり過ごしていた。4か月の留学を経て、英語は最後まで苦痛だったが、今まで体験したことのない経験ができ、少なくとも海外に対しての苦手意識はなくなった。そしてむしろ楽しかったという印象が残った。特に印象的だったのが1週間のアリゾナ州への旅行だった。グランドキャニオンやセドナ等、壮大な景色に、赤土と緑の色彩、砂漠、渓谷、サボテン、あまりにも日本で見る風景とかけ離れていて、それでいてとても美しく、一瞬で心を奪われた。留学最終日の帰国のために空港へ向かうバスの中で、もう海外に来ることはないだろうと思いながらも、またいつか機会があれば海外に行きたいとも思った。そういう感情を持てただけで、当時の私にはとても大きな成長だった。

　もう海外には行くことは無いだろうと思っていたにも関わらず、この最初のアメリカ留学をきっかけに2年後にはオーストラリアへ1年間のワーキングホリデーに行き、その後アメリカの大学院に入学することになった。前回のオハイオ大学での体験はあくまで「留学」であり日本の学生としてアメリカの大学に通っていたが、今回は「入学」であり、現地の学生になるということ、つまり少なからず日本以外の国のシステムの一部になるということを意味していた。それによって、前回の留学では見えなかったものがたくさん見えるようになった。

　いちばん驚いたのは、アメリカの大学生達の勉強量の多さだった。しかもテストの点を取るための勉強だけではなく、実際に社会で使えるように自ら考え、工夫しながら勉強し、同時に専門技術／知識もたくさん身につけていた。なぜならアメリカの企業・組織は日本と違い、研修期間がほとんどなく、入社

後すぐに自分の与えられた仕事をしなければならないからだ。つまり、アメリカでは大学生活が研修期間にもなるということである。大学で勉強している分野がそのまま仕事に直結するため、学生達も自分の勉強に高いプロ意識を持って取り組んでいた。言い換えれば、大学での勉強は「仕事」そのものだと言える。

　アメリカと日本の就職活動はかなり異なっていた。日本の場合は新卒一括採用で就職活動の期限が一般的に定められていたり、一連のエントリーシート登録、企業説明会、筆記試験、一次／二次／三次面接などがあったり、多くのステップを重ねなければならない。また仕事内容は実際就職するまでわからないことがほとんどだ。一方アメリカは新卒一括採用ではなく、企業・組織のポジションへ直接履歴書を提出するので、仕事内容や求められていることが詳しく分かる。そして、一つのポジションを何十人、何百人、何千人で奪い合うことになる。就職活動期間は定められておらず、年中就職活動をすることができる。就職試験も一般的には電話面接と対面面接のみで、内容も日本のように人間性に関するような質問はなく、ほとんど専門的な質問だ。また、アメリカ企業では報酬型インターンシップが一般的だ。つまり学生の身分であれ企業の即戦力とみなされ、インターンとして採用される。私もいくつかアメリカの企業でインターンをしたが、上記に述べた通り研修期間がないため簡単な説明を聞いた後、初日から仕事が始まった。考えてみれば、当たり前のことである。大学というのは社会に出るまでに自分の将来つきたい仕事のための専門性を高め、その知識や能力を生かし就職し、社会に貢献するための人材を育てる組織である。このごく当たり前のことを当たり前のようにアメリカの大学・企業ははやっているのである。

　アメリカの大学院卒業後は、そのまま現地で就職することになった。今は、不思議なことに20歳の時に心奪われたアリゾナ州の企業で働いている。アリゾナは大地の気が流れるボルテックスと呼ばれる場所がありパワースポットとしても有名なので、そういった巡り合わせでアリゾナに呼ばれたのかとふと思う時がある。

　日本のようにほぼ単一民族で形成された会社では意思疎通が図りや

アリゾナのサボテン群

すい。なぜならば育ってきた環境が同じだから、日本の一般常識をそのまま企業に当てはめることができるからだ。ところがアメリカの企業、特にテクノロジー企業は多種多様な国の人達が働いているので、日本の一般常識はまったく通用しない。それではどのようにアメリカの企業の中では物事を一般化させるのか。それは自分の専門分野を一般化させることで意思疎通を図るのである。つまり仕事のプロフェッショナルになり、仕事を軸に相互理解を促進するのである。その間に私情、宗教・政治的思想、それぞれの国の一般常識は一切介入しない。そのようなことになってしまっては各々が感情的になり、まったく仕事が進まないからである。こういう所がアメリカの生産性の高さ、経済の強さに繋がっているのではないだろうかと思う時がある。

　このような私の留学・海外での経験から、二つの大事なことが身に付いたと思っている。一つ目は「どんな事でも途中でやめず、やり切る」という習慣だ。海外では、小さな事であれ、大きな事であれ、一つひとつのことを自分ひとりでやり切らないと生き残れない。留学時に身に着けたそのどんな事でも途中でやめず、やり切るという習慣が仕事でも活かされ、それぞれのプロジェクトをしっかりやり切ったうえで、細部までも目が届くようになったと思う。もう一つは専門的知識と技術である。アメリカの大学院在学中にしっかりと勉強、研究、インターシップをしてどの企業でも欲しがる一般的な知識や技術だけではなく、自分しか持ち得ない特殊な知識、技術も身につけた。そして突然の解雇が多い流動的なアメリカ企業で生き残っていけるようにしっかり準備してきた。もちろん英語も話せるようになり、色々な国の人達と交流し、グローバルに働けるようになったことも自分の財産になった。

　今の日本は閉鎖感や閉塞感に溢れていると、記事やニュースで見かけることがある。もし、そのように実際に感じているのなら、一度海外に飛び出してみても良いのではないはないだろうか。それが後の人生にどのように影響を与えるかはその人次第だが、何かが変わるきっかになるのではないか。

　また、現在の日本は他の先進国と比べると底知れぬ不況の中にいる。だからこそそんな状況下でも企業・組織がほしいと思うような人材になること、もしくは独立して仕事をしていける人材になるよう切磋琢磨することが、大学生にとっての仕事なのだとアメリカでの大学生活や企業勤めを通して感じている。つまり大学生の学業の積み重ねがゆくゆくは日本の経済発展に繋がっていくと、私は信じている。

（Intel Corporation・研究開発員、米国在住）

オハイオ大学留学は
グローバルに活動するための「パスポート」

木村健二

　私は2006年6月にオハイオ大学大学院国際学研究科の東南アジア地域研究専攻で修士号（M.A.）を取得し、その後インドネシア、オランダ、マレーシアなどで仕事や留学をしてきた。振り返ると、オハイオ大学留学は、グローバルに活動し、キャリアを積んでいくための「パスポート」のようなものだった。

　私の場合、まずインドネシア行きのパスポートになったのは、専攻が東南アジア地域研究だったことが大きい。東南アジア地域研究とは、その名のとおり、東南アジア地域の特定の国や地方を選び、多角的に考察、分析しようとする学問分野（interdisciplinary program）である。オハイオ大学は、東南アジア地域研究において、全米の中でも最も長い歴史を持つ大学の一つと言われており、東南アジア諸国から多くの留学生を受け入れている。オハイオ大学大学院・東南アジア地域研究科は、私が在籍していた当時、特にインドネシアとマレーシアについての研究に力を入れていたが、これらの国以外にも、タイ、ベトナム、カンボジアなどからも留学生を受け入れ、研究が進められていた。私は、このプログラムで、インドネシアを始めとする東南アジアからの留学生、また東南アジア地域に関心を持つアメリカ人の学生と共に切磋琢磨した。ここでの出会いが、その後のキャリア形成においても、大きな財産となった。

　特にインドネシアからの留学生たちが、私を仲間として受け入れてくれた理由の一つは、私がインドネシア語を学び、拙いながらにインドネシア語でコミュニケーションをとっていたからだと思う。オハイオ大学大学院・東南アジア地域研究科では、東南アジアの言語の履修が必須とされていた。インドネシア語／マレーシア語（この二つ言語は元は

インドネシア語のクラスにて

同じであるため、一つの言語として括られていた）、タイ語、ベトナム語の三つの選択肢があり、どれか一つの言語を大学院の開始から修了まで（全6クォーター）履修しなければならなかった。インドネシア人講師の指導の下、アメリカ人のクラスメイトと私の二人のみの超少人数で、ほぼ毎日インドネシア語を学んだ。インドネシア人留学生の多くは、アメリカで出会った拙いインドネシア語を話す日本人の私を応援してくれて、オハイオ大学在籍中に行ったバンドン工科大学（ITB）でのインドネシア語の語学留学や、女性に対する暴力に反対する政府の人権委員会（Komnas Perempuan）でのインターンシップでも、色々と世話を焼いてくれた。ここで作った人脈とキャリアが、後に私をインドネシア現地でのキャリア形成へと導いた。

　次に、オランダ行きのパスポートになったのは、オハイオ大学大学院修了後に、中部大学・人間安全保障研究センターで研究員として務めた際の共同研究者との出会いが大きい。中部大学・人間安全保障研究センターは、「グローバル都市ネットワークにおける人間の安全保障」というテーマで、米国、タイ、オランダ、メキシコ、セネガルと国際共同研究を行った。この中で、オランダのフォーカルポイントは、オランダ社会科学大学院大学（ISS）という研究機関で、ISS所属教員のタンダム・トゥロン（ThanhDam Turong）先生が共同研究者であった。偶然にも、タンダム先生は1960年代〜1970年代にオハイオ大学で学士号と修正号を取っており、オハイオ大学の大先輩であった。「何故、オハイオ大学を選ばれたのですか」と質問したところ、「オハイオ大学の図書館・Alden Libraryの名前の由来となっているAlden先生と自分の父親が友人で、オハイオ大学を勧められたから」と教えて下さった。タンダム先生とは、オハイオ大学を共通点に様々な話をして親交を深め、後に私のオランダでの博士課程の指導教官まで務めて下さることになった。

　最後に、マレーシア行きのパスポートになったのは、上述したオハイオ大学在籍中にインターンとして出向いた組織「女性に対する暴力に反対する政府の人権委員会（Komnas Perempuan）」での出会いである。私が初めてマレーシアに行ったのは2012年だったが、当時マレーシアでの人脈はほぼ皆無であった。そんな中、同人権委員会で私の現地調査のサポートをしてくれたタティ・クリスナワティ（Tati Krisnawaty）さんが、彼女の親友で、女性、移民、難民の権利擁護のために活動するマレーシアのNGOであるTenaganitaの代表を務めていたアイリン・フェルナンデス（Irene Fernandez）さんを紹介して下さった。アイリンさんは、私をTenaganitaのインターンとして受け入れて下さり、アイ

リンさんの娘の家でルームシェアまでさせてくれた。マレーシアでの生活も、オハイオ大学大学院・東南アジア地域研究科で学んだインドネシア語／マレーシア語が活かされたのは言うまでもない。

　私は2024年1月現在、東京で、日ASEAN協力関係の仕事をしているが、これもオハイオ大学大学院・東南アジア地域研究科での経験や、そこで出会った仲間たちとの関係がなければ、実現していないだろう。これからもこの「パスポート」を大切に、グローバルな活動を続けていきたいと思っている。

（理化学研究所）

異文化との出会い、そして自己成長

鈴木浩平

　高校時代から、英語を身につけることが自分の将来において大きな武器になると確信し、英語力と異文化理解を深めるために中部大学を志望した。そして、大学2年次に私は名古屋郊外の穏やかな環境から一歩踏み出し、英語の学びと異文化への深い理解を求めてオハイオ大学への4か月間の留学に参加することを決意した。この決断は、私の人生に新たな方向を示すものとなった。

　留学当初、私はアメリカの寮生活におけるオープンなコミュニケーションスタイルに大いに驚いた。部屋の扉を開け放ち、気軽に交流する学生たちの姿は、私にとって新鮮な文化体験だった。この環境で、英語という外国語でのコミュニケーションの壁をなんとか乗り越え、多文化社会の中で自分を表現する力を育てた。

　また、アメリカ人学生たちがインターネットを自由に使いこなす様子にも大いに驚いた。友人や家族とのビデオチャットを楽しむ様子や、音楽をインターネットで自由にダウンロードして楽しむ様子は、当時の日本ではまだ珍しい光景だったのだ。この個人エンターテイメント文化の違いは、私にとっ

オハイオ大学のシンボル
Cutler Hall

て新しいコミュニケーション手段とエンターテイメントの形を教えてくれた。これが、その後の私のキャリアチョイスに繋がっていくこととなるとは当時は思いも寄らなかった。

　留学中、最も影響力のあった出来事の一つは、日系アメリカ人の友人との出会いだった。「こんな時は英語で何て言うの？」と質問しながら、日常的な英語表現を学ぶことができた。この友人との交流は、私の英語学習において大きな助けとなった。くわえて、彼からは、単に言葉を学ぶだけでなく、文化的な背景や微妙な言葉遣いや文化のニュアンスも理解することができた。日本でも英語力をつけることはできるだろうが、現地に行って、その環境の中で聴いて、使ってみないと感覚的にわからないものがある。What's up?（最近どう？何か変わったことがあった？）、No. 2（#2）pencil（HBの鉛筆のこと）、Let's hit the book.（勉強しようか）、などはそのいい例である。このようなアメリカの日常表現やスラングの使い方などなどは現地で生活しないとわからないものも多い。英語以外にも実践して初めてわかることがある。アメリカ人のカジュアルさ、誠実さと大雑把さ、優しさ、個人、自由、公平に対する異常なまでのこだわりの強さなどは、恋愛の辛さやルートビアの味などと同じで、体験しないとわからないのである。

　また、この留学体験は、単に言語を学ぶ以上のものがあった。それは、テクノロジー、コミュニケーション、文化の多様性を理解するための実践的な学びの場であった。帰国後、これらの経験を生かし、東京のデザイン制作会社でのキャリアをスタートさせ、さらにイギリスでワーキングホリデーを経験した。現在は外資系広告代理店でアートディレクターとして様々なプロジェクトに携わっている。

カラフルなオハイオ大学のTシャツ

　留学中に培った英語運用能力と異文化理解能力（Cultural Awareness）は、私のキャリアに大きな影響を与えてくれた。英語の習得はもちろん、言語や文化が異なる同年代の若者たちとの直接的な交流を通じて、多様な価値観があることを実感し、広い視野が持てるようになった。大学時代にアメリカ人学生らと肩を並べて

学び、寮生活で英語を生活言語として使い、様々な体験に感動し、苦しみ、考え、新しい発見をした。あの強烈な感情を揺さぶるような日々の体験がなければ、その後のイギリス生活も、現在の外資系広告代理店での仕事もないと言っても過言ではない。留学やワーキングホリデーは人生に豊かな色を加え、新しい可能性を広げてくれたと言えよう。自分の限界を超えて、未知の世界への一歩を踏み出す勇気を持ち、異文化での体験的な学びを通じて想像もつかないような自己成長を促してくれた。それが留学体験だと思う。

（TikTok、アートディレクター）

オハイオ大学への留学が人生の
ターニングポイント

稲福貴史

　大げさな話ではなく、オハイオ大学への留学が私にとって人生のターニングポイントになったことは間違いない。4か月という短い滞在ではあったが、気づきや価値観が変わるような沢山の経験や出会いがあり、卒業後のキャリアを築いていく基礎となった。このエッセイでは、その貴重な気づきや体験を三つ綴ってみたい。

　まず一つ目は、留学中に「英語を臆せずに話せるようになった」ことである。私にとってオハイオ大学が初めての海外留学であり、初の海外渡航でもあった。高校では英語コースに入っていたが、留学する前から英語をうまく話せていたわけではない。そこで、留学中は授業に真剣に取り組み、可能な限りアメリカ人や他の国の留学生と話すように心がけた。だが、なかなか上達しているという自覚はなかった。2か月ほど経った休暇中にアリゾナを訪

キャンパス内で友人らと

れた。その折に、引率の先生と朝食を取りながら「まだ英語が思うようにうまく話せない」と話していたところ、先生は「今普通に英語で会話しているじゃないか。君が話せていないとは感じていないよ」と言ってくれた。そこでハッと気づかされた。確かに、そのように言われてみればその時は何も意識せず、自分が話したいように英語で会話ができていた。リラックスした雰囲気も相まって、意図せず自然と英語で話せていたのであろう。ただ、それ以上にその2か月間で、「英語を学ぶ」というより、「英語を使いながら生活する」ことにより「言語の活性化」が起きていたように思う。このキッカケがあり「英語を（で）話す、会話する」感覚をつかむことできた。このことは非常に重要な転機になった。それ以降、自信が生まれ、さらに自分なりの表現なども培われ、より一層「話せる」という感覚と自信をもてるようになった。それもすべては、この「話す感覚」をつかめたことがターニングポイントとなったからだ。

　二つ目は、それまで「想像」のなかの海外・異文化がごく身近になったことである。オハイオ大学への留学前に中部大学での講義や留学準備で、「アメリカ人やアメリカ文化はどのようなものか」や「どのような出来事が待ち受けているのか」等、アメリカに対する認識を多少なり得ていた。加えて、私は沖縄県出身で、アメリカ人を見かける機会も多く、アメリカ文化をある程度知っているつもりでいた。しかし、頭の中で知っていることと、体験として異文化を理解していることとは雲泥の差があった。言わなければ伝わらないローコンテクスト文化を背景とする人たち、驚くほどカジュアルなその生活スタイル、人を当たり前に大切にする考え方、土曜日の朝の寮の迷惑を顧みない爆音での音楽などは、体験してみないと理解できないことであった。ただし、その中でもシャイなアメリカ人や他人に非常に優しい人たち、目が合うと笑顔が返ってくるコミュニケーションスタイル、想像以上に朝早くから働く真面目な人たち、夜中までよく勉強する学生たちなどを目の当たりにして、彼らを尊敬すると同時に、「話す言語や文化背景が異なるだけで同じ人には変わりはない」という認識を実感として持てるようになった。

　オハイオへの留学後、イギリスのマンチェスターにも留学した。その後も何度か、多国籍の住民が多くいる国での生活を体験したことにより、「海外」や「異文化」は私のごく日常の生活の一部となった。また、異文化や多様性の大切さも強く認識するようになった。現在も仕事で諸外国への訪問、来日の受入れを対応する業務にも従事するが、留学を機会に獲得できた「多様性の大切さの認識」や「国際的な雰囲気への慣れ」は、業務遂行に活かされている。

最後の三つ目は、「予期しない人との出会い」が、現在のキャリアを築くきっかけとなったことである。オハイオ大学留学中に、大学院でスポーツマネジメントを専攻しているある先輩日本人留学生と出会った。その出会いからその後の選択が大きく変わった。中部大学ではスポーツの部活動に属しており、一人の選手として活動に参加していた。オハイオ大学への留学前は、少しずつ「マネジメントする側」への興味を持ち始めていた時期だった。また、オハイオへの留学後はオハイオ大学、またはウェスト・ヴァージニア大学への派遣交換留学も考えていた。だが、オハイオ大学大学院でスポーツマネジメントを専攻しているその先輩との出会いを受け、まずは、日本国内でスポーツマネジメントに関する知識と経験を得ることを優先したほうが良いという考えに変わった。

　帰国後、日本国内においてスポーツマネジメントを学ぶ機会を得て、大学在籍中からその活動を開始した。その時の選択が、大学卒業後の日本国内の大学院でのスポーツマネジメントの勉強へと繋がった。それがさらに日本ハンドボール協会への就職へと繋がり、そこからヨーロッパでの2年間の国際競技連盟での研修に繋がった。そして、そのすべてが東京オリンピック・パラリンピック競技大会組織委員会への入職と、そこでのハンドボール部門の運営責任者としての仕事に繋がった。このように、オハイオ大学での予期せぬ出会いが、その後の私の全ての生活に大きな影響を及ぼした。

　初めてのオハイオ大学では、単に「英語力を伸ばしたい」「実際にアメリカで生活して、肌で、空気を感じたい」という想いだった。それが私にとってのオハイオ大学での「目的・目標」だった。しかし、様々な出会いと経験を振り返ると、留学では語学力向上のみを目的・目標とするのではなく、「英語をもとに何をしたいのか」「どのような経験をしたいのか」を仮でもよいので決めておくことが、その後の生活に大きく影響してくると思う。そして、それはひいては語学力やコミュニケーション能力の向上にも寄与するのだと思う。加えて、留学においては「予定していたこと」にのみ取り組むだけではなく、様々な人との偶然の出会いや経験を大切にすることが思わぬ成果につながるのだと思う。さらに、多様なことにトライしてみることが人

国際大会スタッフとともに

生の選択や幅、人間性を育てることにつながると思う。

　今振り返り、書き出してみると、これらの体験は私にとって非常に重要であり「人生のターニングポイントになった」と言える。海外への留学や異文化背景を持つ人々との生活には、人それぞれの気づきや学び、日本ではできない経験をする機会（チャンス）が生まれるキッカケが眠っていると思う。その機会を「どう活かすか」、「気づきや学びだと意識できるか」は、その人の受け取り方や対応次第で、同じ経験をしたとしてもその価値は大きく違ってくると思う。

　私はこの留学や海外での生活から学び、そして多様な気づきや経験、貴重な出会いを認識できたおかげで、現在のキャリアを築く基礎ができ、自信となっている。この留学や海外生活がなければ、そのようなキッカケさえもなかったと思うと、留学のチャンスを得たことは本当によかったと思う。今後もそんな感覚や気づきを意識しながら、新しい異文化体験や異文化背景を持つ人々との出会いを大切にしていきたい。

（日本スポーツ振興センター）

留学と国際的なキャリア構築の魅力

廣瀬豪保

グローバルサミットでの
プレゼンテーション

　私はオハイオ大学への留学を通じて、異文化理解、コミュニケーション能力、そしてビジネスパーソンとしての教養を培った。これは、オハイオ大学と中部大学の特別な学術交流協定を活用したことにより可能となった。以下に、私の留学経験とキャリアにおける影響を紹介したい。

　オハイオ大学への留学は、計3年間に渡った。この期間中、私は多くの新しい経験を積み、国際的な視野を広げた。私は2回オハイオ大学に留学している。最初は初代派遣留学生としての1年間であり、2回目はチャールズ・J・ピン特別奨学生

としての大学院への2年間の留学である。ただ、最初の派遣留学は中部大学内での交渉や調整が大変であった。この学部派遣留学プログラムは大学間の協定の中にはあったのだが、まだ誰も利用したことがなかった。私は自ら当時の先生や国際交流センターに相談してなんとか実現した。授業料の支払いに関しては前例がないため、私は中部大学とオハイオ大学の学費を両方で支払う必要があった。親には大変申し訳ない気持ちに駆られたが、同時に失敗は許されないという覚悟を持った。この覚悟が私を鼓舞し、オハイオ大学で高度な専門分野の科目に取り組む原動力となった。その結果、単位互換制度を活用することで中部大学を4年間で卒業することができた。

卒業後、チャールズ・J・ピン特別奨学金を受け、オハイオ大学の大学院でMBAを取得することができた。このMBAプログラムは、私のキャリアにおいて最も学びの多い期間だった。授業やプロジェクトに没頭し、時には午前9時からのプロジェクト発表準備が明け方まで終わらず、徹夜で作業をすることもあった。この過酷な経験は、自己を追い込み、事業の厳しさに対する免疫を身につける契機となった。また、このMBAプログラムで出会った同級生とは今でも深いつながりを持ち、共に苦労し学び合った仲間として大切にしている。

留学経験は、異文化理解、コミュニケーション能力、ビジネスパーソンとしての教養を養ううえで非常に重要であった。これらのスキルは、私が現在担当しているポジションで大いに活かされている。現在、私は東京にある外資系眼鏡レンズ会社で事業本部長として、グローバルマーケティングと事業開発を担当している。私のチームは背景やキャリアが異なる7か国の国籍を持つメンバーから成り立っているが、毎年、2桁％の成長を実現しているのは、それぞれのプロの領域を活かすことで、ダイナミックなプロジェクトを計画し、実現でき

MBA卒業の仲間たち、下段右から3人目が筆者

ている結果に他ならない。

　MBA取得は私のキャリア構築に大きなプラスの影響を与えてくれた。比較的早い段階から裁量の大きな仕事を任せてもらえるようになり、国際的な経験も積むことができた。現在の会社では、3か国（カナダ、シンガポール、アラブ首長国連邦ドバイ）への駐在のチャンスに恵まれ、30か国以上で仕事をする機会を得た。それぞれの拠点では、管轄するエリア内のカントリーマネジャーと協力して事業計画を策定し、実行してきた。

　特に、ドバイでの駐在時には事業開発責任者として、中東クウェートでの現地代理店との協力やGCC（アラブ湾岸地域の国家間の連携体制）エリアを担う販売拠点、レンズ製造ラボを持つJoint Venture会社の立ち上げの責任者を務めた。中東という文化や価値観が日本とは大きく異なる環境で、人材採用や契約交渉、ローカルパートナーとの関係構築に挑戦した。これらの経験により、ローカルチームと共に成功を収め、メンバーやパートナーから感謝される立場になることができた。

　現在の職務では、オハイオ大学留学時に習得したコミュニケーションスキル、異文化理解・適応能力、ネゴシエーションスキルを存分に活かすことができている。もしオハイオ大学への留学やMBA取得がなければ、私のキャリア形成は一回り遅れていただろう。中部大学とオハイオ大学の留学制度、そして教授陣など、他に類を見ないほど恵まれた環境があった。在学中には、塩澤教授からは様々なアドバイスを受け、それが私の成長に大きな影響を与えた。

　最後に、オハイオ大学で妻に出会えたことも私にとっては一つの宝物だ。留学が私のキャリアだけでなく、人生そのものに大きな影響を与えたことを誇りに思っている。これらの経験を通じて得た教訓は、今後も私のキャリアの指針となり、新たな挑戦に向かう勇気と力を与えてくれる。

（ニコン・エシロール、グローバルマーケティング・事業開発本部）

視野が一気に広がり、
英語に苦手意識がなくなった

大島智之

私は1996年にオハイオ大学長期研修プログラムに参加し、約4か月間オハイオ大学に滞在した。この4か月という短い期間の滞在が、その後の私の人生に多大な影響を与えているのは間違いのない事実であり、今までの人生を振り返った中で一番輝いていた時間だと言っても過言ではない。なお、オハイオ大学で20歳の誕生日を迎えたことは思い出深いものである。

現在、私は税理士として会計事務所の経営をしており、職業柄クライアントの社長と話すことが多いのだが、そこでもこの4か月で得た経験が生きていると感じている。多感な時期に過ごした4か月間で、具体的に私が感じたこと、大きく変わった変化を三つ以下にまとめてみたい。

まず、視野が一気に広がった。留学中の休暇を利用してアリゾナ州のグランドキャニオンを訪れた。そこで見た景色は衝撃的であった。よく、「人の悩みなど宇宙の長い歴史からすればほんの些細なことだ」というようなことが言われるが、それを体感した瞬間だった。それまでの20年間で育まれた価値観や常識、ルールといったものが実はそれほどたいしたものではなく、もっと広い視野で物事を見ることができるようになった瞬間だったと思う。

グランドキャニオンの衝撃は非常に大きく、その影響でアメリカにある他の国立公園も見てみたくなり、翌年の夏休みに約1月半の国立公園巡りの一人旅をした。ヨセミテ、イエローストーン、ブライスキャニオン等、様々な国立公園を巡り、そして卒業論文のテーマも「アメリカの国立公園」にした。このグランドキャニオン訪問は私の人生のターニングポイントだったのかもしれない。

二つ目に他人とのコミュニケーションに苦手意識がなくなった。様々な国・地域・人種・宗教を背景とした学生らと触れ合ったことにより、伝えること、

聞くことの重要性を再認識した。残念ながら約40人の同級生と一緒にプログラムに参加し、積極的に「英語漬け」の生活を送ることをしなかったため、語学力の向上という観点では大きな成果は出なかったと思う。ただ、今とは違いスマホなどが一切無い時代だったので、自分の考えを身振り手振り交えながら、脳みそフル回転で必死に相手に伝えるという経験ができ、それにより総合的なコミュニケーション力に繋がった。コミュニケーション力が身についたことにより年齢・性別を問わず、どんな人とも臆せず話すことができるようになった。それまでは異性の友人は数えるほどしかいなかったが、帰国後はむしろ異性の友人の方が多くなり、その数が一気に増えたのは面白い現象だった。現在の日常生活や仕事の場面で英語に接する機会は皆無であり、特段英語学習も続けていない。よって英語力は、その当時がピークだったと思うが、このコミュニケーションに苦手意識がなくなったというのは、その後の人生において大いにプラスに働いていることは間違いない。

　最後に、この留学で総合的に私の人生は変わった。私は中部大学入学後にこの語学研修プログラムのことを知った。最初はまったく参加するつもりもなかったのだが、入学後に仲良くなった友人たちが次々に申し込みをしているのを見て、つられて参加した形だ。だが、研修プログラムに参加して本当に良かったと心から思う。簡単に言えば、人生が変わったのだ。上述したような、視野が広がったこと、コミュニケーション能力が上がったこと、それに人と接することを臆せずできるようになったことに加えて、以前から考えていた税理士になるという目標が夢ではなく、現実の目標となったことだ。留学中に職業意識の明確なアメリカ人や本気で国をよくしたいなどと語る留学生と夜な夜な語ることによって、自分の将来を真剣に考えるようになった。そして、卒業後、何年掛かっても、税理士になりその世界で社会貢献ができる人間になりたいと考えるようになった。そして、それが数年後に実現し、今の生活に繋がっている。あの留学がなければ、私があれほど将来を真剣に考えることもなく、今のような考え方で仕事に向かうこともなかったと思う。その意味に、あの留学は私の人生を変えたとはっきり言える。

　余談だが、実は私の妹も中部大学に入学して、同じようにこの語学研修プログラムに参加した。妹にも同じような体験をしてほしいと思い、この留学に参加させた。ただ、事前に私からの情報で期待値が上がり過ぎていたせいか、特段感動をするような経験も無かったそうだ。そういう意味では、逆に妹に悪いことをしてしまったと思う。留学と言っても100人100様の体験があるようだ。

もし過去の自分にアドバイスを送れるのであれば、「もっと英語漬けの生活を送りなさい！」とは言わないと思う。やはり、自分があの時そうしたように、「友人と夜な夜な宅配ピザを取り、大いに語り合いなさい！」と言うと思う。あの日々は何事にも代え難い貴重な体験だ。「思いっきり異文化を楽しみ、一生懸命課題やテスト勉強をし、一日一日生きているなと実感できる、そんな生活を送るように」と伝えたい。ただ、「妹にはあまり事前に情報を伝え過ぎないように！」と強く伝えることは間違いない。

（大島智之税理士事務所）

留学は人生の分岐点

筒井博司

　長崎の小さな離島出身の私にとって、海外は遠い憧れ、想像のはるか向こう側の存在であった。周縁的地域出身で、内向的な性格であれば無理もない話である。1999年3月、博多で新幹線に乗り名古屋を目指した青年の顔は、ずっと血の気を失ったまま車中ついに落ち着きを取り戻すことはなかった。前方に座っていた厚底二人組の会話が外国語にしか聞こえず、より一層不安が助長された。大学の寮に到着後1週間は、母の偉大さを思い知らされ故郷を懐かしんだが、大学での新しい環境に徐々に適応していった。他方、肝心の大学生活は当初まったく張り合いがなく、幾分つまらなかった。そのような中、おもしろい世界があることを教えてくれたのが、大学2年時春学期のオハイオ大学長期研修だった。

　長期研修である程度の自信と語学力を獲得した私は、かねてより切望していたバックパック旅行の決行に着手した。若さゆえの無知と冒険欲が絶妙なバランスを保ち、長期研修の経験が

ウルグアイ勤務時代の仲間と

背中を押ししてくれた。沢木耕太郎の『深夜特急』から着想を得たこの旅は、ロサンゼルスからパナマ運河までを乗合バスで目指すというものだった。米墨国境を徒歩で渡った先で目にした光景に強烈な違和感を覚えた私は、帰国後間もなくラテンアメリカ研究を志すようになった。故郷の島を出て2年余り経った頃のことであった。

　国際協力分野に照準を絞った私は、大学院進学を決意した。国際機関への就職には修士号と語学力（英語と国連公用語もう一言語）、現場経験が最低限必要であると知り、進学先は自ずと海外に向けられた。経済力に余裕がなかった私を救ったのは、またしてもオハイオ大学であった。オハイオ大学大学院にはラテンアメリカ地域研究の専攻があり、授業料免除・生活費支給のCharles J. Ping奨学金があった。「留学したいのであれば英語で卒論を書くこと。」指導教授のこの一言で、2002年日韓ワールドカップが開催された夏の過ごし方が決まったようなものだった。TOEFL受験対策に費やす時間は一切確保できなかったが、卒論を書き終えた頃には、自然と英語力は伸びていた。

　意気揚々と渡米した私を待ち受けていたものは、散々たる1年目の大学院生活であった。当時の私には、既にある程度の度胸は備わっていたものの、時間管理や他人を頼る方法に関してはおよそ見当がつかないでいた。細部に拘りすぎては無駄な時間を過ごし、小さな虚栄心が私を孤独のスパイラルに陥らせていた。そして私が下したとりあえずの結論は、図書館に籠もるという月並みではあるが有効な対処法であった。図書館に早朝まで居座る留学生らとは、やがて見えない絆で結ばれた同志となり、次第に留学生活にも適応、2年目にはより穏やかな気持ちでクラスに臨めるようになっていた。

　大学院在学中の夏休みと冬休みの間には、私をラテンアメリカ世界に誘い、人生の分岐点となったメキシコを再度訪れた。言語習得と修士論文執筆のデータ収集のためであった。首都メキシコシティのメキシコ国立自治大学（UNAM）でスペイン語を学ぶ傍ら、国立統計地理情報院（INEGI）に毎日足繁く通いつつ、先住民移民に関する機関や当事者らに面談を申し入れていた。気がつけばINEGIの職員とはすっかり顔なじみとなり、GISで使用する地図データや古い国勢調査報告書を無償でこっそりと提供してくれた。先住民移民当事者らは、当時の私の拙いスペイン語でのインタビューを忍耐強く受け入れてくれ、どこの馬の骨とも知れない私を夕食の食卓に加え、出身地オアハカ州での祭事にまで招待してくれた。首都の滞在先にバスで戻る道中、人の暖かさに触れた私は、人生をメキシコのために捧げることを誓うのであった（この15年後にメキ

シコ勤務が現実化した）。

　修士論文を無事書き上げ、帰国後、私は米国NGOの東京事務所で働き始めた。その1年後には、国際協力機構（JICA）の青年海外協力隊として、ボリビアに2年間派遣された。ちなみに、アンデス山脈奥深くの村で下宿をともにしていたPeace Corps ボランティアは、オハイオ大学地理学部出身で指導教授まで私と同じであった。オハイオ大学とはどこまでも縁深い。その後、カンボジアの国際NGOで2年過ごした私に声をかけてくれたのは、オハイオ大学大学院での同級生であった。「米州開発銀行（IDB）のウルグアイ事務所で空席公募があるらしい。」狭き門をどうにかくぐり抜けた私は、ついに念願の国際機関での勤務を開始することとなった。大学院修了5年後、ようやく国際協力畑で食べていける確信を持てるようになった。

　結局、米州開発銀行には約4年間務め、以降JICAのグアテマラ事務所やメキシコ事務所、ケニアの国際NGOで働いた。いつの間にか7か国を渡り歩き、海外在住15年以上を数えるまでに至った。長崎の五島列島に生まれ育った私をここまで引き上げてくれたのは、高い水準にある日本の義務教育も然ることながら、留学に依るところが大きい。帰国子女でもない限り、留学によって生活は一変する。すべての環境が一新され、これまで築き上げた常識が通用しなくなることも少なくない。待ち構えているのはチャレンジが連続する日々。その過程をおもしろいと思え、適応しながら学びの機会と捉えられるかどうか、分岐点の行き先を決めるのはその人次第である。縁あって現在は母校の職員となったが、私の挑戦はこれからも続いてゆく。

（中部大学 国際センター）

留学で得たもの・無くしたもの

栁澤頻昵

　初めてオハイオ大学のキャンパスに足を踏み入れた日は、今から十何年前にもなるが、それでもあのときのことは、昨晩のように鮮明に覚えている。そして、あの瞬間から私の人生は間違いなく変わり始めた。ここで、留学を通じて

日本文化についてプレゼン

「得たもの」と「無くしたもの」が今の私の生活をどう変えてきたのかについて書きたいと思う。

まずは「無くしたもの」について。ありきたりかもしれないが私は留学を通じてあらゆることに対する固定概念を「無くす」ことができた。中国生まれの私は、物心がついた頃からアメリカに対してある種の反感を抱いていた。行ったこともない、会ったこともない国や人に対するこの反感がいかに愚かな気持ちだったのか、2006年に初めて行ったオハイオ留学で気づかされた。

オハイオ大学に春学期に留学した人たちは「桜まつり」に参加したことがあると思うが、今のベーカーセンターができる前は屋外で開催されていた。まだ留学に来たばかりでキャンパスの中ではマップを持ちながら移動していた私は、会場に辿り着くことが出来ずに道に迷っていた。そのとき私に声をかけたのは、なんとOUPD（大学内警察）のいかつい警察官であった。「迷子か？どこに行きたいんだ？」といった内容を言っていたと思うが、英語も拙かった私はそのとき説明された道を正確に把握できず警察官を困らせてしまった。しかし、要領の得ない私に対し警察官は「よし！良く分からないならもう送っていくよ！」と言いパトカーに私を乗せてくれた。先に会場に集っていた同級生の中にパトカーで登場するという非常に貴重な体験となった。元々持っていたアメリカに対する反感と、それに加えて見た目のいかつさと言語が伝わらないことが相まって余計に恐怖心を覚えていた私に、その警察官は非常に手厚く優しい対応をしてくれた。その時、抱いていた反感が非常に失礼で恥ずかしいものであると気付かされたうえ、道案内の解決法としてパトカーに乗せて送るというアメリカの警察官の柔軟な対応にも、いい意味で自分の固定観念が「無くされた」体験となった。

次に「得たもの」について述べたいと思う。1回目のオハイオ大学での海外研修でも、2回目のWVUでの派遣留学でも、たくさんの経験をさせてもらったが、やはり三回目のオハイオ大学大学院で過ごした3年間で得たものが、最も貴重で今の仕事にも活かされている。

私は卒業後NTT西日本へ入社したが、留学時の経験と語学力を買われ、NTTグループでも珍しい海外に漫画やゲームを配信する会社へ出向した。そこで留学

の経験が活かすことができたのが、海外の人々の感覚に合わせたローカライズの業務である。日本のコンテンツには日本の「当たり前」で作られている部分がある。それを違和感なく受け入れてもらうためには、その日本の「当たり前」に対し「COOL JAPAN」として打ち出している日本の良さは活かしつつ、提供先の国や地域の慣習に合わせた変更が必要

LINEヤフーのオフィス

となる。3年間という長期滞在で得た文化の違いに関する経験はこの「当たり前」に気付き、正しく受け入れられる形にするということに非常に役立った。

　また、ローカライズ業務のメインである翻訳の仕事も担当を引き継いだが、当時は会社としてネイティブスピーカーへの人脈もなく、採用するための良し悪しも判断ができる人がいなかった。そのため、翻訳作業は全て英語のわかる日本人に外注されており、細かいニュアンスまで品質が担保されていない状況であった。採用から新しい翻訳チームの立ち上げまで一任されていた私は外国人雇用にチャレンジし、留学中に知り合った何人かに声をかけ、正社員として迎え入れた友人もいた。この人脈も留学に行ったからこそ得られたものである。こうした中で、私がローカライズと共にプロデュース・プロモーションを行ったゲームが成功を収め、私自身も非常に評価をいただくことができた。

　ここで書いている「得たもの」「無くしたもの」はあくまでもたくさんある中の一例であって、留学など行かなくてもそのくらいは想像がつく人もいるかもしれない。しかし、知識や想像ではなく、実際に現地に行って、留学を通じて体験することで初めて感じる気持ちや身に付くスキルは、私にとって本当に宝のように思う。

　最後に、オハイオ大学に行った人にしか語れないこのようなエッセイを、多くの皆様に読んでもらい、少しでも留学への後押しになることを願う。そして、オハイオ大学と中部大学の取り組みに感謝し、これからも多くの留学生の人生を変えていけるような良いプログラムを提供し続けて欲しいと思う。

（LINEヤフー株式会社　メッセンジャー統括本部）

弱さを知ることが強さの秘訣

佐藤　空

　私は日本の愛知県名古屋市で生まれ育ち、大学2年生に至るまで一度も日本を出たことがない生粋の日本人だった。それが、中部大学の英語英米文化学科に入ったことにより、二度も留学し、今ではアメリカ人と結婚し、アメリカで生活している。初めての渡米は、大学2年生の時の4か月間のオハイオ大学への留学プログラムであった。そして二度目は、卒業後にオハイオ大学の修士課程への留学であった。これらの留学経験は様々な意味で私の人生を大きく変えることとなった。

　成人するまでに確固とした夢や目標を持ち、それに向かって準備や努力をすることができている人はどのくらいいるだろうか。私は大学生になるまで、とりわけ最初のアメリカ留学をするまで、たいした目標や夢もなく生きてきた。ただ、何となくその時々で好きなものやハマっていることに影響されて、興味がありそうなものに挑戦してみることを繰り返して生きてきた。最初の留学に応募した動機も、「何となく面白そうで何か新しいことを体験したかったから」という子どもじみた薄っぺらいものだったと思う。案の定、最初の留学は初日から自分の無力さや浅はかさを思い知ることとなった。「英語力が足りない」「コミュニケーションができない」「アメリカの文化や常識が分からない」「真意

院生仲間との週末　左奥から2番目が筆者

が分からない」「劣等感を感じる。」「怖い」……そのような葛藤と不安を抱えながら1か月ほど過ごしたところ、あることを体験する機会が訪れた。

　異文化理解活動の一環として、私を含む日本人留学生たちが、オハイオ大学で現地学生のための日本語の授業にサポーターとして参加することになっ

たのだ。そこでは初級から中・上級まで、様々なレベルの学生たちが日本語を勉強していた。私も先生の指導に従って、彼らの課題を手伝ったり、質問に答えたりした。私が日本語で話しかけると、お世辞にも完璧とは言えない文法で、しかし、積極的に答えようとしてくれる学生や、対照的に少し困惑したり緊張したりして、何も発言できなくなった学生もいた。そこでふとその消極的な学生たちの姿が、私のこれまでの姿と重なった。ああ、私も彼らも何も違わない。感じることは同じなのだ、と。知らないことやよく分からないことは怖いものだ。自分が不完全で至らないと自覚しているものほど、それを使って表現することは怖いものである。どんな人種でどんな言語を話そうと、人として根本的な感情や気持ちは同じであり、それをコミュニケーションを通じて、理解し合えたということが、私にとってはとても意義のあることだった。その経験から、私は将来日本語教師になろうという確固たる目標を持つこととなった。

　帰国後、3年次より「日本語教員養成講座」という資格課程を履修し、卒業と同時に修了することができた。そして、次はオハイオ大学の大学院で異文化理解と教育学について学ぼうと決めた。教師と学習者間で異なる言語や文化を持つことが想定される職において効果的な環境を作り、すれ違いや衝突や誤解を防ぐためには、日本語教授法の知識だけでは足りないと考えたからだ。大学院での2年間は最初の留学での4か月間とは比べ物にならないほど大変で苦しかった。周りの学生たちは英語母語話者か非母語話者かに関わらず、

オハイオ大学の美しい夕日

127

皆、アカデミックな英語を流暢に話していた。毎週のように何十ページもの論文や本を読む課題やレポート課題などがあった。専攻科の授業は午後9時ごろまで各クラス3時間でディベートが主体のものしかなかった。議題について意見はあるが、それを表現し正しく伝えることが難しかった。緊張している状態で質問されると焦燥し、混乱し、何度も聞き返すことがあった。泣いて担当の先生方に弱音を吐いたり、カウンセリングに連れていってもらったりもした。それでも、何とか踏ん張って比較的良い成績で修士課程の2年間を終えることができた。

　そんな私は現在アメリカで日本語教師として働いている。オンライン教室なのでアメリカ国内のみならず、イギリス、ヨーロッパやアジアなど世界中から日本語を学びに来る学習者を教えている。外国語学習者としての弱さや苦悩をたくさん経験してきたので、彼らの葛藤や苦悩もよく理解できる。留学や大学院で学び経験してきたことすべてが、今の臨床現場での私の糧となり支えてくれている。世界中の学生を相手にしているので、授業時間が不規則で、時には夜中にもなることもあるが、充実した教員生活を送っている。

　もし、2年次に留学をしていなかったら私はどんな人生を送っていただろうか。たとえどれだけ苦しく険しい道のりを選択したとしても、それが自分の望んだ道であれば不幸ではない。悩んで、もがいて落ち込んだとしても、それを糧とすることができれば自分の付加価値になる。オハイオ大学での二度の留学がなければ、このような発想に至ることも、今のような充実した生活を海外で送ることもまったくなかったろう。私にとって、オハイオ大学での留学体験はかけがえのない一生の宝物となった。まさに、あの留学が私の人生を変えたと言える。

（日本語教師、米国在住）

人生のターニングポイント

内藤優伍

　「英語なんか嫌い」これが英語に対して持った第一印象であった。中学生から英語を義務教育で勉強し始め、「なんで外国語なんか日本で生活している私が

勉強しなければいけないんだ」と思いながら授業を聞いていたのを覚えている。それが今、米国の地にてその嫌いだった英語を使いながら生活し、会社勤めをしているとは、当時の私には思いもよらなかったと思う。オハイオ大学での4か月の留学が今の人生のすべての始まりだと強く感じている。

オハイオ大学大学院時代の友人と

　約9年前、中部大学に入学してから2、3か月が経過したころ、英語の授業の最後にオハイオ大学での長期海外研修のお知らせを聞いた。経営学科ではあまり留学自体に興味がある学生が少なかったためか、ほんの20秒位の簡素な説明で終了した。だが、当時の私は何かに挑戦したいという欲が強く、私の心を強く惹きつけ、応募すると、無事にオハイオ大学長期研修プログラムへの参加が決まった。

　この4か月の留学を通して私の英語に対する価値観・私の人生観は大きく変わった。一つ目に変わったことは「英語が嫌いから英語は楽しい、かつ英語を学ぶことは大切だ」という英語自体の価値観である。世界共通語の一つとしての英語が話せると世界中の人とコミュニケーションが取れることに気が付いた。英語を通して、他国の文化や価値観を知ることができ、その経験は日本では味わえない経験であり、英語をもっと話したいと思ったきっかけでもあった。

　二つ目は「世界中で働ける人材になる」という気持ちが現実味を帯びたことである。日本で働くことにしか視野がなかった私にとって、働くステージを日本から世界へ広げられ、人生観が大きく変わった。オハイオ大学を訪れたときに驚いたのは、世界各国から留学に来て勉強している学生が多く、オハイオ大学だけでも30か国以上の学生が勉学に勤しんでいたことだった。中には初めて聞いた国名もあり、米国が多民族国家とは知ってはいたが、現地に行き直接肌で感じるまではあまり実感が湧かなかった。その現実を目の当たりにし、英語力をつけることは、日本はもとより世界で働けるチャンスがあるのではないかと考えるようになった。

　三つ目に「米国で働く」というもっと現実的で、具体的な目標である。世界中で働ける人材になることは、私の存在価値を高める必要性があると思い、世

界の経済大国としてゆるぎない地位を占める米国で働く経験を積むことで、私の付加価値を高められると考えた。これら三つの変化は私の人生の舵を大きく変え、オハイオ大学大学院進学への準備が始まり無事進学することが決まった。

　オハイオ大学大学院ではオハイオ大学長期留学の際に感じた価値観の三つ目に掲げた「米国で働く」ことを目指して勉学に励んだ。大学院では Master of Financial Economics（金融経済学）を専攻し、大学時代に勉強してきた会計学＋金融の分野に力を入れ、米国で就職ができるように付加価値を高める努力した。大学院は学生時代とは比べ物にならないほど忙しく、大学2年次のオハイオ大学長期留学のような余裕はなかったが、最低限の英語力は身についていたため、クラスメイトや他の学生とコミュニケーションが取れ、より深い内容について話し、学習に取り組むことができた。また、私の研究科は米国の第一線で活躍している方々が教鞭を取り、より実態社会に近い内容の授業や考え方を学ぶことができた。クラスメイトも既に社会人経験を何年か積んだ人が多く、大学時代にはない大学院ならではの勉強ができた。実践経験を通して回答をしている大学院生も多く、社会人経験を積むことで同じ授業の内容を受けても見え方が変わるという発見があった。私の研究科は「理系に近い文系」であったため、先輩方から聞いていた「多くの書き物がある」という話とは違った。計算が中心で、いかに長い情報を要約して大事な部分だけを伝えることができるかということが大切であった。また、よりビジネスシーンに特化した要求が多く、学科によって様々な特色があると実感した。ただ、どの大学院も知識を得るためには教科書を読み込む必要があるため、「読む量」に関しては共通すると思った。

　オハイオ大学大学院進学での一番の学びは、米国で働くことがいかに困難なことかということを知ったことだ。大学院に進学する前は米国で働くためには米国の大学院を卒業すれば簡単に就職できると思っていた。だが、実際に就職活動を米国の地で行うことは日本で行う就職活動とは根本から違った。一つ目は私の卒業した学科に関連する職種しか応募できないこと、二つ目は日本とは違い新卒枠がなく、ポジションに対しての応募であるため、そこのポジションに応募してくる人たちと競争しないといけないということだ。つまりポジションに応じては社会人経験をすでに何年か積んでいる人と一つの枠に対して争わなければならないのだ。三つ目はVISAの問題だ。VISA状況が就職活動において一番困難なポイントで、そもそも H-1B VISA*（特殊技能就労VISA）を持っていないとエントリーすらできない会社が多くあった。そのため多くの外国人

労働者はVISAサポートを行っている企業にエントリーすることとなるが、そもそもVISAサポートを行っている企業が少ないという現実があった。幸いなことに日本は米国に支社を持つ企業が多く、その一つから運よくオファーをもらうことができたため、現在はVISAサポートを受けながら米国で働いている。これら三つのことは米国での就活期間中に初めて知ることとなり、かなり苦戦を強いられたが、何とか「米国で働く」という長期留学からの思いを実現できた。

　中部大学でオハイオ大学長期留学の説明を受けてから、実際に米国で働くことが決まるまでの約8年間で、私の人生の価値観は大きく変わり、様々な可能性を見出すことができた。まだまだ人生はスタート地点に立ったばかりで、これから更に人生のターニングポイントを選択することが増えてくるだろうが、私の初めての人生のターニングポイントは、間違いなくオハイオ大学長期留学であり、これから先もその経験が根源となり影響してくると考えている。

（Sumitomo Electric Wiring Systems, Inc. 米国在住）

*H-1Bビザは、特殊技能を有する職業に従事する人のためのビザである。医師、会計士、財務アナリスト、コンピュータプログラマなどが該当する。

フットボールの試合で紹介される中部大学一行

オハイオ大学から寄贈されたロタンダとちゅとら

Yamada International House

第2章

人生への影響

"It is not what we get, but who we become, what we contribute
that gives meaning to our lives"

-Anthony Robbins

「何を持っているかではなく、どんな人間になり、何を貢献
できるか、それが人生に意味を与える」

—アンソニー・ロビンズ

オハイオ大学は私の人生の基礎

濱渕明寿

趣味のアマチュア無線

米国での生活が人生の半分以上を占めるようになった今改めて振り返ってみると、オハイオ大学で過ごした数年間は生きる術を学び私の人生の基礎を確立した、かけがえのないひと時であったと言える。

私はオハイオ大学大学院で国際学と会計学を学び、卒業後は米大手会計事務所で会計監査業務に従事、一般企業のコントローラー等を経て現在はコンプライアンスと従業員の教育を担当する一方で、州の公認会計士協会の役員や、私が居住する地元自治体の危機管理室におけるアマチュア無線を用いた予備通信網の責任者でもある。

大学は、社会に出て適切な判断ができるように必要な技術を身につける機関である。オハイオ大学においては、専門領域の学問に加え、リサーチやティーチング・アシスタントなど多くのタスクを同時にこなすタイムマネジメントやプレッシャーに負けない強さ、諦めず物事をやり遂げる信念と失敗しても起き上がることの大切さ、多様な価値観や異文化コミュニケーションに対応できる心構え、実社会の厳しさの理解や実務をする上での心のよりどころとなる職業倫理観など、社会生活を送る上で必要不可欠な基礎を学ばせて頂いた。そして何より大きかったことは、そのような包括的な基礎の習得が履修のプログラムに組み込まれていたことだった。

このような基礎はその後の私の人生で大いに役立つことになる。例えば、会計事務所の忙しさやプレッシャーは群を抜いているが、米国人の学生たちでも悲鳴を上げる大学院のプログラムの忙しさを留学生として経験していることは、社会にでても忙しさを乗り越える時の大きな自信となっている。

職業柄多くの資格や認証を取得しているが、オハイオ大学で英語を母語とし

ない留学生として、必死に教科書を読み問題集をこなして授業に食らいついていった経験があるから、そのような場合でも、一つ一つ資格や認証を取得して更に次のステップへと進むことができる。

そして、実社会においては実務と職業倫理が複雑に絡み合って判断を躊躇することがあるが、メンターとして尊敬するオハイオ大学の先生方だったらどう対処されるであろうか、と考えを巡らし判断の基準とすることができている。

さらに、米国の、特に都市部においては、世界中から様々な人々が文化を引き連れたまま来て暮らしている関係で、職場や所属するプロフェッショナル団体において、また実生活を送るコミュニティーにおいても、毎日が異文化コミュニケーションの連続であり挑戦である。だが、オハイオでの学生時代にそれまで想像もできなかった価値観に遭遇したことによって、自分の考え方や物の見方が格段に広がり、それが生涯に渡って異文化コミュニケーションをする場合の大きな手助けとなっている。

私は御縁があって卒業以来の人生を米国で過ごさせて頂き、多くの法人や企業、またコミュニティーにおいて様々な人々と共に多くの仕事をさせて頂いてきたが、私のような未熟者でもなんとかこなせているのは、オハイオ大学で学ばせていただいた基礎があったからこそである。オハイオ大学で過ごした時間は紛れもなく私の人生の基礎を作った大切な一時であった。

（公認会計士、米国在住）

留学時代　右から2人目が筆者

なぜ国際交流が必要なのか

塩澤　正

EUに学ぶ成長戦略

織田信長より一世代くらい前の人で、オランダにエラスムスという人がいた。人文主義者（平和・人道主義者：humanist）、神学者、教育者で、あの宗教改革を指導したルターと並ぶ大論者である。オランダ語、フランス語、ドイツ語、ラテン語、ギリシャ語、英語を使ったと予想され、聖書をギリシャ語からラテン語に翻訳した。戦国時代より前の時代にすでに子どもの人権を主張し、教育の大切さを説いた中世ヨーロッパを代表する「知の巨人」である。彼の平和主義や多文化主義、つまり多様でありながらも互いを尊重し協力しあう（当時はカトリックとプロテスタント）という考え方は、まさに今の欧州連合（EU）の「複言語・複文化主義」や「生涯学習計画」と軌を一にする。

エラスムス

EUが1987年にEU圏内の学生や教員の壮大なる交流計画を始めた時に、彼の名前をとってこれを「エラスムス計画」と名づけたのは頷ける。その第一期（1987-1995）では、年間3,000人の学生と1,000人の教員の交流があった。その後、ソクラテス計画、ソクラテス計画II、エラスムスワールド（世界との学生・教員交流計画）、生涯学習計画（2007-2013）と発展し、過去30年間余りで1,000万人以上の人々が同プログラムに参加してきた（エラスムス計画, 2022）。現在の「エラスムス+」と呼ばれる新プログラム（Erasmus+ 2021-2027）の予算総額は、262億ユーロ（約3兆7000万円）で、2014〜2020年のプログラム予算147億ユーロをさらに大幅に上回っている。2025年までに、あらゆる年齢層、バックグラウンドを持つ1,000万人のヨーロッパ人の学びに関する人の移動と国境を越えた協力を支援する（Erasmus+, 2023）としている 。日本のJASSOや国際交流基金やJETプログラムの予算もそれなりのものだが、Erasmus+とは桁と人数が違い過ぎて比較に

ならない。

　EUではなぜそこまで費用とエネルギーをかけて、人の交流（異文化体験的学習）を奨励するのだろうか。もちろんそれは、ヨーロッパには長い戦争の歴史があり、多様な価値観を持ち、異なる言語を話す人々が平和に暮らしていくためには互いを知る必要がある、という歴史からの教訓があることは間違いない。互いを知るその最も手っ取り早い方法が、互いの言語や文化を学ぶことである。そして、その究極の学習方法が互いの生活圏で実際に生活してみて、異なる文化背景を持つ人々の考え方や行動の違いを学び、理解しあうということであろう。これが「留学」であり「異文化体験」である。

　だが、それと同程度にEUはその発足当初から、EUの成功のためには、EU圏内の人々（EU市民）全体の、教育・訓練の拡充がEUの成長戦略や生き残りに不可欠であるということを認識していたのである。EUの大きな目標である、EU市民の「就業能力の強化」と「社会正義の実現」は「欧州教育圏（European Education Area）」全体の生涯学習なしには実現されないと考えていたのであろう。EU条約では、第2条に「連合は、人間の尊厳、自由、民主主義、平等、法の支配、マイノリティの人権を含む人権の尊重の価値に基礎を置く。これらの価値は、多元主義、無差別、寛容、正義、連帯及び男女の平等が普及している加盟諸国に共通するものである」と書いてある。これはまさに国際教育や文化間コミュニケーション論でいう「国際理解」の理念と一致する。

　このようにEUはその発足の当初から、平和維持以外に、その目的実現のために、国境を越えた人的交流が不可欠だと考えていたのである。そしてその実現に向けて、EU全市民が生涯を通して、人間の尊重、言語、文化、職業、人権、異文化理解、男女平等、他のあらゆる学問について学び続けることはヨーロッパに住む人々の「権利」であり責任だとしているのである。そのための手段がEU圏内の人的交流なのである。EUでは「人々」がヨーロッパにおける最も重要な資源であり、ヨーロッパ中のすべての人々に生涯学習の機会を提供するために、学校、職場、家庭、地域社会を含み、生活のすべての場所で学ぶ権利を保障するとしている。その機会や場所は地域社会に限定する必要はなく、EUが実質的に一つの共同体、教育圏となり機能するためにも、EU圏内全体の人的交流を促したということになる。

　このような背景を知ると、複文化・複言語社会先進諸国からなるEUにおいては、国際交流はグローバル社会の「必需品」や海外志向の強い一部の人たちの「人生におけるいい体験」などでは済まされないことがわかる。成長と生き

残りをかけた戦略的手段が人的交流なのである。実は日本も実質的にはすでに
複文化・複言語社会（程度の差こそあれ、一人の人間が複数の言語や文化を内在
し、生活している社会）に入っている。その意味では日本においても、国際交
流を通して学ぶことは、「権利としての学習の機会」であり、「就業能力の強
化」と「社会正義の実現」のために、なくてはならないものなのではないだろ
うか。もっと簡単に言えば、日本も「人間の尊厳、自由、民主主義、平等、法
の支配、マイノリティの人権を含む人権の尊重の価値に基礎を置く」なら、国
際交流なしにはその実現は不可能であり、日本の成長もないのである。まして
や、「人々」が最も重要な資源であることは日本も変わらないどころか、ヨー
ロッパ以上に重要であろう。その意味では日本は国として国際交流をもっと支
援する必要があり、国際交流が「就業能力の強化」と「社会正義の実現」に必
要というなら、大学においては、国以上に重要な意味を持つ。

「自己変容」としての異文化体験

　「国際交流」と簡単に言うが、これは、人間の尊重と成長と生き残りをかけた
体験的な学びあい、教えあいの機会であり、実は、究極の「アクティブ・ラー
ニング」なのである。これを国際教育の分野では「サービス・ラーニング」と
呼ぶ。相手につくす（教え合う）ことによる体験学習方法である。ラーニング
とは「半永久的な自己変容」である。その意味で、国際交流とはまさに、自分
の価値観や行動や感じ方を変えるための「痛みを伴う自己変容」なのである。
本来「よい経験」などで決して終われない。

　中部大学の創立者である三浦幸平先生はその重要性をよく理解し、創立以
来、国際交流に力を入れてきた。その「基本理念」や「教育上の使命」にも

オハイオ大学との学術交流協定にサインする中部大学創立者（1973年）

「広く国際的視野から物事を考えられる人を育てる」とある。現竹内学長も2022年秋の教職員総会で留学生300人の受け入れと英語で学ぶ授業の展開を目に見える目標として掲げた。そして、その実践の場として、本学では世界24か国・地域の59大学・機関と学術交流協定を結び、現在、毎年200名以上の学生を海外に送り出している。特に、提携校のオハイオ大学には累計で2119名の学生を送り出し、270名を受け入れてきた（2023年国際センター調べ）。

　私たちは一旦海外に出て国際的な競争環境で生活し、多様な発想を持った人々と交流すると、自分の世界がいかに小さいかということに気づかされる。そして、自由、民主主義、平等、人権の尊重などが、人間の生活をサステナブルにするためにも必要であることを実感させられる。しかも、海外での体験は強いインパクトを伴い情意レベルで私たちの心に刻み込まれ、価値観や人生を変えるような学習体験となる。ここに大学が留学や国際交流を進める意義がある。極論すれば、そのような経験なくして、複言語・複文化社会となる21世紀のリーダーを育てる大学教育は完結しないし、学生は本来大学を卒業してはならないのである。これは、英語・国際系学科に籍を置く者だけに限ったことではない。今や、大学に籍を置く者すべてが体験すべきことなのである。

　私たちはこのような強烈に感情を揺さぶる異文化体験により「このままではまずい」「レベルが違った」「それもアリか」と思い知らせられる。人は簡単には変わらないが、情意に訴えかけてくる異文化体験はそのインパクトの強さにゆえに、本気で変わるきっかけを提供してくれる。だから、海外留学経験者は「人生が変わった」と口々に語るのである。例えば、日本ではまったく勉強に興味もなかったような学生が、海外では夜中まで図書館で勉強し、教室を一歩出て歩きながらも友人らと授業中のディスカッションの続きをする。入学時にTOEICで200点台だった学生が、卒業時には900点を取り、海外の大学院に進学する。私はそのような学生を何人も見て来た。この本の執筆者の何人かはまさにそのような卒業生たちだ。それが留学のマジック、つまり環境のもたらす人への影響の計りしれないところである。まさに、中部大学のモットーである「不言実行」（"Actions speak louder than words."）の大切さを思い知るのが留学や異文化体験なのである。

　個人的な話で恐縮だが、私は偶然にも1979年に本学の姉妹校であるオハイオ大学に1年間留学した。本学が175本の桜を送ったその年である。一人で留学した時のあの不安、辛さ、喜び、自己効力感、英語力の向上が今の私の価値観や行動パターンを作っていると言っても過言でもない。本書で他のエッセイの執

筆者もみな同じようなことを書いている。本当に留学が人生を変え、その後のキャリアや発想や行動力、友人やパートナー選びにまで影響を与えることを実感しているからであろう。

　その後も私は大学院や教員生活で何度か海外生活を経験した。異なる世界や発想がまったく異なる人々に交流するたびに、まったく別の価値観や生活習慣が存在し、それで世の中がうまく回り、幸せに生きている人たちがいることを再認識した。月並みだが、異なる発想や行動に寛容になり、思考や行動の幅が広がった。今では、それを知らない自分は考えられないうえ、恐ろしいとさえ思う。だから私は人一倍、学生には「留学しよう」「異なる人と話そう」「自分の発想だけを正しいと思うな」「他人の目や人間関係ばかり気にして生きるな」「少しだけ大胆になろう」などと言うのだと思う。

　最後にもう一度繰り返したい。異文化体験は今まで変わりたいと思っても変われなかった人にも必ず「自己変容」をもたらす。しかし、それは単なる個人レベルでとどまらない。社会レベルでもEUのように「就業能力の強化」と「社会正義の実現」は組織や社会に大きな変化をもたらす。大学や国の成長と生き残りをかけた戦略的手段が国や文化を超えた人的交流なのである。

（人文学部　英語英米文化学科、国際センター）

留学は人生を変える！

小森早江子

　私の人生ではじめての「外国語」は12歳で出会った名古屋弁だった。それまで使っていたことばとは違う新しいことばに触れてショックを受けた。名古屋弁を話すクラスメイトと仲良くなるために名古屋弁を習得する必要があった。これが私にとっての言語学習の原点である。方言といえば、同じ日本の方言でもまったくわからないことがある。あるとき友人のお宅におじゃましていると友人の青森のお母さんから電話がかかってきた。二人でしばらく話している様子だったが、友人がなにを言っているのか、最後まで津軽弁の会話はさっぱりわからなかった。日本には多くのことばがあると楽しくなった。

私が英語に出会ったのも名古屋弁と同
じころだった。英語のクラスで習った表
現を英会話の外国人の先生に使ってみる
と通じるという体験から、英語は教科の
一つというより、日本人以外の人と話す
ことができるツール、つまり新しい世界
への扉を開ける呪文のように感じ、ワク
ワクした。ことばは常に人とのコミュニ
ケーションの道具だ。たった一言で気持

隣の研究室のスーザンと

ちが優しくなることもあれば、また別の一言で人は心を閉ざしてしまうことも
ある。ことばの魅力に引き込まれた。

　高校の時、英語の中にもアメリカ英語、イギリス英語の違いがあることや、
映画『マイフェアレディ』に出てくるヒギンズ先生のように、ちょっとことば
を交わしただけで、イギリスのどの地方の出身者かピンポイントで当てること
ができる言語学という学問があることを知った。将来はヒギンズ先生のような
言語学者になりたいと思い、大学では英語と英米文化を専攻した。

　中部大着任当初は国際関係学部で英語を担当していた。英語を通して英語圏
の文化の世界を伝えようと、ハロウィンやクリスマスの行事などを学生たちと
楽しんだ。中部大学に教員として赴任したてのころ、隣の研究室のスーザン・
ギルファート先生に随分お世話になった。彼女は10代のころ、オハイオ大学
からの初代客員教授として中部大学を訪れたお父様のジェームズ・ギルファー
ト先生と一緒に来日した。お父様の影響で日本通であり、趣味は柔道だった。
そして中部大と中部大生を愛する人だった。英語教師としていつも学生と真摯
に向き合っていた。毎朝私が大学に着くころにはとっくに研究室に来ていて、
英語のラジオ放送のその日のニュースから学生の教材を作っていらした。私も
見習って、お昼休みに学生を集めて勉強会を開いたり、いろいろな教材を作っ
たりした。カリフォルニア州のアナハイムで開催された英語教育関係の学会な
ど、あちこち同行したことをとても懐かしく思い出す。着任したばかりの新米
教師の私に、教育や研究活動の仕方を手ほどきしてくださったことが、その後
の私の教育や研究の礎をなしている。今振り返ってとても感謝している。

　私は、これまで高校時代、大学時代、大学院と人生の節目に海外で「学ぶ」
留学を体験した。高校生のときは夏休みの1か月ほどを米国メリーランド州の
ブーイという小さな町でホストファミリーと過ごした。高校生の目にはなにも

かもが珍しく、貴重な経験をさせていただいた。お世話になったご家族にたまたま同い年のデビーさんがいて、彼女とはその後大学生になっても文通を通して交流が続いた。彼女のアメリカの大学での寮生活の様子などを知ることもでき、家族のように身近に感じる存在となった。今も年賀状やクリスマスカードをやりとりし、連絡を取りあう一生の友人である。

Ice先生より盾をもらう
オハイオ・田中賞の受賞式にて

大学2年のときドイツに交換留学生として行かせていただく機会があった。ドイツ語は出発前の3か月ほど特訓したが、日常生活に最小限必要な片言しか話せなかった。しかし、その時覚えたドイツ語の会話表現は今でも不思議とよく覚えている。それは、"Ich heiße Saeko. Ich bin zwanzig Jahre alt. Ich habe Hunger... "（私は早江子。二十歳です。おなかがすきました、など）である。各国から集まった学生たちや現地の大学生との交流は英語でおこなった。世界中からドイツに集まった学生たちと英語で意見交換できることが強く印象に残っている。日本のことを聞かれ、英語で説明しようとしたが、うまく話すことができず歯がゆい思いをした。それは英語力だけの問題ではなく、説明に必要な日本に関する知識を持ち合わせていなかったのだ。世界の人と話すためには、まず自分のこと、日本のことをもっとよく知らなければならないと自覚した。

　大学院は修士（ウエスト・バージニア大学）と博士（ハワイ大学）あわせて3年間米国で学ぶ機会をいただいた。受け入れてくださった指導教授に論文指導をしていただいたり、クラスメイトと試験前に勉強会を開いたり、寝食を忘れて、勉強に費やしたあのころをとても懐かしく思い出す。とても大変だったけれど、今から思うと珠玉の時間だ。必死でなにかに取り組むこと、納得できるまで考え抜くこと、同じことを学ぶ仲間と語り尽くすこと、どれも私の人生の宝物である。

　毎回送り出してくれた両親や周りの方々、迎え入れてくださった先生方、スタッフの方々、一緒に苦楽を共にしてくれた家族や友人たちにはいくら感謝しても感謝し尽くすことができない。

　いま私が所属する人文学部日本語日本文化学科にも、オハイオ大学をはじ

め、海外に留学した学生がいる。行先はそれぞれ異なっても、共通するのは留学前後で顔つきが変わることだ。勉強やことばの壁に苦労はしても、みな充実した留学生活を送った後は不思議と自信に満ちた顔つきになる。留学生として、チャレンジし苦労を乗り越えた結果、留学はまちがいなく人を成長させる。

　留学したいけど、しようかどうか迷っている方がいらっしゃれば、まずは周りの人に自分の思いを話してみてほしい。人に話してみることで、自分の考えがまとまるかもしれない。あなたの希望を受けとめた周囲の人は、それを知ってきっとなにかアドバイスをくれるにちがいない。参加できそうな留学プログラムや留学経験者の誰かを紹介してくれるかもしれない。自分の気持ちを周りの人に言い続けていると、不思議と道が開けてくるものだ。はじめの一歩を踏み出しさえすれば、あとはなんとかなるものだ。このエッセイを読んだ方が行動を起こすきっかけになれば、これほど嬉しいことはない。

（人文学部　日本語日本文化学科）

留学を考えている若い人たちへ

大下浩之

　初めて日本の外へ出たのはもう40年も前のことだ。ロサンジェルスに着いた時、飛行機のタラップを降りながら肌に感じた強い日差しと乾いた風、空港内を歩く人の姿や耳に飛び込んでくる早口の英語に、当時大人気だったテレビドラマ「チャーリーズ・エンジェル」の1シーンに放り込まれたような気がしたものだ。メールやネットなどなかったあのころ、日本とアメリカの距離は今よりずっと離れていた。絵葉書やエア・メールを出しても返事が来るのは2週間後。さりとて1ドル250円前後の時代、貧乏学生には国際電話など畏れ多く、1年の留学期間中に家族に電話したのはアメリカ到着直後と帰国直前の2回だけだった。まだグローバル化などという言葉がなかったころ、多くの人にとって「留学」は外国語習得や異文化体験と不可分に結びついていたと思う。

　時は流れて、21世紀も4分の1が過ぎようとしている今、自ら国外へ出かけて行かなくても、海外のニュースやポップカルチャー、普通の人々の日常生活

同僚たちと　Court St. にて

の様子さえテレビやネットからリアルタイムで知ることができる。インターネットにはあらゆる外国語の無料教材が溢れているし、チャットでネイティブスピーカーと会話練習することも容易だ。国内には外国人も多く、流暢な日本語を使いこなして積極的に社会参加している人さえ珍しくない。そうした人々を通して色々な異国の料理、音楽、祝祭の習慣などが既に私たちの生活の一部になっている。もはや、留学が語学習得や異文化理解のために必須という時代ではないのかもしれない。しかし、だからと言って、留学体験が無駄だとか、意味がないということではないだろう。そうではなくて、今こそ、留学をどう体験するのかが大切なのだと思う。このエッセイでは、この点について私見を述べさせていただく。

　端的に言って、一番必要なのは「一人になること」と「自分の心の動きをしっかり見つめること」ではないかと思う。しかし、今ほどその実践が難しい時代はないというのもまた事実だ。ケータイやSNSを利用していない若い人はまずいないだろうから、家族や友人からのちょっとした連絡や情報はひっきりなしに向こうから勝手にやってくるに違いない。一時的にでもそうした繋がりを断ち切ることは、そう簡単にはできないだろう。

　だからこそ、留学期間中には、日本との時差を逆手にとって、家族や友人とのリアルタイムコミュニケーションよりも自分一人の時間を作り味わうことを優先してみてほしい。たとえば、積極的にアポイントメントをとって先生やアドバイザーに質問や相談をする。図書館で本の借り方やコンピュータの使い方を尋ねる。コーヒーショップや映画館に行った時には、飲み物を注文したりチケットを買ったりするだけでなく、時には勇気を出して居合わせた人に話しかけてみる。レストランで注文する時はメニューを見ながら料理や飲み物について聞いてみる。そして、帰国前にはUPSや郵便局で小包の送り方を相談してみる。そういった「小さな冒険」を、たとえ思い通りに上手くはいかなかったとしても、友達と一緒にではなくできる限り一人で経験してみてほしいのだ。

　それはネイティブの発音に慣れるためとか、英語の会話力を伸ばすためとか

ということよりも、その時々に自分の心に湧き上がる思いをしっかり感じとってほしいからだ。見知らぬ人とのちょっとした触れ合いの中で思わぬ親切に接したり、当惑するような扱いを受けたりすることもあるかもしれないが、そんな時こそ自分自身の心の声によく耳を傾けてみてほしい。どうしてそういう対応を受けたのか。自分はそれをどう感じたのか。それは、なぜか。文化の違いなのか、自分や相手の性格なのか。上から下から、内から外から、いろいろアングルを変えながら考えてみてほしい。そんなふうに体験を自分の中で反芻する時間を大切にしてほしい。驚きや喜びや憤りや挫折感などの思いをSNSやケータイで家族や友人に共有する前に、まず一人でじっくり味わい考え発酵させる時間を作ってほしい。なぜならそれは貴重な自分観察の時間だからだ。

古今東西、旅をすることは若者の成長には欠かせないものだと考えられてきた。小説、映画、アニメ、ゲームの主人公も一人の旅を経験することで成長していく。新しい環境に身を置き、その寂しさや不安、困難を受け止め、抱きしめ、克服することで成長していく。「かわいい子には旅をさせよ」という言葉がある。今やもう死語なのかもしれないが、それは、かつて親達が進学や就職で親元を離れていく我が子を見送る時、寂しさや心配に揺れ動く自分達自身に言い聞かせた言葉であった。留学中にはいろいろなことがあるだろうが、「自分に旅をさせ成長させる気持ち」を持ち続けてほしい。

当たり前のことだが、知識と体験は違う。その場に行かなければ実感できないことは、狭くなった今の世界にも依然としてある。問題はそこで何を感じ、何を見つけるかだ。「思わぬ発見」は必ずしも自分の外側にあるというわけではない。外からの刺激を受けて心の中に芽生えるものが自分にとって大切な「発見」になることも多い。身もふたもない言い方かもしれないが、異文化なんてそう簡単に理解できるものではないだろう。しかし、自分一人になって未知のものに触れ、感じ、考え、そして自らの心の動きを見つめる体験は確実に自己理解への一歩になると思う。そして、そうした経験を通して身につけた個人としての強さや優しさこそが、これからますます流動化し緊密になっていく世界や日本の中で、移民や難民と

冬のCollege Green

145

いった新しい隣人たちと平和で心豊かな社会を築いていくために必須な資質なのではないかと心密かに思っている。

（オハイオ大学　言語学科教員）

留学のススメ

野口真由美

日本語の授業でのプレゼン

高2の春休みにアメリカでホームステイを経験した。英語は得意なつもりだったが、ホストファミリーと対面した直後、その自信は打ち砕かれた。まったく通じないのだ。その夜、浴室の鏡に映った、髪の色も目の色も彼らとまったく違う自分の姿を見て涙が込み上げた。

来日するや否や「こんなはずではなかった」と戸惑いを口にする留学生は少なくない。だが、そこで何とかやっていければ自信につながるし、適応能力を向上させるチャンスでもある。わたしはといえば、前述の涙の一夜から二日後、ホストシスターとだけはかろうじてコミュニケーションがとれるようになり、短いホームステイが終わるころにはアメリカ留学を決意していた。

大学でも交換留学生として派遣された大学で1年間過ごす機会を得た。膨大なアサインメントに追われる日々であった。ディスカッション形式のクラスでは、文法を意識しすぎて、発言しようと思った瞬間に次の話題に移ってしまうことがよくあった。あるとき、ディスカッショントピックに日本が取り上げられた。なかなか発言しない（できない）わたしのための計らいであったことは想像に難くない。みんなに質問攻めにされ、文法を気にするどころではなかった。にもかかわらず、みんながわたしの話を興味津々に聞いてくれたことが嬉

しかったし、自信にもつながった。わたしが言語教育に興味を持つことになったきっかけでもある。

　母校の国際交流センターで留学生支援の仕事を経験した後、カナダの大学院へ進学した。交換留学時代あれほど勉強したのも、大変な思いをしたのも生まれて初めての経験だったが、大学院はそれを上回った。よく無事に終えられたものだと思うが、おかげでその後の人生で困難に直面しても「あのときに比べればマシ」と思えるようになった。

　海外経験を通して痛感したのは、世の中には実にいろいろな人がいるということである。自分のものさしで測れないことにしばしば遭遇する。そもそも、ものさしは早々に手放したほうが楽である。度肝を抜く出来事が起こったら、ひとまず深呼吸し、多角的に捉え、「なぜ」の理解を試みる。理解は容易ではないし、できないことのほうが多い。しかし、その試みから新たな学びや思いやりが生まれる。それを繰り返すうちに異文化に対して寛容になるし、少々のことでは動じなくもなる。頭が柔らかいうちに多様な人と接触する機会に恵まれたことと、世界には容易には理解が及ばないことであふれていると知れたことが、留学生を受け入れる立場となった今おおいに役に立っている。

　可能であれば、ぜひ留学を経験してほしい。そして、後の人生に活かせる経験をたくさんしてほしい。後で役に立つかどうかなどそのときはわからない。楽しいことよりも困難のほうがおそらく多い。しかし、そうした経験こそが人を成長させる。わたし自身、良いことも悪いことも含めて失敗から多くのことを学んだ。異文化体験をすることでさまざまなことを否定しなくなったし、視野が広がり、それまでは見えなかった自文化の良さも見えてきた。

　私は留学生に日本語を教えているが、うれしいことに、多くの留学生が「また日本に戻って来たい」と言ってくれる。留学の終わりに頻繁に彼らが私に言うのは "Thank you for being so patient." である。日本語教育において求められる資質のひとつのようだ。これからも patience をもって留学生を支援していきたい。

　　（国際センター　日本語教育）

学内で留学生と談笑する学生

カナダに18年住んで
それは知っているふりで後悔したことから始まった

トーマス・有紀子

Yukiko's Oishi Sushi

2023年12月でカナダに住んで18年になる。初めは1年間だけのワーキングホリデービザで、バンクーバーから始まった。まずは、語学学校へ4か月行き、カナディアンロッキーの中にあるバンフへ移動し、日本人を対象としたツアーガイドやカナディアンロッキーのハイキングガイドをした。その後、寿司シェフを経て、10年前にカナダへの永住権を得た。14年前に今のカナダ人の主人と出会い、今は東海岸にあるノバスコシア州のディグビーという港町に、主人と6歳の娘とドーベルマンとで住んでいる。9年前に、フードトレーラーで小さなビジネスを始めた。現在まで継続することができ、お寿司を地元の人に食べてもらっている。

　同じカナダでも、都会のバンクーバーや観光地として世界的に有名なバンフと比べて、ここノバスコシア州ディグビーでは、アジア人や日本人の人口は格段に少なく、日本人とかかわる時間は少ない。その分、英語を話す機会が増え、私の英語力は上がった。19歳の時にオハイオ大学へ留学した時、なかなか現地の人と話すことができず、言いたいことも言えず、ただ、相手の話していることに相槌を打っていたが、帰国した後も後悔した。だから、若いうちにまた海外へ出て、今度こそ現地の人とまともな会話をしたいと心に決めていた。それが大学を卒業してからのカナダでのワーキングホリデイとなったわけである。

　ここでは、お寿司を春から秋はファーマーズマーケットで販売しているので、直接、お客様と話すことが多い。"Are you Japanese?" と聞かれることもある。大体そのように質問する方は、日本へ行ったことがあるとか、「日本のア

ニメ、特にジブリが好きよ」とかいう方たちで、とても親切である。中には、
"Yucky! Is this Sushi? I don't like it." と、わざわざ自分が好きでないことを伝え
てくれる人もいる。日本では販売している物をわざわざ批判することはめった
にないが、こちらの方は、相手の気持ちを考えることもなく、ストレートに伝
えてくる。まさに異文化だ。初めは、ニコッと笑って "That's too bad." と言っ
ていたが、最近では、そのような批判に対してこう切り返す。"Do you eat rice?
How about seaweed and vinegar?" すると、"Yes, I love them." とお客様は答える。
"Here we go! You can eat them all. Do you know the Sushi here is NOT raw? I make
it with vegetables or deep-fried shrimp. Today you learned Sushi is not only raw. So
please don't say yucky. I made them with my LOVE." と言い返す。そうすると、コ
ロッと態度を変えて、"OK, I'll try it then." と言って、お寿司を食べることに挑
戦してくれる方も増え、その後は、常連客になるパターンもある。海外留学の
時に、ただ相手の言っていることを理解したふりをしていたことにとても後悔
した経験から、今の自分の英語に対する想いがあると思う。

　私生活では、主人も私も狩猟をする。秋になると、町の様々な場所で "Deer
carrots" と書かれたサインの横に、山のような人参が売られていて、買う人もト
ラックの荷台に山のように積んでそれを自分のハンティングサイトに運び、ハ
ンティングカメラを設置し、いつ鹿が来るか観察するのだ。カメラを設定する
のは、どれくらいの大きさの角を持った鹿がいつ来るのかなどを観察するため
だ。皆、角の大きな「トロフィー Deer」を仕留めることが目標なのだ。

　我が家では、仕留めた鹿肉や熊肉は、ほとんどソーセージにする。動物を仕
留めるのは簡単ではない。私の場合は、主人が作ったハンティングサイトの中
にジッと何時間も待つ。時には寝過ごしてしまうこともある。撃った後も大変
だ。すぐに仕留めればいいのだが、簡単に命中しなかった時は、撃った後、数
時間待ち、山の中へ鹿を探しに行く。秋の枯れた葉っぱについた小さな血を見
つけ、足跡を探しやっとのことで仕留めた鹿を見つける。そして、角にロープ
を巻き、山の中からトレイルまで重たい鹿を運び、それをバギーに乗せて家ま
で運ぶ。家に着いた後は、車庫で鹿を吊し、皮を剥ぎ、それから部位ごとに解
体していくという長い工程を経て、私たちの食糧へとなっていく。ここノバス
コシアでは、狩猟をする割合も高く、小さい子供も弓を持ち、12歳から狩猟に
行くこともできる。特に男性の秋の会話では "How many points does your deer
have?"（狩った鹿の角はどれくらい枝分かれしていたか：大きいか）とか、どん
な状況で鹿を仕留めた？とか、狩猟の話で持ち切りである。

完全な自給自足までとはいかないが、自分たちで食べる肉、食糧を調達し、野菜は畑で作り、暖房の元となる薪は、自らの土地から木を伐採し、それをちょうどいいサイズに切り、積んで乾燥させる。このように、自然と共存して暮らすという考えを持つ人が多い。

今のこの生活があるのは、やはり学生時代に参加した留学での「知っているふりの相槌に後悔した経験」があるからだと思う。そして10代で海外と日本の文化、生活、価値観の違いを目の当たりにして、もっと外を見てみたいと思ったからだと思う。だから、若い人には旅に出て欲しいと思う。人生が変わる経験を提供してくれる。それが、海外での留学生活である。

（Yukiko's Oishi Sushi 経営、カナダ在住）

オハイオ大学院留学が私の人生に与えた影響

貝原塚二葉

オハイオ大学院への留学から、気が付けば23年の月日が流れた。大学院で学んだのは、2年程度であったが、確実に私の人生において大きな位置を占めている。オハイオ時代を振り返り、自分が一番変わった、もしくは影響を受けたことを考えてみた。

まずは当然ながら英語力だ。留学前は、会話などいわゆるバーバルコミュニケーションにおいては特に問題なくできていたと思う。読み書きや語彙力においては、働きながらTOEFLの勉強をするなど準備を進めていたが、自分一人でできることの限界も感じていた。留学し、アカデミックな授業が本格的に始まる前にOPIEという英語集中プログラムがあったおかげで、また一段上のレベルに進めたと思う。ただ、その過程において一時期、何も書けなくなってしまったことがあった。書きたいのに書けないというジレンマの中、その当時のライティングを鍛えてくださった先生に「何でもいいからとにかく書きなさい。考えられないなら"I can't think"でもいいから書きなさい！」と促され、結果、30分間ひたすら"I can't think"とノートに書き続けたら、流石に呆れられた

が、それでもこちらが食い下がる限りは厳しくも（本当に厳しかった！）最後まで誠実に付き合ってくださった。そのおかげで、何とかそのスランプ的状況から抜け出すことができた。また、OPIE修了後もレポートで困るとアドバイスを下さるなど、大変お世話になった。後に、人道支援の道へと進み、国内外で働く中で、英語で企画書や報告書などの文書作成や、海外とのやり取りなどで、特に問題なく英語を使ってこられたのは、この時の苦労と先生方の数々の助言のおかげだと思っている。

　もう一つ大きく変わったことがある。それまでは特に考えたことすらなかったが、自身のアイデンティティについて考え、様々な場面でそれを感じるようになったことだ。自分は日本人である、ということは当たり前であるが、世界各国からの留学生が在籍するオハイオ大学では、自らについて考える機会も多々あり、それを問いかけられることも多かったように思う。国際開発学という専攻であったことで、より一層国際色豊かなクラスメイトたちとの交流もあった。日本人としての自分の国や文化について、思いの外、無知な自分にも気付かされた。友人たちに聞かれて答えられないことは、「じゃあ、宿題ね」と次に彼らに会うまでに調べたり、人に聞いたりして想定外の学びともなった。

　そんな中、ある授業でアイデンティティについて考える機会があった。その授業を選択していた日本人は私だけであったが、実にさまざまな国籍のメンバーであった。数人のアメリカ人と、他にアジア、アフリカ、ヨーロッパとある意味バランスよく世界各国からの学生たちからなるクラスで、記憶は曖昧だが、20人前後の小規模なクラスだったと記憶している。そのような構成だったからだろうか、それぞれのバックグラウンドや文化、またお互いがそれぞれを

どのように見て、どんな印象を持っているかなど話し合う機会も多くあった。時に笑ったり、深く頷いたり、お互いについて学びながら、自分を振り返る機会でもあった。そして、その時に一番

新緑のCollege Green

強く感じたのは意外にも日本人としての自分ではなく、「私はアジア人なのだ」ということであった。もちろん、日本人としての自覚とプライドは常に持っていたが、もっと大きな枠組み、視点で見ると私はアジア人なのだと感じたのはおそらく初めてであり、新鮮でもあった。視点を変えると、自分自身についてすらもまた違った見方、受け止め方ができるようになり、当たり前のことかもしれないが、貴重な学びでもあった。

　大学院修了から随分と年月が経つが、振り返ると、オハイオ時代の多国籍・多文化な環境で、様々なバックグラウンドを持ったクラスメイトたちと学んだこと、また彼らを通して自らを知る機会を得た経験は、その後の仕事において大いに活かされたと感じている。人道支援のプロとして、新たな国に行く度に、カルチャーショックや葛藤はあったが、オハイオでの経験があったからこそ、未知の環境や異なる価値観の中で悩みながらも解決策や打開策を見出し、困難な状況も切り抜けてこられたように思うし、それは異なる環境で働く現在も同様である。オハイオ大学という、国際性と多様性を備えた環境で過ごした時間やそこでの出会い、また多くの学びは、間違いなく私という人間の基礎となり重要な位置を占めている。

（フレンチレストラン経営）

かけがえのない9年間を振り返って

出口良太

　今は何でもネットさえあれば概ね快適に過ごせる時代だ。国内外を問わずボタン一つで情報や物を入手できるほか、SNSを駆使すれば海外にいる他人とも容易に繋がることもできてしまう。コロナ禍で海外旅行でさえ技術の進歩によりVRで仮想旅行が楽しめるようになった。そんな便利な世の中になった今、わざわざ時間とお金をかけて留学する意味はあるのだろうか、という人もいる。だが、私は迷わず「ある」と答える。

　私は、もともと周囲の影響で英語や英語話者との接点が多かったので、大学入学前から海外、とりわけアメリカへの関心は高く、英語が話せるようになり

たいという思いは強かった一方
で、将来については漠然として
いた。明確な目標を掲げるよう
になったのは、中部大学で受講
した英語のクラスがきっかけで
あった。ネイティブスピーカー
の先生方による、主に留学を目
指す学生たちに向けたその授業
では、英語力はもちろん、自分
たちの考えを持つこと、それ
を自らの言葉で表現することの

オハイオ大学で日本語教師時代　中央上が筆者

重要性を教わった。そして、様々なテーマに対し他国の人たちと互いの考えを
共有することで、言葉の壁を感じつつも他国の人々と意思疎通ができた感動か
ら、ますます言語の魅力に取り憑かれていった。「英語を活かしたキャリア」と
いう目標から、さらに一歩踏み出すきっかけとなったのは、交換留学生たちと
の出会いであった。当時の中部大学には様々な国から日本語を学びに来る学生
がいた。彼らと親交を深める中で、外国語習得の苦労に共感するとともに、母
語を教える難しさと楽しさを覚え、オハイオ大学大学院へ進学し、そして日本
語講師になるという明確な目標が定まった。

　私は大学院2年目に日本語プログラムのティーチング・アシスタントとして
初級レベルの1クラスを担当させてもらうことになったのだが、「学生」と「教
員」の両立は想像以上に大変であった。特に週4日ある日本語クラスの準備に
は苦労した。日本語教育に対する知識も経験も乏しかった私にとって、授業の
組み立てから教材作成まで試行錯誤を繰り返し、加えて英語という壁が立ちは
だかり、気がつくと50分間の授業の準備に何時間も費やす毎日であった。そ
して、それだけ入念に準備したにも関わらず、学生たちの不安げな顔が終始晴
れることなく終業時間を迎える日も度々あった。それでも、学業に専念する1
年目よりも充実していた。それは、失敗を繰り返しつつも日々直面する課題に
向き合い、悩みながらも自分なりの答えを見出すことができたときの達成感が
あったからだ。

　私が課題や困難に向き合い続けることができたのは、私自身が学生時代の恩
師に背中を押されたように、自分のクラスで日本語を学ぶ彼らが、この先日本
や日本人と繋がりを持ち続けようとするか否か、少し大げさに言うならば彼ら

の将来を左右するかもしれないという思いから使命感を覚えたからである。同時に、環境にも恵まれていた。私の周囲には悩みや失敗を共有できる同僚、上司がいた。特にコーディネーターの先生は、常に私のことを気にかけ、的確なアドバイスをくださった。それだけではなく、自らの失敗や悩みについても積極的に共有してくださったことで、気持ちが随分と軽くなった。こうして私は大学院で学位取得後、継続して4年間オハイオ大学で日本語教員として教壇に立ち、その経験から体得した「粘り強く向き合い続ける力」と「周囲に頼る勇気」は、その後の人生でも大きく役立っている。

　もう1点、オハイオ大学での生活が私の人生に大きく影響を与えてくれたことは、学生たちと向き合う中で「自分らしさ」を大切にするようになったことだ。そしてそれは「ありのままの他人」を尊重することにも繋がっている。私が担当した日本語のクラスには多様な学生が集まっていた。多様とは人種や性別、年齢といった表層的なことだけでなく、性格や価値観、志向といったより深層的な多様性である。良く言えば「個性的」、言葉を選ばなければ「癖が強い」学生が多かった。そんな彼らは周囲の目よりも彼ら自身の価値観や考え方を大切にし、ありのままの自分を認めているように思えた。しかし、彼らは決して自分勝手に振る舞っている訳でもなかった。授業では頻繁にグループワークを課していたのだが、どの学生も協調性を持って取り組んでいたと記憶している。それは彼らが自分と異なる相手に対して寛大であり、他人の自分とは異なる部分を受け容れることができていたからであろう。日本にいたころから常に長いものに巻かれ、他人の目を気にしてしまっていた私は、どこか生きづらさを感じていたが、彼らから教わった自分らしさを大切にするよう努めることで肩の力が抜け、ありのままの自分を周囲に尊重してもらえることで、自ずと「自己肯定感」も高まっていった。そして自分もまた、他人の「その人らしさ」に対して寛容になれた。

キャンパス内の寮　Shively Hall

　帰国後、私は日本語教員の職を離れ大学職員となった。最初の数年間は国際交流業務に携わり、9年間に亘る海外での経験を存分に活かすことができた。その後、学生支援部署に配属され10年が経つ。現部署では英語を使う機会はほとんどなく、海外留学を希望する学生との接点もな

い。けれども、すぐに答えが出ない、判断に迷う問題に日々直面する中で、周囲の助けを借りながら粘り強く問題に向き合い続け、少しずつではあるが前に進むことができている。また、先入観を捨て可能な限り個と向き合い、相手の価値観を尊重し、違いを受け入れるよう努めるようにしているのは、紛れもなくオハイオ大学で過ごした日々があったからだ。「もしも学生時代に戻れるとしたら、もう一度留学しますか?」そんな質問をされたら、私は迷わず「もちろん!」と答える。

（中部大学職員）

すべてのきっかけはオハイオ長期研修から

太田嘉奈子

　2002年3月にオハイオ長期研修に参加し、そのあと2006年にまたオハイオ大学の大学院生として、再び春を迎えることなど想像の範疇にもなかった。私は幼いころから、一人では何もできなかった。二人姉妹の妹として育ち、どこへ行くにも誰かと一緒で、自分で見て、聞き、話して目的地にたどり着くことは、たとえ行ったことがある場所でも私にとってはとても難しいことだった。笑い話にも聞こえるが、実際に高校生になるまで一人で電車に乗ったことさえなかった。そんな私が遠く離れたアメリカのオハイオ州で、一人で暮らし、留学生として過ごし、無事卒業し、いまでは教職についている。そのすべての

きっかけは、2年次に参加したオハイオ大学長期研修に他ならない。いま、じっくりと振り返ると、あの長いようでとても短い4か月間のアセンズ滞在がどれほど私にとって重要で意味があり、その先の人生に影響を与えたかということにあらためて気づかされる。

大学院の友人らと

　研修に参加する前の私といえば、

英語が好きだというだけで、将来は英語を使った職に就きたいとぼんやりと考えていた。憧れを抱くだけで、外の世界に実際に行ってみたいと好奇心を抱くことも少なく、自分の目に見える世界のなかで、与えられた環境に準じてその枠からはみ出さないように過ごす毎日だった。国際関係学部という学部に属しながらも、海外への渡航経験はなく、また「海外」はとても遠く、自分からは切り離された世界のように感じていた。いま思えば、日本以外の国の様子を一度も自分の目で見ることもないまま、国際関係学部の学位でいったい何をしようと考えていたのだろう。また、そのような理由で、国際関係学を学ぶことに難しさも感じていた。このちっぽけな私に、国際関係学はとても大きかったのだ。このままではだめだと思ったのが、研修参加へと駆り立てられた大きな要因でもあった。

　私があの4か月間で得たものは数えきれないが、やはりいちばんはそれまでの自分の視野の狭さ、いかに自分が自分の周りだけを見て、小さな世界で生活していたかということに気づかされたことだろう。また自分自身を見つめ、いままでの自分がどれほど臆病で、その小さな世界の「常識」に囚われていたかということにも驚いた。その結果、研修を終え日本に帰ってからの私は貪欲に経験を求め、また失敗を恐れずに、さまざまなことに挑戦するようになった。3年生からは異例とも言われたが、自分の興味のある英語、そしてその背景にある文化を学ぼうと、私は人文学部英語英米文化学科に転学部転学科した。また、もっと多くの違った世界を見ようと、オハイオ大学での長期研修から卒業までに、ベトナム、ニュージーランド、イタリア、フランス、サイパンと実に

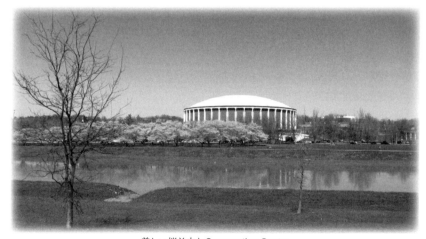

美しい桜並木とConvocation Center

5か所の土地を旅した。そしてもちろん、またアセンズにもどりたい、あの環境の中でもう一度学びたいという思いから、英語の勉強に一生懸命に取り組んだ。その結果が大学院でのCultural Studies in Educationでの研究生活につながった。

　大学院での留学生活は、すべてがきちんと計画・用意され、サポートも充実していた2年次の研修とはまったく違い、すべてが自分の責任でこなさなくてはならない。もちろん留学生だという区別は何もなく、すべての仕事・責任をアメリカ人学生と同じ条件で与えられ、また同等の結果を求められる。とても大変で、自分の不十分な英語力に苦しむこともあった。週末も当然ながら課題に追われ、mid-termやfinalの時期は日々睡眠時間は、3、4時間で過ごすこともめずらしくはなかった。そして食事や家賃のことなど、学業以外のことにも時間や労力を費やさなければならず、本当に辛かったが、それが自分の成長につながったと確信をもって言える。タフな生活でも、充実していた。なぜなら、それは自分の選んだ道で、学んでいることは知的刺激に溢れ、興味深いからだ。また、違う国や文化圏から来たさまざまな大学院生らと学ぶことは刺激的で、日本ではなかなか体験できない多様な文化の混合がそこにはあったからだ。そして、日本では気がつくことのない、日本の文化・常識・概念のおもしろさを尽きることなく発見できるのも、あの留学環境ならではだったと思う。

　当時、私はCultural Studies in Educationを専攻していたが、同時にLinguisticsでTEFL（Teaching English as a Foreign Language）やTESOL（Teaching English as a Second Language）も学んだ。それは、将来日本で英語を教えたいと考えていたからだ。英語という言語そのものの知識だけでなく、英語をもっと興味深く教えるために、その言語が話されている文化を学びたいと思った私が、実際にその文化の中で学べることは本当にありがたいと思った。2年間で無事2つの学位を取得し帰国後、教員採用試験にも合格した。

　今の英語力や生活を含むすべてのきっかけとなった約20年前のあのオハイオ大学長期研修に参加して本当によかったと思う。たった4か月だが、その4か月で得られる知識・経験は何ごとにも代えがたい。サポートが充実している研修で、現地の学生が履修するアカデミッククラスも履修でき、厳しさや達成感を味わうこともできる。何より、寮でアメリカ人の学生と一緒に生活できることも異文化理解につながる。その後の自分の成長や変化のすべてのきっかけとなるはずだ。少なくとも私には、あの研修がすべてのターニングポイントであった。

（愛知県公立高校教員）

オハイオ留学が教えてくれた二つの意識

「イメージ」と「Challenjoy 精神」

太田　翼

　私は今、アメリカ本土へ向かう飛行機の中でこのエッセイを執筆している。幸運にも仕事でアリゾナとテキサスへの出張に行くことになったのだ。オハイオ留学から21年が経ったが、座席モニターに映る航路図を見て、ワクワクする高揚感は今も昔も変わっていない。そんな当時のワクワクを思い出しながら、留学中に経験し将来的に役立っている二つの意識について書いてみたい。

中部国際空港を左翼越しに

　まず一つ目の意識は「イメージ」することだ。留学中の授業はプレゼンの機会が多く、その場凌ぎではまったく通用しないカリキュラムであった。教科書と英和辞書を交互に見ながら翌日の発表に備える日々だった。初めは話す内容を考えることで精一杯だったが、徐々にコツをつかみ、抑揚をつけたり、問いかけてみたり、少しずつ成長している感覚を持ち始めていた。しかし、そんな中でも苦手なことがあった。それは、プレゼン後の質問に答えることだ。その場で辞書を使うことができない場面だ。そこでは、限られた語彙力で言いたいことを伝えることが難しかった。そこで私は、プレゼン内容を考える際に、同時に聞き手の立場となりどういった質問が来るか予想（イメージ）することを心掛けるようになった。昔から想像力はある方だったので、時にはあえてすべてを語らず、疑問を残すことで質問を誘導したりもした。質問に対する答えを準備しておくことで、心に余裕が生まれスムーズな回答ができるようになったのだ。

　また、イメージするのは人の「考え」だけでなく、人の「気持ち」をイメージするということも大切だ。生活の中で自分が発した言葉で相手はどう思うの

か、独りよがりになっていないか、周囲の仲間を困らせていないかなど、留学中に、自分を客観的に見ることを心掛けるようになった。アメリカでの生活は留学生同士の助け合いも不可欠だ。仲間同士のコミュニケーションを円滑に行うためにも、客観的な視点を持って過ごすことで、トラブルの少ない良い留学生活を送ることができたと思う。これは社会人になり働くうえでも、とても大切なスキルだと思う。お客様が求めていることをイメージしてコミュニケーションを取り、しっかり準備することで期待値を超える提案が生まれ、そしてそれを伝える言葉の選択や順序によって、さらに成功に近づくことができると信じている。

　二つ目の意識、それは何事も楽しんで取り組む姿勢「Challenjoy（Challenge＋Enjoy）精神」である。留学期間中、デスクに向かってひたすら英語を勉強するだけであれば日本でもできる。留学しないと経験できないことに重点を置くことで、より充実した時間を過ごせるようになる。留学中は外へ出かけることが大切なのだ。あるとき私は、アメリカ人の友人に釣りに誘われた。正直初めはコミュニケーションに自信が無く、授業のテストも近かったので誘いを断ろうかと考えたが、釣りは私の趣味でもあり誰にでもできる経験ではないと思い、気合を入れてついて行った。友人の運転する車の助手席に座り、流行りの洋楽を聞きながら、くだらない釣り話で盛り上がる。そして魚が釣れればハイタッチでお互い喜び合う。その時私はいつも以上にアメリカ人の生活に溶け込めた感覚になり、「あぁ思い切ってチャレンジして良かった」と、とても満足して帰ったことを覚えている。怖さや辛さを避けて通ることは簡単かもしれないが、それを乗り越えた時に見える景色こそが成長であり、人生を豊かにする。この意識を持って仕事と向き合うことができれば、必然的に経験とスキルと仲間からの信頼が得られ、充実したビジネスライフを送れると信じている。

　4か月間のオハイオ生活はその後何十年と続く私の人生をより豊かなものにしてくれたことは間違いない。改めてこのプログラムでお世話になった方々に感謝したい。そしてオハイオ大学と中部大学の良き関係がさらに50年、100年と続くことを願っている。

　さて、まもなくアリゾナ州フェニックス空港へ着陸だ。Challenjoy精神と一期一会を大切に、今日も充実した一日になりますように。

（㈱トヨタツーリストインターナショナル）

サラダに何をかけますか？

大坪知佳

オハイオ大学へ留学してから間もなく20年が経過しようとしている。20年という年月にだけ思いを馳せると遠い昔のように感じるが、留学した日々は私の記憶の中に単なる思い出ではなく、人生に多大な影響を与えた4か月として色褪せることなく残っている。

Roommate と

私は、中学、高校と英語があまり好きではなく、特に中学での成績は常に下から数えた方が早いほど英語に対して苦手意識を持っていた。大学生になり、オハイオ大学へ留学する以前の私は、授業は教員からできる限り離れた座席の確保に注力し、自発的に学習することもなく、出された課題をただこなす毎日だった。しかし、オハイオ大学へ留学すると今まで見たことのない光景に衝撃を受けた。現地の授業では前方から席が埋まり、授業中に質問があれば教員が話していても挙手をして質問をする。質問をした学生が納得のいく回答が得られるまで質問を続ける姿を目の当たりにし、これまでの自分の学びに対する姿勢を恥ずかしく感じた。と同時にpassiveな学習ではなく、自ら積極的に動く「activeな学びの楽しさ」を知ったのも留学中の刺激的な授業があったからだ。帰国後、学習意欲は飛躍的に向上し、留学と第二言語習得について研究すると決め、大学院に進学した。博士課程まで進み、現在は大学で英語を教えている。

ここ10年、受け持っている学生は理系が多く、英語に対して苦手意識を持っている。初回の授業時に「英語が嫌いな人はいますか？」と尋ねると9割以上の学生が手を挙げるほどである。彼らは英語の授業に出席することさえ憂鬱に感じており、いわゆる「英語アレルギー」を持っている。そういった学生たち

の英語アレルギーを少しでも軽減できるよう日々試行錯誤しているのだが、オハイオへ留学した経験が一役買っている。授業の中で、オハイオでの楽しかった思い出、失敗談、豆知識、日本との文化の違い、その違いを楽しむ寛容さなど、学生に興味を持ってもらえそうな事柄を話す時間を必ず設けている。英語が苦手な彼らは、英語を見たり聞いたりすることすら抵抗があり、留学や異文化にも目を背けている場合が多い。そこで、まずは文化的事柄に興味を持ってもらい、英語に対するハードルを少しでも下げられるよう常に心掛けている。毎授業、私がオハイオでの経験を話す時間になると、それまで下を向いていた顔が一斉に上を向くのである。オハイオへの留学の経験は私だけでなく、私の授業の受講生にまで影響を与えている。

　仕事面以外でも留学経験が私の生活に活かされている。それは、今の私の生活に大きく刻まれている。現在私は二人の子どもの育児に奮闘している。留学と子育ては無関係のように思えるが、留学中のある出来事が子育てに非常に役立っている。長男が幼い時、「こだわり」が強く、いつも「そこ」にあるものがなかったり、「いつもとは違う」順番で物事を行ったりすると、火がついたように泣き喚き、その火消しに苦労した。臨機応変に対応することが難しく、とにかく「こだわり」が強い長男に当時は手を焼いていた。そんなある日、オハイオ大学留学中のある日の出来事を思い出した。それは、食堂でルームメイトや寮の友人と食事をしていた時のことである。「サラダには何ドレッシングをかけるか?」というサラダドレッシング論争が巻き起こった。ドレッシング大国と呼ばれるアメリカらしい討論会が始まり楽しいディナーであった。シーザー、ハニーマスタード、サウザンドアイランド、ランチ、オリーブオイル、何もかけない、サラダの種類によってドレッシングを変える、などなど回答は三者三様であった。それを選んだのには皆理由があり、中にはこのドレッシング以外あり得ないと熱弁する友人もいたほどだ。

　その出来事を思い出し、人は誰しも「こだわり」があるのだと気づいた。世の中に「こだわり」がない人はいないのである。我が家の食卓も然りだ。目玉焼きに醤油をかける父、ソースをかける母、塩胡椒をふる主人、何もかけない私、家庭内という狭いコミュニティーですら、「こだわり」があり、皆違う「こだわり」を持っている。その「こだわり」の正体は「個性」であり、尊重されるべきものなのだと考えてみた。長男の「こだわり」も「個性」として捉えられるようになってからは、その個性を認めることができ、長男との向き合い方も大きく変わった。今では幼いころに手を焼いていた長男の個性も頼もしいと

感じるほどである。

　オハイオ大学での思い出は数えきれないほどあり、あの大学の正門近くの College Green で見たホタル、独立記念日の花火、自分の英語力に涙した日、テスト前に夜中まで図書館で勉強したこと、ルームメイトと好きなバンドについて語り合った夜、どの思い出も昨日のことにように鮮明に覚えている。その中でもドレッシング論争は記憶に大きく残る出来事ではなかったが、これがなければ、「こだわり」について今でも悩んでいたかもしれない。私にとってオハイオ大学でのすべての経験が一生忘れない大きな財産となっている。

（中部大学　非常勤講師）

人生を変えた "One coke, please."

幸島沙織

教壇に立つ筆者

　私が海外での生活に強い憧れを抱くようになったのは小学校4年生の10歳のときに家族で行ったオーストラリア旅行だった。当時はまだ小学校で英語を学ぶ機会はなく、単語も何も知らない状態で行った私だったが、現地のファストフード店での "One coke, please." の一言が後の私の人生を大きく変えた。この一言が店員に伝わった時の喜びは今でも鮮明に覚えている。私の英語人生はこのときから始まった。英語に興味をもつようになり、塾に通うようになった。中学校入学後、英語だけは自分なりに頑張って勉強した。

　高校生では、オーストラリアへ短期留学し、ホストファミリーと生活をしたことで、さらに英語や海外に興味をもった。留学前に、それなりに日本文化や異文化の違いを学んでから行ったが、聞くこと見ることと、実際に体験することは大きく異なっていた。初めてカルチャーショックというものも味わった。「百聞は

一見に如かず」という言葉を実感として理解した。オーストラリアの田舎町で2か月間の留学をし、私の英語と海外への興味は決定的なものとなった。高校を卒業し、自然と大学では英語を専攻することとした。

　そして、大学2年次の2005年の夏、私は仲間と共にオハイオ大学へ留学をした。オーストラリアへの留学経験があったからか、オハイオへ到着後、リスニングに対する不安はそれほどなかったように記憶している。ただ、寮生活ではたくさんの衝撃を受けたことを覚えている。「さすがアメリカの学生だ、やることが違う…」と感じたことも多々あった。日本にいては経験することができないことや、見ることができないアメリカの広大な景色などを見て、触れて感じたことで自分の考えや価値観が大きく変わった。それまでの私は、どちらかと言えば消極的で、なかなか自分から行動を起こすタイプではなかったが、オハイオ大学への留学を機に精神的に大きく成長したと感じた。その後、大学を卒業した後には、海外で最低1年間は生活をしたいという中学校のころから抱いていた夢を叶えるため、カナダのトロントに渡り、1年間のワーキングホリデイを経験した。

　トロントでは、語学学校に通いながら、韓国、トルコ、ロシアからの留学生と交流を深め、行動を共にした。また、シェアハウスを探すために電話で予約を取ったり、仕事を得るためメインストリートを何往復も歩き、英語で書いた履歴書を配り歩いたりもした。しかし、なかなか仕事が見つからずこのままでは持ってきたお金が底を尽きるかもしれないという状況にまで陥った。金銭的にも精神的にも辛くなったときに助けてくれたのが、現地でできた他国の友達や日本で応援してくれいる親、先生の存在であった。このとき、どこに行っても「自分は一人ではない」、「助けてくれる誰かが必ずいる」ということを痛感した。

　当時私は大学4年生であったため、周りの友人たちは皆、就職活動を始めていた。私も就職してから改めて留学をしようと考えたこともあったが、私の場合は辞める勇気がなく、結局このまま仕事だけをする生活になってしまう、絶対に後悔するということが分かっていた。そのため、私の強い気持

トロント市庁舎前の夜景

ちは周りの就活という雰囲気にぶれることなく、ただ自分の夢を叶えるためだけにアルバイトに集中した。もし今悩んでいる学生がいるなら伝えたい。将来のことで悩む時期かもしれないが、「挑戦したい」と思ったことは「今」しかやれない。その時が挑戦できるタイミングだ。今、中学の教員として働いているが、実際にあの時の自分の考えは間違っていなかったと胸を張って言える。後悔をしないようにしてほしい。

　上述のように、現在私は愛知県内にある公立中学校で、生徒たちに英語を教える日々を送っている。その中で学生時代の留学経験が大いに役立っていることは言うまでもない。帰国し教員になって初めて受け持った授業では、教科書が偶然にもカナダのトロントを舞台にした内容だった。私は、留学中の写真を見せたり、現地では実際にこうだったよ、と伝えることができたりと、自分がさまざまなものを見て、食べて、学んで、感じた経験が直接生徒たちに伝えられたことが嬉しかった。まだ海外に行ったことのない多くの生徒たちの目が輝いて、「うわー、すごい！」と感動してくれていた。その中の一人だったある女の子が、当時1年目で未熟だったにもかかわらず、私の授業をきっかけに留学に興味をもち、実際に大学生のときに留学をしたと連絡をしてきてくれた。さらには、同じ英語科の教員として中学校で働くことになったと教えてくれた時には、教師をやる喜びとはこういうことなのかと感慨深いものがあった。

　生徒たちに英語を教えるために私が大切にしていることが二つある。それは、特に英語が苦手と感じている生徒や好きではない生徒に「（苦手・好きじゃないけど）英語って楽しい！」と感じてもらうことと、自分自身がそうであったように、「自分の英語が相手に伝わったときの喜び」を感じてもらえるような授業展開をすることである。この二つを意識しながら、自分の留学経験を授業の中で伝えていくことで、ひとりでも多くの生徒が英語、そして海外に興味をもってくれることを期待している。また英語を学ぶ楽しさだけではなく、前述した「自分は一人ではない」、「助けてくれる誰かが必ずいる」ということを、自分の経験をもとに日頃学校生活の中で悩みを抱えている生徒たちに伝えていこうと努めている。

　二度の留学とワーキングホリデイを経験し、自分が育った日本の良さに

英語の授業での言語活動

改めて気づくこともできた。留学は言語やその国の文化を学ぶだけではなく、自国である日本の良さに改めて気づかせてくれたり、自分自身の成長や当たり前だと思っていたことが、その国や人によっては異なるということに気づかせてくれたりするという、大きなメリットがあるのではないだろうか。そして何よりも私自身の人生に大きな影響を与えてくれた。オーストラリア、アメリカ、カナダでの留学（ワーホリ）体験がなかったなら、今の私はいないとはっきり言える。

（愛知県公立中学校教員）

自分を見つめ、
新たな目標が見えてきた留学

松田佳子

　もう20年ほど前になるが、留学は体験するものすべてが新鮮で、すべてが不安であったことをはっきりと覚えている。私にとって異国で暮らすには短すぎる時間だった。言葉も生活環境も180度違う。バイトのない日本では考えられない生活。勉強、自立、自分を見つめ直すには100パーセント自分の時間が与えられたこの環境は最適であった。しかし、与えられた時間はたった4か月だ。焦りと不安はなかなか消えなかった。

　「もっと勉強しておかばよかった。」この言葉を何十回口にしただろう。何百回思っただろう。先生と話している時、スピーチクラスで原稿を目の前にした時、アメリカ人の友達と一緒に居た時、日本人の友達が大きく見えた時。自分だけが取り残されているのではないか、このままでいいのか、皆と同じラインに立たなくては、自分の力ってこんなものなのか?このような自問自答を繰り返す毎日であった。気持ちだけが焦り、周囲の友人との差ばかりが気になる。アメリカ人と話すのも怖い。当たり前のことだが言葉が通じないということが、どんなにもどかしくて悔しいことか。感謝の気持ちも、怒りも、悲しみも、自分の意思の半分どころかそれ以下も伝えられない。出てくるのはその場にはふさわしくない単語と、ありきたりな言葉だけであった。

　日本で一体私は何をやってきたのだ?往復3時間の通学とバイトを理由にだら

学生寮

だらした学生生活。あの当時、大学生という自覚、特権も忘れてしまっていた。アメリカの学生と触れ合い、その中で生活すると、忘れていたものがひしひしと蘇ってきた。私には学ぶことのできる場所があって、学ぶべきものがある。大学生だから、それ以上にもそれ以下にも自由に学ぶことができる。この留学も学ぶ場所が与えてくれたチャンスの場だ。立ち向かわなければ、このチャンスを無駄するなんてことはできない。こうやって気持ちを奮い立たせた。

　すると、やっとの思いで私にもカンバセーションパートナーができた。彼はとてもシャイで誰にでもとても優しい人だった。初めての彼との「カンバ」の日、ご飯を食べに行くことになった。私はその時が初めてのアメリカのレストランであるということと、上手く話せるかという心配で激しく緊張し、固まっていた。しかし、私のとんちんかんな質問にも、彼は真面目に答えてくれた。すると彼はゆっくり話し始めた。

　「今怖くない？僕が日本に留学した時、何もかもが怖かった。日本のレストランや日本人の居る授業。下手な日本語を話すのが恥ずかしかった。しかし、僕は日本で英語の教師になりたいんだ。」

　こう私に話した。普段はシャイな彼の目に、強い意志が見えた。その彼の言葉を聞き、私は肩の荷が下りたような、安心感に包まれた。誰だってそうなのだ。異国の地へ行けば誰だってどうしようもなく不安になる。自分のことだかでいっぱい、いっぱいになる。皆同じだ。私だけじゃないんだ。泣き言は言っていられない。アメリカを楽しんで、見るもの、聞くものすべてを吸収できたらなんてステキだろう。皆と同じラインに立つことがこの留学の目的じゃないはずだ。ここはアメリカで、アメリカを体験しに来たのだ。ここは自由の国アメリカ。団体社会の日本ではない。こんなように強く思ったことを思い出す。

　オハイオの気候は本当に気まぐれで、昨日まで暖かかったと思うと、次の日はトレーナーが要るほど寒かったり、朝と昼間と気温の差がとんでもなく違ったりしたこともあった。日差しの強い日のオハイオのキャンパスは大学とは思

えないほどであった。芝生の上で水着姿で寝ころがる女子学生たち、ビーチバレーをしているグループ、サングラスをして寝ている子、真夜中なのに大きな水鉄砲を持ってはしゃぎまくる男子学生達。まるでオハイオビーチだ。すぐそこに海があるかのような格好に、私も友達も驚いた。アメリカ人は人目を気にしない。自分が一番で、周りなんてその次の次くらいである。周りの目を一番に気にする日本人や私自身を本当に恥じた。「これじゃ何もすることはできない、大きくなれない。成長したい、アメリカで。」あの時、心の中で叫んだ。

　夏学期が終わるころ、私の住んでいた寮でちょっとした事件が起きた。3階のフロアーの女子シャワールームが覗きにあったのだ。そんなことも知らずにシャワールームへ行くと、二人の女の子が走ってきてこう言った。「さっき男の子に覗かれたの！とても危険よ！シャワーが終わるまで私がここで待っていてあげるから、さぁ浴びてきていいわよ！」怖いと思った半分、私は嬉しかった。寮の人たちとそれほど面識もなく、ルームメイトもいなかった私は、寮の中では孤独を感じていた。彼女たちにとって当たり前の行動だったかもしれないが、私はとても気持ちが温かくなった。

　あの時、たくさんの思いを残したままオハイオを去った。やり残したことも、言い残したこともある。それは、後悔とは違うような気がする。多くの人の支えがあった。多くの言葉に支えられた。日本では決して過ごすことはできなかっただろう「濃い4か月」。私の夢がまた一段と遠く感じ、鮮明に見えるようになった。あの当時の私の留学後の報告にはこのように書いてある。「すべてを打ち明けられる友達ができ、新たな一面を見せてくれた友達たち。この4か月は、その後の私の大学生活そして人生の大きな糧となった。日本では決して得ることのできない精神力と、新たな目標、自分の未熟さを見出せた。この4か月の体験を、活かすも殺すも私の手にかかっている。この4か月は決して忘れない。チャレンジする精神を胸に置き、これからの大学生活を有意義に過ごしていきたい。」

　そして、私は本当に有意義にその後の大学生活を過ごし、2004年に卒業した。今は、普通の職業人、家庭人として生きているが、あの異文化での生活が私の本来あるべき姿に気が付かせてくれたと言える。あの留学がなかったなら、物事を深く考えることもなく、なんとなく生きていったのではないだろうか。そう思うと、自分を見つめなおし、目標に向かって行動することの大切さを教えてもらった、なくてはならない4か月だったと言える。

（会社員）

Connecting the Dots

髙橋聡子

　海外への憧れを抱いたきっかけは、高校生のころ、海外とは無縁と思っていた私が、母の強制で短期留学（ニュージーランド）へ行ったことである。ただ、ホームステイ先へGoogle翻訳で書いた手紙を送ったことで、英語ができる高校生と勘違いされたが、実はまったくコミュニケーションが取れずに終わった辛い3週間であった。

　そのくやしさと後悔をバネに、もっと「英語が分かるようになりたい」「海外の人とコミュニケーションをとりたい」「海外についてもっと知りたい」という将来を描き、留学だけを目的に大学へ入学した。余談になるが、大学には入れないと言われていたほどの勉強嫌いな私であったが、奇跡的に中部大学に入学することができた。これは私の人生に起きたもっとも素晴らしい奇跡の一つである。事実、成人式で同級生らに大学生になったと言うと大変驚かれたほどだ。そして、その私がオハイオ大学へ行くことになった。実は大学受験のとき、中部大学の下調べはまったくせずに、ただ、岐阜県出身のため「愛知県の大学に行きたい」の一心で受験した。基本的に希望者全員が留学できることも知らず、入学してからこれを知った。今振り返るととても幸運であった。

Court St.を自転車で

　そんなきっかけから、大学2年生の春学期にオハイオ大学へ留学した。留学当初は、慣れない寮生活、ルームメイトとのギクシャクした関係、英語に自信がないことでコミュニケーションも自らは取れないという状況で、散々であった。しかし、毎日の生活スタイルや、学生生活の過ごし方がとても自分に合っているように感じた。勉強嫌いだった私が、空き時間には他の学生

と同じように自然と教科書を開き、意味の分からない長文を、辞書をフル活用しながら一生懸命読み、時に同じ留学生である中国人や韓国人の友達にアドバイスをもらった。それが後に、今でもメッセージを交わす友達になるとは思いもよらなかった。留学中は英語が理解できない場面が多々あり、まったく英語力が上がったとは実感しなかったが、帰国後にはTOEICの点数が100点以上上がり、自信に繋がった。約10年経った今でも、留学中の出来事や生活は記憶に残っている。人生で最も勉強を頑張り、同時に日々の生活を一生懸命に楽しんだのはオハイオ留学だと自信を持って言える。それほど、濃い、充実した4か月だった。環境が人間を変えるというが、まさに留学という環境が私を180度変えてくれたと言える。

そんなオハイオでの留学生活や異文化交流を経て、もっと色々な世界を見てみたい、多くの国へ行ってみたいという思いから、就活はせずに卒業後は様々な仕事を経て、ご縁があった海外旅行を専門に扱う会社へ入社した。旅行会社の特権で安く航空券を取ったり、視察旅行に行かせてもらったり、社会人になってからも、ヨーロッパ、アメリカ、アジア等たくさん旅行へ出かけた。その後、コロナ禍の大打撃により、10か月間の休業期間を経て、転職した。現在はまったく関係のない業界で働いている。

中部大学のある授業で Apple 創業者の Steve Jobs の伝説のスピーチの動画を見た。それは今でも私に自信を与え、背中を押してくれるような言葉である。

"You can't connect the dots looking forward; you can only connect them looking backwards. So, you have to trust that the dots will somehow connect in your future."

（未来を見て、点を結ぶことはできない。過去を振り返って点を結ぶだけだ。だから、いつかどうにかして点は結ばれると信じなければならない）訳は筆者

私の場合、中部大学への入学、オハイオ大学への留学がその点（dots）の1つであった。20代後半のころ、「さとこの人生、充実しているよね」と友人からよく言われた。自分だけではなく、周りから見ても充実した人生を歩んでいると思ってもらえるのは、中部大学に入学し成長を見守ってくれる先生方に出会い、オハイオ大学への留学を経験したことが大きく影響している。30代に突入し、今では英語をまったく使用しない仕事をしている。日常生活では英語を使わないが、留学中に感じた日本とは異なるワークライフバランスを、できる限

Baker Center 学生ホール

り今の環境で実現できるようにしたいと考えている。例えば、自分の成長のために日々学び、その延長として転職をすることや有給の権利・サービス残業しないことなどをしっかり主張することなどだ。アメリカで感じたワークライフバランスの良さに取り組むことは、留学中に体験した日本とアメリカの日常生活の違いが影響し、自分の働き方の中心的な概念となっている。Work hardではなく、Work smartという考え方だ。それが自分にとって心地よいと感じ、「今の生活や仕事にも取り入れたい。職場や生活環境をより良いものとしたい。」と考えることにつながっている。

　私の人生を振り返ると、これまでの"dots"（経験）がなければ決して辿り着くことができなかった。この先に起きる出来事も、点と点が繋がって線となり、やがて面となり大きな未来での自己実現につながると思う。学術交流協定締結50周年に際して、これからもこの両大学の交流が末長く続き、留学プログラムに参加する学生たちが、私がかつてそうであったように、たくさんの"dots"（経験）を残し、それがやがて線や面（実りある人生）になっていくことを祈りたいと思う。

（団体職員）

大人になること

服部かおる

　憧れのアメリカで、英語さえ話せるようになればそれでいい。それが私の留学の小さな目標であった。今考えるとなんと小さな目標だったのだと思う。現実を見ないで、夢ばかりみていたあのころ。幼過ぎた私がいた。そして4か月が過ぎ、日本に帰国した私は大きく変わっていた。一言で言えば大人になっ

た。自分の将来を考えるようになった。それもすべてあの素晴らしい出会い
と、経験があったからだ。目を瞑れば、「楽しかった」とは一言では言い表すこ
とのできないアメリカの一つ一つのシーンが蘇る。忘れることのできない貴重
な経験だ。短かったが中身の濃い4か月の経験だ。

　私を成長させてくれた出会いがあった。「私は将来先生になりたい。私も留学
をしたことがある。だからあなたの気持ちを理解することができる」と話して
くれたのは、私のアメリカの友人のJoshだった。留学当初は、私の英語力は、
聞くことも喋ることもままならない状態であった。自分のことは自分でしなけ
ればならない毎日の生活。自立することの大変さ。異なった生活習慣、生活様
式。なにもかもが自分にとって不安で、私は焦りさえ覚えた。そんな時「僕も
あなたと同じような経験をしたことがある。大変だけど、あなたならできる」
と話してくれたのが彼だった。そのときまでは、私は人と比べてばかりいた。
英語ができない自分と英語が上手な人達。羨ましく思った。そのたびに無駄に
落ち込んだ。しかし、この彼の一言は私を救い、私に大切なことに気づかせて
くれた。それは、アメリカでは、「誰かと比べても意味はない、自分がどうなの
かが問題なのである」ということだ。昨日と今日の自分を比べて「今日の自分
は偉いぞ！」と思えることが大切なのだ。他人と比べてではなく、過去の自分
と比べて、自分がどれだけ成長できるかが問題なのだ。この日から、「私が、少
しでも大きな大人になること」が私のこの4か月間の目標になった。

　他にも出会いがあった。ある日、私は図書館で友人のJeeに会った。彼は、本
当によく勉強し、勉強に対する姿勢がまるで違っていた。唐突に、「なんであな
たはそんなに一生懸命に勉強するの?」と、同じ大学生として恥ずべき質問をし
た。私のつたない英語にも関
わらず彼は真剣に答えてくれ
た。彼は言った。「私には将
来の夢がある。その夢を実現
するためだね。結局、すべて
は自分のためさ。それに、社
会で通用するような人間にな
りたいからね。」立派だが、
よく考えるとごく当然なこと
を言う彼に返す言葉がなかっ
た。私はそのごく当然なこと

オハイオ大学での桜祭り

171

でさえ、まともに考えていなかったのだ。大切なことに気づかせてくれた。

　日本での私の大学生活は、授業が終わるとすぐに帰宅し、アルバイトに明け暮れていた。授業中は疲れて居眠りする始末だ。週末も1日中アルバイトをしていた。いつ勉強していたのだろうか?将来のことや社会のことなどまるで考えていなかった。本当に恥ずかしいと思った。いつもなにかしら理由付けをして、将来のことを考えることから逃げていた。何とかなるとばかり漠然と思っていた。なんともならないことも承知しているのに考えることを避けていた。勉強も同じだ。「バイトで忙しいから」といって、勉強の時間を作らなかった。しかし、この4か月間はアルバイトも何もない。授業が終わったら自由な時間が沢山ある。限られた時間をどう使うべきか、考えざるを得なかった。自分の力を最大限に発揮させることのできる貴重な時間なのだ。決して短すぎることは無い。私は、この質問がきっかけとなり勉強に対する意識を変え、それ以後は真剣に勉強に取り組んだ。春学期はとにかく宿題が大変で、図書館で徹夜するほどであった。正直辛くて投げ出したくなる時もあった。しかし、最後まで諦めずに頑張ることができたのは、人のためではなく自分のため、将来のためにと考えたからだ。日本にいたときの勉強を定義すれば、「やらなければいけないもの、やらされるもの」だった。とにかくいやいや勉強していた。しかし、アメリカでの4か月後、自分のためだから頑張ることできるし、勉強したいし、楽しいとも思えるようになった。

　泣いたり笑ったり、怒ったり、喧嘩したり、共に成長していった沢山の友人達がいた。彼らがいたからこそ、この留学が成功した。異国の地アメリカ。慣れない文化、奇妙な食べ物、聞き慣れない言葉、沢山の宿題。辛くて泣きそう

Dining Hall

なとき、大変なとき、どうしようもできないとき、不安なとき、いつも一緒にいてくれたのは中部大学生を含むアメリカで知り合った仲間達だ。楽しいとき、幸せなときもまた彼らがいた。彼らの優しさに触れる度に素直な自分に出会えた。また自分の弱さを知りそれを見せることのできる本当の強さを知った。彼らには言葉に表せないくらい感謝している。留学があったからこそ出会えた仲間達だ。その意味でこの留学や中部大学に本当に感謝している。

他にも、印象深いものを挙げればきりがない。厚すぎる言語の壁、戸惑いを隠せなかったアメリカ文化、優しく勉強熱心なアメリカの人々、様々な人種が暮らす実力主義のアメリカという国、将来の夢や勉強の事について考えさせられた留学、一日一日がとても充実していた毎日、数え切れないほどの楽しい思い出、沢山の友達とのあっと言う間の4か月間。どれも決して忘れることのできないものになった。もしこの留学がなかったら、今の自分はここに存在しない、とはっきり言える。それほど貴重な経験であった。最後に日本で応援してくれた家族や友達に感謝しなくてはならない。彼らがいたからこそ頑張れた。こころより感謝したい。

（サービス業）

考え方、生き方、そして性格までも変わった留学生活

杉山優太

「見る世界が変わった」と何かを通して感じたことがある人はどれほどいるだろうか。自身の価値観、考え方、生き方、そして性格までも再構築することができた機会、それが、私にとってのオハイオ大学長期研修およびオハイオ大学院進学であった。もしこのプログラムに参加していなかったら、今とまったく違う自分になっていただろう。それほどまでに私の生き方に影響を与える大きな経験であり、今その経験が生き続けている。このエッセイでは、留学プログラムに参加したことで、私がどう変わっていったのかについて綴りたい。

大学に入学してしばらくの間、ただ淡々と「すべきことをこなす」日々が続いた。周りに合わせて自分も同じように行動した方が無難だと考えていた。いや、考えているというより何も考えずに大学生活を送っていたと言った方が正確かもしれない。そんな中、2009年の3月、私は人生で初めて海外に足を踏み入れた。その場所は、留学プログラム先のオハイオ大学であった。様々な野生の生き物が住む緑豊かな環境の中に、赤いレンガの美しい建造物があり、多種多様な人々がいた。多種多様な人々の間で唯一共通していたことは、誰もが英語を話

Ohio大学 South Green

しているということであった。さらに、耳にする言語以外にジェスチャーも、私の知っているものとは異なっていた。恐怖心と好奇心が入り混じったような感情とまったく知らない森に迷い込んだような感覚であった。一瞬一瞬を生き抜くために常に脳が活性化して熱くなっているのを感じた。

それが海外留学最初の率直な感想であった。

　そのような環境の中、現地の学生ピアサポーターや先生方の助けで、少しずつ英語でのコミュニケーションが成立していった。できなかったことができるようになり、霧が晴れていくような感覚があった。当時のことを振り返ると、留学プログラムは「生きた英語」を身につけるための理想的な環境であった。影響を受けたのは英語力だけではない。現地の学生一人一人が自身の考えを持ち、授業内外で積極的に発言している姿勢を日々目の当たりにしたことで、自分の考えを持たずに周りに合わせて行動していた自分に気づかされた。留学先で出会った世界各国の学生がみな自分のやりたいことを積極的にかつ誠実にやり遂げようとしていた。その姿は光り輝いて見えた。自分もそうありたい、それまで眠っていた一段階高い次元の「自我」が芽生えた瞬間であった。その後、常に自分の考えを持ち、授業内では積極的に発言するように心がけた。自分では気が付かなかったが、周りの友人や家族に「変わった」と言われた。無意識下で目に見えない「変化」が私自身に起きていた。留学先で出会った多種多様な人々、しっかりと自分をもったアメリカ人学生、日本とは違う広い空間と自然、勉強や遊びに最適な施設、メリハリのある生活、このような環境の変化が私自身を変えたのだ。そして、日本の集団・調和志向の強い社会で何も考えずに周囲と同じように行動していた自分がいかに空っぽなのかを思い知らされた。帰国後も様々な人と積極的に関わり、新しいことを体験的に学んだ。自身の学びたいこと、やりたいことに突き進むことが、これほどまでに知的欲求を満たすものなのかと歓喜した。新しい世界がずっと先まで広がっている感覚がもっと学びたいという欲を掻き立て、オハイオ大学の大学院へ留学することを決めた。

そこからのオハイオ大学院生活が瞬く間に過ぎていったのはいうまでもない。授業では、ディスカッション等を通して、自身の考えを発信することが求められ、徐々にそれができるようになり自分に自信を持てるようになった。さらに、他国の留学生との交流を通して、私のそれまで持っていた偏見に気付かされ、自分中心の価値観を変えることができた。それら一つ一つの経験が今の私の価値観を作り上げている。「百聞は一見にしかず」というが、他者から得た情報を鵜呑みにするのではなく、自分で直接体験することで確認し、それを精査、判断することの重要性は、この留学がなければ気づくことができなかった。逆に言えば、留学すれば多様な発想を持った学生やディスカッション中心の授業形態に触れ、考え方の広がりや価値観の変化を余儀なくされる。これが留学の大きな意義の一つかもしれない。

　現在、私は大学で教員をしている。それはこれまでのオハイオ大学への留学がなければ決してあり得なかった。留学中に起きた様々な形での私の内なる「変化」とその集大成が今の私を形作っている。それは英語力だけでなく、多様性に対する寛容性や適応力、積極性と行動力、そして、何より自分自身の価値観を再構築し、目標を達成するための継続力（GRIT：最後までやり抜く力）を与えてくれた。今、英語教員として教鞭を取る中で、学生に一番伝えたいものは「新しい世界」を恐れず、その環境に飛び込むということである。そしてその中で、新しい物事へ興味と強い意思を持って接することだ。かつて私が留学を通して感じたように、きっと自分の中に大きな変化が起き、自己成長につながるだろう。そして、それが、将来、物事を多面的に捉えて自分自身で考えることで、自分の道を自らの手で切り開くことができるようになるはずだ。その手助けができるように、日々誠心誠意学生と接していきたいとこのエッセイを書きながら意を新たにした。

（愛知大学教員、中部大学非常勤講師）

アメリカの大学生活で得た異文化理解

中島江梨香

　私は中部大学の2004年の春学期に4か月間、提携校であるオハイオ大学に留学した。当時、私は機械工学科に所属していた。長い間、同学科から留学した学生は皆無に近かったため、留学について問い合わせる先輩もいなかった。すべてが手探りの状態で留学することとなった。

　高校生の時に単身でオーストラリアに語学留学をした経験があり、海外の生活への不安はなかったが、このプログラムの参加には多少不安があった。なぜなら、理系の学生が少ないため、文系の学生のために用意された「地理」や「コミュニケーション」のクラスなどを受けることになっていたからだ。高校の時のように気楽な語学留学とは違い、英語で高等教育を受け、絶対に単位を取得しなければならないというプレッシャーがあった。しかも、取得した単位は卒業に必要な単位としてカウントされたが、専門科目に関しては、帰国後に1年遅れで履修しなくてはならないというディスアドバンテージがあった。もちろん、それも理解した上で覚悟して参加した。ただ、同じ学科からの参加者が少ないということはいいこともある。仲間が少ない私は現地の学生と過ごすことが多く、中部大学の同級生と関わることは少なかった。おかげで現地の学生と変わらない生活を送れたのではないかと思っている。今でもその時に友人となった学生とは、SNS上や海外で会った折に当時のことや近況を話すことがある。

　オハイオ大学で授業を受け、現地の学生らと交流したことは、当時の私に大きな衝撃を与えた。学生としては当たり前のことであるが、オハイオ大学の学生は誰一人遅刻しないし居眠りもしない。先生が遅刻しようものなら大ブーイングだ。授業中でも質問や積極的に自分の意見を述べるなど先生とのやり取りも盛んであった。この知識を習得しよう、教えようという意思が切実に伝わってくる授業であった。オハイオ大学の授業は当時クオーター制で、大抵の授業は1科目週2回授業が開講され、さらに私達は、専門科目のサポートクラスも受講していたため、一つの科目で週に3、4回授業を受講した。予習や宿題の量も

多く、履修科目はたった数科目であるが、予習と課題をこなすために、毎日夜遅くまで寮のロビー、カフェや図書館で勉強した。

　オハイオ大学では、アルバイトをしている学生は極めて少なく、私の周囲はオールＡを取らないと意味がないと志高く勉強している学生ばかりであった。だが、それぞれ忙しかったろうが、困っている私を見て手を差し伸べてくれた。人に教えるということも自分の勉強になるという認識が強いようだ。このような意識の違いが生じる大きな要因としては、アメリカの学生は、Scholarship（給付型奨学金）をもらうか、自分で Student loan（貸付奨学金）を契約してから入学するため、将来の自分への投資として大学に通う意識があるからだろう。日本のように親が学費を出す人は少ないと思われる。また、入学1、2年目の学生は、親元を離れ寮に入って生活するためか、日本の大学生よりも自立しているように感じた。

　とは言え、オールＡの学生でもずっと勉強ばかりしているわけではなく、金曜日の夜から土曜の夜は遊ぶ。そして日曜日には宿題をするという、メリハリのある生活をしていた。Summer quarter になると、多くの学生は実家に戻って家族や友人と休暇を過ごす、あるいは social activity への参加や短期のバイトをして、新年度にまた学校に戻ってくる。彼らを見ていると、将来を考えて、本当に大学生でなければできないことを思いっきりやっているように見えた。"Work hard, play hard" とはこういうことなのかと実感させられた。今振り返ってみると、オハイオ大学にいた時が私の大学生生活で一番勉強した時期かもしれない。あっという間の4か月であったが、非常に濃厚で充実した日々だった。

　大学生という時期にアメリカと日本の学生生活の違いを体感したことは、その後の大学生生活の過ごし方や意識を大きく変えたといっても過言ではない。その後、学問に真摯に向き合い、研究の面白さに気が付き、大学入学時には考えもしなかった大学院へ進学し、博士という学位まで取得した。さらに、その後アメリカのシカゴ大学の化学科でポスドクとして働く経験をした。シカゴ大学はアメリカでもトップクラスの名門私立大学であり、オハイオ大学とはまったく異なる大学環境、また異なる分野で研究生活を送ることになった。世界中から来る優秀な研究者たちとたくさん議論して過ごした時間や、人との繋がりはかけがえのないものとなった。これらの経験があったおかげで、日本帰国後に所属した中部大学山本尚研究室で、他国から来た研究者や同僚達と初日からすぐに打ち解けられたのではないかと思う。日本という異なる文化圏で生活す

Sieghard Goebelbecker,
IP Europe, Netherlands

学会発表で　左端が筆者

ることの苦労や、英語という共通言語を使っていてもその人の背景が違えば解釈が異なることは、海外での生活体験がない人には理解できない。グローバル化する社会の中で、このようなコミュニケーションスキルは非常に重要であるが、それは自ら海外で苦労しながら習得するスキルだと私は思う。

　大学院在籍時に、難波義治教授（現 中部大学名誉教授）に廊下で言われたことを今でも思い出す。それは「大学生として体験したこと、大学院生として経験したこと、ポスドクとして経験したことそれはすべて違うし、その立場によって経験できることは違うから、何度も海外での経験を積みなさい。そしてたくさんの人脈を作りなさい。そしてそれは貴方の人生を必ず豊かにしてくれる」である。この言葉は、本当にその通りだと私個人の経験からも思う。オハイオ大学への留学以降、学会への参加や世界中に散らばった友人達に会うために20か国以上を訪れた。それはいつも新しい経験や出会いを与えてくれ、私を常に成長させてくれる。現在私は中部大学で教鞭をとっており、時折学生に私の経験や体験の話をし、「たとえ旅行で一日でもいいから海外に出てみなさい。貴方の人生が豊かになるから」と伝えている。

（中部大学 工学部　応用化学科教員）

オハイオ大学全景

海外留学が私に与えた影響
客観的・論理的に考える習慣、自己表現力の向上、人間としての成長

入米藏康平

　私は幸運なことに在学中に2回の留学プログラム（オハイオ大学長期研修、ニューイングランド大学派遣留学）に参加する機会を得た。それぞれの留学体験が、私の人生に深い影響を与え、新たな視点をもたらした。

　オハイオ大学への留学は、私の人生に大きな影響を与えた出来事の一つである。留学前、アメリカの大学は「入るのは簡単、出るのは難しい」とよく耳にしていた。実際、その通りだと実感した。大学には24時間稼働する図書館があり、そこには必死に勉強に取り組む学生たちが絶えずいた。授業でも学生は積極的であった。授業でのディスカッションでは、他の学生たちの意見を聞くのではなく、自分の意見をはっきりと述べることが求められた。自己主張が重要視されているのだと感じた。私はこの環境で自発的に物事を自ら考えて、自分の声を発信し、自己主張の重要性を学んだ。

　自己主張することでバイアスからあなた自身を守ることができる。バイアスが掛かると真実が見えなくなり、自分で考えなくなる。この考えは、私が米国オハイオ大学での留学を通じて学んだ重要な教訓の一つだ。留学中の経験から、自己主張することの大切さを痛感し、周囲の意見に流されない重要性を理解するようになった。なぜなら、周囲に流されると、いつしか「大多数がそう言っているからそれは正し

寮のフォーマルディナーで

い」という考えに染まり、自分の思った人生を歩むことが難しくなるからだ。

　バイアスとは、主観的な見方や評価、感情、社会的な要因などが、客観的な

判断や意思決定に影響を与える傾向を指す。たとえば、「米国は銃社会だから怖い」、「個人主義の国だから自己中心的な人が多い」、私はこのような偏見やステレオタイプを無意識的に持っていたが、実際はそうではなかった。自分の目で見て、聴いて、自分で考えた。知らないうちに自分はバイアスに支配されていたのだと気づいた。留学以来、この「気づき」を大切にしている。仕事においても、「今までこれで上手くできていたから、これが正しい」、「上司がそう言っているからそれが正しい」、このような思考回路に私は至らない。常識を疑い、客観的に自分の頭で考える習慣がある。これは留学経験によって培われた。

　私の人生に大きな影響を与えた留学経験の二つ目は、3年次でのオーストラリアのニューイングランド大学への1年間の派遣留学である。この留学プログラムでは、エッセイが数多く課せられた。読んだことや聞いたことをベースに、自分の考えを文章でまとめるスキルを養う機会が豊富にあった。この経験により、自己表現力が向上し、論理的な思考力も磨かれた。このスキルは、今の仕事の大きな助けとなっている。日々、多種多様な問題、案件が舞い込んでくる。私は、留学中と同じように頭の中にあることを常に書き出して情報を整理し、チームに共有している。これによってスムーズにチーム一丸となって仕事を進めることができている。

ニューイングランド大学中庭

　また、ニューイングランド大学での留学では「オンとオフ」の切り替えの大切さを学んだ。勉強する時は徹底的に勉強し、リラックスする時はストレスを忘れてリラックスする学生が多かった。このバランスの取り方は、私の生活においても重要な要素となった。仕事でも人間関係や仕事のプレッシャーで精神的に疲れたら、私は積極的に休むようにしている。疲れたら休む、回復したらまた頑張る。この繰り返しだ。

　このように留学経験は、現在の私に大きな影響を与えている。留学に参加するまでの苦労と克服した困難から、ハードルの高い仕事や未経験の挑戦にも積極的に取り組む姿勢を身につけた。無理をせず、時間をかけてコツコツと努力することの大切さを認識した。また、自己ケアにも留意するようになった。

無理をし過ぎず、疲れたら休むことを心がけている。オンとオフを意識し、仕事とプライベートのバランスを取ることが、健康で充実した生活を築く秘訣となっている。留学経験は私の価値観を広げ、人間的成長を促進し、多くの新たな可能性を切り拓いてくれた。

（トヨフジ海運）

夫は夫、妻は妻なのだ

西尾みさ

　私は中部大学の英語英米文化学科で4年間を過ごし、多くの海外体験をしたからこそ、今の人生を得たと本当に考えている。大学4年間で何度も海外へ行き、海外の人と関わる中でふとこう思った。「あぁ、私はこの広い世界を知らないまま生きていたとしたら、どんなに怖いことだったろう」。最初は広い世界を知れば知るほど嬉しかったが、それを知らなかったら自分はどのようになっていたのだろうと考えると恐怖まで感じるようになった。それほど、留学や海外体験は私の発想、価値観、行動に大きく影響を与えてくれた。私が留学のおかげで得たものが大きく二つある。その一つが仕事、もう一つが結婚である。以下この二つを中心に綴ってみたい。

　まずは仕事について書いてみたい。現在、私が勤めているのは、世界各国に数拠点を持つグローバル企業と言われているあるメーカーだ。実を言うと、入社3年目までは海外とは無縁の部署に所属していた。ところが、どこからか私は海外経験があり、英語と韓国語を話すという噂を聞いた上層部が、現在の海外拠点と関わることの多い部署へと私を異動させたのだ。正直、海外で仕事ができるほどの高い英語力ではないが、大学生活のおかげかコミュニケーション能力に自信だけ

大好きな故 Joung Hee 先生

はあった。異動の話を聞いたときはこの上ない喜びで、卒業後、3年間感じることのなかった海外への扉が再び開かれたような気分であった。ただ、海外拠点とのメールのやりとりは決して心地よいものではなかった。時差があるのはもちろんだが、無礼で無茶な要求が多い。そうかと思いきや、こちらからの要求にはなかなか返信が来ない。まさに、日々異文化との葛藤があるが、それはそれで、楽しんでいる。

　新部署への配属1年後、私は会社の製品をPRすべくタイの展示会へ説明員として派遣された。初めての海外出張で緊張と興奮の中にいた。タイで行われている展示会だが、タイ人以外に中国人、インド人、韓国人、日本人等がいる。アジア向けの展示会であるので、大勢の各国からの人々で賑わっていた。1か月後、またタイに営業活動として数日間出張した。それから3か月後、アメリカへ数日出張の指示があった。今度はアメリカで北米展示会での説明要員だ。突然、世界のあちこちに飛ばされたが、私は在学中でのイギリス、アメリカ、タイ、韓国などへの留学や滞在経験があるので、特にストレスもなく、楽しく仕事をすることができた。それぞれお国なまりのある英語を話すが、発音とコミュニケーションの上手さとは関係ない。かえって、多様で面白いと感じるのは、大学時代に世界中の人たちと関わってきたからかもしれない。

　アメリカ出張ではオハイオ大学で過ごした4か月を思い出して興奮した。それもそのはず、勤め先のアメリカ拠点はなんとオハイオ州なのだ。展示会はオハイオ州のすぐ隣にあるデトロイトで行われたが、オハイオの拠点へ行く機会もあったので、駐在員に、仕事のない土曜日に第二の母校であるオハイオ大学にも遊びに連れていってもらった。ちょうどアメリカンフットボールのホームゲームが行われており、かなり賑わっていた。私の人生を変えてくれたオハイオ大学だ。数年ぶりであるため、すでに友人らは卒業し、お世話になった先生たちは土曜日であるから、声をかけることには躊躇した。だが、あの時から何も変わっていなかった風景や留学中によく行ったジンジャーでの食事、そして、自分の珠玉のような経験を思い出しながら、感激で涙が出そうであった。「あなたがいなかったら、今の私はないわ。本当にありがとう」と言って、オハイオ大学の敷地1,200エーカー全部をハグしたい気持ちであった。

　すぐに、大学の正門の前の交差点にある College Bookstore でオハイオの名前の入ったTシャツを購入した。留学中に購入したものは着すぎているのでボロボロだったのだ。ところが、日本に帰ってきてもなぜか勿体なくて現在もまだ着られていない。次にオハイオ大学へ行ったときは、同じデザインのものを2枚

購入しようと思う。Ｔシャツはまた買えるかもしれないが、あの最高な4か月はもう二度と戻ってくることはないと思うと自然と涙が出て来た。それほどオハイオ大学での留学は私の人生に大きな影響を与えてくれたのだ。

　アメリカの出張先の拠点には、日本人、アメリカ人、中国人、インド人というように出身国や国籍がまったく異なる4人のチームメートがいた。異文化が大好きな私は、嬉しくなり「グローバル企業ならこうでなくちゃ」と心の中で呟いた。日本からの同僚たちは多国籍チームとそれを見ながらにたにたして喜んでいる私をみて驚いていたが、私は、驚く同僚の方が驚きであり、おもしろかった。

　次に結婚だ。これもあの留学経験が与えてくれた副産物だ。結婚して2年が経つが、お相手は韓国人だ。幼少期は、将来結婚する相手は日本人であることをあたりまえのように脳が描いていた。ところがある時から、結婚相手は必ずしも同じ日本人である必要はないことに気づいた（とはいえ外国人を探していたわけでもない）。どこにも壁を作らずに生きていると、ここに辿り着いただけである。ただ、いざ結婚してみるとやはり異文化体験の多さに日々驚いている。特に食事では驚くことが多い。彼はどのようなレストランでもどの料理でも激辛を選択する。家の冷蔵庫にはカプサイシンの粉末があり、キムチは何種類かが常備されている。さらに最近は自宅で青唐辛子を育て始める始末だ。くわえて、溜息が出そうなことと言えば、「辛くないよ」と言われた料理を食べてみると、激辛だったことである。夫に料理を作ってもらった時も、少しだけにして、と頼んだニンニクがこれでもかと鼻を攻撃して来た。辛さに対する加減の感覚がまったく違うようだ。

　だが、感心することもある。それは、自分の家族を本当に大切にすることだ。日本人は、どんなに家族を大切にしていてもそれを外では見せないことが多いが、彼は違う。自分の父親にさえ非常に硬い敬語を使っている。愛情表現も含め、何でもストレートに表現するため、私も考えて回りくどい会話をする必要もない。それに、韓国の女性は強いからなのか、私を含め、女性にはかなり優しい。ただ、韓国ドラマほどではな

互いの民族衣装を着て結婚披露宴

い！他にも結婚して最もよかったことといえば、主人は肉を焼くのが本当に上手なことだ。人生で会った人の中で、一緒に焼肉に一緒に行きたい人は今の主人であり、肉を焼いているときがどんな場面より一番かっこよく見える。

彼にとっては、日本に住んだから日本人と結婚する可能性がただ高いだけであったのかもしれない。それが日本人である必要もなく、反対に数少ない韓国人や他の外国人を見つける必要もないというのが夫の考え方だ。私もまったく同感であり、このような考え方は、留学や海外経験なしには私の中には育たなかったと思う。私たちには、パートナーはどこの国の出身であっても関係ないのだ。互いを理解しようと努める優しい人間であることが大切なのだ。夫はアジア人であり、見た目も似ているせいで現在では夫が外国人であることを忘れてしまう。何人であるかはどうでもいいと強く思う。夫は夫、妻は妻なのだ。

上記の二つ以外にもオハイオへの留学で得たものは、また別の留学へのきっかけとなった。いったん話を大学時代に戻すと、オハイオ大学に留学して帰国してからも、やはりあの海外でしか味わえない雰囲気が非常に恋しかった。そして大学3年生の時に、タイのアジア工科大学院にて各国から集まった学生たちと環境問題について学ぶ機会があることを知った。私は大慌てで応募し、幸運にも奨学金を得てそのプログラムに参加することができた。実際、タイではオハイオよりも各国の異文化を経験した。朝、目が覚めると誰かがお祈りをしていたり、豚肉は食べなかったり、布を普段着のように体に巻きつけている学生がいた。タイであんなにも異文化を味わえたのは、勉強以上に異文化体験を求めたからである。だが、そう思うようになったきっかけはやはり最初のオハイオ大学への留学であった。

このようにして、現在も、家庭や会社で異文化を日々感じながら楽しく過ごしている。オハイオ大学に留学をしていなかったら、きっとこのように思えることはなかったと思う。私の人生は異文化と多様性に満ちていて、毎日が異文化体験の連続であり、それが私の豊かな人生を作り出している。そのきっかけをくれたオハイオ大学に心から感謝している。

（自動車部品メーカー　海外営業部）

Bobcats Changed My Life

齋藤友実

　私は2017年に英語英米文化学科に入学し、2018年の秋学期に「日米協働アカデミックサービスラーニング・セメスターアブロード（オハイオ大学長期研修）」へ参加した。表題の通り、その経験は私の人生を大きく変えてくれたものであった。3年次の2019年にはウェストヴァージニア大学への交換留学にも参加し、卒業後は2021年の4月から東京のグローバル企業で働いている。このエッセイでは、主にオハイオでの経験を5年を経た今振り返り、留学の私の人生への影響を考えたいと思う。

　まず、オハイオ大学に行ってからというもの、海外志向が本当に強くなったことは間違いない。渡米前から「世界を見てみたい」「海外の人ともっと関わりを持ちたい」と思っていたものの、それが現実になったことで、現地では、自分の存在

先生のご自宅で

の「ちっぽけさ」を実感した。それと同時に、「もっと挑戦したい」と思えるようにもなった。私のオハイオ大学の友達（Bobcats）はみな自分に誇りを持ち、自分のことが大好きであった。他人や仲間だけでなく自分自身のこともしっかり鼓舞し、みるみると自信をつけていっていた。そんな友達が羨ましくて仕方なかった。留学は、消極的で心配性、殻に閉じこもっていた自分を解き放ち、「TomomiはTomomi」と思わせてくれた。そして、自分のことが大好きになることができた。私は私なのだから、世界にはいろんなアイデンティティを持った人がたくさんいて当然だと考えるようになった。

　一つ例を挙げると、ある日、同じ寮に滞在していた男性がゲイだと知った時、私は井の中の蛙の気分になった。当時"LGBT"という言葉は聞いたことがあっても、さほどピンと来ていなかった。そのころ私の中に芽生えた興味の

種は、翌年の交換留学にも、学生最後の卒業論文にも影響を及ぼすこととなった。社会人になった今でも、LGBTの人はよく目にするし、「自分が好きになった人を心から好き」でいる姿を見ると、とても微笑ましく思える。東京の新宿歌舞伎町に、ゲイとレズビアンの友人に連れられて行ったこともあるが、これは留学を通して培った私のLGBTの人への関心と敬意があるからこそ実現したと言える。

　少し話が逸れてしまったが、オハイオ大学で培った私の海外志向や多様性への寛容さは、現在勤務しているグローバル企業に就職する大きなきっかけとなった。オハイオで強くなった「海外とつながりたい」という軸は、私が就活をする上で譲れないものとなった。グローバル企業に勤める、というのは一言では言い表せないが、働く上で様々なタイプの人がいることを自覚し、その多様性を尊重できるようになるということではないだろうか。例えば、日本のような敬語の文化は一部を除き海外には希薄なため、外国籍の同期が先輩や社外にメールを送るときに添削をしなければならないこともある。話しかける前に、日本人では当然のように使う「今、お時間よろしいですか」と一声かけることも、彼らには理解できないこともあるため、いちいち説明することもある。多国籍企業で働くということは、そういういわゆる多様性にも柔軟に対応できるようにならざるを得ないということもでもあり、また、それが面白いし、私の強みであるとも言える。

　次に、上述したことと少し重なるが、私は留学したことで「私は私」と思うようになり周りと比較することがなくなった。オハイオ大学に留学して、たくさんの先生や友達、その家族にまで支えてもらうことが多々あり、自分としての自信を持てるようになった。就職活動を経て社会人になり、周りと比べざるを得ない時もあるが、それでも「私は私」という強いマインドを維持しているのは、間違いなくオハイオでの素晴らしい人々との出会いがあったからだと思う。今年の夏に、オハイオ大学で私をたくさん褒めてくれて、私のマインドセットの分岐点ともなったアメリカ人の友人が日本に旅行に来た。彼女はオハイオ大学内でも花形のジャーナリズムの学科を卒業し、現在はニューヨークでライターとして働いている。久しぶりに会ったとき、私は「私なんかまだペーペーなのに彼女はすごい…」と一瞬思ってしまったが、「友達がこんなに頑張っているなら、私は私のやり方で頑張ればいいんだ」とすぐ気持ちを切り替えることができた。以前の私なら、自分より高い実績を持っている人と自分を比較して悲観的になっていただろう。4年ぶりに会ったにも関わらず、彼女はまた私のことを

たくさん褒めてくれた。そして、私もそのように誰かを鼓舞させる存在になりたいと思った。

　オハイオ大学への長期留学はたった4か月しかないため、留学としては長期というより中期程度かもしれない。しかし、私は誰よりも濃い留学生活を送れて、誰よりも強く、大きく成長したと、5年たった今でも思えるのは、たくさんの素晴らしい人々との出会いやそこでの生活が、私の考え方や人生に大きく影響したからである。いまだにオハイオ大学で知り合った友人とはSNSを通じて連絡を取っており、近況報告もし合っている。

　このエッセイを書くにあたり、American Experienceという授業で週1回、訪問していたAthens市の小学校のBuddy（私の学習パートナーの小学生）と久しぶりに連絡を取った。もう15歳になっていたが、私が最後の日に渡したカードをまだ持っているという。国は違うが、まだ私のことを考えてくれる人がいることがとても嬉しかった。オハイオ大学への留学が、大好きな友人らとの出会い、新しい自分との出会いをもたらし、私を大きく変えてくれたといえる。この留学がなかったなら、今の私は違った自分になっていたかもしれない。オハイオ大学での私の友人ら（Bobcats）とこの貴重な経験に心から感謝したい。

（グローバル企業）

自信につながったオハイオ大学長期研修

渡邊未空

　自分に自信がなかった。大学生になって一人暮らしがしたくて、県外の大学を目指し、高校3年間は塾と高校を行き来した。それでも成績はあまり上がらず、後から塾に入って来た同級生にどんどん抜かされていった。悔しかった。こんなにも塾にいるのに、勉強しているのに、上がらない成績に自分でもどうしたら良いかわからなくなっていた。国公立大学入試も後期まで粘ったが、結果はダメだった。結局、受かったのは中部大学だけだった。浪人する勇気はなかった。もう勉強するのに疲れていた。

　3月まで受験勉強をし、4月から中部大学生として私の大学生活はスタートし

Krzic Lounge開場式後　左下が筆者

たが、始まったのは通学時間が往復4時間の生活だ。高校は自転車で10分のところにあったので、始めは辛すぎた。受験生時代に想像した大学生活とはまるで違う生活に、最初は身が入らなかった。それでも何か打ち込めることができるかもと、サークルの見学会に行った。それは英会話サークルだった。そこで出会った先輩がオハイオ大学に行く予定であった。そこで私はオハイオ大学と出会った。元々大学在学中に留学がしたくて、自分でお金を貯めて、大学3年生くらいにできればいいと思っていたが、将来の夢が教員ということもあり、4年で大学を卒業できて、かつ、いちばん長い期間留学できるのはこのオハイオ大学長期研修だと知った。大学3年生でできればと思っていたので、1年生の2月から留学というのはあまりにも早い話で、お金もなかったが、今がラストチャンスだと思い、申し込んだ。それから私の大学生活はこの留学のためにお金を貯めるためにバイト漬けになった。平日は大学、土日はバイトの日々は大変であった。しかもまったく想像できないアメリカでの生活、自分の全財産を投資するのは間違いでは無いのかと思ったが、不安の中バイトも学業も頑張った。

　そんな中、約11時間のフライトと、5時間のバスを乗り継ぎオハイオ大学での私の留学生活がスタートした。私のルームメイトはシャイで2か月間話しかけられたこともないし、名前を呼ばれたこともなかった。だが、置き手紙や挨拶などを積極的にした。その置き手紙にも返事は無かったし、私から話しかけても返事はあまり返ってこない。陽気だとばかり思っていたアメリカ人だが、こんなアメリカ人もいるのかと思った。途中で諦めそうになったが、ルームメイトだから仲良くなろうと思い諦めなかった。そしてスケートや、カフェや美術館に誘って一緒に遊んだ。2か月はあっという間に過ぎ、最後のお別れの日、編み物が得意なルームメイトが折り鶴の編み物をプレゼントしてくれた。本当に嬉しかった。2か月間、一緒に過ごしたのにもう会えないと思うと涙が溢れて止まらなかった。

　オハイオでの生活はすべてが刺激的であった。学生はのびのびしていて、外

でハンモックで寝ている学生や絵を描く学生もいた。私も夜にはスケートをしたり、深夜にホットドッグを食べたり、外国人の友達の家に遊びに行ったり、ジムに行ったり、日本ではできないことをたくさんした。日本では他の人と比べて、自分は「ダメ」だと思ってしまっていたが、アメリカの学生は自分が着たい服を着て、授業中は自分の意見をしっかりと言い、自分を表現していた。他人と比べることなく、自分の行きたいように生きていた。高校の時、大学生になっても、自分は他人と比べてダメだと思っていたが、アメリカに来て、アメリカ人の生き方はとても刺激的だった。

　アメリカに留学したことは自分の人生の中でいちばん大きな挑戦になり、知らない土地で、外国人に囲まれて生活することで、生きる力や自分への自信につながった。この経験を活かして、いろいろな国に行ってみたいと思うようになった。アメリカでの生活は、行く前はまったく想像できなかった。アメリカは危険で物を盗まれると聞き、怖いイメージがあったが、まったくそんなこともなく、クレジットカードを落とした時にはアメリカ人が拾ってくれた。アメリカ人は陽気で明るい人が多く、道で歩いているときに「その服かわいいね！」などと、まったく知らない私にも声をかけてくれることが本当に嬉しかった。

　アメリカのイメージと自分が実際に感じたことはまったく異なるものだった。これからいろいろな国へ行って、自分の目で世界を見ていきたいと思う。2年生のこの時期に留学したことは本当に良い経験になり、新しい目標ができた。それは、様々な国へ行き、様々なことを経験したいということだ。そして小学校教員になった時には、その経験を子どもたちに伝えて、海外の素晴らしさ、自分は変われるということ、私が経験した喜びや身に付いた自信、それ以上のことを子どもたちにも経験してほしいと伝えたいと思う。

（現代教育学部　現代教育学科在学中）

Court Street での Marching 110 のパレード

Presidents of Chubu and Ohio University with Chutora and Rufus

第3章

価値観の変化

"One's destination is never a place but a new way of seeing things"
-Henry Miller

「旅の目的地は場所ではない、新しい観る目だ」
－ヘンリー・ミラー

青春の誓いを破って、アメリカに行く
めぐり来る生命

和崎春日

ハノイにて、カメルーン人サッカー選手たちと

2016年、生まれて初めてアメリカの地を踏んだ。オハイオ大学からの招待を受けて、オハイオ大学－中部大学で始められた「国際交流」表彰の第1回顕彰（Tanaka-OHIO Award）を受けるためである。

私は、生涯アメリカの地は踏まないと決めていた。19〜20歳の大学生になったばかりの時、通称「ベトナム戦争」が起った。ベトナムには独立の「フランス戦争」と「アメリカ戦争」があるだけだ。「ベトナム戦争」などという事実はない。それは、後にアフリカ－ベトナム交流の調査に何度も足を運んだから、気づかされたことだ。戦争当時、一人ひとりのアメリカ人に、敬意を示した。新幹線で水兵さん姿の米兵に隣り合わせた。嘉手納からベトナム爆撃とともに参戦して、死線を乗り超えた青二才の若い米兵の、沖縄に「帰国」しての一時の休日、業や国家の執着やアカが抜け落ちた悲しみにも似た安堵の表情に、一人の人格への "グッド・ラック" という挨拶を送った。

だが、ベトナムでは、容赦ない民への爆撃と戦闘行為と暴行が平然と行われていた。村の焼き討ちと、殺戮した民兵ベトコンの耳をマニアのように蒐集する米兵のニュースを見た。一人のベトナム仏教僧が、ハノイの路上に座し、ガソリンをわが身にかけて燃やし、アメリカのどう理由をひねっても普遍化されることはない人類へのクライムとシンの罪にあらがって、この地上に不平等を超える平和・安寧が訪れることを嘆願する祈り板を首にしたまま、その祈り板とともに、ゴーゴーと唸る炎につつまれ、燃え尽きた。

アメリカの地を踏まないで、世界を地球を国際を、求め語る。この時、それ

が、私の青春の背中を立たせる髄となった。日米欧ではない地平から、地球と世界を、つながって語る。私は、アフリカから、「貧困」とされる地と日米欧の余剰にも達した資本主義的繁栄と、つまり自分が「ゆとりを持って喰えること」の意味と、地球の南北を、照らし思ってきた。

　それは、「国際研究」を進めていく、大きな基幹になりうる。大きく先進国とされるところ自体を対象化しなくても、方法論として地球を語れる。友人でインド学・思想家の関根康正は、これを「地続きの人類学」と呼ぶ。途上社会や新興国研究は、南の地に「閉じた」視角ではなく、南が語られつつそれが北社会の像をも写し出す架橋が、求められる。「南」を語っているのに、「北」が見える。オハイオで考究するのに、中部の思索が深まる。アフリカ儀礼の研究も、イギリス英語の研究も、バリ舞踊の研究も、フランス食文化の研究も、その分野の枠組みの安楽に閉じるのではなく、そこに「お前は何者だ」がひいては写し出されなくてはならない。自分が問われる。オハイオでありつつ中部であるのは何なのか、自己表象の告白が自らに求められ迫りくる。研究は、結局は、自分を表現するのだ。私は、自らのアフリカ研究のなかに、アフリカから見える南北関係の矛盾と、傷つき続けても日米欧との交流を捨てされないことと、そして、北側社会は我利を追求するにしてもそこに地球利が包含されていることの重要性を、自らの反省を込めて表現した。そのようにオハイオ大学の委員会は受け取った、と顕彰理由を式典の冒頭で語った。

　受賞スピーチで、オハイオが元より持つその「異質の交流」の意義を語った。オハイオは、閉じない、自他融合の地だ。コロンバスにあるオハイオ博物館で、地層や発掘から、南のフロリダの産物と北のニューヨークの産物がオハイオで交わることを知った。オハイオがアメリカ南北を繋ぐ。文化的にも、オハイオは、ニューヨークにもロスアンジェルスにも、近いとはいえ心臓シカゴにも偏せず、独自性を保って交わる地となる。メジャー文化の抑圧に会っても異なる他者を受け入れ続けるからこそ、その辺地性をローカリティの力に変えて、どこにもない独自が保てる。政治的にも、民主－共和の異質が厳しく出会う折衝の接合面であり続ける。古く錆びたオハイオ鉄鋼伝統を日本の自動車産業の新参につないで、「南」や「キャンピング・カー」は常に生きる生存の手立てを模索し続ける。その自他融合の真髄の地オハイオで顕彰されることの意義と喜びを噛みしめる。その何事をも乗り越えうる自他融合のオハイオ力をもって、この地の資質を持つオハイオ大学人と東京でも大阪でもない名古屋のさらなる辺地・中部大学人、私とが、通底する意志をむすんでいくことが価値をも

つ。常に他者と異質に出会い晒されながら、より普遍化した共にある至福の形を、そして、わが身を一歩削っても共に三歩あゆむ意志を、地球の中で求め創り続けていくことを、オハイオの地神は求めている。

　オハイオ人３人がスピーチの後、私の演説テーブルにやって来た。自己覚醒の輝きと鋭さをもった、だが同時に、どこか潤んだ目で、３人は言葉もかけず私をこれでもかと抱きしめ、肩をバンバンと叩いて、去っていった。中部でありつつオハイオであることの不可能ではないことを、悟った。この３人の中の一人ウィリアム・コンディ教授は、翌年、アメリカ・インドネシア・ベトナム・中国の人形文化の既研究をもって、日本・中部大学にやってきた。そして、名古屋の人形つくり職人を共に訪ねた。収集家にも会いに行った。さらに、飛騨高山祭の山車からくり人形の調査に一緒に出掛けるまでになった。コンディ博士は、新たな異文化・日本人形のパースペクティブを得て、より広がった参照枠から、地球各地の文化にある差異の底をつながって流れる通奏低音にたどり着いた。人形が人のように動く物人の一体性と、近代の科学至上主義を批判する、モノや客観の中に主観が潜みうる「主観−客観」合一性へと理論拡充をはかり、新論文へと発展させた。出会いは連鎖を生んでいく。

　私の青春以来の芯を放棄したアメリカ行きは、オハイオ友の相異の根底にある「人間」共通への熱い精神に抱かれ、わが身をふたたび正させた。異なる他者が結び合うことを自らの炎の中に求めたベトナム仏教僧の命は、私の学究肢体に乗り移り、さらにコンディ人形の中に蘇生し、私の執着を解かし赦し開いて、どこまでも差異を超えていくオハイオ−中部精神と溶け合って合一した。オハイオ機会を得たからこそ、私も妻も、ともに生まれて初めてのアメリカ時

オハイオ大学正門（Alumni Gateway）

空間を、共にできた。私たちが見た学の庭を弾み駆けるリスは、とうにアカデミズムや桎梏や文化差を跳ね超えていた。その時「アメリカに来て良かったじゃない」というベトナム仏教僧の声を聞いた。オハイオ大学に来ることは、私の学問人生の必然だった。中部－オハイオは巡る。生命と自他は活かし合い、巡り来るのである。

（中部大学名誉教授）

「人生で一番楽しかった」留学生活

伊藤ゆうこ

　大学2年次にオハイオ大学に留学してからすでに26年程経つが、この時が今でも「人生で一番楽しかった」と胸を張って言える。オハイオ大学での生活は本当に毎日がきらきらして、楽しくて仕方なかった。今でも春先になると、「もわん」とした湿気、気温、春が訪れるにおいで、オハイオ大学に旅立つ前のワクワクした、希望と不安が少し入り混じった感覚を思い出す。

先生の自宅でBBQ　左端が筆者

　私は、高校時代から「大学に入ったら海外に行きまくる！」ことを目標に英語を勉強に力を注ぎ、大学に入ると迷わずオハイオ大学での1学期間の留学（長期研修）に申し込んだ。日本で見送る家族にも元気いっぱい「じゃあねー」と手を振って旅立った。オハイオ大学のキャンパスはとにかく広くて緑で溢れていた。春には寮の前にもこもこの濃いピンクの桜が咲き、ふわふわした綿毛のようなものが空にゆらゆら浮いていた。夏になるとキャンパス内に蛍がそこら中に光を放ち、リスが校庭中を走り回っていた。

　オハイオ大学の一日は、朝のプールから始まった。ひとりで朝早く目を覚まし、誰もいないだだっ広い静かな早朝のプールで泳ぎ、授業に行く。午前中の

授業が終わると、カフェテリアでベーグルを食べる。午後の授業が終わるとみんなで図書館に行き、勉強する。夜になるとPing Centerというこれ以上ない素晴らしいジムで友人らとバスケをしたり、走ったりした。週末はルームメイトとカップケーキやパンケーキを作って、テラスでたっぷりのコーヒーと一緒にブレックファストを食べ、先生のお宅に遊びに行っては食べきれないくらいのアイスクリームを出されてアイスパーティをしたり、イースターには子供よりはしゃいでエッグハントをし、大空に風船を飛ばしたりした。

　NYにも旅行した。そこで忘れることのできない事件が起こった。夜、ホテルではしゃいでみんなでプロレスごっこをしたとき、技をかけられたIちゃんが失神してしまったのだ。裸足で引率のカージック先生を呼びに行って救急車を呼んでもらった。救急隊員の人には、「プロレスごっこ、ってなんて説明したらいいんだろう」と友人らとあたふたした。「死んじゃったらどうしよう」と泣きながらIちゃんの帰りを待ち、1、2時間後に、けろっとしてIちゃんが戻ってきたときにはまたみんなで泣いた。知らなかったのだが、アメリカの救急車は有料で、後に高額の請求書が来た。日本の「救急車は無料」という感覚でいた私たちは驚いた。あんなに反省したのに、次の日にはトイザらスでウォーターガンを買って夜中のモーテルでサバイバルゲームをした。今思うと銃が身近にあるアメリカ社会でそのようなことをよくやったと思う。不審がられて通報されても仕方ないような行動をしていた。

　ピクニックも想像とは違った。"ピクニック"という響きにウキウキで出かけた私たちに、カージック先生が「じゃあ今からカヌーに乗りまーす」と告げた。私たちも「はーい」と、はしゃいで次々に川下りのカヌーに乗り込んだ。流れの緩やかで浅めの川であった。初めの1時間くらいは皆「わー、犬とか一緒に乗れたらいいのにねー」とか言いながら漕いでいった。しかし2時間経ってもゴールは見えてこない。遭難か?!と不安がよぎり始めたころ、カヌーは森の中へ入っていった。突然上からバサバサっと何かが落ちてきた。蜘蛛だ！女子たちはキャーキャーと騒然となった。しかし、どうすることもできない。ようやくみんなで協力して船から蜘蛛を追い出し、落ち着きを取り戻したころ、今度は後ろのカヌーに乗ったRちゃんが白色の顔をしていることに気がついた。日射病だ!!　意識朦朧としながらゴールについたころには4時間半も経っていた。アメリカのアウトドアをナメていた。日本のように整備されて、はい、安全ですよといった世界とはまったく違う。自然の中に入らせていただいた、という感じだろうか。スケールが大きくて壮大だった。

インディペンデンスデイには友達のルームメイトの実家に6、7人でお世話になった。近所ではドーナッツパーティやホットドックパーティーが各家庭の庭先で開かれていて、街ではパレードが始まり、花火が打ち上げられた。大勢の日本人が押しかけたにもかかわらずルームメイトのマムもダッドも温かく迎え入れてくれ、翌朝は近くのおいしいエッグベネディクトのお店に連れて行ってもらった。マムの温和でふくよかな温かいハグは今でも忘れられない。

冒頭で触れたように、卒業して26年ほど経つが今でもOUでの留学生活は人生で最も楽しかった時期であり、自分の人生を変えてくれた4か月だと言っても過言ではない。19歳の多感な時期の私が海外で生活し、アメリカ人や世界からの留学生たちと出会い、多くの異文化体験をし、世の中には様々な価値観を持った人がいることを知った。この時からどのような考えの人でも受け入れられるようになったと思う。それは、感情を伴って体験的に学んだことで可能となったと言える。机上だけの知識では、心の底から多様な価値観を持った人を受け入れること難しいと思う。

現在母校で働いているが、学生や留学生、先生方の考え方も柔軟に理解できていると思う。あの時の異文化体験がなかったなら今の私は無かったかもしれない。今まで20か国程旅行に行って様々な世界を見て来た。海外に行くと日本は本当に小さくて、世界の一部にしか過ぎないと再認識し、ちっぽけな自分を実感して帰ってくる。そのように思うのも、あのときの留学とその後の海外体験が、まさに自分の発想のキャパシティーや行動範囲を広げてくれたからだと思う。

（大学職員）

オハイオ大学と中部大学
人生と観光業への無尽蔵な影響

尾崎　弘

私は1993年にオハイオ大学での夏季短期研修に参加した。2週間ほどの語学研修に続く、アメリカ大陸4都市の見学ツアーというプログラムだったが、英

会社の同僚たちと

語や異文化に関心を抱くには十分刺激的なものだった。そして、翌年、1994年に私はオハイオ大学の第1回目の長期研修プログラムに参加する機会を得た。この貴重な経験は、私の人生観と価値観に多大な影響を与えた。特に、アメリカの「個人主義文化」に触れ、自分で考え行動する重要性を強く認識した。

中部大学卒業後、25歳でニュージーランドへワーキングホリデーで渡り、それから23年が経過するが、今でもこの国で暮らしている。ニュージーランドもアメリカ同様、英語を公用語とする国であるが、文化はアメリカとは大きく異なる。だが、オハイオ大学での経験は、こちらの異文化にも適応する場合の助けとなっている。その経験は私の行動力と問題解決能力をも高め、その影響は今も色濃く残っている。

　ニュージーランドでの生活を始めて気づいたことの一つは、この国の社会文化が予想以上に日本と似ているということだ。ニュージーランドは島国であり、その影響か、職場の文化にも日本的な要素が見受けられる。たとえば、チームでの協力を重視する文化や、仕事後（たまに仕事中）に同僚と一緒に飲みに行く習慣だ。日本では「ノミニケーション」として知られるこの習慣は、ここニュージーランドでもチームの絆を深め、仕事を順調に行う重要な役割を果たしている。ただ、車がなければ自宅にも帰れない環境になるため、呼気1リットル中のアルコールは0.25mgまでは酒気帯び運転とはならない。ちなみに日本は0.15mgである。

　また、ニュージーランドには様々な国からの移民が多く、多文化が共存する国となっている。このため、欧米のような個人主義があるためか、「出る杭は打たれる」ということはない。それぞれの個性や文化を尊重し、共に協力して生活している姿は、アメリカの個人主義と日本の共同体意識の良いところを併せ持ったような独特の文化を感じさせてくれる。

　このようなニュージーランドの文化や生活習慣に触れる中で、私はオハイオ大学での経験が再び役立っていることを実感している。異文化を受け入れる心の余裕や、適応能力、そして多文化理解のスキルが、新しい環境での生活をより豊かにしてくれているように思う。

第1回長期研修参加者たち　下段右から4人目が筆者（1994年）

　また、観光業でのキャリアをニュージーランドで築く中で、人とのコミュニケーションが何よりも重要であることを実感している。オハイオ大学で学んだ多文化理解のスキルは、世界各地から来る観光客と効果的にコミュニケーションをとるための大きな武器となっている。

　オハイオ大学での留学体験は語学力だけでなく、総合的なコミュニケーション能力も向上させた。英語を話すことへの恐れを克服し、言語学習や対人関係に自信を持って取り組んでいる。この自信は、ニュージーランドの多文化社会でのコミュニケーションにも大いに役立っている。

　私が今持っている多文化に対する理解やコミュニケーション能力は、オハイオ大学での一時期に由来している。これが私をニュージーランドでの生活やキャリアで非常に有利な立場に置いている。これからもこの経験を生かし、観光業での成功を目指していくつもりだ。あの20歳でのオハイオ大学での2度の留学がなければ、海外で生活しようとは思いもよらなかったし、その自信もなかったと思う。私の人生を大きく変えた留学であった。

（観光業、ニュージーランド在住）

広がる世界、狭まる世界

鹿島崇司

　私は、2004年3月に中部大学の卒業式を待たず、オハイオ大学での大学院留学を開始した。Center for International Studiesの当時のDirectorであるDr. Rotaから「授業から学ぶこと以上に、生きた情報を提供してくれるのは皆さんの隣に座っている学友たちです」と入学オリエンテーションでスピーチがあり、その言葉の通り多くのことをアメリカ人学生や留学生との交流から学ぶことができた。出会った一人ひとりの考え方に時に共感し、時に理解に苦しんだこともあった。その多様な考え方への葛藤を経て、主観的な自分の世界とは異なる無数の世界観を客観的に捉えることで世界の在り方が大きく変わった。

　例えばオハイオ大学でビジネスを専攻するあるアメリカ人学生が「大学はビジネスパートナーを探す場所」と捉えていることに大きな衝撃を受けた。私の中では大学とは学びの場であり、一緒に働く人間を探す場として考えたことなど微塵もなかった。その学生は自分が課題をどうこなすかだけでなく、他人の課題への取り組み方やその結果を評価し、将来ビジネスパートナーとなりうる人物か見定めていた。すべての学生がそのように考えている訳ではないだろうが、他人任せの学生などは本人の知らない所でビジネスチャンスを失っていたのであろう。私は大学で学ぶことと社会に出て働くことをそれほどシビアにつなげて考えてこなかった。大学という環境の可能性を認識し直すきっかけになった。

　また、他の留学生からの生きた体験談は何物にも変えがたい貴重な学びであり、自分が世界とつながっている実感を与えてくれた。オハイオ大学では当時メインキャンパスにいる学生約2万人の内、約1,000人と多

大学院修了式後の一枚　左端が筆者

くの留学生がいた。大学院生の授業はゼミナール形式が多く、白熱した意見交換が行われた。留学生はそれぞれ生まれ育った背景が異なるため多角的な観点から理解を深めることができたし、実際に経験した人の言葉には重みがあった。

その中でも忘れられないのが留学中の2004年12月26日に発生したインドネシアスマトラ沖地震・津波についてインドネシア人留学生から聞いた話だ。世界の裏側での出来事だったが、彼が涙ながらに話す姿は、私を傍観者でいられなくした。津波で人や建物が流され、それでも生き残った人たちを襲う不衛生さからの病気、トラウマや飢餓、行方不明者捜索の難航等、地震発生直後にも大きな問題が山積していた。それをメディアを介したニュースで見聞きするのではなく、実際に身内を失った人から体験談として聞くのでは言葉の重みが違った。それでも、何より印象的だったのはそんな時でも明るく振る舞おうとする彼の姿だった。その明るさはたくましさであり、人間としての強さなのだと感じ、私は心を打たれた。オハイオ大学大学院を修了した後、インドネシアのバンダアチェを訪れた。津波から2年の歳月が経過していたが未だに瓦礫は散乱し、復興は遥か先のように思えたが、やはり現地でもみな明るく生活していたため、悲観的には思えなかった。世界の終わりのような光景で、津波で失語症になった人にも出会ったにもかかわらず、私にはその場所で暮らす人たちが不幸とはとても思えなかった。物質的な幸福とは異なる何かを感じたからだ。

オハイオ大学での留学期間中に多くの人と出会い、世界が広がったのと同時に狭くも感じるようになった。それは、人と人との繋がりによって、世界中の出来事に関心が向くようになった一方、世界で起こる出来事が知り合った人を介して、より身近に感じるようになったからだろう。オハイオ大学を修了した後も世界中に知り合いがいることで世界中の出来事に関心を持つようになった自分がいる。もう留学前と後では自分の中での世界が変わったと言えるほど、私の中でパラダイムチェンジが起こっていた。私はこの留学を通して知り合うことができた全ての人たちに感謝したい。

（中部大学　工学部事務室）

アメリカで考えた第二次世界大戦

室津拓也

キャンパス内で

　私は大学2年次のセメスター留学に行くまでは、長期間海外で過ごしたことはなかった。また、同じ学科でありながら留学メンバーとは、今まで一度も話したことがない人達ばかりだった。出発前まで不安で仕方なく、まだ、心の準備もできてなかった。アメリカに着いたときも、どこか心は日本に置き去りになっていた。しかし、アメリカで見るもの全てが新鮮で、またすばらしかった。オハイオ大学に着いたあの日、ルームメイトと初めて会ったあの日、COMS103というアメリカ人と一緒の授業で初めてスピーチをしたあの日、英語ができないばかりに、悩み、涙し、自分と何度も向かい合った。そんな1日1日を今でも明確に覚えている。今でも、はっきり言い切れる。あの4か月間の私の人生への影響は図りしれないものがある。

　私が留学を通し、一番考えさせられたことは、第二次世界大戦と日本のことだった。留学して初めて日本以外の視点から戦争の話を聞き、外から見た日本を考える機会となった。また、アメリカという多民族が入り組んだ国だからこそ知ることができたことだったかもしれない。

　私は、小・中・高で学んだ日本史、世界史を通して第二次世界大戦に興味があった。その背景として、私の家系的にも戦争に関わりがあったからだ。高校2年生のころ、戦争の慰霊研修に参加し、中国にも行った。しかし、大学に入学してからは、興味が薄らいでいたのかもしれない。そんな中で、オハイオ大学に留学しているときである。Memorial Dayという連休の間に、ニューヨーク旅行に行った。そのとき、Ground Zeroに立ち寄った。2001年9月11日の同時多発テロによりなくなってしまったWorld Trade Center の跡地である。当時、あれから7年が過ぎ去ろうとしているのに、まだ、テレビで映っていたそ

のままの様子だった。その光景を見た瞬間、思わず涙してしまった。旅客機の中に乗っていた犯人や乗客は、最後にどんな光景を目にしたのだろうか。ビルの中にいた人々が旅客機の突入する瞬間、何を最後に見たのだろうか。そう思うと、涙が止まらなかった。

　ニューヨークから戻ってきた後、偶然にも、Discovery Channelで「神風特別攻撃隊」の特集を観た。ニューヨークでの体験と類似しているように思えた。神風特別攻撃隊の誕生から悲劇的な最後までを、歴史的事実に基づいて日本とアメリカ側の視点から作成した番組であった。帰国後、自分なりに調べてみた。私の出身地である高知県も、神風特別攻撃隊の飛行場として現在の高知空港が完成していたこと、そして沖縄戦に伴い実際に出撃していたことを知った。また、小型ボートを用いた特攻「震洋隊」や人間魚雷としての特攻「回天隊」の基地があり、現在も当時の基地が残っていることも知った。特に高知県に設置されていた震洋隊基地では、出撃前の試運転中に突然の爆発があり、それが誘爆を起こし100人近くが爆死するという事故も起きていた。私の出身地でも、このようなことが起きていたことを、私は今まで何一つ知らなかったのだ。

　夏学期が終わり、1週間のワシントンD.C.への旅行があった。D.C.で見たもので、今でもはっきり目に焼きついているのが、ホロコーストミュージアムという博物館での光景であった。その博物館には、現在に至るまで世界中で起こった虐殺についての写真や、遺品、文献等が展示されていた。もちろん、日本が関わった虐殺についても展示されていた。日本のどの博物館にもないほどに、写真や遺品、映像などが、生々しいほどに戦争の真意を語りかけていたように思う。博物館を出るとき、"YOU ARE MY WITNESSES" という壁に書かれていた言葉が深く染み込んだ。だが、当然のように広島に落とされた原爆も十数万人という民間人を一瞬にして葬ったのであるから、ホロコーストであ

Ground Zero博物館

ホロコースト記念博物館の出口で

るが、それには一言も触れてなかった。また、スミソニアン博物館では、旧日本軍の零式艦上戦闘機を始め、「桜花」と呼ばれる世界で唯一の特攻のために研究、実践投入された航空兵器も展示されていた。今では、"Kamikaze"や"Tokko"は、英語としても使われる。しかし、それには悲しい歴史があるということを忘れてはいけない。

　オハイオでの生活が終わりに近づいたころ、台湾からの留学生4人と、とても仲良くなった。一緒に食事をし、寮では、お互いに課題が終った後、よくカードをして遅くまで楽しんだ。その4人とは、今でも連絡を取り合っている。台湾は、日清戦争後、日本に譲渡され、第二次世界大戦終結の間、約50年近く日本の植民地であった。日本語や宗教を強要され、第二次世界大戦中は、徴兵制がしかれ多くの人が戦争に駆り出された。そのような日本の過去をどう思っているのだろう。そう考えた私は、悩みに悩み、帰国の前夜に彼らに打ち明けてみた。返ってきた答えは、意外なものだった。それは、「私は、日本と台湾の歴史的関係を知っている。でも、それはもう過去のこと。中には、そのことを気にしている人もいるかもしれない。それでも、日本は、すばらしい国だと思う。もしかすると、台湾と中国の関係のように、日本と台湾の歴史的関係は、タブーになっているのかもしれない」というものであった。私が日本に帰国し、彼女が送ってくれた最初のメールには、こうも書かれていた。「私は、日本が好き。次に会うときは、台湾か日本で会いたい」と。今なら言えるだろう。どんなに大きな国と国との問題でも、最小単位は、人と人なのだと。国と国との大きく漠然としている問題解決よりも、人と人との問題解決が一番大切なことだと。

　第二次世界大戦から時は流れ、戦後80年近くが経過した現在、非現実的なようで現実的な、日本の軍備増強がアジアで問題視されている。そして、再び日本が戦争への道を歩もうとしていると捉えかねないような予算が防衛費として計上されている。その背景には、日本国憲法第9条改正がある。また、中国、韓国を中心とし日本が行うべき戦後処理は、少なくとも彼らからみれば、未だに終っているとは言えない状態が続いている。むしろ始まったばかりなのかもしれない。そんな中で、戦争や近隣諸国との歴史的関係を知る人々が高齢化を迎える一方、それらをほとんど知らない世代は日に日に増えている。同じ悲劇を繰り返さないためにも、歴史をもっと知るべきだと思う。そして、それらを風化させてはいけないと思うのは時代遅れだろうか。

　この留学で学んだことは、計り知れない。10年以上前に、留学を終え日本に帰国したとき、本気で学んだことを行動に移さなければならないと考えてい

た。当時、私は、慰霊研修に一緒に参加した開拓団として中国に行っていた人達ともう一度連絡をとり、体験したことを一から教わろうと思った。それと同時に、当時の時代背景と何が行われていたのかを地元高知でもう一度探りたいと思ったことを昨日のように憶えている。いつか、歴史的問題を乗り越え、偏見がなくなり、国と国が、そして人と人が今以上により良い関係を築ける日が来ることを信じたい。そのために、これから私も何かの力になれたらと思っている。

　私は、大学院を卒業後、現在、静岡の病院で言語聴覚士として働いている。上記のようなことを考えたのも、現在の仕事についていることも、あの留学で人間の歴史や本質について考えるようになったからである。その意味であの留学は私の人生にとってなくてはならない経験であったと言える。

（言語聴覚士、静岡県立総合病院）

忘れられない笑顔と刺激的な異文化体験

門田（中間）優希

　オハイオ大学院の2年間の留学から、14年がたとうとしている。当時20代前半だった私も今では「アラフォー」になり、2児の母となった。毎日仕事、育児、家事と目まぐるしく過ぎていく日々の連続だが、時折ふとしたところでオハイオでの生活を思い出すことがある。そしてそれらの記憶は、つい最近あったことのように鮮明に思い出すことができる。それほど私にとってオハイオ大学での2年間は、いろいろなことがごちゃまぜに詰まった濃密な時間であった。このエッセイでは、その中でも特に私が影響を受けた体験と、それが私のその後の人生にどう関わっているのかについて書いていこうと思う。

ホンジュラスの無邪気な子供たち

オハイオ大学在学中に最も影響を受けたのは、授業の一環で訪れたホンジュラスでのサービスラーニングだ。なぜなら、中南米最貧国といわれるこの国で、私は人生で初めて貧困を目の当たりにし、同時に今まで見たことのない幸せの形を見ることができたからだ。サービスラーニングは日本ではあまり聞きなれない言葉かもしれないが、アメリカでは広く行われている教育活動の一環で、簡単に言えば、奉仕活動と学習活動を統合させた体験学習法の一つである。私はホンジュラス人のために何かしてあげたいと意気込んで現地に足を踏み入れた。しかし、実際現地でしてあげられたことは何一つなく、その代わりにたくさんのことを教えてもらい、気づかされた。特に印象的だったのが彼らの笑顔と人との繋がりだ。私たちは首都から車で1時間ほどの小さな村で、2週間活動をした。ほとんどの人が1日1ドル以下で生活をし、電気は数年前に通ったばかり、水の供給も不安定な小さな村で、村人たちは私たちに心温まる自然な笑顔で迎えてくれた。そして、村が一つの大家族であるかのように皆で子育てをし、助け合って生活をしていた。さらに子供たちは目をキラキラと輝かせ、元気いっぱい外で遊んでいた。なぜ日本よりも貧しい国の人たちが、日本よりも心の面で豊かに生活しているようにみえるのか疑問であった。

　彼らの笑顔とこの疑問は、オハイオ大学大学院から帰国後に高校の教員になってからも、私の心を支配し続けた。そして教員になって3年後、私はJICA事業の一環である海外協力隊に応募した。合格通知と共に送られてきた書類の赴任地の欄には、カンボジアと書かれていた。カンボジアは内戦などの理由から、ASEAN地域で最も貧しい国の一つと言われている。産業は非常に乏しく、国民が働ける場所が少ない。また都市部と農村部の格差は非常に大きく、農村部においての教育や医療レベルはかなり低い。しかし、やはりここでも人々の陽気さと笑顔を至る所でみることができた。目が合うと多くの人が自然と笑顔を向けてくれる。人々は暇さえあれば老若男女問わず集まって世間話をしている。近所の人はすれ違うたび、「ご飯食べた？」「どこ行くの？」と笑顔で一声かけてくれる。カンボジアにはホンジュラスと同様に、人と触れ合う時間をとても大切にし、誰にでも笑顔を向けることができる心に余裕がある人たちが多いように感じた。言葉もあまりわからないこの地で約2年間過ごしたが、寂しいと思ったことは一度もなかった。そしていつの間にか彼らの笑顔と優しさの虜になっていた。

　おそらく多くの人は、アメリカに留学すればアメリカ人の友達がたくさんでき、アメリカ文化やアメリカの歴史を学ぶことができると思っているかもしれ

ない。もちろんそれは大方はずれではない。しかし、アメリカ留学の魅力はそれだけではない。先ほど述べたように、私はオハイオ大学の大学院に在学していたおかげで、ホンジュラスという、日本にいるときは名前も知らなかった国で今後の人生に大きく影響を及ぼす経験をした。また、アメリカは超大国であるが故に、世界各地から人が集まってくる。よって、アメリカにいながら世界中の異なる国の友達ができ、それぞれの国の文化も学ぶことができる。

　今でも鮮明に覚えているのがコロンビア人の友人との出来事だ。彼に日本の美味しいお米を食べてもらおうと、当時の私にとっては大変貴重であった日本米を使い、炊き立ての美味しいご飯を提供した。しかし、彼はそのご飯を見るなり、ざるに入れて一気に洗ってしまった。彼が言うにはご飯はぱさぱさの状態がおいしいらしく、日本の粘々したご飯は受け入れられないそうだ。このような体験は非常に新鮮で面白く、私の奥にある感情を刺激する。そしてこの感覚はやみつきになり、再び海外に行きたくなるのだ。私の人生はオハイオ大学で受けた授業や、そこで出会った世界中の人々によって導かれている。世界は違う、だから面白い。それを教えてくれたのがオハイオ大学の大学院への留学であった。

（岐阜県公立高校教諭）

日本を離れてみて分かること

Mika Hartshorn（山本実香）

　現在の私の生活は、約14年前にオハイオ大学に留学したことが原点となっている。夫となったアメリカ人の彼との出会いは留学中であり、2017年の結婚を機に日本を離れ、またアメリカで生活をしている。私たちは互いに異文化について興味を持ったことがきっかけで惹かれ合い、その後の人生も大きく変わった。

　アメリカでの生活は今年で7年目となった。決められた期限、守られた環境下での留学とは異なり、文化も言語も違う異国で生活を築くということは大変で、悩むことの方が多いと痛感している。しかし、こうした苦悩があったからこそ、より踏み込んだ視点でアメリカを見ることができ、新しい発見もある。

シカゴの Field Museum of Natural History 前で

以下、日本を離れた7年の間、私にはどのような変化が起こったのかを綴ってみたい。

私は20代後半まで日本で日本人として生活を送っていた。そこには国民としての権利と安心な生活が当然のごとく保障され、わざわざ意識して生活する必要もなかった。しかし、アメリカに行くと自分が属する人種または身分が少数派に属していることを意識させられ、それによって生活にも影響が出てくることを学んだ。

まず、人種という点では見た目の違いの影響が表れる。実体験によくあるのは外出先で周りからの視線を必ず感じるということだ。周囲と同じ行動をしていてもアジア人としての私の見た目はどうしても目立つようだ。この視線が好奇心からならまだしも、アジア人だからとマイナスに見られている可能性もあり、決して心地いいものではない。というのは、Covid-19が世界中を震撼させて以来、アメリカにおいて不安や怒りというものがアジアンヘイトとして表面化しているからである。この出来事に対してアジア人である私は理不尽かつ憤りを感じるが、明日は我が身かもしれないという身の危険の恐怖の方が勝ってしまう。アメリカで生活する上では安全面に気を配り、常に自己防衛を意識しながら生活している。ここでは、日本のようにどこでも安全・安心という環境は特殊であり、当たり前のことではない。

次に身分の違いという点であるが、市民権を持つアメリカ人とそうでない移民とは大きな差があるが、他にも移民の中でも永住権を持つか、そうでないか（配偶者ビザや労働ビザのみで滞在している場合や不法移民）はさらに大きな差となって表れる。よって、アメリカで、最低限の権利と身分を得るには、合法的な永住権（グリーンカード）の保持が絶対条件である。永住権はアメリカ生活において非常に大きな効力を持つため毎年申請も殺到する。しかし、9.11以降、審査はますます厳しくなり、私の場合は発行されるのに2年もの月日がかかった。その間アメリカから出ることは許されない。また運転免許、就業などで、生活を充実させたくとも別の許可申請、費用、時間、労力も更に必要とされるのである。こうした経験からも日本での生活はどれだけ優遇されていて物事もスムーズだったかということを思い知った。

さて、異国の生活は理不尽な苦労も多く、一筋縄ではいかないが、様々な側

面から考えると、母国で生活することが最善の選択であると言い切れない部分もあると感じている。逆に母国ならではの窮屈さというものを、海外で仕事をした経験がきっかけで気づき始めた。シカゴに住んでいたころ、日本企業で3年間働いた。この会社は日本企業であるが、現地の社員・顧客もいて環境はグローバル

高速道路にてオハイオ州に入るサイン

であった。しかし、一緒に働く日本人の多くは頑なに自国、つまり日本のやり方がベストだと信じて疑わないのである。例えば、アメリカでは起きた事柄やミスに焦点を当て、いかに迅速に対応するかに重きを置く。反対に日本はまだ起きていない事柄の仮定や想定の段階から時間を使い、起きた事柄には経緯に重きを置く。双方重視している点が違えばそれに伴って、働き方やアプローチも変えなければならない。しかし、それに気づいたところでやり方を変えられない日本の縦社会と適応能力の低さに窮屈さを感じた。わかっているのに、人間関係などを考えて、対応が遅いのである。日本人の「調和志向」のマイナス面が現れているような気がする。

　また、自分を犠牲にした「我慢」が当たり前とされることにも疑問を感じるようになった。日本はチームワークで仕事をするため自分の仕事に加え、他の人の仕事も手伝うのが当たり前とされる。しかし、このやり方だと仕事ができてしまう人ほど他の仕事も増え不平等を感じやすい。アメリカでは、個人の役割が明確であり基本的にはその仕事を全うすれば十分とされる。仕事を定時で終わらせ、プライベートの時間も十分に確保できるのだ。アメリカ人は仕事をしないというイメージが日本人の間では定着しているようだが、実はアメリカの祝日は日本より5日ほど少ない。私自身も実際に働いてみて祝日の少なさに気づいた。働かないというイメージは日本寄りの質や量の視点からの評価であり、実際はオンとオフの切り替えが上手く、総じて働き者である。ただ、違いは物事の主体がまず自分にあるか、はたまた相手にあるかというものであるが、私はアメリカに来てから自分主体の考え方に感化され、魅力に気づき始めている。

　「日本とアメリカのどっちが良い？」と質問をされたら、今や私は選べない。留学を始め、この7年間の経験を通してどちらにも良いところと悪いところがあると知ったからである。これはまさしく価値観や視野の広がりである。ま

た、今やアメリカに住んでいることは私の個性の一つとなり、母国を離れ気づいた視点は今後の人生においての選択肢の幅も増やしてくれているのである。これは異文化を知った利点であると言える。この先も母国の文化と異国の文化の間で取捨選択をしながら、自身の成長につなげていきたい。

（元日系IT企業 シカゴ支社、在米）

ドイツと日本の24時間は平等ではない?

植田海輝

　私は現在ドイツの日系商社で働いている。ドイツ語がまったく話せないなか卒業後2年ほどして渡独し、現地就職を経て、現在の生活を築くまでは言葉では説明できないほど大変な適応過程であった。しかし、オハイオ大学での長期海外研修や、外務省からアメリカのデトロイトへ派遣された「カケハシ・プロジェクト」を経験したことから、今後も必ず海外でやっていけるという妙な自信だけはあった。日本とは異なる環境や文化の中で生活し、世界共通語の一つとしての英語を学ぶことで、他の国で挑戦できる自信にも繋がった。仕事面ではドイツでの生活を通して価値観が変わり、視野も格段に広がったと感じている。

　ワーキングホリデーでドイツに来て以来4年の年月が経った。現地でホテル生活から始まった私の人生は今ではかなり落ち着き、価値観も大きく変化した。今振り返るとアメリカ留学なしには現在の生活は到底成し遂げられるものではなかっただろう。知り合いもいない異国の地で生活を一から始めることは想像以上に過酷なものであり、唯一の強みとなったのは留学や大学の講義で身につけた英語能力と異文化適応能力のみだ。

　オハイオの生活、ドイツでの4年間を通して学んだことは山ほどあるが、私が最も大事だと考えるようになった

ドイツで両親の訪問を受ける

仕事に対する価値観の変化をテーマにこのエッセイ書き進めていこうと思う。

　私は大学卒業後に日本企業に就職したが、海外での就職や生活という夢を実現すべく、約2年後に退職し、渡独後も一度転職を経験している。日本で転職と聞くとまずマイナスのイメージを持つ人が多いだろう。人それぞれ考え方は異なるため何が正しいのか、どの選択が自分を幸せに繋がるかは誰にも分からない。また、国によっても文化が異なるため人それぞれ意見は異なるだろう。日本では一般的に3年間は同じ企業に勤めなさいという言葉をよく耳にした。また慎重な国民性からか、新しいことを始めることに消極的な人が身の周りでは多かったように感じる。しかし、ドイツの友人やビジネスパートナーと話していると、ほとんどの人が自分の軸をしっかり持っており、新しい環境や物事に積極的に挑戦をすることをためらわない。自分のやりたいことが変わったり、労働環境が合わなかったりすると感じた時は、無理に長期間同じ場所で働き続ける必要はないと考える人はとても多い。ドイツで生活を始めて私が学んだことは、しっかりと自分の芯を持ち、自身を信じることの大切さだ。私も自分への可能性と視野を少しでも広げ、信じた道・やりたいことを躊躇せずやってみることの重要性を、アメリカ留学とドイツでの生活で実感するようになった。

　ここで日本とドイツでの働き方の違いについて少し触れてみたい。日本では大半の人が特に不自由なく安全に毎日を過ごすことができる。それも勤勉で周りを尊重する文化によって生み出された結果であり、私自身日本で生まれ育ったことは本当に感謝している。しかし、私が今まで見てきた日本の社会人は「頑張りすぎている」ようにも感じる。時代の変化につれ日本社会も少しずつ変わってきてはいるが、毎日仕事で疲れ果て、自分や家族へ十分な時間を作ることができていない人を、身の回りでとても多く見かけた。私も日本で勤務していた時は当たり前のように残業・休日出勤があったが、それに疑問を持ったことはなかった。

　しかし、仕事とプライベートを両立させることに価値を置くドイツで生活していくことで、以前のライフスタイルを見直すきっかけとなった。私は日本で何のために働いていたのか。毎日残業をしてまでやっていた仕事は本当にその日中に終わらせるべきことであったのか。仕事以外で自分への時間はどれほど作れていただろうか。なぜ終業時間を超えてもオフィスに残ることが美徳とされているのか。ドイツで生活している現在、このような疑問点は何一つとしてない。こちらの生活は日本ほど全て完璧ではないが、一人一人がプライベー

トの時間を大切にし、生活にも余裕がある。仕事を終えた後も個々の趣味、自分や家族との時間をとても大切にしている。ドイツでは無理をして全て完璧にこなすことよりも、多少の不便があったとしても個々が幸せに暮らせる環境を優先すべきだという考え方が多数派だ。多少の不便さの中でも生きていけるうえ、生活に余裕が生まれることで、新たに趣味や学びを得ることもできる。自分自身の健康、幸せ、成長なしに他人や社会を幸せにすることはできないと考えるようになったのも留学やドイツでの生活の影響だろう。

　渡独後、ワークバランスの向上により、日本での社会人生活時に比べ1日に6時間ほど自由時間が増えたように感じる。1日24時間、皆平等に時が流れていく中でどのように毎日を過ごすかは自分次第だと感じている。このような留学と海外生活の経験が、私に与えたもっとも大きな影響は、上記のような仕事や生活に対する価値観の変化であった。さらに、語学力の向上は言うに及ばず、自分自身への自信にも大きく繋がったと思う。いま振り返ると、アメリカ留学や異文化での様々な体験なしに今ほど充実した毎日は送ることはできなかったと思う。その意味で留学や異文化体験は私の人生を変えるきっかけを与えてくれたとも言える。

（日系商社、ドイツ在住）

CRMを重視せよ

小倉　新

離陸を待つ筆者

　幼少のころ、広い大空へ大地を蹴り力強く離陸する飛行機の姿に一瞬で心を奪われた。今思えばpilotが、私が人生で初めて覚えた英単語であった。「操縦士」という日本語を学ぶのはその後であった。今でこそ人気職業トップ20にすらランクイン

されないパイロットだが、私が子供のころは常に上位10位には入る人気職種であった。当然周囲に1人くらいは志す者がいるかと思いきや、その免許取得までの道のりの難しさからか、大学卒業まで皆無であった。それゆえ、ライセンス獲得までは孤独な道のりであった。

　私が英語を真剣に学び出した理由は当然、パイロットには英語が必須だからだ。初めての英語の実践的な使用の場へのデビューは中学3年生のころであった。それは、地元の長野県南安曇郡豊科町（当時）の姉妹都市への交換留学で、オーストリアのグラムザッハという町への1週間の研修旅行であった。そこは、チロルチョコで有名なチロル地方に位置していた。同級生6人と引率1名という布陣であった。学んだ英語が通じるのか不安であったが、私の英語でも意外と通じ、仲間がコミュニケーションに困っている時は間に入り解決を図るということまで試みた。当然、通訳のようなことはできないのであるが、自分だけ英語が使えるというある種の優越感と「自分の努力次第で何でもできる」というある種の自惚れがあったように思う。今、振り返れば優越感など覚えるには程遠い英語力であり、人生努力次第でどうにもならないことの方が多いのであるが、中学3年生の世界観では、そこまでは思いは及ばない。これが、人生初の海外体験であった。

　中部大学では本格的な留学が経験できた。実はここで学んだことこそが、今日の私のフライトで大いに役立っている。オハイオ大学での寮生活では現地のアメリカ人と2人でルームシェアをした。これが大変だった。当時の私は、一人でなんでもする、あまり人と戯れない、自分のペースで物事は行う、といった生活しか送ってこなかったため、アメリカ人学生とのルームシェアは、異文化理解どころか、異文化拒絶反応を引き起こす引き金でしかなかった。加えて当時の私は「上から目線」でものをみるような人格で、相手の価値観や生活スタイルを寛容的に認知して尊重するといった、今でいう多様性の尊重の精神などみじんも持ち合わせていなかった。正直、アメリカ人と心を分かち合ってよい友人となり、一生の友達になって、ハグしながら分かれたなどという記憶は一切ない。当時はアメリカ人との生活はストレス以外の何ものでもなかった。

　とは言うものの、オハイオ大学での4か月、言葉の壁だけではない異文化や考え方が異なる人との意思疎通に努めなくてはならないこと、またその重要性に気付かされたことは確かである。言語習得の過程にその密度を高める妙薬があるとしたら正にこの「健全なストレス」、言語習得論的に言えば「アノミー」の状態であろう。「アノミー」とは、学習に必要なちょうどよい健全なストレス

状態である。これがあるから、それなりに意識し、真剣に学習に取り組むというレベルのストレスである。難しすぎず、簡単すぎない課題に対して、可能な限り高いレベルで解決策を求める心理状態である。昨今、ストレスという言葉が嫌厭されている。しかし、過度のストレスは除いて、自らを正しく導いてくれる「適度なストレス」はあって然るものと考える。

　これは、航空業界ではCRMの考え方に活かされている。CRMは Crew Resource Management（安全な運航のために利用可能な全てのリソース、つまり人的資源や情報などを有効活用するという考え方）の略である。機長はシップの最高責任者であり率先して判断・決断を下してく存在であることには変わりない。だが一方で、安全運航を維持するため常に機内で起きている事象に耳を傾け、各々の役割に応じて任務を与え、それらが無事遂行されているか管理監督せねばならない。CRMとは、緊張し過ぎず、また独裁的にもならず、クルーの仕事が円滑に運営されるような現場の雰囲気を醸成させるという考え方なのだ。問題はそこには様々な人々が存在することだ。機長一人のスタンドプレーで完結するのではなく、全搭乗者の希望や感情などが渦巻く現場に軟着陸点を見出していかねばならない。航空機という狭い空間の中一人の勝手な行動が機の運命を左右する致命傷となることがある。シップは常に順風満帆と航行しているとは限らない。万が一の時に最善の策を講じ乗り切るには乗客含めたクルー全員との一定の緊張感をもって、協調し、一致団結することこそ不可欠である。例えば、乗客の心に寄り添い思いやれる心、自分の計画を人に説得して理解を得る技術、助手のアドバイスに耳を傾ける余裕、張り詰めた時ジョークの一つも飛ばせるユーモア。実は、これらはどれをとっても全てオハイオ大学留学中に出会った考え方である。あのオハイオ大学での4か月間の生活がなければ、多様性を理解し、歩み寄り、さらにリーダーショップを発揮するというような発想は、私の中には生まれなかった。その意味で、私の人生を大きく左右した留学生活であった。

　若かりしころの我が傲慢さと異文化や考え方が異なる人との意思疎通の重要性に気に気づかせてくれたオハイオ留学に感謝している。私はオハイオ留学体験からヒントを得たCRMの精神を生かし、これからも安全で快適な空の旅を構築できるパイロットでありたいと思う。

（AOPA JAPAN 長野支部、長野県自家用操縦士協会会長）

「深く掘れ　己の胸中の泉
余所たよて　水や汲まぬごとに」

仲田弘大

　異文化環境に身を置くことで、「自分は何者なのか？」という問いが立ち、その果てしない旅に自らを導くことがある。私もそのひとりだった。沖縄出身である私は、中部大学に入学後数週間でその問いを立てた。そして、2年次のオハイオ大学への留学で、それは深化した。帰国後も、その問いの探究を続け、気がつくとオハイオ大学に大学院生として戻って

お揃いのTシャツでDr. Thompsonと
Dr. O'Malleyと。Jackie O'sにて

いた。修士課程を修了し、現在は沖縄県の公立高校で英語を教えつつ、沖縄のことばと沖縄社会の関係をテーマに研究を続けている。今ではライフワークとなった「自分は何者なのか？」という問いへの探求は、オハイオ大学での経験が大きく影響している。このエッセイでは、極めて個人的な記録になることを承知の上で、私の大学・大学院時代を振り返りたいと思う。

　2015年に中部大学に入学してすぐさま、私は「沖縄の人」（あだ名はハイサイ）というキャラクターを得た。友人を作るには便利なバックグラウンドであったが、大学での自分の存在の異質さを自覚するには十分であった。しかし、「沖縄の人」としていろいろ質問されるも、案外うまく答えられないことに気がついた。私は、故郷である沖縄に関する知識不足を痛感し、何とも言えない気持ちになった。そんな中、ヤーッコラ伊勢井敏子先生の専門基礎（1年次必修科目）が新たな「視点」をくれた。専門基礎ではリサーチとプレゼンテーションのやり方を学んだ。ヤーッコラ先生は音声学を専門とするため、学生もそれに関連するテーマを選んだ。私は、ヤーッコラ先生の指導の下、沖縄のことばと日本語の語彙の比較を行った。この、これまで経験したことのない「学術的視

点から、自文化を捉える」という作業を、私はとても楽しんでいたのをよく覚えている。学べば学ぶほど、自文化への解像度が上がっていく感覚があった。

　そして、2年次にはオハイオ大学に留学した。そこで私が得たキャラクターは「日本人」だった。しかし、これが私にとってなかなかの違和感を覚えるラベリングであった。なぜなら、日本人のなかにいる私は、自他共に認める異文化的な存在であったからだ。そんな私が急に「日本人」というラベルを貼られても、「ナイチャー（内地の人＝日本人）にはなれない」という感覚だ。例えば、現地の日本語、日本文化に興味のある学生が運営する団体（JLCA: Japanese Language and Culture Association）が毎週行うイベントに何度か参加したが、そこでのイベント内容（着物やお節料理の紹介など）がことごとく「あ、私の文化ではないな」というものであり、かつ、イベントに参加する現地の学生が目を輝かせながら日本のあれこれを聞いてきたのが、妙に居心地悪かったのだ。今の私なら、その場で沖縄文化を紹介し、力技でその場の話題を奪うかもしれないが、当時の私の貧弱な英語運用能力では困難なことであったし、その度胸もなかった。言いたいことが言えないというのが悔しかった。

　このようにして、「日本人」として扱われてはじめて、「そのように扱われるのは居心地が良くない」ということに気づいたのだが、他にも、同じプログラムに参加した日本人同級生らにとって目新しいアメリカ文化が、私にとってそうではないことも、そう思わせる要因の一つだったと思う。では、なぜそういうことが起きるのか。そこに疑問を抱くと、自ずと沖縄の歴史を振り返ることに繋がる。「ありったけの地獄を集めた」地上戦のあとにも、米軍のプレゼンスが生活のなかにあり、現在もアメリカのモノ・コトはすぐそばにある。沖縄が、その理不尽な暴力を受け続けている現実を、改めてアメリカ本土で突きつけられた。では、なぜその理不尽な暴力は成立しているのか。そこに疑問を抱くと、沖縄と日本の構造的・差別的な関係に行き着くのだが…（この話になると、紙幅がいくらあっても足りないため、始める前に止めておく）。いずれにせよ、歴史の中で私はどういう存在なのか、そして、それを踏まえた上でどういう存在になりたいのか、何かとても大きなことのように聞こえるかもしれないが、そういった命題を本気で考え始めたのは、オハイオでの経験があったからこそであった。

　4か月間のオハイオ留学を終えたあとは、これまで以上に勉学に必死になった。三上仁志先生の下では第二言語習得論を学び、塩澤正先生の下では国際英語論を学び、さらに英語教員になるべく模擬授業に追われる日々を過ごした。

また、独学で沖縄の歴史や文化も学んでいた。上記の分野をそれまで別々に学んでいたが、それぞれの点が拡大し、円となり、それぞれの面が互いに触れ合うようなことが起きた。消滅危機言語としての沖縄のことば、圧倒的な力を持つ言語とそうではないもの、世界各地の少数言語とその継承、言語学習者の動機付けとその教室環境…各分野で学んだことが、実は深く関連し合っていることに気がついた。「自分は何者なのか？」という問いへの、より一層深い探究が始まったのはこのころあたりだったと思う。

　そして、オハイオ大学に大学院生として戻った。大学院では、TEFL（Teaching English as a Foreign Language）のコースで、英語教育実践にその身を置きつつも、修士課程の中心となる研究活動では、沖縄のことばの言語復興運動モデルについて研究した。前述の中部大学での学びが、沖縄のことばと沖縄社会・人々・その歴史を俯瞰する多角的な視点となり、大学院での研究活動の基盤になったのは言うまでもない。オハイオ大学という環境が私にもたらしたもので、特筆すべきものは、様々なバックグラウンドを持つ人々との交流であった。授業内外での議論はもちろん、ビールを片手に大真面目な話を夜更けまでする日々を過ごせた（時にはそこに教授陣もいた）。

　私の一番の関心事は、彼らのもつ言語観であった。ビルマ出身のシャン人であるジョーは、ビルマ人中心の国作りと教育言語であるビルマ語を習得しなくては生きていけない理不尽な状況に怒りを覚えたという。パキスタン出身でサライキ語母語話者のマムーンは、自身の子にはウルドゥー語で教育しているも、そのことを後悔していた。インドのマラヤーラム語圏出身の家族を持つア

"SO ENTER THAT DAILY THOU MAYEST GROW IN KNOWLEDGE WISDON AND LOVE"

メリカ人のアンソンは、マラヤーラム語しか話せない同居人である祖母と簡単な会話しかできないらしい。社会的なものである言語は、言語そのものの特性ではなく、社会という文脈のなかで階層化される。日本国内では見えにくいそれが、オハイオでの様々なバックグラウンドを持つ人々との交流では、よく見えた。言語に関する問題は生活のなかにあり、それに対し、人は様々な感情を抱く。その感情に触れ、自らのそれも言語化され、私自身がこの世界にどう立ち向かっているのかが明確に、かつ、ときに不明確になりながら、議論は進んだ。そして、オハイオを離れた今も、そこで出会った人々を含めこれまでの人生で出会った人々のことを思いながら、それは続いている。

　沖縄学の父である伊波普猷は、ニーチェのことばを翻案して「深く掘れ　己の胸中の泉　余所たよて　水や汲まぬごとに」という琉歌を詠んだ。中部大学とオハイオ大学での友人や大学教職員の方々との交流は、私の「胸中の泉」を可視化させたと、いま振り返って思う。大学入学前には想像すらしてなかった探究の道を進んでいることに、私自身が驚く。しかし、私は、私のこれまでの歩みを、とても気に入っている。異文化に身を置くことで、顕在化された自文化を、これからも掘り続けたいと思う。

（沖縄県公立高校教員）

留学で培った異文化適応能力は
海外駐在員として生きる土台に

小林将輝

　私は現在インドネシアで海外駐在員として働いているが、異文化の中で問題がないどころか、思っていたよりはるかに順風満帆に仕事ができているのは、間違いなく在学中に留学で得た異文化適応能力のおかげである。

　私は2016年の秋にオハイオ大学に留学した。初めて海外で長期滞在し、外国人ルームメイトとの共同生活を通じて、英語力の向上はもちろんだが、異文化交流の中で、今までの人生で感じたことのない発想や感情が芽生え、自分の中の視野が広がっていく感覚を何度も経験した。その経験の全てが私の海外駐在

員として働いていくための土台となっている。本エッセイでは、留学中の学びの中で、今でも特に大切にしている教訓を2つ紹介したい。

　先ず教訓の一つ目は、相手の文化を尊重し受け入れるということだ。留学をすると避けて通れないのが、異文化との衝突である。日本人同士でも他人の行動に疑問を抱く事はよくあるが、外国人ルームメイトとの共同生活の中では、毎日何度もその現象が起こる。例えば、冬にもかかわらず、エアコン16℃で全開運転された部屋や夜中に友達を連れ込み始まる大声トークなどはその典型例だ。最初は困惑してストレスを感じ、ホームシックになりそうなこともあった。このアメリカ人ルームメイトはなぜ空気を読むことができないのかと腹が立ち悩んでいたが、突然その時の自分を救う考え方に出会うことができた。それは、彼が空気が読めないのではなく、アメリカには空気を読む文化がないのだということだ。

　相手に空気を読むことを期待するのは、自分の日本人としての発想であり、相手の辞書には初めから存在していない概念である。勇気をもってやめてほしいと告げると、二つ返事でごめん悪かったと是正してくれた。ルームメイトからすると逆に嫌なことははっきり伝えてほしかったようであった。この出来事以降、自分も時には空気を読むことを辞めて、ルームメイトに対しても自己主張をすることができ、より仲良くなれたと感じる。海外駐在員として現在働いている中でも、異文化に対抗せず、これは仕方がない事なのだと、逆に受け入れてしまう考え方が非常に大切であると感じている。在学中の4年次のタイ留学中ではオマーン人のルームメイトが朝4時にメッカに向かって礼拝を行っていたが、気にせず熟睡ができるマインドを持てるほど異文化理解力を成長させることができた。

　二つ目の大切にしている教訓はやや上記と反するが、自分を受け入れるということである。自分の英語や文化を受け入れ、誇りを持ち、主張していく事で、海外生活の上では初めて他人から理解してもらえることが多くあると感じる。留学中、最初は自分の英語が通じるか不安に思い、上手く話しかけられない時もあった。当時の自分

インドネシアで同僚たちと　中央列左から2番目が筆者

はネイティブスピーカーのように流ちょうな英語を身に付けたいとばかり考えて、日々学習に励んでいた。悪い事ではないと思うが、裏目に出てしまい、上手く話せない自分を恥じてしまうこともあった。そんな時にルームメイトから日本人なのだからネイティブのように話す必要はないんじゃないかと声を掛けられた。相手に伝わって意思疎通ができていれば、何も問題ないと励ましてくれた。その通りだと思った。その日以降、自分のジャパニーズイングリッシュを受け入れ、誇りを持ち、伸ばしていこうと考え方を変えることができた。と同時に、上述したように、自分の感情や思考を受け入れ、主張していく事も時には大切であると感じる。出る杭となり打たれるのを嫌って、自分の感情を出さずに隠してしまうことが多々あるが、逆に出ないとずっと打たれない。留学を通じて学んだ "The squeaky wheel gets the grease."（きしむ車輪は油を差される：必要であれば物事をうまく回すために行動を取ることが大切）という考え方は、現在外国人と仕事をする上でとても大切な思考軸となっている。

　英語力を向上させたいという目標でオハイオ大学への留学に挑戦したが、個人的には留学中に培った異文化に対する適応能力、異文化理解能力がかけがえのない財産になったと感じている。もちろん留学を通して、英語力もある程度は向上させることができた。（例えば、1年時のTOEICスコアは240点だったのだが、3年時には840点になった。今ではインドネシア語が第二言語だが…。）だが、オハイオ留学での異文化体験やそこで身に付けた異文化適応能力は英語力以上に、今後の私の人生において活かされ続け、私を支えてくれる大切な土台であり続けると思う。その意味で20歳での留学とその後の何回かの中部大学での留学や海外体験は私の考え方や生き方に大きな教訓となり、かけがいのない時間となった。

（伊勢湾海運、在インドネシア）

オハイオ大学のマスコットRufusと
中部大学のマスコットちゅとら

Athensが与えてくれた人生の彩り

杉本裕介

私は、現在39歳の体重が気になりだした中年
男性で、アメリカに留学したのはもう20年前の
2004年である。当時19歳だった私は、オハイオ
大学で学ぶ機会に恵まれ、緑あふれる大学町アセ
ンズで1学期間（4か月間）を過ごした。それまで
海外渡航経験がほぼ皆無だった私がアセンズでの
日々から受けた影響は計り知れない。本エッセイ
では、その中でも特に「価値観」や「取り組み姿
勢」における自身の変化に焦点を絞って振り返っ
てみたい。

前職の社内で

　まず、「価値観」の変化について書いてみたい。結論から言うと、「この世
界には、まだ自分の知らない世界が存在する」ということを知れたこと、つま
り、自分が知らないことを受け入れることができるようになったことが、留学
での最大の学びであり、私の価値観の変化である。若いころに血の滲むような
苦労と努力を重ねてHarvard UniversityでMBAを取得した元日本マイクロソ
フト会長の樋口泰行氏も、著書『「愚直」論 私はこうして社長になった』の中
で「留学を通じてスコープを強制的に広げられた」という旨のことを書いてい
るが、私も、同じように留学で価値観の範囲＝スコープの広がりを実感した。
これは、本来は単一な尺度や判断軸が複雑化し、後天的に「柔軟な思考」がで
きる様になったことを意味する。「価値観」を物体に置き換えて捉えるとすれ
ば、2次元の平面しか知らずにいたところに、3次元という概念を学んで立体を
認識できるようになる、といった変化（学び）と似ていると思う。

　「積極的な取り組み姿勢」の大切さも留学での最大の学びの一つである。「行
動に勝るものなし」ということを肌身で感じた。19歳という比較的若い時期
にこれを実感できたことが、自分の未来に大きく繋がる価値ある変化であっ
た。これは留学に限った話ではない。進学であれ、就職であれ、従来と異なる

環境、つまり異文化に身を置く際は、環境に適応するために「思考を変えること、恥を捨てること、挑戦すること」が必要になる。特に、環境構成要素としてはとても大きい言語や習慣が異なる海外留学においては、それまでの環境との差が大きいだけに、これら「思考を変え、恥を捨て、挑戦する」という「積極的な取り組み姿勢」が求められる。今になって振り返るとアセンズでの4か月間で「恥を捨て、挑戦する」という行動指針が、留学という新しい環境で、無意識下で装着され、結果的に初めて「行動を徹底することが成果に直結する」と自覚するようになったようだ。

　ただ、当時の私は、海外に対する憧れはありながらも勉強はしないうえ、英会話もできなかった。しかし、海外で生活できる幸運に恵まれたので、「この機会を徹底的に活かし切ってやる」という強い気概だけは持っていた。「恥を捨て、挑戦する」という行動に振り切れたのは、どこから沸くともわからない気概があったからかもしれない。その気概だけで、アセンズ到着後はひどいブロークン・イングリッシュで現地の学生に話しかけまくった。その過程であしらわれたり、嘲笑されたりもするものの、気にせず「ガンガンいった」。

　加えて、少しでも好印象を抱かれやすいように、意図的に笑顔をつくるようにした。そうこうしているうちに、こちらから積極的に質問をすれば、会話が維持できることに気付いた。更に、身振り手振り、文脈から行間を汲み取る、傾聴する、時事ネタを絡めたユーモアで笑いをとる、といったコミュニケーションストラテジーは、日米間では互換性があることにも気付き、積極的に活用した。そうして仲良くなった現地の友人たちと、体験の共有を通じて更に心理的な距離を縮めた。相変わらずブロークン・イングリッシュではあったが、留学生にさほど興味をもっていない学生ともそれなりに楽しく時間が過ごせるようになった。当時はとにかく右脳でしか物事を捉えることができなかったので、「思考を変え、恥を捨て、挑戦する」という自覚はなく、本能のままに、「恥を捨て、挑戦する」ということに没頭した。だが、今にして思えば無意識にPDCAサイクルのDo（実行）とAction（改善）を繰り返したということかもしれない。

　次に、「価値観」や「取り組み姿勢」の変化がその後の私の20年間の人生にどんな彩りを与えてくれたかについて触れてみたい。まず、あの4か月間がきっかけとなって、後に、カナダで人生のモラトリアムを過ごしたり、そこで出会った友人達を訪ねてヨーロッパの国々を旅したり、時間をみつけてはアジアを巡ったり、と気付けば渡航した国の数は30か国弱まで増えた。異文化に飛び

込んでいくことに対する躊躇もなくなった。今では、行ったことのない場所を旅することが人生の目的、そして趣味の一つとなり、最近は国内47都道府県の制覇を目指している。ちなみに、現時点で43都道府県を訪れた。

　ビジネスシーンにおいては、「多面的な視点」や「認知バイアスの排除」といった、物事の捉え方の重要さを痛感させられることが少なくない。私は、上述の通り自分自身の中に「この世界には、まだ自分の知らない世界が存在する」という思考の幅があることが、柔軟な思考の一助となっている。私は未だに綺麗な英語を話せないうえ、相変わらず語彙力もあまりない。英語を頻繁に使う仕事にも就いていない。英語力の向上という意味においては、私の怠惰もあってアセンズでの日々はあまり意味をなさなかったということになる。だが、海の向こう側に友人がいて、旅という生涯かけても尽きることのない趣味を手に入れられたのは、アセンズでの日々のお陰と言える。加えて「行動に勝るものなし」という「取り組み姿勢」はあらゆるビジネスの基本なので、ビジネスパーソンとしての私の背骨はアセンズでの日々が形作ってくれたとも言える。

　昨年、新しい挑戦を始めた。それは吹けば飛ぶ様なスタートアップ企業への転職である。以前の勤務先は売上規模が国内上位50社に入る様な大きな企業体であったこともあり、久し振りに異文化のもとで緊張感のある毎日を送っている。だが、たいしたことはないとも思っている。アセンズ到着直後に比べれば、言葉が通じるだけ随分とましな状況だと言える。山あり谷ありと、でこぼこはしているものの、アセンズという片田舎での留学生活が変化と彩りを与えてくれたことで、私の人生はとても豊かなものになったと確信している。もう二度と帰れないあの日々だが、あの留学がなかったなら今の豊かな人生や柔軟な思考や積極的な行動力も身についていなかっただろう。私を成長させてくれたあの日々に心より感謝したい。

（元リクルート、スタートアップ企業）

今も活かされる留学での経験

服部憲明

　留学で得た発想や経験が今もいろいろな場面で活かされることがある。現在、私は警察官としてある中核都市の駐在所に勤務をしている。駐在所での仕事は自分が管轄する地区の駐在所に住み込み、地域住民と一緒に安心して暮らせる安全な街づくりをしていくことだ。簡潔に言うと、「当たり前を守る」ということだ。私は大学2年生の時に留学したのだが、その際にたくさんの教訓や考え方を学んだ。今回はその中で現在でも仕事で活かされていることについて述べていきたい。

　駐在所に赴任した当初、私は初めての地で生活することに不安を覚えていた。誰も知っている人がいない、頼る所もない状態で一から地域住民と関係を作りあげなければならず、その不安は、留学した当初に感じた、知らないこと、経験の無いことに対する不安と同じであった。私の不安を解消してくれたのはとてもシンプルなことだった。それは挨拶である。留学先で出会った友人の多くが私によく挨拶をしてくれた。たかが挨拶されど挨拶である。挨拶がきっかけで現地の人とコミュニケーションをとることができるようになった。挨拶は少しの勇気でコミュニケーションをとるきっかけを与え、相手との距離感を近づけ、その先の自分の未来を好転させることのできる魔法のようなものであると感じた。笑顔で、大きな声で挨拶することは私が留学を経て学んだ最

日本の典型的な駐在所

も重要なことであった。赴任した新天地でも留学した時と同じく、困った時こそ「笑顔で、大きな声で挨拶」しかないと思い、それを実践していくことにした。私は、少しでも目が合った人、顔がこちらを向いている人には全員に挨拶をすることを心がけた。相手に無視されたり、気づかれなかったりしたこともあった

が、私は挨拶をし続けた。そうやって過ごしているうちに、段々と向こうから声をかけてもらえるようになり、私もこの街の一員になれた気がして、それまで抱いていた不安が期待に変わっていった。今では、「駐在さんが来てからこの街が明るくなったよ」とまで言ってもらえるようになった。

　相手を認めるということも留学で学び、現在も私の中で活かされていることの一つである。私の仕事は上述したように当たり前の毎日を守ることであるが、自分とは異なる考え方やまさかと思う出来事に出くわすことがしばしばある。私はそのような状況下で対応する際には、まず「そういった考えもあるかも知れない」と、相手の立場や気持ちに思いを巡らせてみることから始める。留学先でも、まさかと思う出来事はたくさん経験した。現地の学生たちが水風船の投げ合いをしているのを見て、最初はくだらないと思っていたが、参加してみると思いのほか楽しかった。それから、留学先で異文化に触れたときに、まず「おかしい」「ついていけない」と相手の考えを否定することをしなくなった。相手を認めること、それは自分が相手を認めることのできる余裕のある人間であることを示すものでは決してない。平等で対等に相手と接することだと思う。相手を知るためには、相手と同じ立場になって考えを認める、つまり相手の気持ちに寄り添うことが大切だと思う。私は警察官として、これからも相手のことを認め、相手の気持ちに寄り添うことを大切にしていきたい。

　私は大学2年次の留学を通して、人とのコミュニケーションのとり方、そしてその最初のきっかである挨拶の大切さを学んだ。そして、異なる考え方を認めて、相手に寄り添うことの大切さを学んだ。これらのことはその後の人生でも大いに活かされている。私は、異文化体験は単に海外での体験として終わる

正装（スーツと浴衣）で歓迎会へ、左から5人目が筆者

ものではないし、終わらせるべきではないと思う。今いる環境が変わることも、自分と異なる考えに出くわすこともこれからの人生の中でずっと経験していくことであり、その一つひとつが異文化体験だと思う。そしてその体験をどう活かすかによって、自分の生き方が変わってくると思う。

（愛知県警）

テキトーな国、アメリカから学んだこと！

岩崎（大西）真以

寮の友人たちと

意気揚々で渡米をしたが、着いたその日に意気消沈した。デトロイトの空港でお腹がすいたので友達とファーストフードのマクドナルドへ行った。初めての英語でのオーダーだ。はりきっていこうと思っていたが、なぜかハンバーガーは二つ手渡された。泣きたくなった。そんなに食べることができなかったうえに、オレンジジュースも「激まず！」だ。確かに、「ナンバー２のコンボ下さい」と英語で伝えたはずなのに、ハンバーガーを二つ食べる羽目になった。「ナンバー２のコンボ」を適当に「二つのハンバーガー」と解釈したのか、私の英語が悪かったのか考えてしまった。後者に違いないと後で確信した。

ある日洗濯物がたまったので気持ちよく洗濯をしようと思った。財布を見ると１ドル札や５ドル札ばかりで、小銭がまったくない。寮の洗濯機は、小銭の25セント７枚がないと絶対に洗濯ができないのだ。途方にくれていると、自販機２台が目に付いた。両替をすると、たくさん25セントができると考えた私は、自販機に１ドル札を入れた。カチャンカチャンカチャンと良い音がして、25セントを４枚を手に入れた。あと３枚25セントが必要だ。もう１枚、１ドル札

を自販機へ入れた。また25セントを4枚をゲットした。その調子、その調子と調子にのってどんどんお札を自販機に入れて両替をしたのが悪夢の始まりだった。普通、お札を入れて両替するコインがなければ、自販機から自動的にお札が戻ってくる。しかし、アメリカのベンディングマシーンはそうはいかなかった。1ドル札を入れて当たり前のように25セント4枚を期待していたが、まんまとだまされた。1ドル札を入れたが、5セントコインが4枚が出てきたのだ。この時もマクドナルドの時と同じように泣きたくなった。

　買い物をしたときも「こんなテキトーでいいの⁉」と思うことが多々あった。ある店で会計を済ませて驚いた。11ドル分払わなければいけないのだが、私の手持ち金額は10ドル弱しかなかった。困った…、と考えていると店員が「10ドルしかないなら10ドルでいいよ」と言ってきた。日本なら絶対にこの状況はありえない。それと同時にアメリカのテキトーさに感謝した。

　夏のアカデミッククラスで同じグループになったClintonという男の子が働いているフログネットという会社に、訪ねた時のことである。どうしても渡したいものがあったので勇気を出して彼の仕事場を訪ねた。毎日一緒に同じクラスで勉強しているClintonが仕事をしている姿は、格好よかった。やはりアメリカ人でも、仕事は真面目に取り組むのかな、と思ったのも束の間！いつも以上に大きな声で「Mai!!」と呼びかけてきた。私は「仕事中なのにいいの？」とすかさず聞いた。すると私の話も聞かずに、Clintonはどこかへ走って逃げたと思いきや、また戻ってきた。手には3本のビールが‼仕事中なのに、いきなりClintonは「飲もう」と言い出した。訳もわからず私はClintonとClintonの友達の仕事場での飲み会に参加した。しまいには、Clintonは外にでて騒ぎ出した。こんな仕事場は日本にはない。もしこんな仕事場が日本で存在したなら、それこそニュースで取り上げられて大問題か話題の店として紹介されるだろう、と色々考えた。しかし、まわりを見渡して気がついたことがあった。多くのアメリカ人は楽しそうに仕事をしている。確かにテキトーに働いているのかもしれない。だが、皆楽しそうに働いていた。そんなところは見習わなければいけないのかもしれない。

　私は当時、ルームメイトのKeoと私は非常に仲がよかった。またそれ以上に、隣の部屋にいたAmyとはもっと仲が良かった。ちょうどオハイオで生活して3か月がたったころ、Amyが私を車でWalmartまで連れて行ってくれた。会計をしようと思ったが、Amyは十分に手持ちのお金がなかった。仕方がないので私のクレジットカードで全部払って後からAmyが返す形になった。しかし、何週

寮のコインランドリー

間たっても、お金を返してくれないAmyに思い切って聞いてみた。「このまえ貸したお金、返してくれる？」と。すると、Amyは「たぶん日曜日に返す」と言った。それでも、返ってこなかった。私とAmyは、普段からお金の貸し借りをしていたので、どっちがいくら払ったとか、いくら返さなければいけないだとか、ややこしい状態になっていた。だからAmyに貸したお金は、もう返してもらわなくていいかと思うようになった。これも、自販機での出来事や、Clintonの職場での出来事があったため、「ま、いいか」と思えるようになっていた。もしAmyにしつこく「お金、お金」と言っていたら友人関係が危うくなっていたかもしれない。それ以前の経験が私自身を助けてくれたのである。

　オハイオに来たばかりのころ、私と日本人のある友人はアメリカ人の友達の言うアメリカンジョークに耐えられなくなり、アメリカ人と喧嘩になってしまったことがあった。英語でうまく表現できない悔しさや彼らが言っているジョークがわからないことの辛さで、私たちは泣きだしてしまった。しかしオハイオでの生活が後半に近づくにつれ私たちはアメリカンジョークをかわせるようになっていた。昔の私たちなら、うじうじ考え愚痴を言って行動にあまり出なかったはずだが、この時の私たちは違う。愚痴を言うくらいならしっかり思っていることを相手に伝えジョークなのだから、適当にかわしてしまえばいいと思えるようになった。異文化体験を通して、徐々にではあるが「異文化適応能力」が身に付いてきたことを嬉しく思った。同時に、アメリカで学んだことを忘れてはいけないと思った。オハイオで生活した4か月間を無駄にするかしないかは、これからなのではないか？と思った。

　自分で言うのも恥ずかしいが、毎日を悪戦苦闘しつつ、オハイオでの生活を充実させていた私は自分を誇りに思う。オハイオに行く以前は、日本では「授業なんて単位が取れればいい」とか「学校に行くのが面倒だ」とか、馬鹿なことばかり考えていた。若気の至りである。その後、「少しずつだが、変わっていかなきゃ‼」と思えるようになった。そう思えるようになったのも、アメリカでの様々な経験があったからである。

　それ以上に両親はもちろん、アメリカでできた友達や先生に感謝している。

彼らがいなければこのようなエッセイを卒業後何年もして書くことすらできなかったと素直に思える。アメリカに行った当初は私は期待を裏切られたような気持ちになっていて、あまりアメリカになじんでいけないと悩んだことを思い出す。だが、プログラムも終わりに近づいたころには、本当にアメリカに留学してよかったと思えるようになった。おつりが返ってこない上に両替がうまくできない自販機、自分の人生を楽しんで生きている友達、意味不明のアメリカンジョーク、毎日歩いたアセンズの街、今ではそれらの全てが愛おしく感じる。

（物流会社）

「普通」でないから意味がある

田崎　佑

　「普通」とは何かを考えたことはあるだろうか。「これ普通に美味しいね」や「大学行くのが普通だ」など、日常生活で聞かない日はないくらい「普通」という言葉は頻繁に使われている。だが、何が「普通」なのだろうか？『広辞苑』（無料検索版）での定義は「広く一般に通じること」だ。すなわち、自分の周りにいる人達の共通の考えや習慣などのことを指しているということができる。では、「普通の留学」とはどのような留学なのだろうか。たくさんその国の言語を実際に使って語学力を身に付けること、授業では現地の学生と同じようにたくさん発言すること、現地の人とたくさん交流すること、となるかもしれない。今挙げたような「普通」ができていなければ、周りからは「無駄な留学だ」や「お金がもったいない」と言われるだろう。もしこれらの「普通」を達成しなければ本当に無駄な留学になってしまうのであれば、私が大学生の時にオハイオ大学でした4か月の長期留学、そして現在のオハイオ大学大学院での留学は無駄な留学である。

私が初めてアメリカに留学したのは大学2年生の時である。留学を間近に控えた私は、アメリカ人と毎日交流し、周りの学生と同じように授業中はたくさん発言ができるようになるだろうと想像していた。それが私の中での留学に対する期待であり、そうなることが「普通」の留学だと思っていた。実際に留学が始まり、参加できるイベントには手当たり次第に参加し、留学中の授業でも答えられると思ったことは、可能な限り発言するようにした。しかし、そんな生活も長くは続かなかった。そのころの私の英語力では会話を続けることすら難しく、参加したイベントで仲良くなった人や友達とも沈黙が増え、しだいに会うことも少なくなっていった。発言するようにしていた授業でも、英語の理解力不足から的外れな発言をすることやうまく英語が出てこないことにより英語を話すことが怖くなり、留学から1か月後にはほとんど何も話さなくなっていた。

　アメリカ留学で現地の人達との交流もせず、授業でも静かにしたまま残りの3か月を過ごした。私は「普通」の留学ができなかったのだ。日本に帰る飛行機で普通の留学をした人たちと自分を比べ、もっと色々な人と話して英語力を磨けばよかった、もっと授業で周りと同じように思い切って発言すればよかった、と後悔したことを覚えている。普通の留学ができた日本の友達は毎日のようにアメリカ人の友達と遊び、授業中は現地の人に劣らず発言をしていた。

　しかし、誰とも関わらなかった3か月間を振り返ってみると、普通の留学はできていなかったとしても、誰よりも英語力が向上したと感じていた。実際、留学から半年後に受けたTOEICのテストでは学年2位のスコアを取得し、愛知日米協会主催の学生英語スピーチコンテストでは優勝した。これらの業績は紛れもなく留学のおかげである。自分の英語力の低さに留学序盤で気づかされ、人と英語で関わることが嫌になり、その悔しさから一人で黙々と英語学習をしていた。いつか誰とでも英語で話せるようになりたいと思い、アメリカにいるにもかかわらず、一人で英語を喋り続け、スピーキング力をひたすら磨いた。こんな留学は「普通」ではないかもしれない。だが、それなりの意味があったことは間違いない。

ひたすらこもった図書館

　留学後も大学では英語をひたすら主に机上で学習し、アメリカの大学

院への進学を夢見るようになった。苦しい時もあったがなんとかオハイオ大学大学院に入学することができた。大学院入学時も、前回の留学時と同様の希望を抱いていた。大学院の1学期目が始まり、授業では率先して発言するようにした。「今回は普通の留学ができるぞ！」とその時は思っていたが、すぐに3年前の留学とまったく同じ状態に陥ってしまった。間違えることが怖くなり話せなくなってしまったのである。それからは、授業中、自分から発言することはまったくなくなり、授業以外の時間は自分のオフィスに籠るようになっていった。またも「普通」の留学生活が送れていないのである。

　そんな私だが、大学院入学から1年で複数の国際学会で自分の研究を発表し、学術誌に論文が掲載されることも決まっている。これは、いい意味で、「普通」ではない。先生方には、一般的な大学院の1年生でここまでしている人は少ないと言われた。私の一つの自慢だ。私の留学は皆が思い描く「普通」の留学からはほど遠いのかもしれない。語学力向上に努力し、授業でたくさん発言し、多くのアメリカ人と交流しているわけではない。だが、私の大学院留学は私にとってはまったく無駄ではないと思っている。研究者を目指すべく勉強し、論文を書き、学会で発表し、それを専門誌に投稿する。その意味では、必要なことを一歩一歩やっていると自覚している。いや、研究者を目指す大学院生なら、そして、英語にハンデのある留学生なら、それがむしろ「普通」というか、本来目指すべき方向なのかもしれないとも思っている。

　「普通」でないことは常にダメなことなのだろうか。私は違うとはっきり断言できる。もし常に悪いことなのだとしたら私がここで話してきたような留学は無駄だったということになるが、研究という意味では、非常に充実した大学院生活だと思っている。普通であることが必ず正しいわけでもなく、物事が必ずうまく行くわけでもない。人それぞれに合ったもの、やり方があり、それらが普通である必要もない。そもそも、海外の大学院に留学すること自体普通ではないのだから、そこで普通を目指すこと自体が意味のないことかもしれない。

　これからの長い人生、自分が普通ではないことをしていると感じることはたくさんあるだろう。今の私であれば自分の道を信じ、普通から迷いなく外れることができる。留学をする前の私にはできなかったことだ。留学を通し、周りの意見にとらわれず、周りに流されない人間になれたのだ。留学によって何か人生や考え方に大きく影響があったとすれば、この「普通」でないことに価値と意味を見出すことができたということかもしれない。

（オハイオ大学大学院在学中）

自分の目で見て、感じ、考え、行動することの大切さ

今泉ひかる

「百聞は一見にしかず」という言葉がある。中部大学を1年休学して、現在オハイオ大学で英語を学んだ私はこの言葉を日々実感している。聞くだけでなく、実際に見てみないとわからない。見るだけでなく、考えないと意味がない。考えるだけでなく、行動しないと実感がない。それを考え、日々思い知らされる今の留学生活である。このエッセイでは、そのような三つの体験を紹介したい。

　最初に、LGBTQについて触れたい。私がアメリカについて持っていたイメージは、「自由」で「自己主張」の強い国であった。しかし、それは単なる私のステレオタイプ的なイメージであり、これほど浸透しているとは想像もつかなかった。その自由や個人主義は、発想だけでなく、言動も本当に日本では想像がつかないほど自由で個人が中心なのだ。あるときこのような質問を受けた。「あなたは、彼氏がいるの、それとも彼女？」「あなたの代名詞は何？　私は、They/Themだよ」最初は彼女が何を言っているのか意味不明であった。私は女性だから付き合うなら「彼氏」に決まっている。それに私の代名詞は3人称ならShe/Herに決まっている。だが、このように聞かれたことが、何回もあるのだ。そう、アメリカの若者はLGBTQについての、意識が非常に高いのだ。自分を男性や女性の枠でとらえてほしくない人は、自分を3人称複数の代名詞They/Themを使う。この代名詞には男性か女性の区別がないからだ。ちなみに、一人でもThey/Themでいいらしい。日本ではこんなことは考えもしない。ましてやなかなか口にできないのが現状だろう。だが、ここオハイオ大学ではLGBTQについてのイベントが頻繁に開催され、レインボーフラッグを持っていることに誇りを持ち、LGBTQの枠に入らないごく普通の人でもパレードな

どに参加する。しかも、お互いにそれを尊重し合う。

　こんなエピソードもある。学内のStarbucksの店員さんのネームプレートにも代名詞がついていた。"Katie Chandler, Her" と言った具合だ。彼女を見ればわかる。女性だ。日本では、いちいち「女性」と、ネームプレートに書く必要などないと考える。日本ではあり得ない光景だ。最近の日本では、プライバシーの問題などと言って名前さえネームプレートにつけないことが多い。だが、アメリカでは、自分の性に対して敏感で、それを全面に出し、主張する。どう思われるかよりも、個人がどのようにしたいかが最優先されるようだ。さすが、自由・個人・主張志向の強いアメリカである。

　他にも友達に自分の体形についてネガティブな発言をしたときに、このように言われたことがある。「体型なんて気にする必要ない。自分の好きな服を着なよ」「人なんて気にする必要ない。Hikaruの意見はなに？」と。英語がなかなか上達しない時に弱音を吐くと、「人と比べる必要はない。自分のペースで英語を学べばいいんだよ」と言う。このように、他人を気にせず、自分自身を大切に生きている人が本当に多い。特に若者はそうだ。

　アメリカに来る前のイメージはここに来てより鮮明になり、いい意味で大きく変わった。本当にアメリカは個人と自由をこんなに大切にするのだ、と実感した。そして、それは日本人の私でも共感することが多く、非常に素敵な生き方であると思った。落ち込んでいるときの優しく素敵な言葉がけや自分を大切に生きるという発想は、アメリカで生活してみて、実感として理解できるようになった。歴史が浅く、多様な発想を持った人が生きる多民族国家であるため、お互いを受け入れるしかないのか、あの広大な空間が自由の発想や心を育てるのだろうか。いずれにしてもこの自由と個人という大きな価値観が

LGBTQを尊重する考えに繋がることは間違いない。私がアメリカに留学しなかったら、こんなことは考えていなかったことは間違いない。留学は本当に新しい発想や価値観を与えてくれる。

　次に、中国人のクラスメイトについて書いてみたい。彼女は中国が嫌いでアメリカに引っ越したという。携帯で使えるアプリは限られ、X

LGBTQプライドパレード

（Twitter）、Instagram、TikTokが使えず、中国専用アプリを使っていたという。実際に画面を見せてもらうと、中国版TikTokと世界共通のTikTokの両方が入っていた。街に監視カメラが設置され、政治的な話をすると知らない人に警察に告げ口をされ、連行されることもあるそうだ。ある日、授業で、政治体制について話し合った時、中国では土地は国家のものであり、個人が土地を売買することは禁止されているという。彼女はどこにいても中国では気が休まらないと加えた。加えて、中国では貧富の差がそのまま教育の差に出やすいということだ。例えば、裕福な親は先生に高級なプレゼントを渡して、子どもをできるだけ優位な立場に置こうとすることはごく日常らしい。子どもさえも、貧しい家庭の子は裕福な家庭の子どもに媚びをうってまで仲良しになろうとするという。どうしても、貧富の差が教育の差やそのまま社会的な差に繋がるようだ。だからだろうか。親は必死で子供に勉強しなさいと言い、子どもはそれに応えようと、反発もせず黙々と勉強をする。塾が少ない地方では、小学生や中学生は学校に夜7時や8時まで残って、勉強していくという。私の友人は高校3年生の時は夜10時まで学校に残り、家で深夜2時まで宿題をやったそうだ。私には息が詰まりそうな生活だ。

　また、ニューヨークのチャイナタウン行った際、店員さんは、私が日本人だと知ると、笑顔で日本語で対応してくれた。日本人は、中国人に対して否定的なイメージを持っている人が多いかもしれない。しかし、実際にこうやって授業やニューヨークで直接中国人と会って話してみると、まったくそのようなことは情報不足からくるステレオタイプだということに気づかされる。中国に関する報道はほとんどが政治に関することやとんでもない事件に関してである。そうなると私達は中国という国に対して否定的なイメージを持つ。メディアがイメージを作ってしまうのだ。それを私達は知らぬ間に信じてしまい、中国人が皆、困った人達だと思ってしまいがちだ。「メディアが現実を作る」瞬間だ。だが、大学の異文化コミュニケーション論の授業で学んだ「接触仮説」ではないが、知り合い、話して、直接的な体験をするとその人たちの本当の姿が見えてくる。海外から広く移民を受け入れているアメリカは、様々な人種や異なる文化背

お世話になっている大好きな先生方

景を持つ人たちが住んでいる。多民族国家であるから、アメリカにいるだけで世界の人々の本当の姿が見えてくる。これが留学のいいところだ。教科書やメディアから学ぶより、直接、当事者から話を聞くことができ、素直な姿と背景にある国家と生活との関係やその複雑さや実態を実感できる。

パレスチナを応援する友人たち

　最後に、パレスチナとイスラエルの問題についてのエピソードを紹介したい。ある日、友達に誘われて、アセンズ市内のイスラエルへの路上抗議デモに参加した。友達がプラカードを持って、異議を唱えていた。私は、アメリカの問題ではないのに、なぜ抗議をするのだろうと、何の知識のないまま抗議に参加した。しかし、周囲の人々の一生懸命さに驚いた。街の中心の裁判所の前のちょっとした広場で、通りゆく歩行者や交差点で停まる車に向かって、大声で「パレスチナを開放せよ」、と叫んでいるのである。そこにいたのはアラブ系の人だけでなく、ごく普通のアメリカ人学生が多かった。ちょうど、ハマスが突然イスラエルにミサイル攻撃をしかけ、その報復として、イスラエルの地上進行が避けられなくなってきたのころであった。

　帰宅後、ネットでイスラエルとパレスチナの長い戦争の歴史を調べた。日本にいる母や中部大学の先生にまでラインで聞いてしまった。そうして、いつもはケラケラとよく笑っている友達がなぜ必死に、路上で街ゆく人々に訴えていたのか理解した。以前からTikTokなどでパレスチナ問題についてはある程度知っていたが、実際に友人らの抗議を見て、事の重大さや自分事としてとらえることの大切さを実感した。そして、考えさせられた。イスラエルのバックにはアメリカがいる、イスラエルはユダヤ人の国で、アメリカではユダヤ人たちの存在は無視できない、その昔イスラエルという国を無理やりアメリカがその武力によって作ってしまったが、そこにはもともとパレスチナ人が住んでいた。だがお互いの主張をぶつけて人を殺し合っていいのか、宗教は人を守るものではないのか、と。

　私の友達たちは、よく考えた結果、パレスチナ人たちを応援することにしたということだろう。アメリカ人でありながら、パレスチナ側を応援している。しかも、オハイオ大学の学生にはそういう人が多い。世の中の多くの意見に流

されずに、自分の頭で考えて、パレスチナ人たちを解放することが一番の問題解決方法だと考えて、草の根の運動を展開しているのである。まさに、"Think globally, act locally"を実践している素晴らしい人たちだ。彼女たちだって勉強で忙しいし、アルバイトや遊びもしたいはずだ。だが、時間を取って、ほとんど世の中に影響はないかもしれない運動に参加している。いったい日本人の学生でこのようなことを考え、行動する人がどれくらいいるだろうか。だが、アメリカでは、ごくごく普通にどこにでもいるのだ。

　留学して本当によかったと思う。直接的に世界の友人らと対話し、自由で個人を大切にするアメリカ人の言動を自分の目と耳で見聞きした。そして、宗教や世界平和や人権や多様性の尊重という、私達若者が皆考えるべきことに、興味を持ち、見て、感じて、行動するということを体験できた。世の中にはやってみなければわからないものがある。見てみないと実感できないものがある。多様で広い世界はまさに、そういったものだろう。私の勉強不足、発想の貧弱さ、主張の大切さなどを教えてもらった留学生活である。まだ、合計で1年ほどしか住んでいないアメリカだが、私の思考や行動や価値観、私の今後の生き方を大きく変えくれた留学生活であった。

（英語英米文化学科在籍中、オハイオ大学個人留学中）

ある学生が残した帰国前のメッセージ、カジュアルだが気持ちが伝わる

第4章

コミュニケーション能力への影響

"After climbing a great hill, one only finds that there are many more hills to climb"

-Nelson Mandela

「大きな丘に登ってみないと、その向こうにさらに登るべき高い山があることはわからない」

—ネルソン・マンデラ

言語聴覚士としてアメリカに生きる

スミス（渡辺）晃子

　渡米して、ちょうど25年目に突入する。オハイオ大学に来た当初は皆に若いと言われ、かわいがられていたのが、今では家族もでき、他人を世話をするような立場になり、40代になった。あっという間にアメリカで過ぎ去った20代、30代。今振り返ると、しみじみ良い時に来たと思う。中部大在籍時の4か月の留学がなかったなら、今の私は存在していなかった。4か月留学後、自分自身に挑戦し、「人生一度きり精神」で試してみた自分のその後の人生。辛い時も苦しい時もあったが、なかなか悪くないぞ、と今振り返ってみて思う。

　大学2年次の留学中は、心のどこかで、「私はここにまた戻ってくるだろうなぁ」とぼんやり思っていた。だから、去る時もまったく悲しくなかった。他の皆のように、初期の「アメリカ感動！」（ハネムーンステージ）もあったが、田舎から名古屋に出てきたことの方が大きなカルチャーショックだった私にとって、田舎のアセンズは名古屋より落ち着けた。ただ、言葉が通じないだけだった。4か月中はただただ楽しかった。言葉が通じなくても、勉強が大変でも楽しかった。様々な人と会い、刺激を受け、「自分の知らない世界を知ってしまった」という満足感でいっぱいだった。そんな気持ちで帰国は近づいた。し

家族で母校訪問　Krzic 先生たちと　右から3人目が筆者

かし、「丁度良いところで終わり」だとは思っていなかった。きっと、「これでは終わらないだろう」と思っていた。名古屋空港から一人アパートに帰り、その場で、北海道の両親に電話で無事帰国を告げるとともに、「オハイオ大学に編入したいのだけど」と相談した。両親は最初まともに受けあってくれなかった。当然である。帰国直後で興奮しているだけだろう、と誰でも思うはずである。しかし、私は着々と資料を取り寄せ、頭の中はオハイオ大学での生活でいっぱいだった。親とは何度か喧嘩もしたが、最後は私を信じてくれ、私のわがままを許可してくれた。

　中部大学の2年生を終え、すぐにオハイオに渡った。今度は引率の先生も、一緒の仲間もいない。一人だ。オハイオ州のコロンバス空港では迎えのカージック先生も知り合いの顔もない。オハイオ大学手配のバンの運転士がいただけだった。たぶんこの人だろうと思い、つたない英語で確認した。それでも、まだ不安だらけであった。高速道路を2時間ほど走り、遠くの方に見慣れたオハイオ大学が見えた瞬間、「来ちゃった」と一人ごとを言ったのを覚えている。はじめて本格的な不安と期待が込み上げてきたのを覚えている。浮かれた感じはない。ただただ、とてつもなく大きな不安と期待であった。

　オハイオ大学卒業まで3年半かかった。私にはもともとなりたい職業があった。Speech-Language Pathologistである。日本語では「言語聴覚士」である。日本では20年ほど前にやっと認知され始めてきた仕事だ。欧米では日本よりずっと進んでいて、誰でもこの職業の存在を知っている。私の最初の計画では、中部大学を卒業後、専門学校に行って国家資格をとり、この仕事に就く予定であった。しかし、オハイオ大学にこの学部があると知ってしまい、そこから、「どうせなら、この領域で進んでいるアメリカで勉強したらいいのではないか」という計画に変わった。「あ、オハイオ大学にあるんだ。行っちゃえ」これが、本当の私の留学の動機である。

　最初の1、2年は留学計画は失敗した、と思ったことが何度もあった。ここはアメリカ人でも大変な学部である。言葉を失った人、発達障害の人、発音がうまくできない人を助ける仕事のプロを養成する学部である。もちろん、言語は英語である。「英語を日本人の私がどうやってアメリカ人に教えればいいの？」「私はもともと英語ができないのに（自慢ではないが）」。このように悩んだこともある。TOEFLの点数もどれほどやっても上がらない。文法もできない。Writingもだめ。辛かった。もう少し頭が良かったら、と何度も思った。しかし、頭を取り替えることは不可能だから、もうやるしかない！　そう、心に決め

た。リスニングとスピーキング力を上げようと、できるだけアメリカ人の友達としゃべった。ルームメイトもアメリカ人の学生を指定した。どれほど辛くても自分で選んだ道だから、嘆くこともできない。授業後は集中のし過ぎで疲れて、いつもへとへとであった。教授達のオフィスアワーにはしつこいくらい行って、わからない所を質問した。最後には私の顔を見て、「またこいつか」という顔をする先生もいたが、そんなことかまっていられなかった。どんな手段を使っても、授業を理解することが最低基準だからである。

　こういうことに慣れてきたころ、勉強以外でも何かしようと、ボランティアを始めた。見慣れない人たちと接するのは怖かった。英語もまだまだだ。しかし、笑顔で何でもこなした。笑顔が私の唯一の武器だった。心ではドキドキしていても、顔には出さないようにした。緊張しているというのが周りにわかるのが一番嫌だった。私にはいつも、「負けないぞ！精神」があった。だから、笑顔ですべてを隠して色々な人と接していった。そうすると、すべてが楽しくなっていった。いつも笑顔でいいね、とまで言われるようになった。

　心に少しばかり余裕がでてきた。アメリカ人の友達と勉強していると、いつのまにか私が説明している立場にいることに気づいた。一瞬、「あれ！私、これ説明している」と気がつくと、自分でも驚いたが、嬉しくてたまらなかった。90分の授業を適当に聞いている友達と、一語一句もらさないように聞いている私とで違いがでてきたのかもしれない。嬉しくて、今までやってきたことが間違ってなかったと確信して、自信が出てきた。3年生になったころには他のクラスでもプレゼンテーションではリーダー的な役割をしていた。自分の英語がダメなせいで、自分は何もできない赤ちゃんと同じだ、とてもついていけない、と思っていたのはほんのその1年前のことだった。それからは、授業中の発表でも、意見が交わせ、相手のコメントを批判できるまでなってきた。「なんだ、アメリカ人も大したこと言ってないじゃん。頭の中は結局一緒か。はは―」と、思うほど余裕がでてきた。そうしているうちに、あっという間に卒業してしまった。本当にあっという間だった。自分もアメリカ人と同様にこの職業でやっていけるかもしれないと自信がついた。

　そして、卒業後、大学院の奨学金の結果発表を待ちながら、アメリカの保育所で働いた。子供は素直で騒がしくて、"Miss. Akikoooooo" と毎日のように大勢の子に呼ばれて、楽しかった。無事奨学金をいただけることになり、ウィスコンシン大学で、大学院生活を送り、オハイオ州の病院に勤務した後、現在はSpeech Therapist として独立して自分のオフィスを持っている。

大学の時とはまったく違う充実感を味わっている。平日は2人の子育てとセラピーセッション。私の今の患者さんは様々だ。子供からお年寄り、発音障害、発達障害、失語症、自閉症などありとあらゆる方がいる。ここコロンバスはホンダの本社が近いので、日本人のご家族からの子どもの英語や精神面での相談を受けることが多い。最初は私が日本人であることに対して、患者さんが変に思ったりしないか、非常に心配した。しかし、そんな心配はすぐに吹き飛んだ。子供達は特に、私がどこから来たのかすごく興味があるようだ。私が何を食べるのか、何をして過ごしているのか、いつも質問攻めにあう。発達障害の子も、私が何人であるかはわからないが、「何か違う」ことはわかるようだ。その子のお母さんが先日「晃子が先生になって、うちの子はすごくLucky! と思っているのよ」と言ってくれた。涙がでるくらい嬉しかった。緊張が解けて、もっと患者さん達と楽しくセッションがやっていける自信がついた。病院勤め時代は院内でただ一人の「外国人」であった。目立った。その目立つのが当初は嫌だったが、しばらくするとそれもそれが心地いいと思うようになった。自分から自己紹介しなくても、皆、私のことを知っている。素晴らしいことではないか。ちょっとした有名人の気分である。そして、皆、口をそろえて言ってくれるのが、「晃子は英語がネイティブスピーカーじゃないのに、よくやっているね」だ。正直、嬉しい。だが、英語がネイティブスピーカーのように

しゃべれなくても、それ以上に、セラピストになるにはもっと大事なことがある。英語を完璧に、アメリカ人のように話せるだけではダメである。自分の中にある能力、経験、技術を存分に活かしてこそ、いいセラピストになれるのではないかと今では確信している。

Baker Center 1階の現代アート

　これからも、言語聴覚士としてアメリカで家族とともに生活してくだろう。そして、英語とも苦戦していくこともあるかもしれない。しかし、英語と苦戦しながら、大変な時期を味わった私だからこそ、私にしかできない、生み出せないことがあると思う。それを信じて今後も頑張っていきたい。

（言語聴覚士、米国在住）

アイデンティティの一部になった「英語」

三島恵理子

　オハイオ大学大学院留学を経験し、帰国後、大学教員となって約15年が経とうとしている。言語を扱う職業の中で生き、英語の存在は私の日常、そしてアイデンティティの一部になった。オハイオ大学で過ごした日々が、このすべての始まりだと、今でも強く感じている。

　「英語が自由に話せるようになる」ということは、私が十代のころからの漠然とした夢であった。ただ、高校時代に不登校を経験し、成績も優秀とは言えなかった私は、その夢を実現させられるような自信をまったく持ちあわせていなかった。そんな私を変えてくれたのが、オハイオ大学への留学である。現在、不思議なことに、私の生活は英語漬けになり、英語で考えることが日常になった。そしてさらに教える立場になった今、英語は言語を超えて、より大きくて深い意味を持つようになった。英語は「人とつながる力」であり、「未来へ進む力」でもある。それに気が付いたのは、オハイオ大学での出会い、学びが大きく影響している。

　大学院留学で渡米した際、英語力が規定に満たないために付属語学プログラム（Ohio Program of Intensive English: OPIE）の授業をフルタイムで履修することとなり、9月の入学以降もOPIEの授業に参加しながら大学院の授業を受講していた。私にとってこの期間が、英語の力を飛躍的に伸ばす第一期であったと考えている。OPIEで出会った先生方、様々な国から集まったクラスメイトの存在が、国家間の問題や嫌悪感を超えた繋がりを生み、その有意義な交流には英語が必要なことを肌で感じた。英語を使うことで、その人物がどこの国の出身であるかという表面的な情報だけでなく、考え方や感情を知ることができ、日本についても改めて学ばせてくれた。そして、それをより知りたいと思う気持ちが、さらなる英語の習得へと繋がっていった。15年が経過しても、OPIEで

の授業の場面をよく思い出す。様々な留学生が協力し合い、知りたい感情を掻き立て、もっともっと英語が上手くなりたい、と思わせる授業だった。現在愛知県のある大学で教えているが、教員として今もそんな授業を目指している。

その後、大学院で教育学を学び始め、そこでも大きな発見があった。それは教育者であることは、未来を作る人物の背中を押す力を持つということだ。初年度にある授業を履修し、ディスカッション中心の大学院の授業の中でうまく発言できず悔しい思いをすることが多々あった。OPIEを経て育ち始めていた英語への自信が、また崩れていくように感じていた。そんな時その授業を担当する教授は、アジアの教育方式や日本の文化について授業の中で触れ、違いを尊重することに言及してくれた。そして私や他の留学生に対して、「発言が難しいなら、文字で伝えなさい」と、オンラインディスカッションで力を発揮するよう助言してくれた。その教授の言葉、振る舞いは、私の心に深く刻まれている。生まれ育った環境の違い、考え方・感じ方の違いは、教室内に必ずあり、すべての人間が同じように学べるわけではない。その違いに気づき、尊重しあうこと、そして、そこから新しい学びにつながることを大学院生活で教わった。特にこの教授との出会いは、不明確だった教育の道に対する想いに光を当て、徐々に鮮明になっていくきっかけとなった。さらに、意見を主張するために英語の習得にもより一層夢中になった。留学生として苦しんだ大学院での1年目、心に残る貴重な出会いを経験し、その後の大学院生活では様々なことに挑戦できた。2年目は英語への壁が少しずつ低くなっていることを証明するように、深い友人関係も形成することができた。

帰国後さらに別の大学院へ行くことになったが、それも、オハイオ大学で得た英語への自信、そしてさらなる勉強への探求心が背中を押した。英語を習得したことで、できることが格段に増え、大学院で頻繁にあった多国籍な学生グループでのディスカッションでは、心の底から英語での意見交換を楽しむことができるようになっていた。研究者としてはまだまだではあるが、自分の意見を、自信を持って発言できる英語力が私の中にあると気付いた。時々、オ

International Street Fair の日に

ハイオ大学での授業で悔しくて流した涙を思い出すが、あのころがあってこその今だと、痛切に感じている。現在の私のキャリア、そして人との交流すべてに、オハイオ大学で学んだことのかけらが入っている。教員として学生に影響力があるからこそ、あの教授のように、一人一人の学び方・感じ方を尊重し、それぞれの学生にとって英語が未来へ進む力となるような指導をしたい。そして、英語教育の専門家として、そして英語学習者の先輩として、学生のロールモデルとなれるよう、今後も教室に向かいたい。

　現在、「英語」は私の体の一部になり、それなしで生きることはまったく考えられない。10代のころ、自信のなかった自分の中にオハイオ大学での素晴らしい出会いと経験を経て、新たなアイデンティティが生まれた。家族を持つような年齢になったが、新しいアイデンティティを手にした今は、まだまだ、挑戦したいことが日々たくさん生まれてくる。オハイオ大学は、そんな私の原点であり、誇りをもって卒業生だと言い続けていきたい。

（大学教員）

オハイオ大学で日本語を教えて

出口綾子

同僚の Joung Hee 先生と
International Education Week で

2004年の秋学期から、2021年の春学期までオハイオ大学の日本語プログラムで教鞭をとった。オハイオ大学での日本語教育は、第二言語としての教育ではなく、外国語としての日本語教育だ。私が長い間日本で受けた英語教育も外国語としての英語であり、その習得の難しさは身をもって体験していたので、教えるまではきっと難しい仕事になると思って教壇に立った。確かにまったく異なった文字であるひらが

な、カタカナ、漢字の習得には、ほとんどの学生が手を焼いている。ところがその一方で、話すことと、聞くことは、かなりのスピードで習得していく。どのクラスも学期の最後にoral interviewという、個人のスピーキングテストがあるのだが、習った文法事項を使っての質問に、ほとんどの学生がすらすら答えられることに、最初の年は大いに驚いた。中部大学の学生が日本語のクラスに来て最初に言うのが、「2年、あるいは3年でこんなに日本語が話せるなんて……」という驚きの言葉である。おそらく自分の英語学習と比較してのことだと思う。

　ただ、オハイオ大学は日本語を勉強するうえで、かなり恵まれた環境にあるというのも事実である。この大学には毎年中部大学の学生が語学研修に来ており、常に日本語の授業に参加してもらえるというのが、学生のモチベーションを上げることに大きく寄与しているようだった。アメリカの多くの大学で、日本語教育は受けられるが、日本人と頻繁に接することができる環境にある大学は少ない。それに関し以前、日本語教育の国際学会が名古屋大学で開かれた際、アメリカのT大学、W大学の先生と、「学生のモチベーションが日本語習得にどんな影響を与えるか」というテーマで発表したことがある。他の大学の先生方とも意見を交わした結果、オハイオ大学のように、習った言語をすぐに使える環境にある大学は少ないということがわかった。つまり、学生達はどんな言語も意思疎通のための道具であるということを、身をもって体験できる環境にいるということだ。

　オハイオ大学には、conversation partner programという、学生たちが中部大学の学生とクラス外で交流できるという素晴らしいプログラムもある。彼らはそのプログラムを通じて親しい友人関係になり、中部大学の学生が留学期間を終えて日本にもどってからも、SNSを利用して交流を続けることで、どんどん日本語が上達していった。もちろん、それが縁で中部大学に留学する学生もおり、その後日本の企業に就職した学生もいる。日本語クラスの学生が全員留学するわけにもいかないのが現実であるが、日本に対するあこがれから、卒業後に日本で英語を教えるという仕事についている人も多い。

　外国語との出会いによって自分の人生が大きく変わる可能性を、これまでたくさん見てきた。外国語の習得は単なる学問としてではなく、一つの道具として、広い世界の扉を開ける鍵となる。私自身英語を勉強したことで、オハイオ大学に留学し、その後教壇に立てたことを、中学校で初めて英語を勉強し始めたときには、想像すらできなかった。私が学生だったころは、留学なんて

ほとんど縁のない世界で夢見たこともなかった。子育てを終えた私が、オハイオ大学院生として留学した時、「さあ、これから自分の第二の人生の扉を開くのだ！」という思いに胸が震えたことを今でも覚えている。若い同級生たちと共に学び始めた時は、自分が若い人と共に学べる力があるのか、いろいろ不安もあった。しかし、人生であれほど勉強したことはなかったというくらい頑張った2年間は、あっという間に終わった。懸命に努力すれば年齢の壁を越えられるということが身をもって体験でき、貴重な留学経験となった。オハイオ大学の日本語講師となり、これまでに数えきれないほどの学生たちとの出会いがあった。ほとんどが外国語として初めて日本語を勉強する学生達で、ゼロからのスタートであった。日本語を通じて日本の文化に興味をもち、また、中部大学からの留学生との交流の中で、言語は道具であり、道具として使う喜びを知った学生達は、勉強への意欲も高まった。そして広い世界に目を向けた彼らが、習得した言語力を発揮して、日本や日本企業で現在も活躍してくれていることは、教師としてうれしい限りである。

こんな言葉を聞いたことがある。「心震えるものの先に、金色の道がある」誰の前にも、広がっているはずの金色の道を、見逃さないで進んでほしい。

（元オハイオ大学日本語教師）

「みんなちがってみんないい」は本当だった！

胡桃澤優子

「ちょっと寒いけど大丈夫」。Ｔシャツから出た腕を両手でさすりながら彼女は言った。12月だというのに彼女はオハイオグリーンのＴシャツ一枚だ。中部大学のキャンパスは冬物の上着を着た学生たちであふれている。日本人であれば「もう12月だから」とか「みんな長袖だし」など、季節や周囲に合わせて着るものを選ぶ心理が働くだろう。しかし、彼女はそんなことはしない。体感温度の問題でもない。「彼女」とは姉妹校のオハイオ大学からの留学生である。彼らは自由で、自立して、周りに流されない。これが、私が持っているオハイオ大学からの留学生の印象だ。

10年間、国際センターの日本語教育の事務スタッフという立場で関わってきたオハイオ大学の学生たちは、みな個性的で、多様性に富んでいた。彼らは滞在中、学生交流を深め、中部大学の国際交流に大いに貢献してくれる。そのおかげで、中部大生は留学せずとも同年代のアメリカ人と友達になれ

オハイオ大学からの留学生たち

る。このことはとても大きな気づきや学習につながる。想像してみてほしい。日常生活の中で人と意見が分かれて折り合わない時、どう考えるだろう。「普通は」とか「常識では」などと言いたくはならないだろうか。自分の視点を変えることは難しく、相対する意見をフラットに受入れにくい。しかし、見た目もバックグラウンドも自分とはまるで異なる相手との意見や考え方の違いだとしたら…。異なる意見を受け入れるハードルが下がり、その結果、新たな視点をもたらしてくれるのではないだろうか。こうやって考え方や価値観を変えるきっかけとなることが異文化交流の意義の一つかもしれない。

　私が高校生でカナダに留学した時、様々な人種の生徒たちが通う現地の高校では、髪の色も肌の色も違って当たり前、私服も違えば持ち物もみな違った。それぞれが違うことが「普通」であった。日本の高校生の私にとっての「普通」は、同じ制服、同じ靴、同じカバン、同じ髪の色、同じ流行のルーズソックスといったところだろうか。髪を茶色に染めれば、全校集会で前に出されて指導を受けた。少しでも「普通」の枠からはみ出せば、他と調和するように、修正させられる。当時の私は、あの子の方が私より足が細いとか、でも私の方が色は白いなど、狭い世界で勝手に比べて落ち込み、不安になっていた。しかし、カナダでは、肌の色は千差万別で比較のしようがない。そもそも誰も他人と比べていなかった。顔は小さければ小さいほどいいと信じていたが、顔が小さすぎて変だという理由で彼女にふられたという男子に出会ったこともある。違う見た目、違う価値観を持つ人たちのおかげで、私は自分の「普通」が相手の「普通」ではないということを理解し、新たな価値観を手に入れることができた。そしてそれは、同じ日本人同士でも、人にはそれぞれ違う考えがあるのだから、お互いに尊重しあい、考え方を理解することが必要だということへの気づきにつながった。もし、今「普通」の枠組のなかで苦しんでいる人や、自

留学生たちが学内の茶室で行う生け花実習

己肯定感の低さに悩んでいる人がいたら、またはそうでない人も、「みんな違ってみんないい」ことを、ぜひ留学や異文化交流を通して知ってほしいと思う。日本では、自分で変わりたいと思ってもなかなか変われないことが多い。思いがあっても行動までなかなか変えられないのだ。私たちはそれほど意志が強くない。だが、環境を変えると、一気に自分を変えるきっかけとなる。留学とは、まさにこの環境を全部変えることである。

　外国語を身につけるために海外へ飛び出していく人たちには、こんなエピソードも紹介したい。アフリカ系アメリカ人のオハイオ大学からの留学生が、来日後に腰までのドレッドヘアにしたことがある。その髪はほれぼれするほど彼女に似合っていて、私は思わずこう聞いた。「素敵な髪型！どこでやってもらったの？」彼女は答えた。「栄の美容院。」「何時間かかったの？」「んー、12時間。」「ええ！そんなに?!」「そう、だから門限をやぶったの。」初級の日本語力の彼女がこんなに流暢な会話ができたのにはわけがある。彼女がその髪型にして以来、異口同音にこの質問をされ、その結果として、一連の日本語会話を自然に覚えることができたのだ。いつ使うかもわからないような表現を無意味に覚えるような「勉強のための勉強」ではなく、自分にとって意味のある表現を、「使う目的を持って」「使いながら学ぶ」。このような「有意味学習」に言語習得のカギがあるような気がする。このような自分にとって意味のある外国語学習が常にできるのが留学であろう。

　私にも似たような経験がある。私がカナダに留学する前、母は口すっぱく言った。「いい？カナダで男の人に話しかけられても、絶対に断るのよ。"Are you busy now ?"と聞かれたら "I'm busy now."と言うのよ」。わかった、わかったと受け流す私に、母は毎日繰り返した。食事中、歯を磨いている時に背後から、すれ違いざまなど、"Are you busy now ?"と母が聞くたびに、私は"I'm busy now."と答えた。そして私がカナダへ渡った時のことだ。同世代のカナダ人の男子が私に向かってこう言った。"Are you busy now ?"（あ！これ、知ってる！）と思うが先か、私は何の迷いもなくこう答えた。"I'm busy now." 彼はバツが悪そ

うに去っていった。私は、忙しくなかったし、むしろ友達が欲しいくらいだったのに。これが成功なのか、失敗なのかはわからない。無意識の内に条件反射のように出てきてしまっただけだ。ただ言えるのは、言語使用の場をイメージした会話練習は裏切らないということだ。少なくとも私の表現のレパートリーにしっかり入っていたことは確かだ。

　もし、この文章をこれから留学する方が読んでいるとすれば、渡航前から、現地で使うことをイメージして、言語学習に日々取り組むことを勧めたい。言葉とは自分の意志を音声で表したものだ。意志や意図のない音声は言語ではなく、単なる意味のない音の羅列はないだろうか。そして、自然と意味が音声に乗るように意識しながら繰り返し、何度も練習して、自分のものするのがいいと思う。その応援をするのが、国際センターの仕事の一つでもある。すべての中部大学生と中部大学に来る留学生たちの留学が、有意義なものになることを祈っている。

（中部大学 国際センター）

私を変えた出会い

若尾三花

　大学に入学する前の私は、正直あまり英語が得意ではなかった。英語を話すことはもちろん、簡単な読み書きの宿題にも頭を抱えていたほどだ。苦手ではあったものの、英語に対し憧れを持っていた私は大学で英語を学ぶことを決めた。以前は英語をまったく話すことのできなかった私だが、今ではアメリカへの一人旅も、難なくこなすこ

西日のきれいな寮の部屋で

とができる。私が英語を身につけることができた最大の要因は、中部大学で学ぶ海外からの留学生との交流と、オハイオ大学への留学経験である。

中部大学には、世界各国からの留学生と交流するための様々な企画がある。例えば、留学生と一緒にランチをしながら、お互いの趣味や、それぞれの出身国の文化について語り合う「D.I. Table」、英語を学ぶ学生が、英語圏からの留学生と英会話をしながらランチをする「English Table」、また「カンバセーションパートナー制度」など、数多くの交流イベントが開催されている。私は入学当初より、これらのイベントにたびたび参加していた。そこで出会った留学生との交流は、間違いなく私の英語学習に影響を与えた。

　最も刺激を受けたのが、留学生の語学力の高さである。彼らは皆、日本語を流暢に話していた。彼らの日本語の流暢さから、過去にも日本への留学経験があるのかと尋ねてみたところ、そのほとんどが、来日自体が初めてだった。彼らはみな自国で日本語を学び、その語学力を身に付けていたのだ。その勤勉さに脱帽した。そしてその交流の中で、ある気づきがあった。それは、彼らの日本語の使用に対する積極性だ。あるとき、留学生数名と日本人の学生で遊びに行く機会があった。そのとき留学生の友人たちは、同じ母語を話す人物同士であっても日本語で会話をしていた。その場にいた日本人の学生と円滑にコミュニケーションをとるためだろう。また、日本語でわからない表現があった際には、「このような場合は、日本語で何という？」と知る限りの日本語を使って、知りたい表現の特徴を説明し質問していた。私はこの積極的なコミュニケーションが、彼らの語学力の高さに影響していると確信した。

　一方で日本人の友人と「English Table」に参加した際の私は、英会話をするという本来の目的を外れ、日本語ばかりで会話をしてしまっていた。本来であれば英語圏の学生を交え、その場にいる全員で英語を使って交流する必要があるが、私はどこか日本人同士で英語で会話をすることに戸惑いを感じてしまっていた。せっかくの機会であるのにも関わらず、留学生との会話も弾まず時間を無駄にしてしまっていた。そこにいた留学生からは、「英語を学びに来ているのになぜ英語で話さないの？」と不思議そうに質問されたこともあった。日本人同士で外国語を使ってコミュニケーションをとるということに対し「恥ずかしい」や「気取っている」など、ネガティブな感情を抱く日本

English Table は毎日昼休みに開催

人は少なくないだろう。しかし、日本語で積極的にコミュニケーションをとる留学生たちの姿を見て、私はこのネガティブな感情を一掃した。その後の「English Table」では日本人同士であっても英語で会話することを意識した。その甲斐があってか、参加者の英語圏の学生とも会話が弾み、より仲良くなることができた。さらに参加を重ねるごとに、英語でスムーズにコミュニケーションがとれるようになっていると実感した。

よく出かけた友人たち　右端が筆者

　この意識の変化は、その後に参加した4か月間のオハイオ大学での長期海外研修にも非常によい影響を与えた。当然だが、アメリカでの留学中は、すべてのコミュニケーションが英語になる。授業を受けるにも、買い物をするにも、さらに現地の学生と一緒にランチをするにも、すべて英語を使用せねば成り立たない。私は、4か月という限られた時間をいかに有意義に過ごすかを考え行動していた。たとえば、授業の際には前方の席に座るよう心がけた。前方に着席することにより教師の視界に入りやすく、授業中発言を求められる機会が圧倒的に多くなるからである。そうすることで、英語での咄嗟の質問に答える力を養うことができた。また、休日には、現地でできたアメリカ人や他国からの留学生の友人と遊びに出かけた。彼らと長い時間を共有しコミュニケーションをとることにより、自分の考えや心情を英語で相手に伝える力を身に付けることができたと感じる。さらに1日を終えるころには、相手の言っていることが理解しやすくなっていて、話す力だけでなく聴く力も鍛えることができた。自らの英語が相手に伝わりコミュニケーションを取ることができたときは非常に嬉しく、何より自分の英語に対する自信となった。これらの経験の積み重ねがあり、「もっと英語を話したい」と、更なる行動のモチベーションとなっていた。

　今こうして当時を振り返ってみて、自分自身が留学をする前に中部大学で留学生たちと出会い彼らに影響を受け、自らの考え方や行動を改めることができ本当に良かったと感じる。あの出会いがなければ、おそらくオハイオ大学での留学中、英語を使うことに対しあれほど積極的にはなれなかったし、ずっと憧れていた英語を話す自分の姿も現実にすることはできなかった。彼らとの出会いに心から感謝したい。これからも中部大学の国際交流が末長く続き、留学

生や中部大学の学生に沢山の出会いや言語学習の気づきを提供するきっかけとなってもらいたい。

（Amazon Japan G.K.）

知識は力なり
「生きた知識」を得たオハイオ大学院留学

竹之越将斗

卒業式の日に

　私がオハイオ大学の大学院を修了したのは2021年5月である。なぜだか遠い昔のように感じる。その後、愛知県豊橋市にある桜丘高校で就職をして2年が経った。大学院生時代は、自分の変化や成長を意識することはなかったが、教員として生徒と関わっていく中で、このオハイオ大学大学院留学が私に与えた影響を再認識する瞬間が多々あった。この場を借りて、オハイオ大学院留学から、英語教員として働く私がどのような影響を受けたのかについて綴ってみたい。

　まず、2年間オハイオ大学の大学院へ留学したことで応用言語学の分野における「生きた知識」を得ることができた。大学院で私は応用言語学を専攻した。言語学はその名の通り、言語を科学的に研究する学問で、応用言語学は、その他の学問（心理学や社会学や教育学など）の知見を利用し、言語や言語学習・教育を多角的に研究しようとする学問である。心理言語学、社会言語学など様々な講義を受講したが、その中でも特に印象に残っているのが第二言語習得論である。第二言語習得論の講義では、どのように人間が第二言語を習得しているかについて学んだ。その講義の中で「学習者のエラーを見ることによって、その学習者が言語を体系的に学習しているかどうかが分かる」と担当教授から学んだ。つまり、あることを理解しているからこそ、それを他のことに一

般化してしまい、エラー（ミステイクではない）をするという考え方である。つまりエラーは学習者が学習した証拠であり、そこを窓として、学習者の言語習得の段階が覗けるということなのだ。当時の私は、教員として働いたことがなかったため、その発言の意図を理解することはできなかった。しかし、高校教員として働きだすと、その意味がよく理解できた。

　ある日、英語コミュニケーションの授業内で生徒に動名詞を教えた際に、「hope」の後ろに動名詞を置いた生徒がいた。普通なら「hopeは後ろに不定詞しかとらないから間違いだよ」と生徒のエラーを指摘するだけになってしまう。だが、教授の言葉を思い出した私は「動名詞のことをしっかりと理解できていることが分かる良い間違いだね！」と生徒を褒めてあげることができた。オハイオ大学で第二言語話者がどのように第二言語を習得するかについて学んだ私は、生徒の間違いをただの間違いと捉えるのではなく、体系的に学習をしようとした結果として捉え、生徒を褒めてあげることができたのだ。大学院留学をしていなければ、生徒の間違いをただ指摘するだけの教員になっていただろう。認知科学では、知識を「生きた知識」と「死んだ知識」とに分けるそうだ。前者は、必要な時にアウトプットすることができる問題解決に使用できる知識である。後者は、断片的でただ暗記しただけの知識である。私はオハイオ大学の大学院への留学を通して、応用言語学に関する「生きた知識」を得て、英語教員という職に活かせていると考えている。

　オハイオ大学大学院留学を通して、言語の知識だけでなく文化的な知識を得ることもできた。私はオハイオ州にあるアセンズで約3年間を過ごし、その中で様々な異文化体験をした。中でも印象に残っているのが当時ルームメイトであったサムとの生活だ。アメリカ出身のサムは、日本で生まれ育った私とはまったく異なる価値観や文化を持ち合わせていた。学部生時代にハイコンテクスト文化とローコンテクスト文化について学んではいたが「こんなにも伝わらないのか！」と驚いた。私はサムとシェアハウスをしており、共同のキッチンを使用していた。お互いに自炊をしていたが、サムの洗い物が残っていると善意で私が洗ってあげていた。ある日、サムが洗い物をしていると私の使用した調理器具は洗わずに自分の使用したものだけを洗っていた。言わないと伝わらない（ローコンテクスト）文化とは何かを再認識した瞬間だった。このような話は高校で使用している教科書には載っておらず、実際に体験をするか、体験をした人からしか学ぶことができない。オハイオ大学へ留学をしたことによって、教科書には載っていないようなことを授業内で生徒に伝えることができ、

他の英語教員の授業と差別化ができていると感じている。他にも、てんぷら粉をつけて揚げた巻き寿司のことや、アメリカ人が爪切りを使わず爪やすりを使うことを知り、それを生徒に伝えることができる。留学を通して、応用言語学に関することだけでなく、アメリカの文化についても学ぶことができた。もし留学をしていなかったら、ただ教科書の内容を教えるだけの英語教員になっていたかもしれない。

　前述の通り、オハイオ大学大学院への留学で私に言語学の「生きた知識」と文化的知識や実体験を与えてくれた。イギリスの哲学者フランシス・ベーコンが残した「知識は力なり」という言葉がある。これは「経験によって得た知識」は大きな力になるという意味だ。すべての知識が力になるという意味ではない。大学院留学中は今得ている知識や経験がどのように使えるのか見当もつかなかった。しかし、英語教員として働き始めて、大学院留学で得た知識や経験が、教育という実践を通して増々「生きた知識」となっていると感じる。

　オハイオ大学と中部大学との提携が50周年を迎えたが、この50年で、きっと私と同じように留学生活が今の自分の生活に大きな影響を残している人が大勢いるに違いない。今から振り返ると、留学生活はまさにかけがいのない知識と体験を与えてくれた。これからも私がそうであったように、多くの人が大学院留学やその他のプログラムを利用して、「生きた知識」を蓄え、それを大きな力に変え活躍してほしいと思う。

（桜丘高校教員）

「泣かないで、あなたの英語は
上達しているわ」

青木（近藤）絵里菜

　私の大学2年次のオハイオ大学での4か月間は最高に楽しく、充実していた。たくさん悩んだが、悩んだ分成長したような気がする。悲しかったことも、驚いたことも、楽しかったことも沢山あった。

　その中でも、私が最も嬉しいと感じたことの一つは「hug」である。私が

初めてhugされたのはconversation partnerと初めて会ったときであった。名前を言った途端hugされたのだ。その時、私の緊張が安心に変わり、hugには不思議な力があると感じた。他にも嬉しかったhugがあった。オハイオでの生活にも慣れて1か月以上が経ったころ、日本人のボーイフレンドと毎日一緒に過ごす自分

寮の友人たち

に焦り始めていた。そのためか、仲良くなりかけていた同じ寮の人達とも距離ができている気がした。悩んでも、悩んでもどうすればいいのか分からず、ついにconversation partnerに自分の気持ちを打ち明けた。英語をもっと上手に話せるようになりたいということ、アメリカ人の友達がほしいこと、ボーイフレンドと一緒に過ごし過ぎてしまっていること、どうすればいいか分からないこと、彼女ともっと仲良くなりたいということ、等々だ。そんなことを話しているうちに私は号泣してしまった。実際自分でも何を言っているのかさえ分からなかった。自分の悩みをうまく説明できなくて悔しいという気持ちもあった。しかし、彼女は「泣かないで。あなたの英語は上達しているし、私と話して練習すればいいよ。」と慰めてくれた。そしてまたhugしてくれた。そのhugでとても安心し、さらに泣いてしまった。

　なぜこれほどにhugはあたたかいのだろう。人の優しさが直に伝わってくるような気がする。これほどに人を暖かくさせてくれる習慣がどうして日本にはないのであろう。それからは彼女から誘ってくれるようになった。私の言いたいことが伝わらなかったときもあきらめずに理解できるまで付き合ってくれた。彼女とは夏学期も続けて連絡を取り合い、遊ぶこともあった。彼女の家に行って日本食を作ってあげたこともあった。しかし、一つだけショックに感じたことは、彼女の友達と初めて会ったとき、挨拶をして握手をしようと思ったときに明らかに避けられたと感じたことだ。とてもショックだった。周りの人も気がついたに違いないが、私はそんなことは気にしていないふりをした。結局最後までその人のことを好きになることができなかった。10年以上前とは言え、東洋人にはやはり何らかの距離を置こうとする人がまだいるのかもしれないということを実感した。

　今思えば私の周りには優しい人ばかりであった。例えば最初のルームメイ

トだ。日本語がペラペラで日本が大好きな大学生だったので、すぐに仲良くなれた。彼女のおかげで自分の意思をはっきり言うことの大切さを知った。夜中の1時に彼女の友達が部屋で遊んでいた。私は彼らが遊び終わるのを待っていたが、私が寝たいと言うとその場の雰囲気が悪くなると思い、言わなかったのだ。しかし、あとで「眠いなら、そう言うべき！」と言われた。そうだ、アメリカは、授業で習ったように「低コンテクスト文化」の国だったのだ。言わなければ通じないのだ。それからは言いたいことは積極的に発言するようにした。夜中に部屋を真っ暗にして男の子と映画を見ていてもお構いなしに「眠い」と言った。そしてそれに慣れてくると、日本人のように気を遣い過ぎず、自分が嫌なことは嫌と言えるようになり、非常に楽になった。アメリカ文化は馴染むことに時間はかかったが、私はアメリカをとても好きなのかもしれない。とてもフレンドリーなところや、どこでもキスできてしまうカップルや、人の目を気にしないところや、時間にルーズなところや物事に適当なところでさえ、すべてが好きだ。

　あの留学でたくさんのことを体験した。留学したからこそ体験できたことだと言える。英語力が進歩したかは分からないが、私は精一杯努力した。寮の中を回ってドアが開いている部屋に自ら入って友達を作った。カフェテリアでも一人で知らない人に話しかけて一緒にご飯食べた。今なら、親に胸張って「私はがんばった」「ありがとう」と素直に言える。高い留学費を出してもらい行った留学は意味があったと言える。2児の母親となった今、そのありがたみや愛情を実感している。

（自営業）

卒業15年後に母校を訪ねて、左から2人目が筆者

「英語が話せないなら、アメリカに来るな!」

不破理恵子

大学の1年次に履修した「異文化コミュニケーション」の副読本『私たちの異文化体験』(塩澤, 1996) に、「英語ができない者は人にあらず」という話が載っていた。『私たちの異文化体験』は1994年に初めて中部大学からオハイオ大学に1学期間留学した学生ら30人のエッセイを集めたものである。その副読本の一番初めのエッセイがこの衝撃的なタイトルだったので、非常に強く記憶に残っていた。出発前から私も実際にこんな目に遭ったらどうしよう…という不安で一杯であった。

JAL地上勤務時代

　夏学期はオハイオ大学の学生が少なく、ルームメイトもいなかったために、オハイオ大学の学生とは授業で会う程度で、挨拶程度で会話も十分にできなかった。しかし、オハイオ大学の先生がわざわざ中部大生とオハイオ大学の学生とでグループを組んで、毎日グループで話し合う時間を設けてくださった。しかし、せっかくのチャンスであるが、緊張で思ったことの半分さえもうまく発言できなかった。しばらく、こんな調子で毎日が過ぎ、話したいのだが話せないというフラストレーションが積もっていく日々を過ごした。ある時、授業でグループを作って映画を観て、その中で使われているコミュニケーションの種類について話し合うというプロジェクトに取り組んだ。私達のグループは映画『You've Got Mail』を観ることにした。待ち合わせの時間と場所を決めたのだが、当日、待ち合わせ場所を間違えるという失敗をしてしまった。後から思えば、分かるまできちんと確認すれば良かっただけのことである。しかし、そんなことさえ出来ない自分が本当に情けないと思えて悲しくなった。映画を観ても何を言っているのかまったく分からず、内容を説明してもらった。結果的に、そのプロジェクトは何とか成功したが、大

部分は手伝ってもらったような気がする。それでも、そこで助けてくれたアメリカ人学生は、私に呆れることなく、一緒に遊ぶなど親切にしてくれた。こんな感じで、始めの1か月は自分のやりたいことが何一つ満足にできず、自分自身への反省と不満ばかりが積もる日々だった。このままではいけない、何とかしなければと思い、秋学期からは心を入れ替えて頑張ろうと心に誓った。

　秋学期の寮では、日本人は男の子が一人と私だけで、日本人がとても少ない状況になり、心細くもあったが、自分自身を変えるには良い環境だと考えた。ルームメイトや周囲の人たちに自己紹介する時には、私が英語ができないことを正直に話し、アメリカでの大学生活や日常生活を体験するためにここに来たと話した。何人かの友達が私の気持ちを理解してくれたのか、ダイニングホールでのディナーに毎日誘ってくれるようになり、週末も一緒に過ごすようになった。部屋にも呼んでくれて、お菓子を作ってくれるなど、私のささいな質問にも優しく答えてくれた。本当に優しい人ばかりであった。最初はそれが嬉しかったのだが、コミュニケーションがスムーズに取れず、会話が止まってしまうことも多かった。アメリカ生活に馴染めずにいる私がいることで場の空気が悪くではないのか、と逆に不安になってしまうこともあった。その上、何をしたらいいのか分からず、常に周りに質問し、誰かの後ろを付いて歩くことしかできない自分自身が、「これじゃあまるで小学生みたいだ…」と、本当に情けなくなった。それでも、寮の仲間は私と毎日一緒にご飯を食べ、会話をしてくれた。『私たちの異文化体験』を読んで、英語が話せないことをバカにされると思っていた私には、予想はずれの嬉しい展開で、ほっとした。

　そこで、もう一度じっくり考え直してみた。彼らは何もできない私を心配してくれているのではない。彼らはボランティアで私と一緒にいてくれているのではない。「〜してくれた」という考え自体が間違っているのではないか、と思うようになった。言語や文化の違いなど関係なく、一人の友達として付き合ってくれている彼らに対し、本当に感謝しなければならないし、周りの優しさに戸惑いながらも甘えていた自分にもう一度心を入れ替えて、本気で英語を上達させよう、と思えるようになったのだ。

　しかし、これとはまったく反対の事件もあった。これは、私には

ダイニングホールで

どうしても英語を話せるようになりたい、と思わせるきっかけとなった。9月のある日、Conversation Partner にショッピングとサッカー観戦に誘われた。予約していたお店の前に行くとアメリカ人だけでなく、中国人や台湾人、インド人など様々な国の人がいた。非常にインターナショナルな雰囲気だった。日本人は私だけである。15人以上のオハイオ大学生や留学生に加え、私達にサッカーのチケットをくれた1人の友達のご両親まで揃い、20人近くで夕食を食べた。私の正面にはインドからの留学生、左には中国からの留学生、右には台湾からの留学生が座り、みんなで料理を待ちながらお互いの国のことについて話していた。

　最初のうちは他愛もない話をしていたのだが、だんだんと隣に座っていた中国人学生が、日本の政治や経済について深く突っ込むようになってきた。アメリカに行く前からアメリカ人は政治などにも興味があるので、質問されるかもしれないと思い、もともと準備していた。無事になんとか答えることができた。ホッとしていたのも束の間、彼は現在の日本と中国の関係や教育制度など、日本語で聞かれてもよく分からないことを質問してきた。私があいまいな回答をすると、彼はこれだから日本人は…とでも言いたげな顔で私を見て、"It seems Japanese can't express their own ideas or they don't even have any opinion on anything important. You shouldn't come to the US if your English is so bad."（日本人は自分の考えも言えず、重要なことに意見さえ持ち合わせていないのか？英語が話せないなら、アメリカに来るな！）と私に言い放った。大勢の前でそんなことを言われ、恥ずかしさと悔しさで泣きそうになった。その場は、周りの子たちがなだめてくれて、丸く治まったのだが、この出来事は私には衝撃的過ぎた。『私たちの異文化体験』のあのエッセイと同じ状況が私にも起こったのだ。

　この悔しい出来事から、彼を見返してやりたいと思う気持ちが湧き、さらに英語を話せるようになりたいという気持ちが強まるようになった。おかげで、その後は、自分の意見もだんだんとハッキリ言えるようになり、結果的には自分にとってプラスになった出来事となったようにも思える。きっかけは、マイナスなことばかりであったが、そこで負けることなく、自分の英語力だけでなく、精神的にも成長させることができたあの海外研修は、私にとって本当にかけがえのないものであった。4か月間は毎日が必死で、アッという間に終わってしまった。もし、チャンスがあるなら、また海外に渡り、多くのことを経験したいと強く思った20代が始まったばかりの私であった。

　あれからほぼ20年が経った。あの時の経験がきっかけで、さらに英語の勉強

をした。その後中部国際空港のJALカウンターで長い間地上勤務をした。偶然、あの本の編著者の塩澤先生のチェックインのお手伝いをしたこともある。あの経験がなければ、その後の仕事も、今の夫との出会いもなかったと思う。外国語が苦手な人の辛さや異文化コミュニケーションの楽しさも理解できなかったかもしれない。「英語が話せないなら、アメリカに来るな！」は、とても衝撃的で辛い一言であったが、私の人生を大きく変えてくれた魔法の言葉でもある。

（元JAL地上勤務）

アメリカの魅力に
「やる気が止まらなかった！」

杉浦達也

　アメリカで体験したことはすべて初めてのことばかりだった。もちろん楽しいことばかりではない。辛いこと、悲しいこと、苦しいことがあった。たった4か月間だったが、あれほど充実し、あれほど悩み、あれほど頑張ったことがそれまでにあっただろうか？いやあれから20年近くが経っているがあれほどの感動と凝縮した時間はない。

　2005年7月24日、中部国際空港から出発した。英語を学ぶため、留学に行くために中部大学に入学したのだが、まさか本当にあのような日々が来るとは思いもよらなかった。もちろん海外に行くのも初めてであった。家族や友達に見送られ、期待と不安を胸に旅立ったことを昨日のように憶えている。飛行機の中ではしっかり寝てしまい、目が覚めるとそこはアメリカだった。標識は英語、値段はドル、道行く人は皆当然ながら英語を話していた。当たり前なのだが、そんな当たり前が嬉しかった。こうして4か月の留学が始まった。

寮の部屋の机

授業はFluency class（会話）とCOMS110（文化間コミュニケーション）、Support class（COMS110の復習）、American Experience（体験的アメリカ文化学習）とBowling class（スポーツ）だ。アメリカ人と机を並べてアカデミッククラスであるCOMS110という授業は大変であった。とにかく難しかった。英語が聞き取れない。知らない単語も数多く出てくる。リーディングの課題がとんでもなく多い。会話ならなんとかなるかと思いきや、私の発音が下手過ぎて、一回ではなかなか理解してもらえなかった。相手の言っていることが理解できないうえ、自分の言っていることも理解してもらえない。そして周囲を困らせる。こんな辛いことはなかった。とにかく当時の私の言葉で言えば、「すげー辛かった」のだ。時間が経つのがやけに遅く感じた初めの1か月であった。そんな中、日本と変わらないものもあった。それはスポーツと音楽であった。アメリカ人は、皆スポーツが大好きであり、音楽に夢中である。私はギターを買い、友達と音楽を楽しんだ。サッカーの練習に混ぜてもらうようにもなった。すこしずつだがアメリカの世界に近づいた気がした。

　すると、だんだんと時間の流れが速くなっていった。1か月を少し過ぎた頃には、寮生活に少しずつ慣れ、友達も少しずつでき始めた。授業も少しずつ理解できるようになり、楽しくなってきた。毎日が発見で、毎日が冒険であった。英語の方はというと、まだ、挫折ばかりであった。悔しくて、悔しくてたまらなかった。「そんなすぐできるはずがないよ」アメリカに6年間住んでいる日本人留学生が言った。「たかが4か月でペラペラになられたら俺の立場がないよ」と。納得したが、それでも悔しかった。

　長く暑かった夏学期が終わっていった。気付いてみれば2か月しか残っていない。半分が過ぎたのだ。プログラムに組み込まれた1週間のワシントン旅行に行った。ここではあのワシントンモニュメントを見たり、ミュージアムに行ったり、アメリカの歴史や文化を深く考えさせられた。ワシントン旅行から帰ると、秋学期に向けて準備をして、寮も皆それぞれ別の場所になった。私はルームメイトがいない。一人暮らしとなった。これも初めてだ。これからが勝負だと、もう一度気合いを入れなおした。アメリカに行って確信したことは、「自分が動き出さなければ何も起こらない」ということだった。自分の行動力、積極性が生活のすべてに反映される気がした。正直、自分が正しいのか、どのくらいできているかなど全然わからない。ただ、少しずつ生活が充実し、とにかく楽しくて、燃えているのがわかっていた。不思議な言い方だが、このころから「やる気が止まらなかった」。

秋学期が始まった。授業はCOMS103（スピーチコミュニケーション入門）、COMS Support、American Experience、Fluency classとBasketballである。秋学期の授業は夏学期以上に大変であった。COMS103ではスピーチを4回も作って、アメリカ人学生らの前で発表しなければならない。理解してもらえればいいというレベルではない。きちんと効率的に伝え、非言語にも気を配り、説得し、感動させ、笑いを取ることを求められた。つたない私の英語力では、

アメリカ人と履修するスピーチクラス

とにかく時間を費やしてなんとかするしかなかった。とにかく忙しくいつも課題と時間に追われていた。スポーツなら何とかなるかと思いきや、Basketballではレベルが違いすぎて、相手にされてないような孤独感があり、なかなかアメリカ人の集団に上手く溶け込めなかった。それでもやはり楽しかった。退屈なはずの授業でさえ楽しく、そして恋しく思えた。気づけば残すところ1か月。私はアセンズという小さな町が大好きになっていた。アメリカの魅力に引き込まれていた。英語とスピーチと友人との思いでづくりに夢中になっていた。よい息抜きもあった。アセンズのHalloweenは全米でも有名だそうだ。町をあげての貴重なHalloween Partyを体験できた。いつもは静かな町に人が溢れ、みんなそれぞれ思い思いの格好をしていた。本当にバカだ。でもそれがとても心地良かった。

　少したったある日、幸せな一人暮らしの部屋にルームメイトが突然やってきた。名前はKenだ。最初は「今さら来んなよ」と思ったが、もっと早く来てほしかった、と思うようになった。Kenは本当にイイヤツだった。ギターが好きで毎晩一緒に「ジャムる」ようになった。Kenは友達をたくさん紹介してくれた。「類は友を呼ぶ」（Birds of a feather flock together.）というが、Kenの友達は皆イイヤツばかりだった。毎日遊ぶようになり、楽しくて、時間が急速に過ぎていった。そろそろ帰らなければならない。プログラムの修了式で私たちは小さな音楽祭を開いた。私は友達と一緒にバンドで演奏をした。ありったけの思いを込めて。必ず戻ると心の中で約束した。「そう私は絶対アセンズに戻る。大好きなみんながいるから。最高の友達がいるから。」そのように心に誓ったのを覚えている。

私を助けてくれた友人たち、支えてくれた日本の家族、帰りを待ってくれる人たち、みんなに、本当に感謝の気持ちでいっぱいであった。今でも、楽しいこと、辛いこと、嬉しいこと、悲しいことが沢山思い浮かび過ぎて、書き切れない。しかし、私の最高の思い出として心の中のノートにはすべて書き込んである。あの留学は間違いなくかけがえのない宝物であり、私の英語力と国際感覚を格段に伸ばしてくれた貴重な経験であった。

（会社員）

日本に来てくれてありがとう!!

高橋樹里奈

　私はオハイオ大学でのセメスター留学（長期研修）プログラムには参加していない。だが、この2023年の夏、私はオハイオ大学から中部大学に留学中の二人と非常に有意味な時間を過ごした。また、オハイオ大学に留学した私の友人を通して、夏休みを利用して彼らを訪ねてきた二人の学生と知り合い、素晴らしい時間を過ごすとともに、色々と考えさせられた。このエッセイでは、この二つの出会いについて書いてみたい。

　まず、オハイオから中部大学に留学中の二人との出会いについて。彼女たちは私の指導教授が私の所属する言語習得論のゼミに招待したことによって知り合いになった。彼女たちが私の隣の席に座ったので、非常に緊張したのを覚えている。授業後、私はその留学生らと私の友人とでラーメンを食べに行くことになった。私は英語が大好きで、毎日、YouTubeや英語のドラマで勉強しているのだが、特に英語が上手でもなく、決して友人作りに積極的な方ではない。だが、どういうわけか、この時、この二人ともっと話をしたいと強く思ったのだ。加えて、私はラーメン屋でバイトをしているので、本当においしい日本のラーメンを食べてもらいたかった。バスに乗り、しばらく歩き、お気に入りのラーメン屋に行った。ラーメンを食べたあとは、スタバでお茶もした。さらに、後日、私の他の友人らも交えてボーリングにも行った。私がゲームでうまくいくと屈託のない笑顔で大げさくらいに褒めてくれた。英語で自然に会話

留学生らと近くの面白い神社へ

している自分がいること、そして、純粋に褒められていることがとても嬉しかった。その後も何度か、彼女たちと神社に行ったり、ドライブに行ったり、アイスクリームを食べたりと、楽しい時間を過ごした。私は彼女たちのことが大好きになり、また英語のコミュニケーションの楽しさを再認識した。

　私は彼女たちと特に国際交流をしているとか、中部大学とオハイオ大学のために役立とうという意識はまったくなかったが、文化背景が異なる者同士が互いに忘れられない時間を過ごすことが、自然と貴重な国際交流の場になっていたのだと思う。お膳立てされない自然発生的な人間同士の交流で、それがたまたま中部大学とオハイオ大学の学生同士であったということだ。交流に意味があるわけではなく、そこで互いを理解しあい、友人になり、それが派生して、互いの文化や言語を尊重するということに繋がることが本来の国際交流の意義であろう。そういう意味では、私はとてもいい国際交流をしていたと思う。私も少しだけ、オハイオ大学との交流に貢献できたと思い誇らしかった。

　ところで、会うたびに、彼女たちの日本語が非常に上達していることに驚いたのを覚えている。彼女たちを褒めると、彼女らは素直にとても頑張っていると言ったのが印象的であった。実はほぼ毎日9時半から4時50分まで日本語の授業に参加し、ものすごい量の課題をこなし、良い成績を残そうと努力していたようだ。彼女たちの真剣さと学習量に感心するばかりだった。私が半分趣味で英語のYouTubeやドラマで勉強しているのとは、真剣さが違うと思った。ゼミで学んでいる言語習得論の立場から言うと、日本語のインプット、アウトプット、インターアクションの量と質が圧倒的に違うということかもしれない。日本語の授業で多量のインプットを得ると同時に、授業外では日本人学生とアウトプットやインターアクションが好きなだけ取れるのだ。しかも、それは勉強のための勉強ではなく、友達と楽しい時間を過ごす、お目当てのメニューを注文する、友人を誘う、恋を語るといった自分のQuality of Life（生活の質）に直結した、「内発的動機付け」に基づく、「有意味学習」なのだ。インプットの質が自分の生活の質に直接関わってくるから、きちんと脳や心に表現や文法

が残る。しかも、それが楽しく、「自己実現」に繋がっている。留学とはまさにそういう言語習得に理想の環境を提供しているのかもしれない。

　次に、別のオハイオ大学からの二人との出会いについて書いてみたい。彼らとの出会いは、オハイオ大学に留学した私の友達から、日本に観光で来てくれている友人たちを岡崎の花火大会に連れていきたいという話があり、私も一緒に付いていくことになったのが始まりである。電車で岡崎まで行き、岡崎城の近くで花火を見ることになった。多くの出店があり、私たちもその一つで食べ物を購入することになった。列に並びながら一人のアメリカ人男子と英語で会話した。私たちは主に将来の夢について語った。彼は4年生で、来年から海軍関係の仕事をすると言った。だから、卒業前の旅行はこれが最後という。そんな大切な旅行に日本を選んでくれたことが本当に嬉しかった。

　その後、短い滞在の間に、彼らは私の地元である静岡県浜松市にも遊びに来てくれた。浜松はとても住みやすく、自慢の地元だ。私は彼らを竜ヶ岩洞に連れて行った。その後、近くの川を散歩して過ごした。夜は彼らの大好きな海鮮系居酒屋へ連れて行った。彼らは日本の居酒屋が大好きらしい。私も好きなので、もっと日本の居酒屋の魅力を外国の

JackとJonnieと竜ヶ岩洞で

人々に伝えたいと思っている。その他にも、友達と彼らと4人でカラオケにも行った。私は自他ともに認める音痴で歌には自信がないが、楽しく歌って過ごした。さらに、名古屋港水族館へも行った。彼らは、私達のチケットを事前に用意してくれていた。彼らが日本に来るためにコツコツ地道に貯金をしてきたのだろう、と想像すると申し訳ないと思った。私も、実は一人暮らしをし、生活費は自分で稼ぎ、奨学金を授業料に当てている身なので、大学生でお金を貯める大変さは身にしてみてわかっている。そんな中、彼らが、貯金してわざわざオハイオ大学で知り合った友人を訪ねて、日本に来てくれたことを本当に嬉しく思う。きっと彼らは、オハイオ大学へ留学した私の友人らと、忘れられないほどの貴重な時間を過ごしたのだろう。それが人生や考え方に大きな影響を与えたのだろう。それが楽しかったのだろう。そうでなければ、高いお金をだして、日本まで友人を訪ねては来ないはずだ。留学の力というか、海外で異文化背景を持つ人と交流することが、とても意味のあることであることが分かる。

短い間であったが、彼らに出会えたこと、そして交流できたことをとても嬉しく、貴重な経験だったと思う。いや、すでに一生忘れない経験として心の中に残っている。彼らとは今も、LINEビデオなどで頻繁に会話をしている。互いに大学の勉強なども聞き合うこともある。この出会いと出会いのきっかけと作ってくれた私の友人らに心から感謝したい。本当にありがとう！

　私は2024年に1年間、カナダでワーキングホリデーをすることにした。以前から考えていたことだが、彼らとの出会いや私の日本人の友人らの成長を見て確信した。異文化での生活は私を成長させ、きっと一生忘れられない経験になると。それは、どんな苦労をしてもやり遂げる価値があると。きっとある。頑張れ、私。

（人文学部　英語英米文化学科在籍中）

p.s.　では、今日もラーメン屋でのバイトに行ってきます。帰宅は夜11：00です。自転車で30分の通勤は、冬の寒い雨の日は辛いですが、カナダへ繋がる道です。

オハイオから贈呈されたロタンダが乗るカトラーホールの屋根

第5章　Unit 5

Life Beyond Boundaries

"SO ENTER THAT DAILY THOU MAYEST GROW IN
KNOWLEDGE, WISDOM AND LOVE"

「汝、知識と知恵と愛を育むために日々この門に入れ」

-Alumni Gateway at Ohio University

A Testament to the Breadth and Depth of our Partnership

Gillian Ice

With my family at cherry blossom trees

It has been a great honor to share in the joyful celebrations of the 50th anniversary of partnership between Ohio University and Chubu University. I have been at Ohio University for close to 24 years and, over that time, my understanding and appreciation of this special partnership has grown each year as I learn more about the deep connection between Ohio and Chubu. The partnership has facilitated faculty, student and staff connections, shared research accomplishments, programmatic enrichment, and strong personal friendships. The stories and reflections shared in this volume are a testament to the breadth and depth of our partnership over the last 50 years. I believe my personal connections with Chubu are examples of the impact of this partnership for both universities.

My first personal connection with the Chubu-OHIO partnership was as a parent. My children's pre-school classes at the Child Development Center hosted annual picnics when the cherry trees, gifted by Chubu, bloomed. Since those first picnics, my family, like many Athens families, has enjoyed yearly picnics and many beautiful pictures by the sakura. As a fourth grader, my daughter came home one day and shared stories about her time with her Chubu "buddy". She learned more about Japan and learned about the art of origami. The Chubu Buddies program at East Elementary School was impactful for my daughter, Norah and her closest friend, Lilly who are still exploring aspects of Japanese culture. Beyond Norah and Lilly, I have met parents of children across Athens who have shared similar experiences. One of the many special elements of our partnership is the ways in which the university-to-university partnership has extended into the community.

As a long-term member of OHIO's University International Council, I learned more about the student and faculty exchanges and the Choki English Language program. It was clear to me then that this is a unique relationship for both universities and one in which the people involved have great pride. Hearing from my colleagues about their own Chubu connections, I was inspired to forge partnerships with universities around the world, seeing the connection, impact, and personal and professional fulfillment they bring. I have formed many partnerships over the years but, of course, it takes the dedication of many to develop and maintain an enduring partnership of this magnitude. I believe the strength of our connection lies in the involvement of many disciplines, regular celebrations of achievements, and regular recommitment to do what it takes to stay engaged. That all takes committed people.

In 2018, I had the opportunity to visit the Chubu campus as the director of the Global Health Initiative in the College of Health Sciences and Professions. I was certainly happy to make connections with academic departments and to bridge opportunities for OHIO faculty, but I gained so much personally. I had the opportunity to learn more about Japanese culture from Chubu colleagues and Dr. Chris Thompson, who was a Kohei Miura Visiting Professor at the time. Dr. Norio Hotta, who was my faculty host and a former Glidden Visiting Professor, inspired my research and teaching on aging and global health. I've used many examples from my experience at Chubu and Dr. Hotta's community connections in my courses! I was also thrilled that Mr. Takeshi Okajima arranged a special amigurumi lesson with Ms. Yuko Ono because I am an avid crocheter. Sensei Ono and I crocheted a small purple hippo, which still sits in my living room. We also shared different pieces that we had created or were working on and talked about our different cultures. Oh, her work is so beautiful! We are still connected on social media, and she still inspires my creative work. I cherish the memories of my time at Chubu and the personal and professional growth that I experienced because of it. Over the years, so many of the students, faculty, and staff of both institutions have had similarly impactful personal and professional experiences.

More recently, it was a pleasure to host President Yoshimi Takeuchi and his delegation at OHIO to celebrate the 50th anniversary in Athens. As we gathered with various faculty, emeriti, staff, and community members, I learned even more about the nuance and history of the partnership and the many connections over the years. One of the most impactful events for me was sharing lunch with many of the former Miura Visiting Professors. I spoke with current and emeriti faculty, including emeriti Dr. David Onley who visited 40 years prior. Even after this timespan, the experience had an impact on Dr. Onley and remained a vivid and fond memory. I have no doubt that the partnership will continue to have a lasting impact on the OHIO and Chubu communities.

As an anthropologist and global health professional, I cherish the power of cross-cultural connection and exchange of ideas. The OHIO-Chubu partnership stands as an exemplar of the power of such connection and exchange. The world is increasingly interdependent and the forces of globalization result in both connectedness and division. Now, more than ever, it is imperative to promote cross-cultural connections and idea exchange. I look forward to a bright future as we map out the goals and opportunities for the next 50 years of partnership between Ohio University and Chubu University.

(Interim Associate Provost of Global Affairs, Ohio University)

A Unique International Strategic Relationship with Chubu University in Japan Spanning 50 Years

M. Duane Nellis

With former President Ishihara in the tea house at CU

We celebrate this year an amazing and productive 50-year Anniversary relationship with our special partner, Chubu University. This relationship has been one of the more productive international partnerships in our university's history, and we reflect on this special relationship every spring, when the blooming of hundreds of cherry trees along the Hocking River adjacent to our campus, gifted to Ohio University from Chubu University in 1979 at Ohio University's 175th anniversary, and in 2004, when Ohio University celebrated its bicentennial, burst forth with their beauty. This relationship was further strengthened in 2004 with a gift in support the Yamada International House on Ohio University's campus. And in 2015 the annual Tanaka-Ohio Award for Excellence in Global Engagement was started.

From the very first moments of my presidency at Ohio University, I made international engagements and related partnerships a priority, and Chubu University continued to be an important strategic part of a highly successful and productive relationship. In fact, it was historic to have the president of Chubu University, President Osamu Ishihara in attendance at my Investiture Ceremony in the Fall of 2017. I was fortunate to return the visit in December 2018 with a delegation from Ohio University to Chubu University to meet with Chubu University's leadership, faculty, students, and to have dialogue with Chubu about ways to strengthen our ties, particularly in areas of international cooperation around research themes, such as in GIS (geographic information systems), which both Chubu University and Ohio University have faculty expertise.

To me, prioritizing international engagement at Ohio University is central to the development of our students as well-educated citizens of the global community. Chubu University not only offered our students and faculty the opportunity to gain tremendously from this outstanding institution, but also allowed Ohio University the opportunity to regularly welcome Chubu students and faculty to our Athens campus as part of our efforts to share languages and exchange other educational themes and ideas with our Japanese friends. Through these strategic partnerships with Chubu University, Ohio University is stronger as a global higher education institution.

When I visited Chubu University in 2018, I saw a dynamic higher education institution committed to creating a welcoming environment for our visiting students and faculty, as well as providing a cutting-edge curriculum that expands the knowledge of those involved in such a learning environment. And as I walked across the campus of Chubu University, I saw the depth of our partnership reflected prominently by the displayed replica of Ohio University's Cutler Hall cupola in the center of the Chubu campus.

I had the opportunity to visit and engage with Chubu students who had visited Ohio University as well as dialoguing with current Ohio University students having a study away experience at Chubu University. I was briefed too by Chubu scientists at state-of-the-art university labs and given the opportunity for strategic dialogue with Chubu University leadership including Chubu University President Ishihara and Chairman of Chubu's governing board, Atsuo Iiyoshi.

As is well known, Ohio University is one of the oldest public universities in the United States, and throughout our history, we have contributed to the success of our region, state, nation, and indeed the world. For the last fifty years of our existence, we have been engaging together with our friends and colleagues from Chubu University, touching the next generation of graduates from both institutions on the importance of collaborations, respect, and advancing human knowledge that improves the quality of life for all.

(President Emeritus and Trustee Professor, Ohio University)

"Transformational Partnerships" with Chubu University

Ji-Yeung Jang

At former President Yamashita's office,
Behind the president is the author.

One of the highlights during my time at Ohio University (OHIO) is the partnership with Chubu University (CHUBU). When I think of Chubu University, I think of "transformational partnerships," the term Dr. Susan Buck Sutton, Emerita Associate Vice President of International Affairs and Emerita Chancellor's Professor of Anthropology at Indiana University, introduced in 2010. According to Dr. Sutton, transformational partnerships "develop common goals and projects over time in which resources are combined and the partnerships are expansive, ever-growing, and relationship-oriented". While many international partnerships in higher education are transactional in nature, exchanging resources with specific goals in mind, the partnership with CHUBU was, in my opinion, transformational. This partnership was built with a vision, passion, and commitment that resulted in institutional legacy, a relationship based on trust, and most importantly, countless individuals who benefited from the transformational experiences from both sides. I was honored to foster and witness such transformation during my time at OHIO, which has now reshaped the way I approach institutional partnerships forever.

When the late Dr. Tomoyasu Tanaka initiated the relationship between OHIO and CHUBU in the early 70s, he envisioned a world where all live together as global citizens, respecting one another and expanding horizons. I believe that the 50-year-strong faculty exchange programs with CHUBU helped realize this vision. When I first arrived at OHIO in 2012, I had the pleasure of hearing stories of personal and academic transformation of OHIO faculty members who had participated in the Miura visiting professorship. The sense of honor and gratitude that these faculty members had for their experiences was deep. During my time at OHIO, I was excited to see the increase in applications for the program, not only in terms of numbers but also in the diversity of demographics and disciplinary backgrounds. What was even more exciting was that the short-term stays in each other's campuses led to research collaborations, frequent follow-up visits, and support for graduate and postdoctoral research. The faculty exchange program clearly created long-term institutional platforms for collaborative work.

Speaking of institutional platforms for collaboration, I was privileged to be part of the inception of the Tanaka-OHIO Award for Excellence in Global Engagement, which was created in celebration of the 40th anniversary of partnership between OHIO and CHUBU. The award recognizes faculty and staff at CHUBU for their outstanding contributions to internationalization efforts that help strengthen institutional excellence. Each year, the award winner is invited to visit OHIO during International Education Week (IEW), not only to participate in the formal award ceremony, but also to make connections with their counterparts at OHIO and further build academic and research partnerships. The award introduced the excellence of CHUBU faculty members in various fields that we would not have known otherwise and allowed those faculty members to deepen the institutional network. I have many fond memories of hosting these faculty members during IEW and I still stay in touch with some of them.

Under the broad framework of partnerships, it is ultimately the individuals that make connections and efforts to drive successful partnership outcomes. The faculty exchange programs and the award discussed above duly highlight the individuals that have advanced their work in their own field of study. At the same time, it is important to recognize that at the core of successful partnerships are the individuals who are working behind the scenes, sometimes going above and beyond to make things happen. The Chubu Relations Committee in collaboration with the Office of Global Affairs at OHIO helped cultivate a shared vision and ownership as well as accountability for partnership activities. Such a shared governance model created an opportunity to bring multiple campus stakeholders and offices into collaboration with each other.

I always enjoyed working with colleagues at CHUBU, from university executive leadership to administrative staff at the Center for International Affairs. They always demonstrated a deep respect, thoughtful and heart-felt hospitality, and administrative rigor and caliber. I was grateful that our CHUBU colleagues were generous with their time and attention to matters that were important to our students and faculty members. One of the strengths we shared with CHUBU was the considerable attention paid to sustaining regular communications with each other, managing ongoing programs and initiatives, developing common understandings, and exploring new opportunities. There was a deep-down commitment and trust that we would work through differences and offer support to each other regardless of the circumstances. To me, this impactful relationship is one of the most important products out of the 50-year history with CHUBU. My interactions with CHUBU helped reshape the way I view and manage international partnerships in my own work. Truly, relationships matter, and they transform the way we do our work, fostering collaborations and communications and further building alliance.

A visionary relationship with CHUBU which began 50 years ago through faculty exchange programs has now led to numerous high impact programs and activities that have transformed OHIO in significant ways. Together, OHIO and CHUBU have expanded the capacity for educating students, conducting research, and serving communities. Together, OHIO and CHUBU cultivated numerous global leaders and citizens, expanding horizons for many stakeholders as well as the institutions themselves and changed the outlook on internationalization in general. I have no doubt that both universities will continue to blossom in their historic partnership like the cherry trees along the Hocking River.

(Assistant Vice President for Global Affairs at Rutgers University)

The Quest for Intercultural Competence: A Never-Ending Dialogue

Gerry and Joung Hee Krzic

At Niagara Falls with Joung Hee

To achieve some level of intercultural awareness and intercultural competence, individuals must engage in a dialogue on two levels. First is the interpersonal dialogue with members of the culture where ideas are shared and discussed. Second is the intrapersonal dialogue where individuals reflect on their interpretations of this experience. Ideally, this dual process leads to a deeper understanding of different practices and perspectives, which is fundamental for achieving intercultural competence.

We are a husband-and-wife team. Both of us—Gerry and Joung Hee—have been engaged in a dialogue with Japanese culture since 1982 thanks to the cooperation between Ohio University and Chubu University. So, it seems fitting that this essay be written as a dialogue, reflecting the ongoing exchange of ideas and perspectives that characterize intercultural communication. You, the reader, are asking the questions. We have chosen them carefully and hope that they are ones you would be most likely to ask.

Q: To give us a little context, how did you first become involved with the Chubu-Ohio relationship?

Gerry:

I first became involved at Chubu University as a faculty member, teaching English there from 1982-1985. In 1986, I returned to teach at Ohio and directed the Ohio Study Abroad program to Chubu for the initial five years (1993-1998). This was followed by teaching in and directing the Chubu Choki (Long-term) Study Program to Ohio where Chubu students spend one semester studying language and culture at Ohio. Charlie Mickelson, the Director of the Ohio Program of Intensive English program at that time, gave me this latter opportunity and I continue to do so to this day.

Joung Hee:

I first went to Chubu with Gerry in 1982 when he was teaching there and took that opportunity to learn Japanese language and Japanese culture at the YWCA in downtown Nagoya because Chubu did not have a Japanese language program at that time. I remember riding my bicycle three times a week from the Chubu campus, through the rice fields to Jinryo station, a small station that had a very rural feel at that time. From there I would catch the train to downtown Nagoya. When we returned to Ohio, I attended graduate school and was hired by Charlie Mickelson and Barry Emberlin, the OPIE administrators, to be a counselor for the Chubu Choki (Long-term) Study Program, something I have greatly enjoyed. During this time, I was also hired by Dr. Keiko Koda to teach Japanese to Ohio students. When the Ohio Study Abroad program to Chubu began—a program in which OU students went to Chubu to study Japanese—Gerry and I accompanied them. For the first two years of the program, I taught some of the Japanese language classes to our OU students. All these opportunities, which allowed us to bring the Chubu and the Ohio students together, provided me with one of the most rewarding experiences of my teaching career.

Q: It sounds like your Chubu experience has had a great impact on both of your careers.

Gerry:

Without a doubt. I can't imagine what my life would have been like if I had not accepted that initial position at Chubu in 1982 – a long time ago. Because of that, I was able to learn about Japan and contrast life there with the other countries I have lived in, particularly Korea, where I served as a Peace Corps Volunteer. This made me decide to study Intercultural Communication for a Ph.D. and stay in the field of language education. It shows the transformative power of studying and working abroad.

Joung Hee:

"Shokuin shukusha," faculty housing at CU

It certainly did. I never imagined becoming a Japanese language professor when I graduated from my university in Korea. There, I majored in Korean Language and Literature and was prepared to be a middle-school Korean teacher for my whole life. But then, I met an American Peace Corps Volunteer who joined our middle school faculty. Of course, that Peace Corps Volunteer was Gerry. And after we married, my life was completely transformed. It took me on a path I would never have anticipated but I am certainly glad I did. I very much

enjoy teaching Ohio students and working with the Chubu students and creating opportunities for them to interact with each other, both inside and outside the classroom. These experiences underscore the profound impact of cross-cultural exchange and the doors it opens for personal and professional development.

Q: How have all these experiences shaped your perspectives? -- Your way of looking at the world?

Gerry:

I feel that my perspective on how to interact with people has widened. In the U.S., we tend to place importance on our personal satisfaction and on the information in our interactions with each other, in effect an "I" or transactional approach to communication.

But, in Japan, there is a tendency to be "we" focused in our interactions. So, while the information can still be important in an interaction, maintaining the harmony between you and the person you are with can be more important. In effect, an interactional approach – because you know you will likely have to interact with that person in the future.

Here is one brief example. When I was teaching at Chubu, I had been asked by a colleague to tutor a friend's son in English once a week. The boy was bright and a quick learner. When it was Christmas time, the family proudly brought out a Christmas cake during the lesson and asked me "What do Americans say before they cut the Christmas cake?" Not wanting to embarrass anyone by saying we don't have the custom of Christmas cake (at least I never experienced such a custom), I deftly said, "Oh we just say, 'Merry Christmas.'" That satisfied the moment and preserved the harmony in the room.

A week later, I taught about American holidays and described what Americans do during Christmas, Thanksgiving, and other important holidays in the U.S. At that time, I was able to say, "Usually, we don't have the custom of Christmas cakes in America, but instead we bake Christmas cookies." This seemed to be a more appropriate time to provide factual information. Thus, it allowed the student to learn about U.S. culture but in a way that avoided any embarrassment.

Joung Hee:

Well, the experience has certainly given a Japanese flavor to my way of thinking and has helped me to avoid making hasty conclusions and suspend my judgment until I have more information.

As a Korean, I know we share many similar customs and ways of thinking with Japanese people. But there has also been a controversial past between the two countries. I admit that I was a bit nervous about how I would be treated in Japan prior to going there for the first time in 1982. My initial experience made me nervous. After Gerry and I first arrived and were going through the Narita airport customs and immigration, I was pulled out of line and selected to undergo secondary screening while Gerry breezed through. I thought how am I going to be treated here? It was a bit of culture shock, but fortunately, once we got to Chubu and everyone treated us so nicely, I was able to relax. And then as time went on and my Japanese got better, I was able to make quite a few friends. In fact, now I greatly enjoy visiting Japan. Some of my very best friends are there, and all because of the Ohio-Chubu relationship. So, I have learned to withhold judgment until I have had more experiences to provide evidence and understand what was happening.

Q: *Any thoughts on how your behavior has been transformed?*
Gerry:

I learned to take some risks and step outside my comfort zone to interact with members of the other culture. This involvement can help reduce stereotypes.

For example, when I first arrived at Chubu in the 1980's, I met an elderly Chubu professor who played at the campus tennis courts that I would walk by every day on my way home. He invited me to join the local international Western folk dancing group of which he was a member. The group met twice a week in the evening for a few hours. I am not a very good dancer, so I was somewhat hesitant, but I also knew the importance of embedding oneself in the local community. So, I readily accepted for both Joung Hee and me.

When we arrived at the first session, the group was excited that the professor had brought a "Westerner" with him – surely the group was now truly "international." Also, because my family name immediately telegraphs my Eastern European descent, they assumed I was going to be a good folk dancer and teach them some new steps. Much to their disappointment, I was the worst dancer in the group – my left foot going where my right foot should have and vice versa. However, from this group, we made more friends, and I improved my Japanese. To this day, I don't remember any of the dances, but I do remember the people and the Japanese adverbs of direction (Mae; front); (Ushiro; back), and (Yoko; Side) I learned while dancing!

Joung Hee:

At Degawa kindergarten in Kasugai

I have developed into a more patient and empathetic listener over time. When students visit my office, I prioritize listening to their needs and concerns, and offer support and assistance to help resolve any issues they might be facing. This shift in my approach is significant as I was more impatient in the past. However, my experience of adapting to life in Japan has taught me the value of empathy and understanding.

This is the reason I have the Chubu students come to the weekly International Conversation Hour, sign up for a Conversation Partner, and visit my Japanese language classes. By fostering these interactions, I hope to alleviate feelings of loneliness, facilitate cultural exchange, and expand their social network beyond their Japanese peers.

This is all the result of my own intercultural experiences and the lessons I have learned along the way, particularly the experiences I had when I lived in Japan.

Q: Any final thoughts?

Gerry and Joung Hee:

Gaining intercultural awareness and developing intercultural competence is a process that takes time and requires dialogue, both with others and within yourself. But the rewards can be immense as you broaden your perspectives and increase your behavioral toolbox.

Many of our former students have gone on to have rewarding, international careers in Japan, the U.S. or third countries. We are honored to have played a small part in this process and are happy to have shared our experiences in this brief dialogue.

We hope the Chubu and Ohio relationship will continue serving as the fine mechanism that it is; one that fosters intercultural dialogue between citizens of both our nations.

(GK: Director of the Ohio Program of Intensive English/Chubu Choki Program, Ohio University)

(JHK: Chubu Choki Program Counselor/Advisor, Ohio University)

The Impact of Experience Abroad

Susan Gilfert

My decision to go overseas was because my father, Dr. James Gilfert, was the first exchange professor between Ohio University and Chubu University (at that time, Chubu Institute of Technology). He went to Japan by himself from September to December 1973. We, the rest of the family (my mother Sara, myself, and my two brothers Ted and Charlie), joined him for his final month. He had written letters home about his initial loneliness and isolation, which prompted him to study Japanese language several hours per day. My reaction on landing at the airport was, "Wow, I can't read anything here! The people look homogeneous! I've

With Chairman Kohei Miura and President Kazuo Yamada

got to come back!" On the drive to Nagoya from Haneda—yes, he chose to drive rather than take the shinkansen—he kept us and himself awake by telling us various anecdotes of his life in Japan.

Our family hosted a Japanese student, Harumi, in the summer of 1974. She was an undergraduate student at Kinjo University in Aichi-ken. Harumi got involved in our busy family life, learned to ride a mini-bike, and helped paint the kitchen—that year's summer project. Her presence in our lives only encouraged me in my ambition to return to Japan. I went to her wedding in Kyoto in 1984, and her family and ours have maintained our friendship to this day.

I went to Japan as an exchange student in the summer of 1976. I had a homestay in Okayama, near Hiroshima. The family had just returned to Japan from a couple of years in Massachusetts, so communication was not a problem. One of our family excursions was to the Hiroshima Peace Memorial. This was 1976, so foreigners were rare. As my homestay family and I walked through the museum exhibits, I noticed people staring at me. Parents pulled their children behind them, so the children could not see the foreigner. Our trip back home to Okayama in the car included some sobering discussions. I maintained my ambition to return to Japan.

I got a Bachelor's in Education from Ohio University in 1979, and decided to apply to Chubu as an English a Second Language (ESL) teacher. The committee kindly looked at my application and told me gently, "We only hire faculty who have a Master's degree or better."

"Oh," I said. I enrolled in Ohio University's School of Linguistics in 1980, completed the MA-Linguistics/ESL degree, and went back to the committee in 1982.

"Oh," they said. "You want the position enough to invest in this degree?"

"Yes," I assured them. I started at Chubu in September 1983, the next available opening.

This determination to succeed in my goal helped me through my first years of living abroad. It was lonely at first. But a Chubu administrator had the brilliant notion of assigning me a friend. Ms. Kasumi Horii, an office worker, met me every Wednesday, took me grocery shopping, and explained what I saw on the shelves. Then, we returned to my apartment to cook dinner. Kasumi was already nearly bilingual. Her friends Masumi and Tomoko often accompanied us in the shopping and meals. Our conversations were mixed Japanese and English. As my Japanese got better, their English also became more fluent. After a year, Kasumi was needed more at home and the office, so our visits became less frequent. But I had gained confidence and familiarity with my neighborhood, Kasugai, and myself.

This confidence would prove to have long-lasting effects. In the mid 1980s, foreigners were still somewhat rare in Aichi-ken. I am female, blonde, with green eyes. I was certainly stared at as I walked down the streets or rode the train. Schoolboys would shout "I am a pen!" or "He is a girl!" at me as I waited for the bus to Chubu at Kasugai terminal. The meaning of these random remarks puzzled and concerned me, so I asked Kasumi. She explained that English classes

My family meets the founder of Chubu University, Dr. Kohei Miura

in Japanese schools taught simple sentences such as "He is a boy," and "This is a pen." The schoolboys were having fun with their lessons in a way that made sense to them. After I understood the boys' remarks, I found them amusing. The broadening of my understanding in this and many other ways assisted me in the way I thought about the changes I was experiencing, in the way I acted and reacted, in my communication skills, and in my career and life.

Over time my values began to encompass more Japanese values. I became more aware of the measures taken by Japanese society for the elderly—the beeps at crosswalks in addition to visual crossing signals, for instance. I became more aware of energy conservation, particularly with the heating or cooling of rooms but not hallways. In turn, I celebrated Western holidays and customs in my classrooms. At Chubu, I organized a Halloween party and costume parade for my class, and we went trick-or-treating at another teacher's class. At another Christian university decades later, I also organized Christmas caroling of my classes to other classrooms.

I stayed at Chubu for three years, then left to accept a Fulbright scholarship to Malaysia in 1986. I returned to Japan in 1989, to a language school run by Kawai Juku. At that institution, I discovered the confidence to become an administrator, and learned something of the mystery of Japanese meetings. In my previous experience, meetings were places to discuss ideas and make decisions. At this institution, meetings were places to announce decisions made by higher administrators. Decisions announced in these meetings were not always understandable, or acceptable. I learned the value of nemawashi, to speak privately before meetings with colleagues and understand how and why decisions were made. As the administrator of my unit, I then passed on the decisions to the native English teachers I supervised. We teachers discussed the decisions, and decided which to protest, which to work to change, and which to accept. I strove to maintain communication channels among all sides, even when it was difficult. This practice was one which I maintained even after I left the language school.

By the time I retired from teaching in Japan in 2014, I had over 15 years of teaching experience, and at least half of those years were as unit administrator. My retirement was hastened by the 2013 death of my father, who had first piqued my interest in Japan. With him gone, I felt drawn by my Japanese-influenced values to return home to Athens and take care of my aging mother, now a widow and home alone. I learned the patience to listen before I spoke, to speak with confidence when I had something to say, and to be as inclusive as I could manage. My cross-cultural understanding increased with every job I took and every person with whom I interacted. I hope that I passed my learning, patience and understanding on to my colleagues and students.

(English Instructor at Chubu University, 1983 to 1986)

Significance is Behind the Scenes: Miracles and Heart-Warming Stories

Tadashi Shiozawa

Chubu University and Ohio University have exchanged countless students, professors, and gifts since 1973, marking 50 years of collaboration. Chubu sent over 2,000 undergraduates and 95 graduate students to Ohio University, while receiving 270 undergraduates and 45 Kohei Miura visiting scholars. Ohio University recently celebrated this partnership with symbols of friendship, including Friendship Park, the Japan Pavilion near the Convocation Center, and the 50 cherry trees from Chubu. Chubu University constructed the Krzic Lounge with an image of the OU campus, a gathering place for local and international students.

International Education Week at OU

The true significance and value of our partnership lies in the behind-the-scenes interactions. Dr. Krzic and I have compiled this essay collection in English and Japanese, capturing the experiences of those who spent time in Athens or Kasugai. Testimonials reveal life-changing impacts, expanded perspectives, and diverse career choices, with some individuals even choosing to marry Ohio or Chubu graduates and live in the U.S. or Japan.

Unique to our friendship is the year-round presence of faculty members from both institutions over the last 50 years. We have faculty members who graduated from OU or Chubu teaching every day on both campuses. We've built trust in each other this way. This means that we, including students, are assured of being welcomed, protected, and helped whenever we visit each other. That is a privilege that we cannot see at other institutions.

I learned just before the visit of the Chubu delegation to the Ohio University campus in November 2023 that the first visiting professor from OU, Dr. James Gilfert, had included a clause in his will to have some of his ashes interred on the Chubu campus. An interment ceremony was conducted in the fall of 2023 with the presence of the President of Chubu University and other administrative members.

The person who brought Dr. Gilfert's ashes to Japan was not a member of the Gilfert family who were unable to travel due to age-related medical conditions. Instead, it was Mr. Akihisa Hamabuchi, a former student of Susan Gilfert, Dr. Gilfert's daughter. Mr. Hamabuchi, a Chubu graduate from the 1980s also earned two master's degrees at Ohio University. He undertook this task to show both appreciation and respect for the Gilfert family, who warmly assisted him during his studies at Chubu and Ohio. Such a heartwarming story, extremely rare in most international university collaborations, is a result of the 50-year partnership between Chubu and Ohio.

Additionally, plans are now underway for a 30-year reunion for members of the first Chubu semester-long study abroad program at Ohio. Students have not forgotten this life-changing experience 30years ago in 1994 and have discussed including their family members as well. Their love for Ohio University is as strong as the love that Ohio students have for Chubu University.

I would like to extend our gratitude to Ohio University for being our partner. I believe Chubu and OU have had a profound impact on each other. Let's see what it can bring about in the next 50 years. We may not be alive to witness it ourselves, but some of our future students will, and some of our ashes might also.

(Professor, Director of the Center for International Affairs, Chubu University)

Looking Forward to Another 50-Years!

Christopher S. Thompson

First. congratulations to Chubu University and Ohio University on a 50-year academic partnership. I venture to guess that there are few universities in America that have as long of a sustained partnership with any partner university in Japan. We should recognize the uniqueness of this accomplishment.

It is my sincere pleasure to congratulate the students, faculty, administrators, and staff at Chubu University and Ohio University on 50-Years of outstanding collaborative activity, which has included many distinguished research and educational partnerships. I can honestly say that my career as a Japan Specialist at Ohio University wouldn't have been possible or as rich without the interest and support of my many colleagues at both universities, especially Chubu University. Since I arrived at Ohio University in the fall of 1998, I have sensed a special synergy between our two universities that has produced many great mutual achievements that doesn't show any sign of abating both professionally and personally. As an example of the latter, the touching outreach I received upon the passing of my late son Wesley (2020) and my late wife Erin (2023) from Chubu friends and colleagues (as well as my associates in Athens) will never be forgotten. Both Wesley and Erin (as well as my daughter Bailey) have visited the Chubu campus. I am also truly thankful for the countless numbers of our students - American and Japanese - who have inspired and motivated my research and creative activity at both universities. I am sure that at the foundation of the CU-OU relationship is a profoundly unique bond that is shared by few if any U. S. – Japan educational partnership for which our founders at both institutions are sure to be proud. I only wish for my colleagues at both universities 50 more years of this wonderful relationship!

The first time I ever visited the Chubu University campus was in the fall of 1998. I inherited the job of directing the Japanese study abroad program from Gerry Krzic. Joung Hee Krzic was the first Japanese teacher from Ohio University to take students to Chubu for the first two years of the program, as I remember. Subsequently, Miki Ueda, an OU graduate (MA in Applied Linguistics), was employed by Chubu to further develop the Japanese as a second language program. This first group of OU study abroad students and the second group included such distinguished current Chubu faculty members such as Professor Greg King! A few years ago, we had the nephew of one of the members of King-sensei's first cohort as a "second generation" member of one of the groups I was bringing to Japan. How many study abroad programs can boast this type of continuity? Not many!

As a professor, the CU–OU connection and programming has been a way to maintain my Japanese language skills and connection with Japan through the many colleagues in the Japanese Program, the Center for International Affairs, and in many other offices and faculties across the campus. As a scholar, it has been a base from which to launch many experiential learning and fieldwork research projects. The Asuke homestay project, educational trips to Hiroshima, and the Tsunami Volunteer Project Iwate are three examples. Chubu faculty and students have accompanied us to Iwate for this latter project over many successive years. But most of all, CU has been a place where all the people, ranging from the faculty, dorm managers, and administrators and of course Presidents and Chairmen, have taught me so much about life, relationships, and loyal friendships. The support the CU community has extended during the personal tragedies my daughter and I have been faced with has been nothing short of unbelievable. For me, the Chubu University – Ohio University relationship has made my life in Athens complete!

Chubu University, thank you very much! I am hoping for 50 more years of creative collaboration so the next generation of Ohio University students and faculty can enjoy more benefits of this unusually fruitful relationship and friendship story. I'm looking forward to visiting again perhaps this summer!

"Looking Forward to Another 50-Years With Chubu University Faculty, Administrators, and Students!" 中部大学の教職員と学生の皆様、これからの50年もよろしくお願いします。

(Professor of Linguistics, Japan Study Abroad Coordinator, Ohio University)

A Rare International Partnership
with so Much Care and Efforts

Taka Suzuki

At the 50th anniversary celebration gala

In the summer of 2009, I was granted the opportunity to spend two months in Kasugai as the 35th Kohei Miura Visiting Professor at Chubu University. As a political economist who studies about advanced industrial democracies, I was researching at that time how governments were responding to the Great Financial Crisis of 2007-8, and asking more broadly whether a global economic crisis of this magnitude would lead to the same kind of changes that we witnessed in the wake of the Great Depression. My time at Chubu provided me with an invaluable opportunity to explore these questions in depth in the context of Japan.

For much of that time, I was joined by my wife and two children, and we had a wonderful time exploring the area. Although Chubu University is located near Nagoya, a major city in Japan, there were parts of Kasugai that felt more like the countryside. On the trip to the local supermarket, we would walk between rice fields marveling at the little frogs that were hopping across the pathway. And in the mornings, we would wake up to the sounds of Tsuchiya Sensei (then Director of the Center for International Affairs) and his colleagues playing tennis right below the visiting faculty guest house.

It is hard to convey to those who have never been to Chubu University just how much effort and care the people there put into their relationship with Ohio University. During our stay, the various members of Chubu's Center for International Affairs were always taking care of us, helping us make the most out of our experience in Japan. To this day, our family fondly recalls the time when Amy Oya and her husband took us for a wonderful dinner at an Okinawan restaurant that served *goya champuru*. Who could have imagined that bitter melon and spam would pair so nicely?

In closing, it is important to note that the kindness and care that we received at Chubu University extended all the way to the very top. My wife and I recall very fondly being invited to Chairman Ohnishi's home to experience a traditional Japanese tea ceremony, which was then followed by a delightful dinner prepared by a guest chef from a traditional Japanese restaurant. We were joined by other members of Chubu's leadership, and throughout the evening Chairman Ohnishi regaled us all with many wonderful and detailed stories of his time spent throughout the years with various people from Ohio University. It is very rare to find an international partnership between two universities that is as long and extensive as the OU-Chubu partnership, and I am grateful that I was able to spend a special moment with one of the key figures that has made this possible.

(Professor, Director of Asian Studies Program, Ohio University)

Time, OPELT, and Dr. Niwa

John W. Miller

At the end of the spring quarter in 1989, I had finished my first year as an OPIE intern. It was the most fun I'd had as a teacher since serving in the Peace Corps as a high school English teacher in rural Liberia. But as an intern, I knew I had just one year left on my two-year contract, a contract that could not be renewed. I needed to start looking for another job. Then fate intervened.

During the spring of 1989 there had been rumors that a new program was under development. Then, in a faculty meeting at the end of the Spring Quarter, Charlie Mickelson, the OPIE Director in those days, made a portentous announcement. OPIE and Chubu University, Ohio University's sister-institution in Japan since 1973, had put together a joint program called the Ohio Program for English Language Teaching, or OPELT. The program would be based at Chubu University's Kasugai campus and jointly administered by both Chubu and OPIE. OPELT would launch in March 1990 and personnel needed to be hired, including a program director, an associate director, and three classroom teachers.

With my colleague Gerry and a student from CU, Hikaru

OPIE would administer the hiring process.

I decided then and there to throw my hat in the ring for one of those jobs. I'd directed a university program in Korea, and before that, I had coordinated a Peace Corps training program in Liberia.

"I can do this," I thought, but quickly forgot all about it as the demands of planning and grading fillded my days.

Then, one day in August 1989, Charlie Mickelson called me into his office. Barry Emberlin, the Associate Director of OPIE was sitting next to him. I knew something was up.

"Sit down, Miller," said Charlie. "How'd you like to be Associate Director of OPELT."

I gulped. "Okay. When do I start?"

"Curriculum development is one of your responsibilities," said Barry. You can get started on that aspect of the project…" He looked down at his watch. "Now."

I was awarded an hour of release time from teaching responsibilities for the Fall Quarter of 1989 to design the OPELT curriculum. By the end of December, I had put one together. It was really just a prototype and almost certain to change. No one really knew what OPELT would eventually become.

Time has a habit of marching on, and the date of departure soon arrived. I would not go directly to Japan, but would first attend the TESOL Convention in San Francisco from March 6th to the 10th, and then head for Japan on March 11th.

On March 5, 1990, I kissed my wife, Sunhee, goodbye at the Columbus airport. It was a sad farewell. We had been married for only three years, so it was after much discussion, that she decided to stay in Athens and continue studying for a bachelor's degree in Computer Science. In the end, we felt that it was for the best. She could come over to visit during breaks and I would spend my summers in Athens. But my heart was heavy as I found my seat on the plane and headed for San Francisco.

Upon arrival at the convention, I quickly transitioned into my new role as an OPELT administrator, for it was at the convention that I met my new boss, Dave Hopkins. Dave had just finished a teaching gig at the University of Nevada-Reno, Tokyo. He had managed programs in Brazil, Thailand, Egypt, and Botswana. We hit it off immediately and spent a good portion of each day making plans for OPELT. One of my tasks was to begin purchasing books for an OPELT library. Chubu had given us a generous budget of $8,000. And I must admit it was a lot of fun—maybe the most fun I've ever had a convention. $8,000 was a lot of money and it wasn't coming out of my pocket. So with Dave's help, I purchased several hundred books related to language learning, teaching, and culture. One day while browsing through one of the publishers' booths, I bumped into Gerry Krzic, an OPIE colleague who had taught at Chubu University before joining the OPIE faculty. He was not just an OPIE teacher, but also a doctoral student in Communication Studies at OU.

"Hey, Miller!" he said. "Here's a book you ought to carry around with you the whole time you're in Japan," and handed me a copy of *The Silent Language*, a seminal work on culture by Edward T. Hall, published in 1959 by Doubleday.

I'd heard of Hall and his works. He'd written several books about culture, but *The Silent Language* was the most famous. I took Gerry's advice seriously and decided to buy the book with my own money.

"Open it to page nine," Gerry said. "It'll come in handy some day." I turned to the page, but it said nothing about Japanese culture. The only thing even remotely related to Japan was a paragraph about punctuality and how Americans tend to be obsessive about it. I knew that both our cultures respected punctuality. In fact, I considered myself the epitome of punctuality. What, I asked myself, does page nine have to do with Japanese culture or me? I would soon find out.

I stuck Hall's book in my bag and continued scouring the publishers' exhibits. But, alas! All good shopping sprees must end. TESOL ended on March 10, and early the next day, Dave and I flew to Japan. We were the first members of OPELT to arrive. The others would not get there until the following week.

Upon arrival in Nagoya, we were greeted by Dr. Tomoyasu Tanaka, the Director of International Programs for Chubu University. On the following day, Dr. Tanaka escorted us to the Chubu campus and introduced us to Dr. Yoshinobu Niwa, Director of the Language Center. OPELT would be under his auspices. Dr. Niwa was a well-respected scholar of Anglo-Saxon historical linguistics. His sage advice and guiding hand would help us navigate the waters of this new academic environment. Dr. Niwa never interfered so long as we kept him in the loop. His favorite catchphrase was, "It's up to you."

As Dave and I settled into the OPELT office at Chubu and into our furnished apartments, we were impressed by our accommodations and support. We were raring to go.

On our second day at Chubu, Dr. Niwa informed us that there would be an English Language faculty meeting the following morning at 9:00. He asked us to give a brief presentation about OPELT to the group. Unfortunately, there was a scheduling conflict. Dr. Tanaka had already asked Dave to accompany him to a meeting with the Chubu University president, Kazuo Yamada.

"I can't go with you," Dave told me, "But you can handle it. It's up to you."

I guess he was channeling Dr. Niwa with that response. Yes, it was up to me. And I was nervous. I spent the rest of the afternoon and into the evening using the HyperCard application on my trusty Macintosh SE30 computer to create presentation slides for the overhead projector. This would be my first opportunity to meet Chubu faculty members. I wanted to make sure I made a good first impression.

Just before Dave left the OPELT office that day, he stood by the door and said:

"Good luck tomorrow! But remember, you have only one chance to make a good first impression."

"Ha Ha, Dave!" I yelled as he walked out the door.

A few seconds later, he stuck his head back in and said, "Just kidding! I'm sure you'll do great."

Still, I was worried. It would be another three or four hours before I felt ready to head for home. Dave and I had been taking the university bus to and from campus, but that bus had left hours earlier. I still wasn't sure how to use the public transportation system, so I made the 30-minute walk back to the apartment on my own.

At 6:00 the next morning, I locked the door to my apartment and walked back to campus. After arriving at the OPELT office, I went to an empty classroom down the hall and spent the next couple of hours practicing my presentation.

"Good enough!" I told myself, after a third run-through. Better than good enough. It was going to be a great 10-minute presentation. Or so I thought.

As I walked back to the OPELT office. I checked my watch. It was 8:30. Plenty of time. Before leaving the night before, I'd dropped by the room where the meeting would be. It was in the next building and had an overhead projector in working order. I'd also timed my walk, so I knew exactly how long it would take to get there from the OPELT office. Five minutes.

Once I got back to the office, I sat down and checked my watch again. It was 8:40. Still plenty of time. I stretched out in the chair and relaxed. At 11 minutes to 9:00, I gathered my things and strolled over to the meeting room. I walked slowly. I wanted to be totally relaxed when I arrived. This time it took six minutes to get there. No worries. Before opening the door, I checked my watch again. 8:55. Perfect.

"Five minutes early," I thought as I walked through the door, expecting greetings and welcoming smiles. But that was not what happened. Seven middle-aged Japanese scholars were sitting in stony silence around the conference table. Dr. Niwa was standing next to the blackboard, his hands clasped behind him as he stared at the clock on the wall, and then at me. The room itself was bathed in an atmosphere of silence. This was not the welcome I had expected. I wouldn't call it hostile, but a strong aroma of exasperation seemed to permeate the room. I turned to look at the clock. It was 8:56.

"Ah, Miller-sensei," said Dr. Niwa. "It is good to see you."

I mumbled a greeting and nervously set up the OHP.

"Thank you for inviting me, Dr. Niwa," I said once I had everything ready. "May I begin?"

"Of course," he said.

I looked up at the clock. 9:00 AM. On the dot.

I don't remember much about that presentation, but by the time I'd finished, everyone had loosened up. We had a lively Q and A afterwards. The group asked many questions and I did my best to answer them. However, I do recall a remark I made before ending the session.

"My OPELT colleagues and I are here to teach English to your students—our students—but language is more than vocabulary and grammar. We must also do our best to help them learn about culture and cultural differences. They will make mistakes, as we all do, but mistakes aren't bad if we have awareness. Knowing that we've made a mistake helps us to learn. If students and teachers work together, they'll develop an understanding of cultural norms. They'll also become aware when a mistake is made, and will forgive the mistakes of others. I hope you will continue to forgive my mistakes, as you have today."

Poster announcing the new semi-intensive English course at CU

They all smiled and applauded. Then I shook hands with each of them and we chatted for half an hour afterwards.

When I got back to the OPELT office, I reflected on the morning.

"Arriving five minutes early to a meeting has a different meaning in Japan," I said softly to myself. "I was five minutes late, not five minutes early!"

I picked up Edward T. Hall's book and read page nine again, but this time with a keener awareness of its implications.

Most Americans, wrote Dr. Hall,

…feel very strongly about time because we have been taught to take it so seriously. We have stressed this aspect of culture and developed it to a point unequaled anywhere in the world, except perhaps in Switzerland and north Germany.

"I think," I said to myself, "he forgot to include Japan."

(Associate Director, OPELT, 1990-1992; Director, OPELT, 1996-1999)

40 Years in Athens

Teruhisa (Terry) Masada

Golden Gate Bridge in the back

I am honored to contribute a short essay on the 50th anniversary of the Chubu University-Ohio University friendship. I arrived at the Athens campus of Ohio University in June of 1983 as an exchange student from the Chubu Institute of Technology. The first few months in Athens were rough, as I struggled daily to become accustomed to the language, food, currency, and traffic patterns in the U.S. It was also a period of rapid personal growth. Living in Boyd Hall, I met graduate students from all over the world and realized quickly how ignorant I was about other cultures and how we humans are all fundamentally the same. The first American student I befriended was a young man who was into geology and karate. He asked me which martial arts I excelled at. When I replied that I practiced none, he could not believe his ears. He thought all Japanese men had to be good at one type of martial arts. He took me to his family home one weekend, where his grandfather taught me how to load and shoot a rifle.

During the first academic term, I met a graduate student from Indonesia. He was older, smart, and married. I noticed that he acted very cool toward me for a while. Later as we got to know each other, I learned that he grew up listening to his grandfather's dark stories about what happened in Indonesia during WWII. This experience made me have mixed feelings about Japan's past.

As the initial excitement of living in the U.S. wore off, I got homesick occasionally. I dealt with this by writing letters to my parents, reading manga books, and going to a local Chinese restaurant called Lam's Garden. As far as my English abilities were concerned, I had to immerse myself in the language 24/7. Once I learned how to think in English, everything became easier. I obtained a master's degree in Civil Engineering in early 1986. Then, I secured an entry-level civil engineer's job at a consulting firm in Dayton, Ohio.

It has been about 40 years since the first day I walked on the campus of Ohio University as a young naïve guy. You can still find me living in Athens and working at Ohio University. I never moved back to Japan. I managed to obtain a doctoral degree and become a faculty member of Civil Engineering in 1996. This position at Ohio University allowed me to educate many young students, serve my department and college through committee activities, and travel to many conferences. Also, I got married in Dayton and raised my daughter here in Athens. My life has been totally impacted by the close relationship forged between these two fine universities. I have become somewhat Americanized and lost a lot of my Japanese language skills. However, I still call Japan my home and regard Japan as one of the most beautiful and special places on Earth.

One last thing I would like to mention is that I spent valuable time with Dr. Tanaka when he was working for the Physics Department at Ohio University. We all owe the late Dr. Tanaka a great deal for his vision and leadership.

(Professor, College of Engineering, Ohio University)

My Thoughts on the International Exchange

Timothy Hoffman

In the twenty years since returning to the United States after living and working in Japan for over a decade, I have had countless conversations with many young teachers in the schools at which I have worked here in Virginia. Many of my younger colleagues have asked me about some of the professional choices I have made throughout the years, hoping to pick up on any tips or advice they might use to help guide them along as they continue through their careers. Usually, at some point in these conversations, I unwrap like a precious keepsake the following sentence: The opportunity to teach in Japan and to accept a

position at Chubu University was one of the best decisions I have ever made.

The exact impact of those six years—during which I had worked as an instructor in and the director of The Ohio Program for English Language Teaching (OPELT) at Chubu University—on the way that I think and on how I have performed later throughout my career is difficult to describe in a brief essay.

The connections and relationships created by the partnership between Chubu University and Ohio University are difficult to fathom, but they are precious. The changes in me during those years at Chubu University— developed through the enriching work relationships at that time—are deeply ingrained in me. I am the person I am, and I think and act the way I do largely because of the experiences I had teaching and working with my colleagues at Chubu University during those wonderful years, 1998 to 2004. I cherish the memories of all those with whom I had worked during those years.

I had come to the Chubu University campus as a new hire with several years of work experience in Japan: two years in the JET program in Hokkaido, and nearly four years as instructor at the Ohio University-affiliated Komaki English Teaching Center (KETC). This prior experience aside, my time at Chubu University was pivotal in shaping me in many ways.

First, my time working with others in the OPELT program helped me to understand my professional responsibilities as a member within a large organizational structure. As one of the OPELT instructors, I was not only representing my alma mater, Ohio University, but also I was connected directly to the Chubu Language Center and was a part of the larger Chubu University faculty and staff; every task I was involved in and decision I made reflected not only on me but also on the others with whom I worked, both on the Chubu University campus and back at the OU campus in Athens, Ohio. More than any other job I had had up to this point in time, working at Chubu University taught me the importance of meeting one's professional responsibilities with a serious intent.

Secondly, I gained my first educational leadership experiences at Chubu University when I accepted the position of Director of the OPELT. John Miller, who was the OPELT Director when I started at Chubu University, was the perfect model of an educational leader for me. He and Professor Shuji Yamada mentored me during my time at Chubu. And those leadership experiences I had when working with colleagues in OPELT, at the Language Center, and with others at Chubu University involved a number of tasks, such as registering students for PASEO classes, crafting OPELT instructor schedules, coordinating with Ohio University OPIE program faculty, overseeing curriculum design, collaborating with Chubu University officials and faculty on study-abroad partnerships between Chubu University and Ohio University, and assisting with exchange programs between students of those two universities. It's not my wish to sound like a resume transcript; instead, I want to reflect on how all of these tasks helped shape me as a career professional educator and teacher leader who later, after returning to the US, was able to utilize the skills learned at Chubu University to be an effective high school English as a Second Language (ESOL) teacher, an ESOL department chair, and a middle school assistant principal in one of the largest public school districts in the United States, Virginia's Fairfax County Public Schools. My strengths in these positions were a direct result of the experiences gained at Chubu University.

Not to give the impression that all those years at Chubu University were sublime perfection, there are wishes I have that were I given the chance to do it again, I would have done a better job at devoting more time to what my supervisors at Chubu University might have wanted of me. I would have made myself more available to help them, would have more clearly demonstrated my dedication and commitment to Chubu University, and would have tried to be a more effective contributor to the team by working harder to achieve the goals and objectives of the organization.

I am very happy to submit this essay to be included as part of a celebration of the fruitful and important 50-year partnership between Chubu University and Ohio University. Congratulations to one and all involved! I am just one of countless people—current and former students, staff, faculty, and others in the Chubu University/Ohio University communities—who have benefitted from this historic bond.

The truth is that, for me, the Chubu University/Ohio University partnership remains much more than a work experience. When I first entered the Chubu University campus as an instructor in the OPELT program in 1998, I was in my first year of marriage. In 1994, I met the woman whom I would marry in Komaki. Miyoko, my wife, had just graduated from Chubu University, with a degree from the College of International Studies when I started at Chubu University, and our son was born not long after I started teaching at Chubu University. We're still happily married today.

And just yesterday we learned some wonderful news: it looks like our grandson may very well be starting as a first-year high school student next spring at Chubu University's Haruhigaoka High School. He is hoping to one day attend Chubu University with thoughts of being a teacher in the future. In sum, the connections and relationships created by the Chubu-Ohio partnership are difficult to fathom, but they are precious.

(Former OPELT Director, 1999-2004; instructor, 1998-1999)

It Really Changed My Life

Greg King

With Chubu students at CU in 1993

On September 30, 1993, I stepped off an airplane at the Nagoya Airport in Komaki. I remember exiting the airport and looking over to see a large sign written in kanji and thought to myself, "This is going to be an interesting quarter." Little did I know, that 30 years later I would still be using that airport, albeit for domestic flights only and would be taking Chubu students to Iwate. More on that later.

I was one of the first participants in the study abroad program from Ohio University to Chubu University. It was a difficult but very rewarding quarter. We stayed in the south dormitory on campus, and it was great to interact with the Japanese students who were living there. I had such a good time, I returned again in 1994 for another quarter of study. This was the same year that the rotunda was placed near the library. This helped me to understand how strong the relationship between Ohio University and Chubu University had become. Now, on the 50th anniversary of this relationship, we can see how it has remained strong.

During the first two years of the study abroad program at Chubu University, Gerry Krzic was with us the entire time. I remember on one of our trips, I believe it was to Inuyama, we were looking at the *karakuri ningyo*. I asked a question about something, and Gerry acted as interpreter smoothly asking my question and then relaying the answer to me. I thought I would never be able to attain such fluency in this difficult language. Although my Japanese isn't great, I am happy to have reached a level where I can communicate fluently enough to be understood.

My time at Chubu University had a large and positive impact on me. I wanted to see more of Japan, and I did in 1996 after graduating from Ohio University. I moved to a small town in Hiroshima Prefecture to take part in the JET program. After two years in Hiroshima, I returned to Ohio University to further my studies in Linguistics. It was there that I met Chris Thompson.

Once I had graduated from Ohio University again in 1999, I was back in Japan. I was back where I started—Chubu University. I had gotten a job in the Ohio Program for English Language Teaching (OPELT) and was teaching in the Preparation for Academic Study in English Overseas (PASEO) program. As I was teaching those courses, I was also working with Chris Thompson with the students that were coming from Ohio University to study at Chubu University. It was great to be able to be a mentor for them. During my time in OPELT, I worked on my first textbook with Tadashi Shiozawa. Soon after, I would join him in the Department of English Language and Culture where I remain to this day. I never thought I would be spending most of my life living in Japan.

In 2011, the Great East Japan Earthquake occurred. With the leadership of Chris Thompson, we were able to take the group of students who had come to Japan to study to Iwate Prefecture to assist with the cleanup. We have continued this trip in various forms along with students from Chubu University.

I am also pleased that I can visit Ohio University often when I chaperone our students during their annual autumn semester study abroad program. The semester prior to the program, I am fortunate enough to orient them about life at Ohio University in one of my Chubu classes.

As you can see, the relationship between Chubu University and Ohio University has had a profound impact on my life. I'm very happy to have been a part of this relationship and look forward to developing it further.

(Professor, Department of English Language and Culture, Chubu University)

Impact of Chubu Program on My Life

Kristin Krzic

My experiences assisting with the Chubu University program have shaped my personal and professional life and have directly influenced my becoming a public-school teacher.

With Chubu students

Since I was young, I remember being with my parents (Gerry and Joung Hee Krzic) when the Chubu students first arrived on Ohio University's campus and greeting them as they disembarked from the bus to begin their semester adventure in America.

As the students sat quietly during the initial meeting before checking into their residence halls, I had to withhold my excitement as I wanted to talk with them to learn more about their lives, their interests, and their aspirations for their study abroad stay here. Fortunately, I was able to do so throughout the four-month program.

Learning a new language and speaking with a native speaker can be challenging, but seeing the Chubu students overcome that fear and gain confidence in their English-speaking skills was inspiring. When I spoke with them and saw them improve their vocabulary, fluency, and public speaking skills, I thought that I wanted to have a career in education – maybe even teach at Chubu in the future ! As a high school student, I took public speaking class at Ohio University. At that time, I chose the section with the Chubu students in it. I think many of them gave better speeches than I did! But they gave me confidence as I watched them give good speeches in English, their second language.

Not only did I study with the Chubu students, but also, I was able to share memorable American cultural experiences with them. I traveled with them to places such as Amish Country, Kings Island, Niagara Falls, the Grand Canyon, New York, and Washington D.C. On these trips, it was a delight to spend time with them when they experienced famous American cultural sites for the first time. For example, I remember visiting the National Air and Space Museum together and learning about Apollo 11. We went on a tour with a museum guide who explained about a model of the command module on display. Prior to this trip, I knew that the Apollo 11 was the first spaceship to land on the moon, but I didn't know many of the interesting details of the flight. The Chubu students, too, were very interested. Then we participated in hands-on activities involving the moon rocks on display in the museum.

When I went to Kings Island with the Chubu students, they shared with me what amusement parks are like in Japan and what they enjoy in those parks. When we walked around the park, the students would describe the rides in Japan and how they were similar or different. I truly enjoyed having these conversations. It gave me insights into how students spend their free time in Japan.

During these trips, I would often take pictures of their experiences for display at the final banquet. I helped my father create a slideshow so the students could look back on their memories while in the U.S. While creating the slide show, I reflected on the memories that I personally shared with the students and recognized that I learned so much from being with them.

When I was young, I lived in Japan for four months twice; first in 1994 and agin 1995, and attended Degawa Hoikuen, a school close to Chubu University, I don't remember much about

Learning to clean the floor at Degawa *Hoikuen*, 1994

that time, but my father told me that during my second time in Japan, I was speaking in Japanese when ordering food in a restaurant. I wish I had retained my Japanese skills! What I mostly remember about Japan is that when I was in college, I had the opportunity to visit Japan and spend time with the Chubu students. It was exciting to be with them and to rekindle our connections. We reminisced about our shared experiences in the U.S. as we walked throughout the parks in Nagoya.

During my time with the Chubu students, I learned about the importance and enjoyment of building cultural bridges. I also learned to be more self-confident while watching the Chubu students study in English at Ohio University. Now, as a teacher, I make sure to embrace all my students' cultures by enabling them to share their specific cultural backgrounds in the classroom and in their class assignments. I believe bringing culturally relevant instruction into the classroom allows my students to build connections and learn from each other. Without my experiences with the Chubu students, I don't know if I would have had this insight. Thus, being able to work with the Chubu students has meant a great deal to me. To this day, I cherish these memories.

(Volunteer Assistant with the Chubu Choki Program,

Former Student at Degawa Hoikuen, Kasugai, Japan)

Studying at Chubu University Three Times: No Plan? But You Have to Get Out There

Robert King

At the closing ceremony of Japan Study Program in 1994

First, as possibly one of the worst Japanese language students to (ever?) participate in the study abroad program at Chubu University from Ohio University (OU), let me thank you for this opportunity to reflect on my experiences and, at the same time, say thank you to all those supported and greatly influenced me. To say that studying abroad changed my life is an understatement. To create an image of how great of a change: My original plan after graduation from OU was to live in a cabin without electricity I had found outside of Athens while repairing old Volkswagen buses (I actually sold two of these buses when I came to Japan). By participating in the first OU study abroad program to Chubu, my plan transformed into living in Japan, eventually studying Chinese culture and philosophy at Nagoya University and at Chinese universities, and now working with students from around the globe as an administrator at a small graduate school in Nara, Japan. Additionally, I live in the countryside of Kyoto with my family, while writing my doctoral thesis on Daoist studies. Apparently, my Japanese communication skills are second to none (at least that is what my employer said when they brought me into my permanent position).

In total, I ended up studying at Chubu University three times and each time I was able to achieve more than I thought possible, due to the environment there. The first time, I learned how to listen to Japanese and understand the flow and content of conversations. The second time, I learned to express myself and became able to have real conversations. The third time was a year, and that is where I really learned about written/formal grammar and the difficulty of speaking correctly in Japanese. Please let me embarrassingly note here that I thoroughly hated Chinese characters at the time.

I would like to introduce a little of what I learned about life during my time at Chubu University. I still remember that first bus ride from the old Komaki airport to Degawa-cho and Chubu University and feeling more than a little nervous about what would unfold in the following months. Looking back on that day, I must admit I was probably the most unprepared student that one could imagine. I had almost no language skills, almost no knowledge of Japanese culture and had spent the summer making money working at a kiln making sinks without touching my Japanese textbooks for 3 months. (Basically, I could count to ten and ask where the bathroom was.)

People learn in different ways

After classes all of us returned to our dorm rooms, and I believe the other students were able to hit the books, finish their homework, and eventually head outside and enjoy life in Japan. I, on the other hand, would open the textbook, not know where to start, become sleepy and end with my forehead on the desk. After a week of this and not understanding classes, I gave up and decided that studying wasn't going to work, and decided that I might as well see the world. Stepping out of that cycle and being involved in extracurricular activities made all the difference, I didn't study to learn or for tests, I studied because I wanted to communicate (and have fun).

You don't have to be good at something to succeed

As I said and I believe any instructor that may remember me may vouch that, I was the worst Japanese student of the first group of OU students that went to Chubu University and could not really keep up with classes. While every other student could follow along and answer questions as they were asked, I had trouble with even basic instructions like opening the book to a certain page, repeating simple phrases and imitating conversations with a partner. However, I constantly exposed myself to Japanese and never shied away from speaking, and this got me to where I am today (継続は力なり).

No plan? But you must get out there

Unlike most students who came to Chubu University with dreams and plans about how they will use their Japanese skills in the future, I didn't even have a plan for after returning to America. I suppose I "went with my gut" and, as I went back and forth between Japan and the U.S., chose to stay in Japan to polish my Japanese skills. Once again, I had no goal, no plan and no real job. The first year included working as a bartender, English instructor and carpenter. Not only did I have the time of my life, but my Japanese skills improved immensely, especially the "nativeness?" of my speaking.

One thing I would stress here to anyone in their twenties is that you have time to explore so please expand your horizons in any direction.

I realize these aren't huge, groundbreaking realizations, but, serving as a counselor for international students as they pursue their degrees in Japan, I often give examples of my experiences at Chubu University and Nagoya to guide (and hopefully inspire) students. Experiences and memories are what make us, and as I get older I recognize that the opportunities given to me by Ohio University and Chubu university were truly essential for my growth and the path I have chosen to forge.

Finally, to sum up where I am and where I am going. That first study abroad program has led me to my current institution and many great experiences while I still look to the future and changes. My life is always filled with new challenges and experiences: on weekdays assisting international students and staff as they perform research; maintaining an international network with overseas travel; and on weekends fighting back bamboo and wild boar with my daughter; assisting the local volunteer fire department; and helping out with life in rural Kyoto for my senior citizen neighbors. In addition, I read commentaries of the Laozi and dive into the depths of Chinese philosophy.

Like that first flight out of the U.S. so long ago, I still see my life as an adventure and hope that all the students who have participated in the study abroad programs over the years from both universities were able to gain as much out of their participation as I did. I encourage anyone thinking about going abroad to not only participate but also to be active in seeking out new things, culture, and people.

(International Program Coordinator, Nara Institute of Science and Technology)

The Bridge

Nori Shirasu

From a very young age, I wanted to move out of Japan and live in the United States. But it was participating in the study abroad program at Ohio University (OU) that was a breaking-the-ice moment for me, when my imagination turned into a reality.

Growing up while being exposed to a lot of American films, music, and events, I had slowly formed energetic, colorful and futuristic images of America in my mind. Therefore, landing in Ohio as my first American experience was a great culture shock. I was surrounded by nothing but hills, corn fields, haystacks and horses.

During my freshman year at Chubu, prior to my study abroad trip to OU, I was working at the local cake factory near my parents' house. Although I was brave enough to occasionally dance in the park with my boombox or perform on stage with the dance company I belonged to, I was still trying to hide my face behind long wavy bangs. It is embarrassing to admit that I was trying to imitate the hairdo of Michael and Janet Jackson!

Having a father who had learned to speak a little bit of English by simply listening to the NHK radio was a great benefit. He struggled as a child in Yamanashi, Japan; he couldn't afford fancy English courses. He learned how to speak English by repeating what he heard on the radio. At some point in his "salaryman" career, he became good enough that his company started sending him to overseas conferences. When I was in the 5th grade, my father started teaching private English lessons to me and a classmate who lived behind our house. I remember singing along with the Sesame Street songs that he played on the cassette tape player, "What's his name? What's his name? He is Cookie Monster. He is Cookie Monster…"

During my study abroad period at Ohio University, I trained myself to think and dream in English, and tried not to associate with the 29 other Japanese students who came from Chubu with me. I hung out with American students and made as many friends as possible. My intention was to fully take advantage of my American experience and maximize my language ability while being there. I even found a girlfriend, in fact, my very first girlfriend. I had been an oddball to Japanese girls for my entire childhood. Meanwhile in America, I discovered that my uniqueness and independence was more easily accepted. By being in a relationship with my first girlfriend—a training relationship, so to speak—it forced me to get better at expressing myself in English.

When I returned to Nagoya, Japan, my hair was short, a Japanese version of the flat top. No more hiding behind my hair. Although my English was still very broken, I spoke confidently. I had no fear of making mistakes. My whole personality had changed. It was time for me to get a better job where I could use my language skills with my open personality. At the Nagoya Hilton hotel, I was first interviewed by two Japanese gentlemen in English then taken to the general manager's office to be interviewed by a Swiss man, Heinz J. Schewander. I was very nervous being interviewed by three men

Painting a portrait of actor John David Washington, a gift for actor Pauletta Washington

sharply dressed in black suits and ties, but it was my confidence that got me a job as an executive lounge butler. I ended up serving and taking care of many world-class celebrities and Fortune 500 executives. I had to put aside all the bad words and slang I had learned in Ohio and learn extremely polite English phrases and mannerisms.

Thinking back to my study abroad experience in Ohio, it was perhaps one of the best places in the U.S. to visit as a foreign student to study the English language and to experience America. Unlike big U.S. cities, Athens is surrounded by lots of nature and there are few distractions. Also, people there are generally friendly.

After graduating from Chubu, I kept working at the Nagoya Hilton for several months to prepare myself for a move to Los Angeles. It has been a rough, unique and fun ride. Since moving to LA in 1997, I have established my career as a fine artist, a filmmaker, and an entertainer. I will continue to envision my future and walk toward it. I am hoping to visit Ohio University in 2024 for the 30th anniversary of the study abroad program in 1994.

(Artist, California)

A Profound Effect on my Later Career

S. Patrick Eaton

It would not be an overstatement to say that the quarter I spent studying at Chubu in 1996 had a profound effect on my later career. I arrived at Chubu with only the most basic knowledge of Japanese, but I was eager to learn more. I was fortunate enough to test into the more advanced level of the two programs that were offered then. The course content was a bit beyond my ability at the time, but it provided an excellent, immersive learning experience, one that shaped my approach to learning the language from that point forward. Although initially I was very anxious about whether I would be able to successfully complete the coursework, it turned out to be exactly the kind of challenge I needed at that point in my education.

I often told people during that trip—only partly in jest—that I wanted to become Japanese. That never did happen, but as my return flight departed from Nagoya, I vowed that I would return to Japan again after graduation. Two years later, I did exactly that and went on to spend my entire career to date working for Japanese employers, mostly at companies like Ricoh, Canon, and Nintendo. In fact, since entering the workforce after graduating from OU, I've never had a non-Japanese employer. I may not have become Japanese, but I have spent every working day over the span of nearly three decades now working alongside Japanese colleagues, with roughly half of that time spent living in Japan. That's not an outcome that would likely have occurred had it not been for my short study abroad period at Chubu. Indeed, at end of that trip, if I had simply looked at it as a convenient way to complete my degree program's two-year foreign language requirement, my career would no doubt have taken an entirely different course. I left Chubu wanting to know more about the Japanese language, wanting to deepen my understanding of the country and its people, and wanting to continue experiencing the wonder of exploration that started with that first visit. And so I did.

The journey that has unfolded since then is one that I could not have envisioned as a young student on his first trip abroad, but looking back on it all now, it's easy to see that Chubu is where the skills that have earned me my livelihood for all my adult life really began to take root. The early exposure afforded by that trip has now grown into a career's worth of valuable experiences. It's hard to imagine any other experience that has changed the trajectory of my professional life as much as the Chubu trip did.

(Program Manager at Nintendo)

A New Lesson: Be Patient

Diane Cahill

Welcome reception for the Choki SA group, 2022

I started working with Chubu through the visiting professor program. Part of my role at the Center for International Studies was to support the incoming professors from Chubu. My first professor was Nobuyuki Kawauchi. We could only speak with gestures and minimal words since his English was in the 'needs more practice' phase and my Japanese was in the 'needs to start learning' phase (i.e., non-existent). I felt frustrated with myself that I could not bridge the communication gap in the way that I felt he needed. Of course, he was here to practice his English so…we muddled through. I remember one day as we were walking together on Union Street, I was thinking about how kindness and caring exuded from him, even if I could not communicate well with words. He reminded me (without knowing he was doing this) that I could do better to share my internal kindness and caring through non-verbal means. I have carried this lesson since that time and think of it often. Additionally, I was also reminded that even those who are caring and kind can also have a little spice and spunk! Professor Kawauchi came into my office toward the end of his visit. We started trying to talk through what he needed, and he stopped, sighed the biggest 'I am done' sigh and said, "Diane, I am so tired of trying to speak English!" Another valuable lesson that I need to remember; adjusting to life in another country is hard work and those of us welcoming new arrivals need to be patient as well as kind and caring. Thank you, Prof. Kawauchi!

(Director of International Student and Scholar Services, Ohio University)

Beauty of "Work Hard, Play Hard"

Becky Challenger

For more than a decade, I have had the incredible opportunity to work with hundreds of students from Chubu University who participate in a four-month study abroad program at Ohio University in the Ohio Program of Intensive English (OPIE). I've been able to work with students on their fluency skills, their public speaking skills, and their cross-cultural communication skills. In each of these contexts, I have seen students illustrate the sheer beauty of the concept "work hard, play hard." I  have seen students invest themselves fully in language learning, cultural understanding, and the pursuit of long-lasting relationships and memories.

In this experience, I have been as much a student as I am a teacher. I am so grateful for the opportunity to learn so much from the students from Chubu University (personally, professionally, culturally, and linguistically). I am continuously inspired by the commitment, bravery, and curiosity exhibited by these students who dive into this experience with their hearts and minds wide open.

I am a better teacher and a better human because of my experience with this program. It would be a privilege to be a part of it for the next 50 years!

(Assistant Director, OPIE, Ohio University)

Gordy Hall

My Study Abroad

Amy Oya

With my Japanese sister at the top of Mt.Fuji.

Every person who studies overseas is changed in some way. Some of us even happily find that our lives become permanently defined by the experience. In my case, study abroad contributed not only to my personal growth, but also led to my eventual decision to pursue a career in international exchange and to make my home abroad.

My first encounter with study abroad was in high school, when my family welcomed an exchange student from Japan into our home for four months. My knowledge of Japan at the time was basically limited to samurai and chopsticks. But I was interested in foreign languages and cultures, and I was very curious to learn more about the country.

My Japanese sister was enthusiastic about sharing her culture. She cooked *oyakodon*, a chicken and egg dish, for us and showed us how to wear a kimono. She folded delicate paper origami cranes, and served us bitter green tea. She was very intrigued with our small-town USA high school life, where students naturally expressed their freedom and individuality; we could choose our own clothes, perm our hair, pierce our ears, drive to school, and go out with friends on a Friday night after the football game. In Japan, she taught me, conformity and harmony were the cultural norm, and "the nail that sticks out gets hammered down." Talking with her about these differences gave me the opportunity to reflect on my own lifestyle and norms and helped me to begin cultivating a sense of cultural awareness and appreciation.

The next time my life was touched by study abroad was in college. I was pursuing my studies in Japanese language and East Asian studies, and I made the decision to spend my junior year in Japan. Like my Japanese sister, I chose to stay with a host family. This immersion allowed me to learn first-hand the social customs and cultural values that were the backdrop for Japanese relationships and communication. It was a struggle at times, though, to communicate effectively with my host family. I found my host mother to be very vague in her communication, and while I could sense that her intentions were always good, it was difficult for me to "read between the lines." In time, I recognized her communication style as an extension of the concept of harmony, "wa," that my Japanese sister had talked about. My host mother was not intentionally being vague or mysterious. This was her natural way of being considerate of me, of balancing our relationship, and of letting me save face in uncomfortable situations. As I grew versatile in this and other social competencies throughout my stay, I felt my experience deepen, and I could sense that I was changing.

After returning from study abroad, I finished my degree and took a position at a Japanese company in the Midwest. It was a multicultural work environment, with tensions and misunderstandings that were not always easy to navigate. However, my Japanese language skills and understanding of the culture and customs allowed me to connect in a unique way with the Japanese expatriate community and serve as a bridge between them and the local American staff. It was very easy to see how my study abroad experience had equipped me with the skills needed to adapt and empathize across complex cultural divides. I could embrace uncertainty, find common ground with others, and recognize the positive in challenging situations. After some reflection, I realized that this was what I really wanted to do—to help others grow in these ways through study abroad.

Consulting a student at CIA

So, I eventually decided to quit my job and go back to Japan to pursue a career in international exchange. It was good fortune that led me to Chubu University, and I'm happy to now be working hands-on with study abroad. Almost three decades have passed since I first came to Japan to study, but my experience is kept alive through this sincerely gratifying work. And I feel especially grateful to be able to work with Chubu's longtime partner, Ohio University, in coordinating life-changing experiences for students and faculty from both of our institutions. Thank you, my colleagues and friends in Athens, who enthusiastically share this passion for global work!

(Program Coordinator, Center for International Affairs, Chubu University)

A Professional and Personal Connection

David Laurence

I came to the OHIO–Chubu relationship later in life than many of the contributors here, but all the same it has been extremely important to me. I graduated from Ohio University in 1995, studying Physics and Astronomy at the Honors Tutorial College, but while I was an undergraduate, I did not study Japanese and had very little contact with Japanese exchange students. (My best friend's girlfriend was my colleague Greg King's girlfriend's best friend, but that's perhaps a story for another time.) Almost by chance, I did come to Japan soon after graduating to work at an English conversation school and quickly fell in love with the country and with teaching English, and that is what eventually brought me back to OHIO and then to Chubu. After working at the English conversation school for about 10 years, I realized that English teaching had become my career, and thought that I had better get some education in it. I chose OHIO's linguistics department for my master's degree mostly out of familiarity with the university and the area.

But it was my degree from OHIO that finally made my connection to Chubu through the Ohio Program of English Language teaching here; like many graduates of the Linguistics program I found a job here at OPELT in that way. I started here in 2008 and never looked back. OPELT is a program that gives teachers with master's degrees from OHIO's linguistics department an opportunity to live and work in Japan for five years in a supportive, professional environment, which is very important especially for newly minted master's holders who may struggle to find employment at programs teaching English as a Second Language in the United States without work experience. Chubu in turn benefits from having new teachers from one of America's finest programs of Teaching English as a Foreign Language. I spent five sometimes-wonderful but always-challenging years at OPELT and made professional and personal relationships that are still important to me now, before moving to my current position in the Department of

English Language and Culture in 2013.

It is here at the English department that I have really seen the relationship between Chubu and OHIO shine through the students we send to Athens to study every year and my exposure to the students that come here to study in return. It is always a joy to see, and witnessing the literally life-changing benefits of these exchanges for the students on both sides is one of the best parts of my job. I hope that the relationship can continue for many more years to come.

(Former OPELT Director, 2010-2013; Professor, Department of
English Language and Culture, Chubu University)

Significance and Value of Partnership Programs

Ashley Ford

As a High School Student

By my senior year of high school, I had barely ventured beyond the borders of my home state, let alone the country. I had never even met a Japanese person before my time at Ohio University. Japan was a distant and exotic land I knew only through watching movies like Lost in Translation and from reading books like Memoirs of a Geisha. It was the birthplace of Sailor Moon, Princess

My koto concert in Japan

Mononoke, and Dance Dance Revolution. I had a fascination with Japan that led me to the decision to wear a kimono to my high school prom. It was a beautiful blue color with pink *sakura* (cherry blossom) flowers all over it. I didn't have an *obi* (sash) to tie it with, so I used a handmade one. My mother and I did our best with our limited knowledge, but looking back at the pictures now, it feels both endearing and a little embarrassing.

As an Ohio University Student

I was a music major, but as fate would have it, my stand partner in the orchestra was a student from Japan. We became friends through our love of music, but they also introduced me to other Japanese students. They taught me all about the language, culture, and particularly *umeshu* (plum wine). I even got a job at Happy Kobe, a former sushi restaurant on Court Street. That spring, I attended the Sakura Festival under the cherry blossom trees donated by Chubu University and got to wear my first authentic kimono, complete with proper *obi*. I got a taste of real Japan, not the kind you see on TV or in books, and I craved more. A year later, I set off to Chubu University.

As a Chubu University Student

It is hard to remember the first few days in Japan because they were filled with immense excitement and anxiety. The experience was not always easy nor pleasant. It was a shock not to have confidence doing simple everyday tasks like paying at a store, shopping at a supermarket, or reading signs. It was also a shock to suddenly stick out from the crowd because I was different. Once, passing by, I heard someone mumble, "baka na gaijin" (stupid foreigner) under their breath, and I was filled with shame and self-consciousness for not understanding what I had done wrong. I became very self-aware, and I often worried about making mistakes. In Japan, I was not only representing myself but all Americans and people who come from outside of Japan. It was a pressure I had never experienced before, even compared to my experiences on stage performing music.

Through all the challenges, I received real-world lessons. The kind you cannot get in a classroom. I felt deeply homesick sometimes, but it was the people I met and formed relationships with that helped me to cope and made the experience so much more precious.

Our study abroad group was close, and we could rely a lot on each other. The teachers at Chubu University also helped us immensely with adjusting to life in Japan and connecting with other Japanese students. One teacher even lent me a cello while I was there, as I could not bring mine, and helped me join the Chubu University orchestra. Playing in the orchestra not only helped ease my homesickness but also helped me connect with Japanese students. Even though my language skills were quite poor, we could understand each other because music was a universal language we all understood.

Another of my strongest memories was the time we were invited by a volunteer to a local "rice-cutting party." We had no idea what kind of party that would be, but it sounded fun. Actually, the party was a handful of us in the middle of a muddy rice field, ill-prepared in our flip-flops, under the scorching sun, among thousands of insects, with sickles in our hands, literally harvesting rice plants. Six hours later, with *hasa* (bundled rice stalks) hanging along the edge of the field, we sat down in the middle of the barren field on a plastic blue sheet and enjoyed some *onigiri* (rice balls) and *ocha* (green tea). It was far from the party we had imagined, but it was on that day that I met Yurika, who remains a significant part of my life to this day.

Yurika was like a mother to me and introduced me to many new things, showing me the deep *omotenashi* (hospitality) of Japanese people. Knowing my love of music, she took me to a Japanese koto (harp) concert. I was so enthralled with the instrument that after chatting with the performers, they offered to give me lessons. In a blur and with great effort from many people in the Ohio-Chubu community, I miraculously found myself on my return flight from study abroad with a full-sized *koto* in my checked luggage and holding a *shamisen* (three-stringed instrument) and a bag of Japanese sheet music in my two hands.

As a Teacher of Chubu Students at Ohio University

The study abroad experience was transformative for me personally, but my professional transformation was only just beginning. After returning to Ohio, I changed my major to linguistics and continued to be actively involved with the Chubu program. I knew what the students were going through, and I wanted to support them in having a valuable experience too. I often stayed up late chatting or working on assignments with them. It's hard for me to pinpoint exactly when I made the transition from student to teacher. It felt seamless. Just a few years later, I earned my graduate degree from Ohio, and became an instructor in the Ohio Program of Intensive English (OPIE), teaching the same Chubu study abroad students that I came to know so well. And I really enjoyed it.

I had not considered working in Japan until I heard that Chubu University was hiring a new teacher for the Ohio Program of English Language Teaching (OPELT). This program has promoted the partnership through hiring English language teachers at Chubu University, and has often given preference to Ohio graduates and alumni. When I heard about the program, I knew deep down it was something I wanted to do, and if I was ever going to do it, that was the time. I applied and my world changed forever once again.

As a Teacher of Chubu Students at Chubu University

I realize now how much my previous experiences at Ohio and Chubu had uniquely prepared me for the transition. I didn't have the same homesickness as before. I was able to adapt to everyday life much more quickly thanks to my study abroad experience and because of the supportive community of Ohio alumni at Chubu University who instantly made me feel at home. Also, I was already familiar with the unique challenges of teaching Japanese students through my experiences in Ohio. Now I was on the other side, preparing Chubu students for their studying abroad and working with them after they came back. While I had been well-prepared for starting my career, it was the OPELT program that ultimately shaped me into the teacher I am today.

As time passed, I came to understand the profound significance and value of partnership programs like OPELT. It can often be very difficult to find a university teaching position in Japan from outside the country and without several years of experience. OPELT provided that opportunity for me as a young professional. It also provided an ideal atmosphere to nurture my own teaching style and confidence. The students in this program were motivated and eager to learn. I also had a lot of freedom to design my own syllabi and teaching materials, experiment with project-based learning, and incorporate my passions into my courses. These conditions helped me to grow and perfect my own teaching style. Although I am now at a different university in Japan, it was the knowledge and skills I honed at Chubu that help me to continue to thrive as an educator. I feel extremely fortunate and grateful to have been a part of this program.

As a Member of the Ohio-Chubu Community

My story is just one of so many whose personal and professional lives have been touched by Ohio and Chubu's relationship. I will forever be a part of this powerful community of students and educators. I realize it when I walk along the Nakasendo (a historical trail) on a crisp autumn day in my Ohio hoodie and suddenly run into a Chubu student I met in Ohio over a decade ago. I realize it when I enjoy the bright crimson *koyo* (autumn leaves) at a local park and unexpectedly run into my Japanese teacher from Ohio. I realize it when I catch up with old friends at an annual *bonenkai* (end-of-year party), when I cheer on the Chunichi Dragons in the sweltering heat of a summer baseball outing, and during each *hanami* (blossom viewing) season when I picnic with two close friends, met through Ohio, and watch their families grow under the sakura. No matter where I go, the Ohio-Chubu community is close by and it continues to grow with every professor that visits and every study abroad group that comes and goes. The partnership is a force that enriches the lives of students and educators in both institutions, offering growth, opportunity, and a sense of belonging in both places. It continues to remain strong over the many years, despite time and great distance, because of the lifelong connections made by the people involved in its programs and their lifelong commitment to continuing to support the programs and opportunities that allow others to do the same.

(Former OPELT Instructor, 2010-2014; Lecturer, Nagoya City University)

The Spaces on our Campuses

Kevin Jambor

October 3rd, 2023 – The new Krzic Lounge, which Chubu University installed to commemorate the 50th anniversary of its international partnership with Ohio University (OU), completed construction a few days ago and is now open to students. The Ohio Program of English Language Teaching (OPELT) faculty offices were also relocated next to the lounge this

At morning English coffee hour in the Krzic Lounge

summer with the construction. A few moments ago, I walked through the lounge on my way back from class and was flagged down by a student. "Sir, how you pronounce this ?" He wanted to know how to say 'irreversible,' studying a list of academic vocabulary between classes. The encounter will be instantly recognizable to anyone reading this essay, perhaps unremarkable to those of us working in international and language education. However, I think it is anything but. It is a remarkable testament to the power that our ideas, our vision for the future, and our institutions' missions can have on the daily experience, education, and lives of our faculty, staff, and most importantly our students.

This is my sixth year as an English instructor at Chubu University, and until this morning, I have never been stopped on my way back from class to be asked such a simple question. The students themselves nor their schedules have suddenly changed nor has our curriculum. The space is new. The space we have created and dedicated to precisely this kind of international exchange: a Chinese student earning his bachelor's in Japanese studying English with the aim to enter a master's program at New Zealand institution after graduation asking an OU alumnus for pronunciation. The spaces at our institutions dedicated to this type of interaction and how we, as educators, conduct ourselves in these interactions are both becoming more important as the early 21st century sees rising nationalism across the world. English language teachers, who are "often tasked with internationalizing their classrooms and assisting students in becoming more critical, cosmopolitan citizens," must adapt and respond to "the challenges posed by a world in which more governments are withdrawing from international agreements, reinforcing their borders, and inciting xenophobic violence among the general populace" (McIntosh & McPherron, 2023).

OPELT teachers in front of the cupola, a gift from Ohio University

Although the OPELT program at Chubu University, its mission, and curriculum all aim to prepare students to be global citizens, our mission statement was composed over 30 years ago when globalization and its implications for the individual were fundamentally different. Today, most of my students do not and will not study or travel abroad. In fact, the percentage of Japanese nationals who hold a passport is only around 20% (Fujiwara, 2023). As Japan plans for and deals with global issues, international conflicts, and its declining population this century, the interactions and experiences our current students have in and out of our classes will contribute to this generation's and the next's understanding, analysis, and implementation of policies and solutions to their problems. At the 50th anniversary of the OU-Chubu partnership, what we the OPELT faculty do, and all of us at both of our institutions involved in international education, in our classes and in small encounters, is more important than ever. That Chubu has invested in the creation of the new Krzic Lounge demonstrates that the staff and faculty here are dedicated to and hopeful for the continuation of our international collaboration and the value that an international mindset and global perspective can provide to the individual. It may well be time that OPELT revisits its mission statement and revises it for the current challenges our students need to be ready to meet; however, I am certain that the large scale societal, political, and environmental challenges will absolutely require the ability to apply cross-cultural and global perspectives to reach the compromise necessary to put workable solutions into action.

The Gordy Hall lounge on OU's campus and the Krzic Lounge here, The Chubu University Commemorative Japanese Collection in Alden Library and the Ohio Lounge in the Miura Memorial Library, these spaces are dedicated to and honor what we and the people at our institutions have done up until now, but they are for the current generation of students. It is up to us, the staff and faculty, to forge these spaces in the crucible that is our best vision and hope for the future, but it is up to the students to mold and give the spaces their own meaning. Creating these spaces on our campuses is the physical manifestation of our international mission. These spaces are our mark on the world, our testament to the ideas and ideals in our visions for an inter-connected future. As the students and the OPELT faculty, which are temporary positions, rotate in and out of Chubu University, the people fulfilling the mission at the institution will change, but the ideas transformed into the spaces dedicated to international exchange and language learning will persist. Day after day, year after year more Chubu students, faculty, and international students will have what may seem like unremarkable interactions inside the spaces we have created. But from those small unscripted encounters will spawn a new culture of the space. The students will utilize the spaces, make them their own, and turn them into a new crucible with which they will forge the ideas, skills, and experiences they will need to address this century's growing number of global challenges requiring global solutions.

(OPELT Director, 2019–current)

References

Fujiwara, G. (2023, January 11). Japan tops the world 'passport index' for 5th year in a row. The Asahi Shimbun. https://www.asahi.com/ajw/articles/14811858# .

McIntosh, K. & McPherron, P. (2023). Introduction: Teaching English in a Time of Resurgent Nationalism. Tesol Quarterly, 57(3), 737-751. https://doi.org/10.1002/tesq.3255

Aegis

Pat Maher

Draw a bird. Where? In the box at the end of this sentence. Look at all that empty; so perfect for ornithological doodling. No pen or pencil? Surely a fellow citizen will graciously part with theirs for a minute. We live in a society, do we not? What's that? You find me "unbecoming of an essay" due to my "unexplained hunger for bird art?" Well, I'm not going further until there's a bird in that box.

(I'll be watching you from within the safety of these parentheses. Don't even think about reading on without finishing up that picture! In fact, let's make this promise binding in the eyes of the law. (Hi, me again, extra secure in the parentheses within the parentheses. Look, it's not that I don't trust you, but you'd be amazed how many people I've met that are unwilling to interact with an essay, either because they think it unnecessary, or a waste of time, or moronic or what have you. You, on the other hand, strike me as the type who has already filled in that box, so apologies for all the pushiness. Anyhow, see you again in the next paragraph.) Repeat after me: "By signing below, I hereby swear that I have drawn a bird in the box above, and will accept whatever punishment awaits me if I am found to have made false claim to said sketching.")

Your Name:

_____

Wow, that's either the most beautiful or the most painfully ugly drawing of a bird I've ever seen! Great job or insert appalling reaction here! If you don't mind, I'd like to ask you a question about that bird that you drew: What kind of bird is it?

Perhaps you're thinking, "Well, it's not so much this or that particular bird as much as it is just, well, a bird." If this is you, then you've drawn a prototype, or a non-specific amalgamation of what your cerebro-library provided when asked to reference bird data. On the other hand, if you have a more concrete answer along the lines of sparrow, cardinal, or "woodpecker, but I'm not good at drawing so yeah I agree it looks like a microphone with several toothpicks sticking out of it but honestly I was going for woodpecker all the way," then you've provided an exemplar, or a specific member of a broader category that your brain offered as an optimal representation of the greater subject in question. That said, be you of the prototype or exemplar variety, I don't think it a stretch to imagine that your bird is a relatively smaller creature with wings, one capable of flight, likely a songbird or corvid.

But then again...you might be one of THOSE people. You were on to me from the start! "Draw a bird, huh? Come on now, the only reason for this is to teach a lesson or something. OK, here's a bird for you..." And with that come the penguins, ostriches, Thanksgiving turkeys fresh out of the oven, sports mascots, and maybe even the most expressive of our digits (for shame!).

The prompt to draw a bird is simple enough, but beyond categorizing responses into prototypes, exemplars, and outliers (though still exemplars after a fashion), what potentially most affected what bird ended up in the box was the degree to which you considered the circumstances surrounding this activity. While I cannot say with utmost certainty that there isn't someone on this planet that most immediately associates the word "bird" with "KFC 9-piece bucket of fried chicken," I imagine that many of those who opted for flightless or anthropomorphic or fresh-out-of-the-oven birds did so with some intention of defying instinctive association and/or injecting creativity into the exercise. To which I say, hats off to you! For is it not by venturing beyond our initial reactions and searching for novel perspectives that we grow as individuals, societies, and a species? The human brain will not soon forego prototypes and exemplars, but this does not mean that we as conscious actors are beholden solely to the whims of such icons.

At least, not with birds, right? I mean, nowadays you can receive your cultural programming in most any corner of the globe and you will understand that birds encompass everything from urban-squatting pigeons to colorful creatures of paradise to free range chickens and beyond. A wealth of content is available; just a flexible mind is needed to take you beyond standard representation. But what of other subjects? What about intangible notions like politeness, or equality, or justice? How about everyday roles like student, teacher, daughter, or father?

Just as we are limited to probing the observable universe whilst eternally ignorant to mysteries out of range, even an ever-skeptical, critical mind cannot simply conjure an infinite index of diversity. "Think outside the box!" comes the creatives' mantra, but what if you're unaware just how big the box is, or if the box you've thought yourself out of in the first place is just one box within another box, within a box, within a box...

An individual of...let's say questionable character and, uh, unwavering beliefs once said, "...there are known knowns; there are things we know we know. We also know there are known unknowns; that is to say, we know there are some things we do not know. But there are also unknown unknowns—the ones we don't know we don't know." Now absolutely divorcing this ouroboros-like quote from its original context, I personally have never encountered language that so adequately distills my feelings about the importance of international exchange (and no, not the type of international exchange our friend above had in mind).

How does one discover their own unknown unknowns? In particular, how does one clue into the most dangerous of the species, the Medusa of unconscious bias, hiding in plain sight, petrifying analysis when gazed at directly? Whether offspring of biology or society, theology or philosophy, not one of us walks this world without unexamined attitudes; staunch, concrete convictions that we don't know that we haven't given a fair trial. How play Perseus to the Gorgons of fear, intolerance, and indoctrination? How discover the flightless birds of personal potential and cultural conceivability? While by no means an elixir, I'd advise an all-inclusive prescription: Adventure. Encounter. A deep breath in alien air; cultural programming showered in brilliant light. (Former OPELT Instructor, currently at Morioka Junior College Iwate Prefectural University)

(Former OPELT Instructor, Lecturer at Iwate Junior Prefectural University)

Life at OU Shaped Who I Am Today

Erika Okamoto Nomura (野村恵里歌)

During my study abroad experience at OU in my early 20s, everything I saw and did was full of surprises, especially during the first few months. There were times when I was able to enjoy things and just laugh off my culture shock and the mistakes I made due to my lack of English skills, but there were also many days when I was overwhelmed by the difficulty of communication and the language barrier.

Living abroad definitely helps people to grow and become more independent. You must do everything by yourself; admission procedures, dormitory and meal plan arrangements, opening a bank account, and so on. I found a new confidence in myself after finishing all the tasks in English on my own. However, this turned out to be only the beginning of the academic struggles/ adventures that would follow later. Class

Poster presentation at the Alumni Gate

participation, assignments, social events, and daily life in general could have been much easier and more beneficial if I had a better command of English language and communication skills. I can't emphasize this point enough.

During my two and a half years at OU starting in May 1995, I learned that the U.S. was an advanced country whose society was probably 20 to 30 years ahead of Japan. Computers were used much more widespread than in Japan. The quality of education was very high with discussion-based classes and a huge amount of reading assignments and homework. I was also impressed that the textbooks were written in an easy-to-understand manner. Economics textbooks written in Japanese were filled with difficult terminology and thus hard to understand, but, for example, an economics textbook in English I read talked about the ticket prices for Rolling Stones concerts to explain the relationship between supply and demand. I know that being able to receive higher education in your native language (Japanese for me) in your own country is something you should feel blessed with and be proud of, but I was shocked when I found out that I can learn things much easier with books written in English than in Japanese.

I was also surprised by the diversity of American society. OU had many international students from all over the world, so obviously there was racial and cultural diversity. In addition to that, the social participation of people with disabilities seemed to have been more generally assured than in Japan. In Athens, I saw elderly and physically disabled people in electric wheelchairs, and a first-year female student I met in the dormitory I was living in was wearing hearing aids and understood conversations by looking at people's lip movements. She was the one who showed me how to display subtitles on TV. There was no subtitle service available in Japan yet, and this technology was a lifesaver for international students like me with poor English skills. Another event that surprised me was that a girl living in the same dormitory made it public that she was a lesbian and that she participated in an LGBTQ+ rally on campus. There was also a student from Japan who had amblyopia or in other words, weak eyesight. I thought he was very brave and cool and that he made a wise decision to study abroad in the US where sufficient social support was available for him. Differences in nationality, race, gender, and disabilities were accepted as they were and fully respected. I felt wonderful and comfortable to see that everyone's human rights were respected.

Cross-cultural experiences and meeting a wide variety of people influence and change your personality. I became a more laid-back, open-minded, positive, and cheerful person compared to who I was in Japan. I also became a person who is not afraid of making mistakes and not worried about talking to new people or asking questions or for help. If you don't speak up, no one will help you. This positive personality change has improved my daily life even after I came back to Japan and explored my personal life and career.

In addition to that, my master's degree from OU and English skills surely contributed to finding a job and building my career path. I worked at the Ministry of Defense as a civilian officer for twenty years until last year. I was a foreign liaison officer coordinating and facilitating meetings and projects, and I also acted as an English translator and interpreter. I like cross-cultural exchanges, so it was always exciting and fun to work with people from various countries. Among my counterparts at the U.S. Department of Defense, there was a person who also graduated from the International Studies program at OU (who was very senior to me), and we were happy to share common memories. We bragged about the shops and restaurants we each enjoyed in Uptown often.

You must study hard and improve your skills for accurate translation and interpretation. As for liaison work, you also need to be a good communicator with a positive spirit to push projects forward. The job was always challenging, intellectually stimulating and exciting, but at the same time, it often made me feel nervous and stressed out, especially when I had to interpret during meetings. So, I always felt a great sense of fulfillment every time a big project was completed.

A career in national security comes with great responsibility and difficulty, but I am happy that I was able to commit to my role and contribute. Hard work, perseverance, understanding, and respect for different cultures; everything I learned from life at OU surely supported my journey. I took a break at age 50 last year to prioritize my time with my family and to freshen myself up physically and mentally. I am looking for my next step now, so the request to write this essay came in at the perfect time! I am excited to create an even more positive and enjoyable future.

(Former Civilian Officer at Japan Ministry of Defense)

Learning Diplomacy Under the Cherry Trees

Aki Tanaka (田中亜季)

Every spring, wherever I am in any corner of the world, I recall the beauty and serenity of the two hundred plus cherry trees that are lined up along the Hocking River at Ohio University, my alma mater. I was privileged to have spent more than a decade on the gorgeous campus, pursuing my undergraduate to doctorate degrees. The cherry trees had been donated by Chubu University in 1979 as a proof of the bond between Japanese and American universities. This well-respected partnership has always formed a sense of pride and grounding in my heart. Although I had no prior association with Chubu University like many other Japanese students or faculty, I was equally a representative of Japan on the campus of Ohio University, and I was fortunate to have experienced the glory of the partnership to the fullest. Fifty years of joint efforts between the two universities have influenced me and my education immensely, and thus I wish to express my most enthusiastic congratulations on the celebratory anniversary. I convey my sincere appreciation to everyone who has contributed to the realization of such an incredible friendship.

In addition to the breathtakingly beautiful cherry blossoms along the bike path, traces of the partnership were everywhere on campus. I was educated by many of the faculty members who were in one way or the other involved in the partnership and I believe that the excellent qualities of the education I was provided at Ohio University stem from a fusion of ethics and educational philosophies from two institutions that have a profound appreciation for collaborative international education.

During my internship at the Center for International Studies at Ohio University in

A globe of cheery blossoms

2011, I was assigned to research and record the history of this partnership. I learned of the different levels of projects that have occurred since 1973, when the presidents of the two universities signed a partnership agreement. The exchange of librarians and library materials between the two institutions started in the same year. Chubu University, which was previously called Chubu Institute of Technology, had initial concentrations predominantly in engineering. An interesting aspect of this partnership was that students from Chubu University received assistantships/scholarships to pursue studies in these fields at Ohio University. The partnership has touched the lives of many people and has inspired people from all walks of life not only within the partner institutions, but also in associated communities.

My past academic undertakings range from a Bachelor of Specialized Studies (B.S.S.) in Performing Arts, a Master of Arts (M.A.) in African Studies, through a Doctor of Education (Ed.D.) in Leadership with concentration in Comparative and International Leadership, all of which were pursued at Ohio University in view of the quest to understand the beauty and challenges of human interactions on a global level.

On my return to my home country Japan, after working as Head of Administration for a Montessori school in Blacksburg, Virginia, I took up an appointment as a Bilingual Secretary (Social Secretary and Translator) to the Ambassador at the Embassy of the Republic of Ghana in Tokyo, Japan. I served as a cultural bridge between the Embassy and Japan. Being at the center of fostering Ghana-Japan bilateral relations, I had the honor of facilitating Ghana's state visits to Japan and interpreting for high-powered Ghanaian government delegations and their Japanese counterparts, including the President of Ghana, the First Lady of Ghana, and ministers, during occasions such as: Tokyo 2020 Olympic and Paralympic Games, Enthronement Ceremony of His Majesty The Emperor of Japan, The Tokyo International Conference on African Development (TICAD), to mention but a few.

Witnessing the successful partnership between Ohio University and Chubu University and experiencing the spirit and significance of the intercultural experiences made an enormous impact in my life and career. With delightful memories of Cherry Blossom "Sakura" Festivals at Ohio University, I wish to extend my congratulations once again on this occasion of the 50th anniversary of the OU-Chubu partnership! Blooming cherry blossoms that I have seen elsewhere, including those in Japan, always evoke in me fond memories of the ever-blooming OU-Chubu partnership.

(Diplomacy, LLC, President/CEO)

Language, the Sculptor

Chris Hartsel

You often hear that the complete college experience is about "finding yourself", as if it's a sculptor of identities. I have a different perspective. I believe that discovering yourself is an outgrowth from an individual's ongoing pursuit of knowledge and embracing new experiences. Furthermore, I believe that it is the outward exploration into the unknown that forces us to introspectively acknowledge our true character. As Martin Heidegger states, "Man acts as though he were the shaper and master of language, while in fact language remains the master of man." Learning a new

With my friend Yusuke

language is naturally an adventure into a new cultural mindset, as both are inextricably linked. That's why a journey into a new world while trying to master a new language and navigate an entirely new culture is ultimately the pursuit of oneself. That, for me, articulates my encounters through my study abroad trips to Japan. Let me provide you with a piece of my journey.

"From this point forward, you have no rights." I remember those words I heard from my guide and professor, Dr. Chris Thompson, as we disembarked and lined up in customs. This harsh notice was the sobering revelation that we were no longer home. This was the first of many reminders that I have become a black speck on a white blanket. From that point forward, I would have to choose between remaining true to myself and true to the societal expectations of an adult member of Japanese society. This is a delicate balance facing foreign nationals seeking acceptance in an insular and sometimes xenophobic country like Japan. Japanese people extend their grace generously to foreigners who just don't understand or comply with societal norms. However, as someone seeking acceptance, I knew that I didn't want to abuse this privilege, so I decided to forge ahead with my best effort to remain true to myself while trying to respect the culture. If I remained a good student, I knew that my teachers would guide me with the latter. The former was the real challenge. Not because remaining true was a violation of personal scruples, but because I didn't know how I could remain true to myself if I didn't know myself. At that time, I didn't know that Chubu was offering the exact experience I needed to accomplish that task. Spending time in Japan is where I found the freedom within structure to enhance and develop the qualities I found central to my being.

It was through my study abroad tours at Chubu where I developed a sense of self and the confidence to develop in my professional life following my college graduation. I often describe Japanese culture as a 180 from American culture. From the linguistical syntax to the cultural idiosyncrasies, Japan can simultaneously confuse and amaze the American explorer. While fundamental human values appeared universal, these new rules of engagement forced me to reexamine my own approach. As I continued to progress through my proficiency, I effectively had to become two people: my Japanese self and my American self. Neither one completely represents who I am entirely and my submersion into one doesn't neglect the other. When you attempt to assimilate, this development is automatic. It is a biproduct of your pursuit. I'd like to share a story that exemplifies this truth.

I can recall in the beginning of my second year studying abroad hearing my language instructor inform us that we had reached the point in our Japanese proficiency when we were expected to essentially act Japanese, or we might offend our Japanese counterparts. At the time, we were learning the effective use of the passive tense of verbs. My two other class peers were Korean. In Korean and American cultures, we can speak very directly. For example, the subject acts upon the target with an object. In Japanese, we convey the message indirectly, meaning, the object becomes the subject. The passive tone is pervasive throughout the language and reflects the cultural approach to conflict. While I felt a sense of pride in the first of few compliments from my Japanese instructor, I also felt a shift in focus in my inquiries and responses to those I encountered. This increased awareness offered me the opportunity to approach all circumstances with a sensitivity that respected the indirect method of communication. From answering "no" in a softer manner, to asking for help in any given circumstance, I had to recraft my approach and, in turn, trial new methods of expressing myself. There were times when I encountered conflict with strangers, and I could feel the excitement within me rise. I would feel a sense of what I wanted to express through a direct translation from English. Fortunately, often in my more advanced development, I consider my attempts at this indirect approach to have been successful. A question someone from my culture might ask is "For what purpose do you take this approach?" The answer is easily understood if you've absorbed your surroundings in Japan. While Japan is not "one nation under God", you can certainly feel God's presence, as there are undeniable cultural vibrations of harmony and peace. While there are certainly exceptions because we are all human, it is undeniable that the Japanese people maintain this societal balance through action and language. This interaction with the people around me fostered a part of me that seeks to reconcile differences in feuding parties. I naturally took to the notion of modifying my linguistical style to soften my messaging. I found that I wasn't disobeying my true self by recalibrating my mindset but feeding a version of myself that would have otherwise remained dormant. It was my ability to adhere to this appropriate conduct of an adult communicator within Japanese culture that made me a more peaceful colleague in my professional career.

In the end, my journey through Japan and the immersive study abroad experiences at Chubu University revealed a profound truth about my identity. I've discovered that I am no longer entirely American nor Japanese, but a hybrid who constantly shifts the balance within my cultural tactics. Each role I assume becomes an extension of my multifaceted identity. My ability to adapt and thrive in both cultures has been a transformative process, one that has shaped me into a skilled communicator.

Throughout my time in Japan, I navigated linguistic and cultural nuances and found a unique balance between my American self and Japanese self. In my seven years of working in a bilingual setting alongside Japanese natives, I've come to appreciate the value of cultural convergence and effective communication.

In conclusion, my pursuit of knowledge about Japanese language and culture led me on a remarkable journey of self-discovery. As Martin Heidegger noted, language shapes us. Learning a new language and immersing myself in a new culture was an adventure that broadened my horizons and allowed me to unearth and develop core qualities that I might have otherwise neglected. This transformative journey ultimately shaped me into a skilled communicator who can navigate diverse cultural landscapes. My time at Chubu University provided me with the structure and freedom to enhance my understanding of myself and of Japanese culture. I've learned that true self-discovery is an ongoing process, and it's often the pursuit of knowledge and the embrace of new experiences that reveal a clear path to understanding one's own character.

(Forensic Accountant, Federal Bureau of Investigation)

My Experience at Ohio University

Sachiko Sugiyama (杉山幸子)

At a workshop

With this essay, I'd like to share my experience and thoughts about Ohio University's International Affairs program in hopes of enlightening and informing those attending and thinking of attending this program. My journey started in 1996 when I made the big move from my home in Japan to the U.S. where I studied a two-year course at Ohio University in one year. Around a year later, I took part in another course in Vermont. After this was finished, I returned to Japan and worked for a car manufacturing company for three years, then emigrated to Australia. Since then, I've been living in Australia, and am currently situated with my family in Melbourne, Victoria.

At Chubu University in Japan, we all studied a variety of fields that were taught quite vaguely, and I was never sure where my career was headed, only that I always had more of an interest in and was more oriented towards politics.

When I went to Ohio University for my master's degree, I felt that I had to focus on a specific field, in order to find a job. Here, there were students from all over the world who already had worked in a field, and through observing and listening to them, I started to develop an interest in healthcare issues in developing countries so, while I was taking the required classes, I additionally took women's health classes.

At Ohio University, the reason I had more of an interest in the healthcare industry and took healthcare classes was because of my roommate in the dormitory. She was studying to become a nurse. We became good friends, and she introduced me to her mother, who was working as a nurse at the time. One day, I became very sick but because I was busy with my studies due to it being exam time, I didn't go to see a doctor and my illness got a lot worse. My roommate rang her mom who helped me and took me to the hospital. It was then that I realized just how lucky I was to be living on a campus in such a developed, evolved country. But it really made me think, "What about people in developing countries who have no access to good medical systems and decent hospitals and doctors?"

The head of my program was Mr. Bob Walter. He was a great teacher, and highly admired and respected by everyone. He has experience working in developing countries and helped students to find placements. Lots of students do placements after the finalization of the course, but instead of this option, he recommended for me to study at a different school in Vermont, which specializes in a more practical, hands-on teaching style.

At Ohio University, of course, I enjoyed studying on campus, but what I enjoyed and benefited from most of all was travelling by bus with my peers off campus to attend international conferences in different states, one of which I especially enjoyed, lasted around a week in duration in Washington D.C. The conference was not only about how to help developing countries, but additionally people working there from non-government organizations that held seminars for us to learn more about the programs, we were able to join as many seminars as we wanted. It was very interesting to meet many different people from so many different backgrounds, from prestigious professors to students like us, all which Ohio University organized.

One of the aspects that many international students struggled with at the university, including myself, was taking English as a Second Language classes before taking academic courses. We learned how to write essays, and how to study at a university in the U.S. It was very different from what I was used to, and especially as a graduate student, it was so difficult from write all the essays and theses, as it was completely different from Japanese to English. It was also hard adjusting to just how strict the plagiarism regulations were, and many international students were quite unfamiliar with just how harsh it was!

As previously stated, after finishing classes at Ohio University, I moved to Vermont and studied more about health, focusing on developing countries and health programs. In Vermont, I went to the School for International Training. The school had two Master's programs, one teaching teachers how to teach English as a Second Language, and the other teaching students to work in developing countries, which is what I chose. My classes were mainly focused on healthcare issues in developing countries. One of the central issues was the low quality of women's and children's health and it not being seen as an urgency to improve. First, we had to learn how to educate people and improve their attitudes towards the health-related issues in their country, and to provide better nutrition and improve their access to clean water and personal hygiene. It really sparked an interest in me, meeting teachers and students in my classes who worked in the field in developing countries. They always had a lot of great insight and experiences to share, which only strengthened my passion and desire to work with people to improve their quality of life.

Although I was always very much interested in politics, after studying the courses I took, I decided on a more serviceable career, aimed at assisting and caring for others. I had the opportunity to emmigrate to Australia in 2001 and eventually got involved in aged care and disabled care. I started by working in an aged care facility and then shifted to home and community care services. I particularly enjoy working to improve Australian Indigenous peoples' health care systems. Australia is certainly not a developing country but some of the Indigenous peoples' living conditions are quite poor, especially as many of my clients were affected by drug use and alcohol consumption, and I feel so fortunate that I was and still am able to use some of the content and experience I gained and learned at Ohio University. Still to this day, I'm working in the healthcare field and am enjoying it very much; it's amazing to me how much happiness I can find through helping others and making their lives a little more pleasant despite all the struggles they face.

In sum, I have some advice for people going to Ohio University: instead of learning a general field of International Affairs, focus on a specific area and take classes to enhance your understanding and passion for this major.

(Care Worker, Australia)

Passing a Global Baton of International Cooperation

Masayasu Higuchi (樋口正康)

It has been over 15 years since I graduated from Ohio University's International Development Studies (IDS) program in 2008. Those memories of my time at Ohio University, including the international community I was a part of, remain fresh in my mind. I was thrown into the global community of the University for four months as an exchange student in my sophomore year, six months of language training at the Ohio Program of Intensive English (OPIE) after my graduation, and two years of graduate school in the Department of International Development Studies. From these experiences, I was able to learn invaluable lessons that have greatly shaped my way of life today and my career at Japan-based INGOs.

At Chubu University, I studied in the Department of International Relations. Because my research theme was "International Cooperation," I was able to enter the Graduate Program of International Development at Studies at Ohio University thanks to OPIE. However, studying

Visiting earth quake-affected former staff in Gaziantep, Turkey,

at the university's graduate school presented various hardships due to my lack of English language skills, which required me to dedicate extra time to complete assignments. I patiently suppressed my frustration and studied until late at night at the 24-hour Alden Library, where a Cambodian friend who became my library mate, my classmates from Chubu University, and international students from many countries formed a study society community. I was struggling with my own assignments, but I was surrounded by other students who were also struggling with their own assignments. I was not alone. I would not have been able to do this on my own, and it was the presence of the study community of international students who literally "lived" in the library which gave me courage to complete all my assignments by all costs.

The selection criteria for staff working for Japanese INGOs is not based on academic background nor achievement. However, at the INGOs I have worked for, there were so many people who graduated from famous universities and graduate schools in Japan so it was difficult to secure a position because of the high competition. After completing my internship, fortunately I could join an NGO. I had to spend a lot of energy coordinating with donors and local stakeholders to ensure smooth operations, discussing project details internally, and often working hard beyond midnight, especially before the deadline for submitting grant proposals and presenting action plans in front of approval committees for international development projects. Studying day and night during my graduate school days enabled me to complete assigned tasks despite the competitive environment.

Secondly, I believe the people I met in the graduate school have become the foundation of my career. Many of my classmates and other international students I met there already had working experience in the field of international cooperation or other relevant work experiences. I entered graduate school straight out of the university, so it was stimulating to learn directly from them about what they had experienced during their careers.

In particular, I shared my two years of study with a Cambodian library mate, and our connection grew not only academically but also through shared sports and meals. Being able to major in Khmer language as a second language helped me later in my trip to Cambodia and expatriation. Having native Khmer speakers next to me was a great asset, and I think that the connections with my Cambodian library mate, which strengthened both my academic and personal life, accelerated my career in the field of international development.

Learning about the history of the Pol Pot genocide and the subsequent hardships that Cambodia endured through my Cambodian friend was more realistic than what I had learned from textbooks and articles, and it became the driving force to deepen my research on Cambodia. Furthermore, he has Cambodian friends in a UNICEF's regional office and an INGO office in the field of community health, which I visited during my summer holidays in Cambodia. I was able to directly visit these organizations and deepen my understanding of the work of international development. What I still clearly remember is common methods of community heath projects in rural Cambodia, where infants are often malnourished. The infants were weighed as part of the health assessment, but when they got on the scale, they cried and moved around, making it difficult to get an accurate weight. Their mothers held the infants on the scale, measured the total weight of the infant and the mother, and later subtracted the mother's weight. I entered an international cooperation NGO, and Cambodia became the first country I was stationed in, and the contacts and networks I developed while at the school became a bridge to my career.

Finally, I would like to mention that I developed an international perspective through my study at Ohio University. My experiences in Cambodia led to opportunities in Uganda, Turkey and other regions. I adapted quickly to different cultures and languages, thanks in part to my time spent with international students at OU. The emergency humanitarian coordination cluster meetings I attended included representatives from the United Nations and multinational NGOs, making them truly international events. Japanese people tend to shy away from such occasions, but the international learning environment I experienced at my alma mater and skills acquired such as English language, presentation, and discussion helped me to overcome the hesitation.

It is because I was blessed with the opportunity to study abroad at Ohio University that I have been working for an international cooperation NGO for 15 years as a mid-career staff member. Meanwhile, the Millenium Development Goals were the international development goals at that time, and now they are replaced by the Sustainable Development Goals and at my personal level, the countries where I was stationed also varied from Cambodia, Uganda, and Turkey to Japan. Unfortunately, there is no end to conflicts, poverty, and other humanitarian crises that are ongoing throughout the world, and we are still faced with the same common global challenges for humanity. While I recognize my limitations, I aim to continue contributing to the global community with the experiences gained from my time abroad at Ohio University.

(Programme Coordinator, Association for Aid and Relief, Japan)

Becoming an Adult Through Study Abroad

Rana McKenzie

When I think of my life, I think of it in three parts: before studying abroad in Japan, during my study abroad, and after studying abroad. The experience was so transformative that it is now how I define my life. Without it, I am certain that I would be a different person from who I am right now.

Before going to Chubu University for a year from 2009-2010, I lived a quiet life in a small town. Everything I knew and everyone I loved was in one place for my entire life. But the minute I got off the bus at Chubu University,

On Coming of Age Day on Chubu campus

it was as if I was suddenly seeing everything more clearly and vividly. The plants, the buildings, the smell of the air–everything around me was unfamiliar. Each new thing I learned or experienced enabled me to open my mind and grow.

I was lucky enough to have a unique experience during the period I was in Japan. I turned twenty years old that year, which meant, by Japanese standards, I was officially becoming an adult. In January, they celebrate Seijin no Hi, or Coming of Age Day. The Japanese Language Department at Chubu University did something special that year– they rented traditional clothing for any study abroad student who was turning twenty and arranged for us to go to the Seijin no Hi ceremony. I was fitted with a beautiful red kimono, had my hair done in a stunning updo, and had pictures taken. We even ended up being featured in the local newspaper. As we listened to a poignant speech about what it means to become an adult, I truly felt how important the transition was. It was a lot more awe-inspiring than the simple birthday party that I had when I turned eighteen in the U.S.

One of the most important experiences I had happened shortly afterward. There was enough time between semesters for me to journey to Tokyo. It is hard to travel anywhere in the U.S, especially without a car available. I was stuck in my hometown. However, Japan has excellent infrastructure in place that makes the whole process simpler. In addition, the magnificent language courses that Chubu University provided me and my many interactions with the students there allowed me to become fluent in daily Japanese communication. Planning my trip, renting a room in a hotel, obtaining tickets, and navigating the Shinkansen were all easy for me—something that confirmed how far I had come in my linguistic journey.

An unexpected benefit of studying abroad at Chubu University was the opportunity to visit and stay with many Japanese friends close to the school and in Tokyo. I had made many meaningful friendships with students who traveled to Ohio University for their own studies abroad. I was glad I could catch up with them and see their homes as they had seen mine. I still have some of those friendships even more than ten years later. To this day, I value them and the experiences I was able to have with them through international exchange.

After I had returned from that trip, I felt fulfilled. I had reconnected with people I hadn't seen in years, was able to visit many of the famous sites I had only read about in books, and I had proven to myself that I could do something big on my own. I hadn't had that kind of chance in my own home country. This achievement gave me the courage to push further in my language learning. Ultimately, I passed level N2 of the Japanese Language Proficiency Test. I could finally measure my progress in tangible terms and I was proud of myself in a way I hadn't been before my trip to Japan.

Leaving Japan was heartbreaking. Even after a whole year, I wasn't ready. I didn't want to separate from my friends, but I also didn't want to abandon the way of life I had adopted either. I started from zero and slowly adjusted and developed a new daily routine that I truly enjoyed, inside and out. Without the deep roots anchoring me to reality as I had in the US, I had the freedom to think about how I truly wanted to live my life and bring that vision to fruition. I pulled an all-nighter with my housemates, hoping the night wouldn't end. The flight back was long and heavy with memories.

After sleeping off my jet lag, I realized that I still had the freedom to live the way I wanted. The growth I had experienced wasn't temporary. My mind was more open to new points of view and my perception of my limits had shattered. I had done things my old self could have never imagined, which meant that things I used to think were impossible should be possible. I shaped my studies to fit my new worldview and expanded on what I originally planned for my future. I knew I wanted to work with international students or travelers, so what I learned during my study abroad would prove invaluable. I earned my TEFL certificate and used it to teach English as a second language to kids and adults. I also used my language skills to translate, my favorite project being a book of poetry I hold dear to my heart. I even dared to move across the US from Ohio to California, which may not have been possible without traveling internationally. The course of my life drastically shifted and I'm much happier for it.

I've made it to adulthood successfully with a strong drive to create my own place in the world. Without the opportunity to leave the country, I wouldn't have had the same confidence to aim as high as I have. I'm grateful that Ohio University has nurtured its relationship with Chubu University, both for myself and all the other lucky students who have benefitted from this study abroad program.

(Study abroad participant at Chubu from 2010-2011, English Instructor)

Unforeseen Benefits of International Sports

Julian Hartshorn

My one-year study abroad at Chubu University was the most valuable experience I had during my time in college. It drastically changed the way I think about and understand cultures as well as had a huge influence on my career after I graduated. One of the experiences I had during my study abroad that affected me the most was my time spent with Chubu University's Judo Club.

Prior to my study abroad I had always wanted to try a martial art. I had a background in wrestling from a young age and practiced judo at Ohio University through the Japanese Student Association for a few months. However, I had little confidence in my judo when compared to the level at which I thought my peers would be at in Japan. This made me extremely nervous to join a judo club at a Japanese university—in addition to being in a new culture, a new country and with a significant language barrier as I only had one year of studying Japanese at the time. Regardless of my worries I still wanted

Belt received from Chubu's Judo Club. It says "friendship"

to give it a try since I finally had a unique chance to learn judo at a level I knew I probably would never have the chance to again.

Luckily, I was able to be introduced to the club through a connection with Chubu University's Department of English Language and Culture and could meet the club during my first few weeks into my study abroad. Although I was relieved that I could join, this opened the door to some new anxieties: Was my judo good enough? What would they think of an American with little experience joining? Would I get in the way of practice? I walked into the dojo which was a very large and, at the time, intimidating building tucked away in one of the back corners of the campus with multiple floors and different martial arts clubs practicing on each floor. The kendo club practiced on the ground floor of the dojo so I could hear the screams of kendo practice and banging of wooden swords before I could even see the building which admittedly put me even more on edge. Once inside the dojo, I met the judo club. To my surprise they were just as nervous as I was as they had all heard that an American would be showing up to join. They explained that they were relieved that I could speak some Japanese and had an idea of how judo practices usually operate. I was also put at ease that they were much more easygoing and less intense than I had anticipated.

After a few months of practicing with the club almost daily, some things started to stand out when compared to how I practiced sports in America. First, there was a coach or sensei, but he wasn't always able to make it to practice and practice was usually run by the student members of the club. Secondly, there was a much larger disparity in skill between members than what I had expected. Some members had been at the top of the ranks in their respective home prefectures and had been training practically since they could walk. Some surprisingly had less experience than I did at the time. This meant that we had to work together to improve and motivate each other which was something usually reserved to coaches from my experience with sports in my home country. I had experience with being a teammate from playing football and other sports that I played when I was younger, but I hadn't had the experience of athletes holding almost all the responsibilities of the team or club. During practice everyone wanted to win and do well, but members of our club had different motivations and reasons for joining. Some were dedicated to judo and wanted to be the absolute best, some joined to get in shape, and some wanted to get their black belt as a personal achievement. This contrasted my

American view of always wanting to be the best and win everything. This ultimately changed my perspective on how to train for sports and allowed me to focus on my own goals and focus less on comparing myself to others.

Another important aspect of being involved with a more traditional club that was beneficial for me was that I was unknowingly getting firsthand experience of so many aspects of Japanese culture. Our club had a student leader, different members who were delegated certain responsibilities, and our club's sensei who was a faculty member in addition to the rest of the other student members. Since I was an active member, I was able to see how to apply the Japanese I was learning in class during practice. I started to better understand when and with whom to use formal speech, how to interact with junior members, new members, and senior members among other countless experiences. These experiences helped me immensely with my career once I graduated and started working for Japanese companies as I was able to apply the knowledge I gained from being involved in a club to future interactions with those who would be my bosses, managers, and coworkers. For example, early in my career I felt more comfortable when interacting with senior and higher-ranking members of different organizations as I already had firsthand experience with similar formalities at club ceremonies and competitions. It also gave me a lot of confidence with interviews and other work-related events as I felt more at ease and usually had some form of a reference in my head of what was expected of me in different situations.

I believe my time spent with Chubu University's Judo Club was invaluable to my growth as a human and highlights why going abroad is so important. Initially, I thought joining would allow me to make some new friends and improve my judo. Also, as I was so focused on judo during my time spent with the club, I could not have expected how much I would grow as a person through merely participating. However, being a member of a club at a Japanese university provided me with endless unforeseen opportunities to learn and grow as a person that I would have otherwise never had the chance to experience had I not first studied abroad and been in a totally different culture.

(Japanese Logistics Company, Chicago & Ohio)

Being President of the
Ohio University Japanese Student Association

Kathryn Safreed

Many distinct things defined my college career during the 3 ½ years I attended Ohio University. I competed in Speech and Debate, got great grades, and had a wonderful job. However, one of the things I'm proudest of having done in my college career is having the opportunity to be the president of the Ohio University Japanese Student Association. In my last semester, I led a great group of students from America, Japan, and other countries and learned more from the experience than I ever thought possible. While serving as president, I also tutored students from Chubu University in English and enjoyed every minute of helping my students learn a tough, but great, language.

This wasn't exactly what I had in mind, however. I majored in Strategic Communications in the Journalism School at Ohio University. When I started college, I figured I would join journalism-related groups and take journalism-related classes. However, I would soon find that my time as an Ohio University journalism student would be anything but ordinary.

My last semester of college wasn't my first time working with the Chubu University students nor with the Japanese program itself. As a sophomore, I began taking Japanese language courses because they interested me and I was seeking a challenge. Every year, the Japanese Student Association hosts the Sakura Festival to celebrate Japanese culture as well as the blooming of the cherry blossom trees and I was invited to partake. That was how I met other members of the Japanese Student Association (JSA) as well as other Chubu students. By the next fall, I was hired as a tutor and an active member of JSA.

Getting to know and befriend the students from Japan was an amazing experience. I remember spending two summers moving students into their dorms. I was tired, but they were downright exhausted after an almost 24-hour travel day. Still, they made the effort to talk with me about their travels and life in Japan despite their lack of English knowledge combined with the fact that it was three o'clock in the morning. I would then go on to tutor many of those students in the public speaking classes they were taking and watch them graduate from the semester abroad program in December.

Looking back at the how much they grew from their late-night move-in conversations all the way to the five-minute-long speeches given at graduation, I am in awe at how determined and resilient the students who do this program are. I was never able to study abroad during my time in college, but I know how hard it must be to travel thousands of miles away from friends and family and stay in another country whose language and culture you barely know for four months. For many students, this is their first trip to the United States and I know it can be difficult to adjust to life in Ohio. While in a large city like New York or Boston there would be many Japanese people to meet and talk with, sometimes the Chubu students are the only Japanese people on campus. However, this is a great benefit because the students must use their English every day when they talk with friends, teachers, and shopkeepers.

I was also always struck by how willing Chubu students are to share their culture. Every week, we would have "Cultural Hour" where students in the Japanese language program could learn more about the culture they are studying. And, every week Chubu students would come and share not only their culture, but their lives with their fellow students. I had some of the students I tutored teach me calligraphy and *ikebana*. I learned the tea ceremony and how to put on a kimono. In many ways, I was the teacher who ended up learning more from my students than they likely did from me!

I wish I had gotten the chance to go to Chubu University while I was still in college, but I know I will visit someday. I made so many friends through the Chubu program in Ohio that it almost—almost!—takes the place of studying abroad. Even though I was a journalism student, most of my days were spent in the language building doing something with the international students. I cannot wait to get the chance to travel and visit the many friends I have made over the past few years.

Sure, I didn't have the typical journalism student experience, but I don't think I would have wanted that anyway. I am so grateful to have met the people I met and gained the skills and experience I got through this program. When I tell people that I'm a Journalism major with a Linguistics and Japanese minor, they say, "Wow! Your college career must have been interesting!" And I always reply, "It sure was." And I wouldn't have it any other way.

(Former President of OU Japanese Student Association, Journalist)

My Time Studying at Chubu University as a Turning Point in My Life

Evan Lewis

During a person's life, everyone experiences turning points that define the direction and course that a person's life will take. Something happens, be it intentional or unintentional, positive or negative, seemingly large or small in scale. These turning points can come from something as simple as a conversation with a stranger, or they can come from some catastrophe that befalls us or someone that we know and care about. These events can give us clarity and focus, and ultimately determine who we are and what we desire to do or be.

My time studying at Chubu University was one of these turning points in my life. After no more than a few weeks studying in Japan, I realized that I wanted to live and work in Japan more than anything else, potentially even for the rest of my life. Since my study abroad, almost everything I have done has been to pursue that dream. However, this was not always the case for me.

I spent most of my life refusing to commit to anything, and not really having any idea what I wanted to do with my life. Throughout most of my early school life, I always believed that I would end up studying some field of science, as it was something that I enjoyed. I did nothing to pursue it, and ultimately ended up abandoning that dream over time. Throughout most of my high school life, I thought I would study Psychology, as it was something I had recently become interested in. Similar to before, I did nothing to pursue this dream either, and it ended up falling by the wayside. By the time I enrolled in Ohio University, economics had become my newest interest, and I settled on that as my major. I went through my first year of college the same way as I had gone through the rest of my life; I went through the motions, doing only the bare minimum of what I needed to do, and nothing else.

For my second year at Ohio University, I started studying Japanese language and culture, as it had become the most recent thing I had developed a passing interest in. If I am being completely honest, if I ranked academic subjects by how capable I am at them, language study would be near the bottom of the list. I never intended to do anything with the language. I was just studying for the sake of my own curiosity. However, a friend of mine who was also studying Japanese tried to convince me to study abroad with him. The way things were going, I was going to graduate early anyway, so I did something I don't normally do. I tried something new and out of my comfort zone to pursue my interests, in spite of the fact that it wasn't the safe option.

My experience ended up being everything I expected and so much more. Being exposed to a culture and way of thinking that was fundamentally different from my own has been hands down the best experience of my life. I put in incomparably more effort into my classes at Chubu than I ever had before, and still managed to end up with my worst report card to date. Despite all that, I was proud of what I had accomplished, and was for the first time truly satisfied with the direction my life was starting to take. I personally feel that in those four short months I grew more as a person than I had my first two years of university life, and even though I learned much during my studies, I attribute most of my growth to the things I did and the people I interacted with.

Starting from day one, Chubu students actively and even almost aggressively attempted to befriend me and my fellow abroad students. On my second or third day at Chubu, I was invited out to drinks by students I had just met. Everyone patiently talked to me and asked me questions, even though I was barely able to say more than some simple greetings and set phrases, let alone give an interesting response. The fact that these people were willing to put in that amount of effort for my sake made me revamp my own efforts to communicate with and understand other people. Something as simple as going out for drinks ended up leaving a deep impression on me and somewhat altered my way of thinking, yet I almost didn't go because I was worried that my Japanese skills were too lacking.

One of my favorite experiences from my study abroad came under the guise of a day trip to see the hometown of a friend from Chubu. The two other study abroad students who also went and I just assumed we would be doing some sightseeing. We assumed wrong. We started off simply enough by visiting our friend's home and having tea with their family. After that we were taken to one of the schools our friend used to attend, where one of the teachers was hand crafting samurai armor. The teacher gave us a personal lesson about the ins and outs of the process. We were then escorted to the house of one of our friend's neighbors, who had several full suits of completed samurai armor. Finally, in what must be one of the coolest experiences I have ever had, we all had the opportunity to wear the armor and march through the streets, all the way to the courtyard of Inuyama castle. All these amazing experiences stemmed from what we thought was going to be a simple sightseeing trip.

The point is, I never would have had any of these experiences if I hadn't taken a chance. Playing it safe and staying inside my comfort zone never helped me work towards my dreams, and I never would have developed my current goals and aspirations without being willing to try something new. We humans change and evolve due to our experiences, and we gain a deeper understanding of ourselves through them. Always be willing to try something new, take a few risks, and create as many new and different experiences as possible. Who knows, life may even take a new and unexpected turn.

(English Instructor)

The Best Decision I Ever Made

Nick Norman

Enjoying a trek through Fushimi Inari in Kyoto

When I was finishing high school and looking at universities to attend, the deciding factor for me to go to Ohio University was the fact that they had an exchange student program with Chubu University. I had high hopes for the experience, and I was not disappointed. I can without a doubt say that my participation in the study abroad program with Chubu University not only helped shape my path in life, but also gave me some of the richest experiences and deepest friendships as well.

Growing up I had always had an interest in Japan. On a cultural, historical, and societal level, Japan intrigued me and I knew that no matter what, I wanted to be involved with the country. Unfortunately, my hometown of Cleveland does not have a prominent Japanese community, so my opportunity would have to wait.

At Ohio University, my first real life exposure to Japan came thanks to the exchange program with Chubu University. I was a freshman and had met several students from

Chubu during extracurricular activities on campus. I was beyond excited to finally meet Japanese people in person after a lifetime of only experiencing the culture secondhand. I introduced them to American culture just as much as they introduced me to Japanese culture and I learned that I had a passion for international relations. On both sides we were fascinated by where the other came from and what our outlooks on life were like.

Initially when I enrolled at Ohio University, my first choice for a foreign language was Japanese, but unfortunately the classes were all full by the time I was able to apply. After meeting and becoming friends with the students from Chubu University, however, I found a renewed zeal. I made it a priority to ensure that I was first in line to join the Japanese language program at Ohio University so that I could go to Chubu University myself and reunite with all the friends I had made in Athens.

Thanks to that reinvigoration I felt from befriending students from Chubu University, I excelled in my Japanese classes far beyond my peers. I amazed myself by how much I took to it—when I was in high school, I struggled through four years of Latin. I ended up becoming a Japanese tutor so that I could help my classmates succeed, and thanks to my connections with Chubu University, I was able to introduce them to students from Chubu University themselves.

Despite only having completed one year of Japanese during my sophomore year, due to my prowess and passion in the subject, I spoke with Dr. Krzic and signed up for the exchange program as soon as I could. At the start of junior year, I joined other students from Ohio University that were further along than me in Japanese just so that I could fulfill my lifelong dream of finally going to Japan. Sadly, despite desperately wanting to spend an entire year at Chubu, my family could only afford to send me abroad for the three-month course. Those three months, however, were some of the most impactful of my life.

Immediately upon landing in Nagoya, I was amazed. Japan was everything I had hoped for and more. It filled me with energy and wonder despite having just completed the longest airplane ride of my life. Our group was soon met by a welcoming committee of students from Chubu University who wasted no time in making us feel at home. They were kind, funny, and above all, welcoming. To this day I remain in contact with many of those students. That was just how impactful the experience was to me.

Not long after, we began difficult but worthwhile classes at Chubu University. I was even able to experience the famous tea ceremony that I had heard of so much. My friends from Chubu helped me explore Kasugai and even Nagoya and made sure that I always felt safe and appreciated. Truly the only regret I had out of the whole experience was that I was only able to go for three months.

When I returned home to America, I was inspired to be as present and available for the new exchange students from Chubu University. I signed up for every opportunity to welcome them and give them the same sort of enriching experience that they had given me when I was in Japan. Not only that, the experience had given my life direction and taught me two important lessons about myself: that I loved helping others and that I loved learning and experiencing other cultures.

At the end of my junior year, I realized that I could utilize both of those passions by joining the Peace Corps after graduation. Though Peace Corps did not have a program in Japan, I was able to volunteer in Cambodia at a high school that was sponsored by a group from Saga prefecture. The international relationships I had built during my time at Chubu University and the Japanese language I learned during college allowed me to teach my students in Cambodia about Japan and Japanese culture.

Following my two years in Cambodia, I returned to Athens and ended up working a dream job—working with Dr. Krzic to help exchange students from Chubu University and other foreign universities. The work was as rewarding then as it was when I was a student. It also inspired me to further my education and get a master's degree in Japanese. Following that, I worked in Nagoya as a teacher and translator and made more deep friendships.

Without a doubt I can say that the Ohio University and Chubu University exchange program is invaluable and joining it was one of the best decisions I have ever made in my life.

(Study abroad participant in 2006; Firefighter, Japanese-English Translator, Entrepreneur)

I Am What I Am Because I Studied Abroad

Matthew Lanigan

Throughout our lives, we experience different things, and these experiences change us. Some of the changes are small, almost invisible, and some of them are massive, as plain as day. With the little changes, the kind that happens almost daily, you tend not to notice that anything is different until you look back and wonder at how different a person you were all those years ago. I think this is the way that life progresses for most people, most of the time – it's certainly how my life has been, for the most part. The big things, on the other hand, as soon as they've finished, you understand that something fundamental is different now – you may not know what, or how much, but you know it's different.

For me, living in Japan is one of those big things in my life. I am irrevocably, for better or worse, different from I was before.

I started my first study abroad in September 2008, and during that time I attended Chubu University for 11 months. It was my first real experience of an extended time away from home. Most kids in America get that when they go to

Right before the presentation at a conference

college, but college was different for me. While Ohio University was several hours away, I had a car and gas money and people I wanted to be with – ingredients which, added together, produced more-or-less weekly excursions home.

On the other hand, it's not possible to go home for the weekend when you're half a world away. Sure, I got homesick – everybody does, right? But mostly, I'm the kind of person that tends to just go with the flow, and that's what happened: I sailed right along through my study abroad experience. There were good times, and bad, and then it ended.

I realized after I moved home that I'd changed significantly. Sure, there were the obvious things like how I was able to speak Japanese better (but still poorly), or how I was occasionally frustrated by words that I could think of in Japanese, but repeatedly failed to find an equivalent for in English. Some of my friends even claim that I had a weird accent for a brief time after I came home. But that isn't the kind of thing I'm talking about; I mean something deeper: my personality, my hopes and dreams, how I interacted with the world – those things and more.

In September 2010 when I started my second study abroad at Chubu University, I knew that change was core to where I wanted to take my life. And by September 2013, when I started my third, time at Chubu University, my path was set.

Fast forward to today, and I tell basically everyone that I meet – every college kid, every language learner, every parent – that study abroad is absolutely something they should experience. That's because, in brief, I truly believe that those experiences better us.

It's hard to say, with any specificity, how my time in Japan – my time in constant interaction with a culture massively different from my own – has changed me. And I can't say for certain that it's all been good, either. But on average, taken as a whole, I can honestly say that I think I'm a better person now than I was before going abroad.

One of the ways that living here has changed me is how I perceive people from other cultures. I've never considered myself a bigot or cultural imperialist or anything like that, and I like to think that that isn't the image that others have had of me, either. But frankly, I can see now that I was, in some ways. But living in another culture has changed that.

See, as much as anybody espouses equality or global understanding or other such ideals, it is extremely difficult to put those ideals into practice without some experience. Living in Japan, for me, has become that experience.

When I came to Japan, I was armed with mental lists of all the ways it was different, and all the ways it was the same, and I found them lacking. There are so many things in Japan that are different from the United States that it would be ridiculous to even begin to try to list them. And yet, the similarities are also beyond counting. No list can ever describe a culture; at best it gives you a stereotype-driven caricature, which is far from acceptable. The only way to understand the plethora of differences and similarities is by experience.

Our brains, on the other hand, love lists. We love to put everything in a bunch of neat, separate boxes, and yet humans ourselves defy such categorization. On top of that, we know that everyone is different, and that we must accept them despite those difference, all while our brains also have a built-in tendency to fear the other, the different.

This paradox gives birth to something that I don't think our brains are built to be able to understand – that though other cultures are different, and massively so, they are not to be feared or ridiculed or understood in any terms but their own.

And yet we strive as a human race to understand this. In order to improve, we must do so.

Now maybe all of this seems obvious. Perhaps it seems like no more than the lofty and idealistic ramblings of a tired graduate student struggling to meet way too many deadlines. Frankly, that's probably not completely wrong. But I think that there's at least a kernel of an important truth in all of this, too.

Through interacting with cultures other than our own, and coming to understand them, I believe that we as humans become more able to understand the overwhelming degree to which other cultures are different than our own. Most importantly, I believe we come to be able to truly accept those differences – and someday, maybe, hopefully, to revel in them.

At least, I have, and for that, I have my study abroad experiences to thank.

(Studied at Graduate School of Global Humanics, 2010-2012)

My Friends at Chubu University

Zachary Hughes

Going to college can be the best time of people's lives determining who we become as humans. I never felt the truth of this statement until I met my lifelong friends from Chubu University. When I was getting ready to go to college I never felt the need to leave my family for independence. I was always very self-sufficient, had a great relationship with my parents, and never truly felt like I needed to get away from my house to have fun. I was not reluctant to go to college and live on my own. Rather I saw college as an opportunity to discover new things and make new friends. Before I knew it, I was sitting in my dorm room in college at Ohio University without a clue of what to do.

As sociable as I am, I did not want to go out and meet friends that much because I did not know where to start. I had always wanted to learn Japanese, and I had enrolled in the beginning class to meet a requirement for graduation. On the Saturday night before my freshmen year classes began, I received an email from the learning community for my Japanese class. It asked if I wanted to help move Japanese exchange students into their dorm. This is where it all started.

I had nothing else to do on that first Saturday and I thought I should get out and meet new people. I met some of my best friends who also helped move the Chubu students in. That night changed my life. I cherish my Chubu friends.

I have experienced three semesters of Chubu students and had so much fun with them. I have learned so much and made many memories that will last a lifetime. Studying, playing video games, eating, walking around, and hanging out with them made me realize that even though we come from different places, we are not that different.

My first semester of being friends with the Chubu students made me realize that sometimes America can be a lonely place. I thought they all had made many friends and met many Americans to hang out with. However, this was not the case. I learned at the end of the semester many were lonely and did not hang out with as many people as I previously thought. I felt sad that I had not made an effort to befriend them more, especially because the experience of befriending the Chubu students is such an exciting and positive experience. So it was my personal mission to make sure every Chubu student had an amazing time and made long-term friends, myself included of course.

In 2017 I went to Chubu University to improve my Japanese language skills. Before then, I never really said goodbye to any of my Chubu friends because I knew I would see them again. I think it is truly intriguing that instead of not wanting to be friends by choice, it is distance that prevents us from seeing each other. It makes the time we have in America together more precious and the anticipation of seeing each other again greater.

My conversation partners were some of my best friends out of the Chubu students I met. I tried to be friends with every Chubu student that came to Ohio University and I think they found a good friend in me. I couldn't wait to see all my old friends when I visited Japan to study abroad. I did not think it would be the last meeting for us. I thought if they could ever come see me in America, they would come and live with me and have a lot of fun. I could honestly say I believe they would do the same for me. I did not really feel sadness from them leaving. I felt more determined to meet the next group and to work harder on my Japanese skills and become friends with such kind people.

(Studied at Chubu University in 2017)

My Interactions with the Chubu Students

Dakota Williams

My best memories of college, and my life at Ohio University, all came within the first few years. A great deal of that is thanks to the students from Chubu University. When I came in as a freshman, I didn't really know anyone, and it was hard for me to go out and make friends. Then I went to Japanese Culture Hour where I was first introduced to my Japanese Conversation Partner and the rest of the Chubu students. I remember it clearly because everyone was laughing having a good time, and everyone was so nice. They were like me, very eager to make friends and learn more. I grew to know more of them and even got invited to birthday parties. It was so nice to have been able to grow so close to a group of people and see them improve their English. That first group really affected me when they threw a surprise birthday party for me. I had never had one before and didn't know how to react to seeing so many people in one room. I remember running from my friend's apartment, which was 30 minutes away from my dorm. When I arrived, the first thing I heard was "You're late!", and I

A farewell T-shirt I received from some Chubu students

remember standing there in shock. I was so happy I didn't know how to react to seeing everyone laughing and saying "Happy birthday." It was because of that I decided that the next year I would go to Chubu University to study Japanese so that I could talk to them more.

The next semester came and my friend, who was going to help the Chubu students throughout the semester, asked me if I wanted to help move them into their dorms, and I jumped at the chance. I wanted to help them like the group that had come before them helped me. It was a chance to get to know more people and make sure that they would have the best time at Ohio University as possible. Through this experience, I've made some life-long friends who I consider almost like family. I learned so much and had the greatest time going to the movies, playing video games, and just studying together. When the time came for me to leave my dorm, even though I had left Athens I still made several return trips to drive people to the movies or even just hang out with everyone at a friend's house. Seeing everyone smile and have a good time became my reason for wanting to continue helping the Japanese students that come to Ohio University, and it even led to me getting involved in more internationally related programs.

When both groups left, I remember telling them it wasn't "Good-bye," it was "See you later." By then I had already planned my study abroad at Chubu and was excited to see everyone again. When the other two Ohio University students and I made it to Chubu Airport, sure enough there were two of my friends waiting to greet us. It was truly something amazing to be able to meet so many amazing people again and even become closer to some new people too. From just seeing the students that came to Ohio to meeting people who were going and returning from all parts of the world it has become something that I will not soon forget. The students from Chubu University will always have a big place in my heart, and I wish to keep building these relationships so that when Chubu students come to Ohio, they can build the type of relationship I had with my first group with some of the new freshman at Ohio University. In this way, these great memories can be never ending.

(Audio Visual Specialist and Studio Producer in Tokyo)

Experience of a Lifetime

Zach Delin

During my freshman year at Ohio University, I decided to take a Japanese class, and during one of our lessons I made a decision that changed my life. During class one day, I filled out a little piece of paper that would assign me a conversation partner from Chubu University. Doing that one action opened me up to new friends and a whole new culture.

Without my experiences with the Chubu University students, I would be a completely different person. So many of my fondest memories of my time at Ohio University include Chubu University students. One memory that comes to mind is when my Chubu and OU friends and I decided on a whim to go to a spot in Athens called Radar Hill. It was a quite the trek to get there, but that was half of the fun. I remember finally reaching the top of the hill, looking out onto Athens from what seemed to be the top of the world, and feeling the cold gust of wind and the warm laughter of friends. It was truly a moment of Zen, and I couldn't help but think about how lucky I was to be in such a place with friends from the other side of the world. It was later that I realized that I would become even more involved with the Chubu students at Ohio University.

One night when I was walking back to my dorm with an American friend of mine,

At Kinkakuji Temple

he told me that I should apply to become the new OPIE special programs assistant since he was graduating that semester. At first when I heard this, I was shocked, honored, and unsure all at the same time. This would mean that I would be working with Chubu University students every semester, and while I had experience as a conversation partner in the past, I didn't know if I should apply to help with the program more and lead Chubu students at Ohio University. But now as I look back, I can say for sure that I made the right choice.

The fall semester of 2017 was my best semester because I got to meet 34 bright and ambitious Chubu University students. Over that semester, I also got to ride roller coasters with them at Kings Island, tour an auto company with them at the Honda factory in Marysville, Ohio, go on a horse and buggy ride with them in Amish Country, and traverse the streets of New York City with them. They gave me so much that I cannot possibly repay them, and I am grateful for them all. I cannot wait to see all my Chubu friends when I finally go to Japan.

(Studied at CU, 2006; OPIE Special Programs Assistant, 2007-2008)

Making Friends

Kyra Jeffers

So many of my most valuable memories from studying at Ohio University are related to the friends I made through the Chubu-Ohio program. I started helping with the program as a part of the Ohio Honors' Global Buddy Program during the spring semester of 2022. Through this, I attended the conversation hour, I had a conversation partner, and I helped with the weekly study sessions. Not only did this program help me to make friends with the Chubu students, but it also helped me make lasting friends from OU who are still my closest friends on campus to this day.

With Chubu students, 2023

I started college in 2020, so my entire first year was online. When the first group of Chubu students came back after COVID, I got to really explore campus for the first time with them. Thanks to this, I have so many fun and valuable memories tied to almost every place on campus. From drawing sketches with my friends over coffee at Donkey, to trying almost every restaurant on Court Street, to somewhat conquering my fear of open water when we all went to Strouds Run together on an OPIE picnic.

Though I was sad when this group had to leave, and I was sad when I went to these places and knew I couldn't invite them along, it was also so nice to make new friends with students in the coming semesters. I loved all three of my Chubu conversation partners the following fall semester and spent as much time with them as I could. I was also able to do many fun things with these friends, taking them shopping in Columbus, having picnics at dusk, dancing, watching movies, and going to the Columbus Zoo.

I also found myself easily getting close to the new group that came in the spring. I made close friends who would always go to the movie theater with me. We often played games and went ice skating almost every week. I also have such fond memories from viewing the cherry blossoms in bloom at night, going to a concert with one of my Chubu friends in Columbus, giving some of the Chubu boys makeovers, and going hiking. I felt so close to the friends I made, and I am still sad that they are gone.

Being a part of this program at OU really helped me break out of my shell and get more involved on campus. It also helped me foster a love of learning more about different cultures and making global connections.

I feel I was very fortunate during my time at Ohio University with the Chubu students. I still stay in contact with many of my Chubu friends and I had a fantastic opportunity to see many of them again recently.

In summer 2023 I had the opportunity to travel abroad to finally visit my friends in Japan. I spent one week in Nagoya and one week in Tokyo. I have never been busier in my life than I was when I was in Nagoya.

I spent a great deal of time meeting many of the Chubu friends I made at Ohio University. Now, I was not the one doing the driving. My friends drove me to their favorite places and activities. I went bowling, visited the Nagoya aquarium, tried a variety of Japanese food for the first time, visited castles, went to the movies, played arcade games, went hiking and more. While all the activities were fun, I was mostly happy to see my friends again and grateful that I was able to visit them in Japan.

When I visited my friend in Okazaki, she and her family took me to many fun places. We went to a famous kakigori restaurant, visited a miso museum, and explored Okazaki castle. My friend also took me to her favorite restaurant in her hometown where I tried what is still my favorite food I had in Japan: mazesoba.

When I visited my friend in Anjo, her mother was very kind to me. She welcomed me with a cake and a delicious home-cooked meal. This friend also drove me three hours to the place I wanted to visit the most in Japan: Shiraito no Taki (or Shiraito Falls). It was also her favorite hiking spot, so she showed me all the best, "off-the-beaten track" places there, and this was hands down my favorite experience in Japan. The weather was slightly rainy, so there were few people around and the temperature was perfect, and the views were so beautiful!

On my final day in Tokyo, two of my close friends whom I met at OU during the Spring 2023 semester traveled to Tokyo to meet me right after they returned to Japan. I was very happy and excited, and so touched that they traveled so far to see me before I had to leave to return to the U.S. We went to Sanrio Puroland together and I tried Japanese sushi for the first time. They made me laugh and made my final day so fantastic, which only makes me miss them so much more.

Thanks to the Chubu-OU relationship, I was able to make global friends who could teach me more about their culture and country not only at OU, but also when I visited Japan. I started studying Japanese so that I could learn to better communicate with them, and I feel that I have been able to learn so much through making friends with them.

No matter what, I will continue to stay in touch with my friends from Chubu University, though it will likely have to stay long distance in the near future. I am so grateful to have met them all and I hope to see them in person again as soon as possible!

(Ohio Honor's Global Buddy Program Participant, 2023)

The Most Extraordinary Experience of my College Years: Working with Chubu Students

Melanie Potraz

During spring semester of my sophomore year at Ohio University, I never imagined that meeting Chubu University students would shape my college experience. At the time, I was too shy to introduce myself to new people. Luckily, I had some extroverted friends that invited me to play table tennis with a group of Chubu students. I did not know Japanese because I was too afraid to study the language, but I wanted to help make these new international students feel comfortable at OU. Time with these students flew by and before I knew it, I would have to leave campus and say goodbye to my new friends.

Luckily, Joung Hee Krzic sensei reached out to me and asked me if I would like to work with future Chubu students. I was so overjoyed to have the opportunity to work with Chubu students. I wanted nothing more than to meet more students and help them make the most of their time at OU; like the students I had grown to know helped me. My

time with the first group of students made me feel confident enough to sign up for my first Japanese language course and to grow out my shell when it came to introducing myself to new people.

In the last year and a half, working with Chubu students has been the most extraordinary experience of my college years. I've been so lucky to watch every student go from being a "shy, unwilling to make mistakes while speaking" student, to a "confident English-speaking" student. I get to watch Chubu and OU students go through the same life changing experience that I got to go through. It also makes me incredibly happy to see every student make friends at OU and stay in contact after they leave. It is so bittersweet to see Chubu students become so close to their American friends that they don't want to leave them at the end of the semester. Each group of students gets to learn about their culture and way of life; it is such a special bond. I hope all past and future Chubu students treasure their time at OU. I know that everyone at OU misses his or her Chubu friends and hope that they will one day meet again in Japan.

(OPIE Special Program Assistant, Library PSP)

Postscript:

Reflecting on this essay I wrote a few years ago, I wanted to add some additional comments on how much my experience continues to influence me. I think one of my favorite things from this experience is seeing how students I met have now grown up and are accomplishing so many great things. It makes me smile to see everyone continue to succeed and thrive. I also enjoy seeing posts of all the new OU and Chubu students come into the program; it makes me happy to know they have so much fun ahead of them, and that they are making lifelong friendships along the way.

In addition to this, I wanted to express my gratitude for Joung Hee Sensei. Her passion for teaching is something I have always carried with me into my career. Joung Hee was a light for students in the program and really was a second mom to everyone. She was such a positive influence to every student that knew her and I will always admire her. May her legacy continue to live on; we will continue to honor her memory with our commitment to the Ohio University-Chubu University relationship.

It's Not Just the Language

Kayla Irvin

There are times in our lives when we decide to take on challenges. These challenges may be small, or they may be so large that they change our lives forever. The way that these challenges change our lives may not always be evident, but the people around us are able to see the changes. Over time however, the changes that one is willing to make during and after the challenge will become more evident.

Deciding to study abroad in Japan was possibly one of the biggest challenges I have

With a famous *Yabaton* statue, upper right

faced in my life. Even though this was a challenge, I overcame it and I now know that I have changed.

When I first arrived in Japan on September 10th 2015, I was terrified. I had never been that far away from home before. I also knew that there was a huge language barrier, and that I had to navigate on my own. I didn't know anybody at Chubu University, and I thought making friends was going to be especially difficult with my personality. I was the type of person who would try to talk to people, but even though I could talk to them, I never felt like we could become friends. These were some of the challenges I faced when I first arrived in Japan, and even though they seem minuscule now, to me they felt like the difference between life and death.

As the year went by, I soon realized that I had made friends, and I knew that I didn't have to do everything on my own. I knew that my friends and my teachers were always going to be there when I needed them.

Now those challenges were the ones I had to face on the outside, but they were not the only ones I had to face. Throughout my entire life, I had to face the challenge of never feeling good enough. In Japan, I had those moments where I thought that there was no way that I could ever learn Japanese; there was no way I was going to feel like I can do it. These moments happened quite frequently during the beginning; however, as the year went on, I began to feel differently, and with the help of my friends and teachers, I have changed. I no longer feel completely inadequate in life anymore. I know I still have a long way to go before I will learn to love myself, but because of this study abroad experience I know I have become a better person.

So, when I am asked the question, "Is study abroad really worth it?" I always say "Absolutely, Yes!" There are times that the process to study abroad is way too time consuming and tedious, but when you look at the results of my study abroad, or anyone else's, one can see that without those experiences, we would not be who we are today.

Today, thanks to this incredible experience, I now know myself better. I know I am a person that likes to set my goals high. For example, I wanted to become fluent in Japanese in the one year that I was studying abroad. Now even though I am clearly not fluent in Japanese, I know that I have improved a lot.

For me, being able to share a culture with someone in their own language is the biggest reward I could get out of being fluent in another language.

Studying abroad has not only changed me on the outside with my Japanese abilities, but it has also changed me on the inside as well. I now feel more comfortable in my own skin. By this I mean I now know that even though I have my flaws, I have great qualities too. I also know that I have something I can contribute to this world too.

Studying abroad has changed me for the better. I now feel like I can take on the world as I am. I don't feel like I must change for the world, but rather the world must change for me.

I have discovered a new-found confidence, and it is all thanks to my study abroad experience at Chubu University.

(Studied at CU, 2015, English Teacher in Shiga)

Kansas City Royals to My Own Clothing Brand

Akihisa Miwa (三輪晃久)

Living and pursuing a professional career in the U.S. poses challenges for Asians due to its predominantly White, European-oriented culture. Effective communication in

English and mental resilience are essential. My exposure to diverse cultures as a child and as an international student at Ohio University enables me to comfortably live and pursue a career I love.

Since I was a child, I have always wanted to do something I love for my career. First, I wanted to be a baseball player. When I was studying at a graduate school at Ohio University, I wanted to work in the sports business industry. After graduating from the program, I was able to work for the Kansas

With my wife in Kyoto

City Royals, which is a Major League baseball team. However, I noticed the industry is not diverse and there are too many people who were ignorant about other cultures, so I did not want to stay in the industry. I also had a dream to create a street style clothing brand and have done so.

I came to the United States in May of 2015 to pursue a Master's degree in International Development Studies at Ohio University. I had always been very understanding of other cultures, maybe because my parents were very kind to people who were from other countries and they took me to a lot of different places when I was a child. My first time visiting the U.S. was when I was 10 years old. I was able to experience seeing a very different culture in the U.S. when I was very young. That experience helped me a lot to understand that there are a lot of cultures and different people in our world. Studying and living in the U.S. was very beneficial to my life. I was able to meet so many people from different countries such as Korea, Thailand, Vietnam, Ghana, Nigeria, Gambia, Yemen, Brazil, the Dominican Republic, Saudi Arabia, Ecuador and so many other places. Meeting people who have very different backgrounds and learning about who they are and what culture they came from is amazing because if you stay in the same community where people think in the same way you think, it gets tougher to understand what people in other communities or countries think. Not being able to understand each other makes people have conflict and creates an ugly and chaotic environment. People want to live in safe places and have great lives. The more people from other cultures you meet, the easier it gets to understand other cultures. You do not want to be the type of person who cannot or does not want to see the beauty in the diversity of our world. I have seen people in the U.S. who aren't able to accept other cultures, and I believe that if you have a chance to expand your community, you should.

I have grown up mentally since I came to the U.S. even though it is very tough to maintain a healthy mentality in one's life. A person needs to rest their physical body and their mind needs to rest as well. I think I was able to learn about this most during the Covid-19 pandemic. Since that time, I have been living in Kansas City where I found a very strong community. Living in the U.S. can be very tough if you are a person of color. I work for a coffee shop called Cafe Cà Phê. The owner of the coffee shop is trying to create a better community for Asians in the Midwest of the U.S., and because of her work I feel very connected to the shop, workers, and community. It was very important for me to find a place where I feel comfortable to work. I thought working in the baseball industry was the only thing that would make me happy but now working for the coffee shop and having a clothing brand makes my mental health so much better.

Communicating in English improved during my time in Ohio University. I had a lot of friends who are from outside of the U.S., so I felt very comfortable giving my opinions to them. It was easy for me to improve my English skills. However, if I must communicate with people who have very different political views or opinions, it gets harder to feel comfortable saying whatever I feel like. I had a ticket sales job with the Kansas City Royals where I had to speak over the phone with customers. It was very difficult to communicate with people, especially since this job required me to speak with the older generation who can be difficult to understand what they were saying. However, almost everything I do now is in English, so communicating in English is not difficult anymore.

I am now a manager at the first Vietnamese coffee shop in Kansas City. At this coffee shop, I work with people who have many different backgrounds. It feels so much safer and easier to work in an environment where we can learn a lot from each other. I think I always believed that it is good for you to have a job that you love and are passionate about. It could be a privilege to stay and work in an environment where you feel safe and comfortable and have a career you love either in Japan or the U.S. You will be able to meet people who are willing to help you if you have passion for what you want to do in the future. My clothing business is still very small, but I have been able to collaborate with a lot of companies within my first year and have done a lot of pop-up events.

In summary, building a professional career in the U.S. as an Asian comes with its difficulties, but the richness of a culturally diverse community enhances mental well-being. My experiences at Ohio University have shaped my confidence to pursue my dream of creating a street-style clothing brand.

(Former MLB staff member, Business Owner in the U.S.)

Growth through Teaching

Olga Miyachi-Sormaz

When I reflect on my past five years of teaching at Chubu University, I think about how much I have learned and grown as a teacher, but also as a person. I find myself trying to be more understanding, compassionate, and more empowered. I finally feel like I have an idea of who I am as a person, and how that translates to who I am as a teacher. I moved to Japan with minimal knowledge of the culture or society, which some people may believe is naïve, but I personally believe that this helped shape me to become a better teacher, and a better person.

Chubu University students are from different prefectures, different cultural socio-economic backgrounds, and many have different personalities that finally blossom when they enter the university. They are beginning to actualize who they are as people, and who they want to be in this world. As much as I want them to learn about English language and culture, I mostly want them to learn about the world. I want them to know what other societies are like, and how those societies excel or fail. I want them to know about complex issues that are prevalent everywhere, but particularly in Japan. I want them to constantly ask questions. I want them to find their voice, and find their truth. I want them to be comfortable sharing it. However, reaching that level of comfort of asking and sharing has been a challenge.

Teaching at Chubu University for the past five years has been semesters of trial and error, especially during these challenging times of the pandemic. Some classes go exceptionally well, while others just plateau. The activities that one class enjoyed may be activities that another class just did not find amusing. This made me realize that each class depends on how the students interact with each other, and it's important to encourage, support, sustain and nourish these interactions. Developing this community within each class is what leads to successful learning and teaching, and it's something I have prioritized in cultivating over the semesters. The reason is because I have noticed how students enjoy learning from their peers through their questions, opinions and experiences.

In truth, no amount of reading or preparation would help me teach our students, because each student has a different personality, different interests, and a different background. Some students are outgoing, enthusiastic, passionate and curious about the world. Other students are timid and reserved and uninterested, which is not a bad thing; it's a part of who they are. However, how do I inspire any student to learn? My best answer right now is to create a community that feels safe for the students to ask, share, learn and grow.

With my students on campus

I think back to two of my favorite professors from Ohio University, Dr. Dominique Duvert, who taught French and recently just retired, and Dr. C. Michael Gray, who taught African American Studies. They earned my deepest respect in similar, yet different ways. Dr. Gray taught me how to pay attention to the world, the news, and our society. He encouraged us to overachieve in our homework. Dr. Duvert was tough, strict, funny, inspiring, and encouraging; she was practically God-like in my eyes from my teenage years to my early twenties. She extended grace when it was needed and she also had moments of humility. Dr. Duvert would always apologize if she knew she was wrong or made a student feel bad in anyway. She would tell you where you made mistakes but she also helped you learn to not make them again. The way she captivated everyone in learning French grammar, literature and culture was magical. I hope I was able to a positive influence on my students as these teachers have been on me.

Chubu students continuously surprise me and it's a wonderful feeling to see someone grow and change in a span of a couple years. I think sometimes they need someone to throw their attitude back at them to make them think. All in all, even with the unmotivated students, most students are really something special. I really enjoyed teaching them these past five years and in fact I'm really proud of them. I will sincerely miss ALL of them.

Teaching at a university is always going to be a challenge because the purpose is to cultivate a students' minds and help them gain confidence and skills. What may make it easier is if students are willing to face that challenge head on or avoid it by not putting the effort due their own insecurities. Perhaps the best way to help students is to aim to be a great professor by having compassion and having standards for acceptable work.

(OPELT instructor)

A Life-Changing Experience

Adam Martinelli

When I graduated from high school, I would have never expected that I would ever be living in Japan in the future. I decided to come to Ohio University for the media department to study music production. While I had always had an interest in Japan and Japanese culture throughout my life up until that point, the prospect of studying abroad wasn't really on my radar at the time. As a general requirement, I had to take a foreign language, and given my interest in Japanese culture, I decided to try taking Japanese classes, and this ended up being the first step on a journey through  Ohio University and Chubu University to Japan that one could say that I am still on even now.

In the fall semester of my sophomore year, I met several Japanese students from Chubu University who were studying abroad at Ohio University. Over the next year, I became increasingly more involved with the Chubu University students. Growing up in a small town in rural Ohio, it was my first time really interacting with people from another country. From anime and other media, I had some ideas about what people from Japan were like, and the more I interacted with them I realized which things were true, untrue, or even somewhere in between.

Meeting these students in addition to my interest in Japanese culture fueled my desire to improve my own language skills in Japanese. In my time interacting with them, I saw how they were experiencing new things in a culture different from their own on the other side of the world. I wanted to experience the same thing. Thus, by the spring semester of that school year, I had decided to participate in a study abroad program and go visit Chubu University myself. At the time, I was busy with other studies, and the program wouldn't really help towards my graduation, but it was something I really wanted to do. Little did I know at the time how much that this decision to spend just a few months in Japan would completely change the trajectory of the rest of my life going forward.

In the late summer of 2012, I arrived in Japan for the first time. Pulling into Chubu University and getting off the bus into the dark of night I was both nervous and excited, but I was delighted to see some familiar faces. Several of the Chubu students I met during their own study abroad program at Ohio University were waiting for us!

At the time, my Japanese language skills were quite poor and there was a lot to adjust to being in Japan. Only a short few days after arriving, we went on yet another journey though. Just one year earlier, the Great East Japan Earthquake had happened, and through a collaboration with Iwate Prefectural University, we went to volunteer in a small town on the coast affected by the tsunami. I have been lucky enough to be able to return to Iwate several subsequent times to participate in the same volunteer program where I have both maintained connections and created new ones.

By the time my study abroad program was coming to an end just a few months later, I was already thinking about how to get back to Japan. When I returned to Ohio University, I became more involved with not only the Japanese program, but also the Ohio Program of Intensive English (OPIE) where I was exposed to even more diverse cultures as I worked in the pronunciation lab and reading lab with international students from all over the world. It was during my study abroad at Chubu University where I developed a love for learning languages and about other cultures, and then it was back at Ohio University where I discovered the joy of teaching others about languages and cultures. In the end, this prompted me to change my major to Linguistics and pursue a career of teaching English in Japan. Before graduation, I would return to Japan once more on a short study abroad program at Hokuriku University before graduating and moving to Tokushima to teach English through the JET Program.

My own experience studying abroad changed my life more than anything else had up until this point, and I yearned to get involved in this process myself. This prompted me to apply for the Ryozo Ohnishi Fellowship and enter Chubu University as a graduate student where I wrote a master's thesis related to studying abroad using Chubu students going to Ohio University as the participants in my study. Thus, I continued my connection to Chubu University and Ohio University even several years after graduation.

As of spring 2023, I furthered my journey by becoming a teacher at Chubu University myself. It amazes me that I now have an office in the same building as teachers who taught my first Japanese classes at Chubu University during my study abroad program. Now there are students in the classes that I teach that are preparing to travel to Ohio University on their first international flight just like I did over 10 years ago myself. I've come full circle moving from a student's perspective to a teacher's one, but sometimes I feel as if I am still somewhere in between.

As I write this, I have now lived in Japan for over eight years. Over the years, I have met countless people in an ever-expanding social network. I formed lifelong friendships with the people I met through studying Japanese. I want to encourage as many people as I can to try to go abroad or even just simply interact with people from other countries in your home country. These experiences can change your perspective and the path you walk on going forward in your life for the better. I know it changed my life, and I wouldn't have it any other way.

(OPELT Instructor)

The Best Memories I Have: Working with Chubu Students

Savannah Barnes

Working with Chubu Students has been an experience that is like no other. They have been inspiring, kind, and hard workers who have not only become some of my great friends but have also inspired me to study abroad at Chubu next year. This fall is my fourth semester working with the Ohio Program of Intensive English (OPIE); specifically, as a program assistant for the Chubu Choki Program. I first started working with this program in summer 2022, after attending many Conversation Hours due to practicing for my Japanese class. I was later asked if I wanted to become a Program Assistant for the

At the welcome reception, 2023

summer half of the semester, which I happily accepted. I did not live on campus, so I could not partake in all activities, but I made the most of the time that I had!

My second semester at Ohio University was Spring 2022 as a College Credit Plus (CC+) student, which allowed me to take classes even though I was still in high school. Classes had finally returned to in-person learning, and this was the first semester after COVID-19 that students from Chubu University came to Ohio University. I had been attending Conversation Hours as a student and made lifelong connections with the students I interacted with. I had already wanted to go to Japan, but creating these new friends solidified my belief in this. Since it was my first semester working with students from Chubu, I did not really know too much about the program, nor did I know how to help run this kind of program. I learned a lot my very first semester and have carried this skillset into everything that I do now.

Unlike the previous semester, I was able to help with the entire semester during this period. I helped with many more events than the first semester, and my leadership skills kept growing and growing. Like the first semester, I made more lifelong friends that I still talk to regularly. I started to help with study sessions, improving my communication skills across cultures. I helped students to better understand their homework, improving their grammar and word usage in speeches, and answered any general questions they may have had. This semester I was also able to bring two of the students from Chubu to my family's Thanksgiving! I will never forget that Thanksgiving!

During spring semester of 2023, I felt like I finally knew how to efficiently help the program and began to take initiative in activities. I had experienced both programs (spring and fall), so I felt very prepared! This semester felt like a turning point in these skills, that they had grown to a point where the progress I made was undeniable. I took a public speaking course this semester, so I was able to help the students even more than before with writing speeches, as I was taking a class similar to theirs. This has extended into my next semester, as I am still using these skills. This semester was very memorable as it was right before I went to visit my friends in Japan, many of whom were students who came here to study abroad this semester and the ones before!

The fall semester of 2023 has only just begun, but it is off to an amazing start. I am continuing to improve my leadership skills as well as my communication skills.

Conversation Hour, Fall of 2023

The biggest thing I have done so far this semester is help chaperone the trip to Kings Island. It was a very enjoyable trip, and everything went very smoothly! I plan to continue helping throughout all four years of my university career and cannot wait to see what this semester as well as the next ones bring! This semester I was finally able to live on campus because I graduated from high school, so I can help with more events than before.

There have been many events that I have been to with or for the students from Chubu University, including but not limited to: Sakura Matsuri, International Street Fair, Kings Island, Ohio University football games, Thanksgiving celebrations, and visits to my family farm so they can experience American rural life. All these events are not only important for the students from Chubu University but also build connections and cultural exchanges for the American students. All these events combined with hanging out regularly can create incredible relationships that will last a lifetime!

Working with this program has benefitted me in numerous ways, such as my leadership and communication skills that I have noted. But it has also inspired me to study abroad, specifically at Chubu. I am planning to go next fall and want to continue to improve my Japanese as well as work with this program again. I have made lifelong friends that I went to see in Japan the summer of 2023, and my Japanese would not have improved like it has without working with students from Chubu. I have also found an interest in possibly teaching. One possibility is participating in the Japan Exchange and Teaching (JET) Program to teach English in Japan. I have always known I have wanted to be a translator, but now I feel that I may want to be a translator based in Japan.

In conclusion, working with the Chubu students has not only given me some of the best memories I have, but it has also inspired me and given me a skillset that is irreplaceable. Learning how to be a good leader and communicator are skills that are not only important in college but also in the professional field. Not only the students, but also the staff have been the kindest and most helpful people with whom I have had the pleasure of working! I appreciate all that they have done and taught me throughout these past two years. I cannot wait to see what the next four years bring at both Ohio University and Chubu University! Meeting the students from Chubu University has not only changed the way I communicate, but has also changed some of my future plans, and has also given me a skillset that is necessary in a cross-cultural working environment.

(OPIE Special Programs Assistant, Department of Linguistics)

Worldwide Friends and the Memories Included

Brooke Shelley

If someone had told me in middle school that I would travel to Japan on a study abroad program in college, I would have said, "That would never happen to me. I'm not lucky like that." Yet, eight years later, I had my bags under the airplane's belly and my newly ordered beige backpack that was packed to the brim with essentials. My feet were practically bouncing off the cabin carpet, anticipation rattling through my bones. The airplane was completely booked, every seat full, and I remember feeling jealous seeing young teenagers and children travelling to Japan at their ages, although I was only 19. I could not believe all the passengers were able to experience going to Japan while I had to fight my way to this position, explain to my parents how this is what I had wanted since I was 10 years old. But it was finally happening. God had answered my prayers.

Yakiniku with my friend, Jurina

In the beginning of this journey, I was a sophomore at Ohio University taking my first Japanese class with Joung-Hee Krzic, or Krzic-sensei. At the time, I had known nothing about the OPIE program or how Chubu students come to Ohio for a study abroad program in both fall and spring semesters. When I did learn about it, I decided to get involved. I joined the conversation partners program and was matched with my first conversation partner who was so kind and smart. From there, I began to spend time with the Japanese students and met people that will be my friends forever despite the language barrier and 13-hour plane ride that may separate us. By becoming friends with Japanese students, I learned about many differences between our cultures. In America, when you like a fellow student, you ask them out. In Japan, you give them a gift and when accepted, you are immediately a couple. Another example is how Japanese people comment on body appearance, which is not meant to be rude. Yet, it took a while for Americans to understand it wasn't meant to be negative. One of my favorite differences is the national holiday called 成人の日 (Coming of Age Day), which celebrates everyone who turns 20 that year. At this ceremony, the new adults come together and celebrate with a ceremony dedicated to them. In America, turning 21 is often celebrated by friends and family and often consists of drinking. Learning about this holiday was important in Japan. I was pleased to be able to celebrate my 20th birthday in Japan with my friends. I was treated to food and drinks at the JoyJoy karaoke place. My friends made my birthday celebration as special as their own.

When I first arrived in Japan, I could not get over how clean it was. In big American cities you can taste the smog on your tongue and breathe in the toxins that you eventually get used to after a few breaths. Japan was not like that. Every city I visited was clean and had almost no trash on the ground. Everyone was dressed nicely and was busy in their own world, unlike the solicitors that try to talk to you every moment in New York City. My horizon was broadened from visiting the famous temples throughout the Nagoya area. Not only was I able to learn about Japanese culture in classes, but I was also able to see and feel the amazing history in person. I was able to see how people lived and how their belief system was different from my own. I learned how to properly drink water from a wooden ladle, the traditional way, and pray at a shrine. It was in Japan during this study abroad that I was able to appreciate a culture that was not mine.

Within every cultural difference, there were things that would make me uncomfortable. As an American woman with blonde hair and light eyes, I was a person who stood out in Japan. It was a challenge to get used to, but it was not bad. Some students would come up to me and exclaim they were learning English, but others would just sit back and point at me as they talked to their friends. Although this was uncomfortable at first, no one was ever disrespectful to me. Everyone was nice when they did talk to me. Although I sometimes felt awkward, I had a great safety net of friends whom I had met at Ohio University. Without such kind friends, I would have struggled in Japan.

I noticed after coming back from my study abroad that I had become more respectful to my parents and people around me. I learned how important respect and politeness is in Japan, so I adapted that into my communication after coming back to America. Additionally, from study abroad and my friends, I have an even stronger drive to learn Japanese and work there through The Japan Exchange and Teaching Programme. After finally getting a taste of Japan, I cannot help but want to live there and teach English for a short time after I graduate from college. This is something that has awakened in me after experiencing a beautiful culture that I want to learn more about.

If Ohio University did not have a relationship with Chubu, I would not have met all the friends I have today and experienced all the fun memories I have had with them. I would not have travelled abroad to Japan and seen my friends in their own country. If Chubu University and Ohio University did not have a relationship, I would not be the person I am today.

(Participant in the first Summer Japanese Language and Culture Program, 2023)

The Transformative Power of Cultural Exchange

Grace Cobb

The 50-year friendship between Ohio University and Chubu University not only marks a milestone but is also a testament to the power of intercultural exchange. My first interaction with Chubu University students was through the Conversation Partner program at Ohio University. The program introduced me to individuals I might not have otherwise engaged with and became a gateway to unexpected friendships. While I originally participated in the program to improve my Japanese, I formed true connections that I hope to continue for years to come.

Over the years, I spent much of my time with my friends from Chubu. We went on trips all over Ohio and would laugh the nights away. I have vivid memories of us struggling to ice-skate together, grinding away on homework at the library, late-night volleyball matches, intense billiard tournaments, and so much more.

While each of these things felt so normal to me, the Chubu students time after time would express how excited they were to experience America this way. These friendships

persisted and flourished during my study abroad experience at Chubu University. Reconnecting with my past conversation partners and friends, we were able to interact as if we had never been separated. While in Japan, I was able to experience more than I could have imagined thanks to the friendships I have made at Ohio. Being abroad, now in the Chubu student's shoes, made me realize how much they enjoyed our time together in Ohio and how much it truly meant to them; I was able to experience reciprocated kindness tenfold in return.

Beyond the structured program, memories of difficult conversations stand out in my mind. We delved into intense topics such as poverty, racism, educational disparities, misogyny, and cultural differences. Despite the linguistic challenges, these conversations were engaging and enlightening which opened a window into different cultural perspectives. The weight of these discussions, though heavy, strengthened our connection and allowed us to deeply understand some of the conflicts we would face.

One key lesson from my time abroad is the significance of cultural sensitivity and open-mindedness. While embracing Japanese culture, I acknowledge moments where a deeper understanding of customs could have enhanced my interactions. This awareness fuels my commitment to engage more gracefully in cross-cultural interactions and pushes me to want to explore local communities beyond the university campus during future visits to Japan.

Looking ahead, the impact of these experiences on my personal and professional life has been profound. The exposure to diverse perspectives has ignited a passion for cross-cultural understanding, shaping my future career aspirations. As I fondly look back on the journey I had through the connection between Ohio University and Chubu University, I am grateful for the enduring impact it has had on my life. This celebration is not merely a reflection on the past; it is a commitment to the continued growth, connections, and power that the future holds within this partnership.

(Participant in the first Summer Japanese Language and Culture Program, 2023)

Posing after an *Ikebana* lesson

Dr. Tomoyasu Tanaka in his office with his student

Ribbon cutting celebration marking the completion of the renovation of Yamada International House

執筆者紹介

　本書の執筆者は主に5つのグループに分かれます。国際交流プログラムの運営に携わる教職員、客員教授として互いの大学で研究した教員、あるいは国際交流賞（田中・オハイオ賞）受賞者、大学院で学んだ卒業生の方々、オハイオ大学で短期・長期（約4か月間）留学に参加した学生たち、そして短期・長期に（2か月〜2年）中部大学に留学した主にオハイオ大学の学生たちです。出身学部学科、学部・大学院卒年度、あるいは留学年度とともに5つのグループに分けて、基本的に年代順に紹介させていただきます。英文で原稿を寄せられた方や本人の希望により、ローマ字表記のお名前があります。敬称は省略いたします。なお、執筆者の所属・役職名などは執筆時（2023年度）のものです。

中部大学 / オハイオ大学管理・運営・国際交流担当関係者
竹内芳美（学校法人 中部大学 理事長 / 中部大学長）
家　泰弘（学校法人 中部大学 総長）
飯吉厚夫（中部大学 第3代学長、学校法人 中部大学 名誉総長、オハイオ大学名誉博士）
山下興亜（中部大学 第4代学長、学校法人 中部大学 名誉学事顧問）
石原　修（中部大学 第5代学長、中部大学 名誉教授）
佐野　充（中部大学 副学長［国際・地域連携担当］）
塩澤　正（中部大学 国際センター長、人文学部 英語英米文化学科）
垣立昌寛（学校法人 中部大学 事務統括本部長）
市原幸造（学校法人 中部大学 事務統括本部副本部長 / 中部大学 事務局長）
西川鉱治（学校法人 中部大学 参与）
庄山敦子（中部大学 学生教育部長）
鈴木清明（中部大学 国際・地域推進部長）
蓑島智子（中部大学 国際・地域推進部 地域連携課長）
岡島　健（中部大学 理事長・総長室次長 / 国際連携課担当課長）
筒井博司（中部大学 国際・地域推進部 国際連携課長）
大矢エイミー（Amy Oya）（中部大学 国際・地域推進部 国際連携課職員）
胡桃澤優子（中部大学 国際・地域推進部 国際連携課職員）

Ohio University Administrators for International Programs
Lori Stewart Gonzalez (President of Ohio University)
Gillian Ice (Interim Associate Provost for Global Affairs)
Ji-Yeung Jang (Former Interim Executive Director for Global Affairs, Assistant Vice President for Global Affairs at Rutgers University)
Gerard A. Krzic (Director of the Ohio Program of Intensive English and Chubu Choki Program)
Joung Hee Krzic (Assistant Professor of Instruction, Chubu Choki Program Counselor/Advisor)
Christopher S. Thompson (Japan Study Abroad Coordinator, Department of Linguistics, Visiting Professor to Chubu University)
Hiroyuki Oshita （大下浩之）Graduate Chair in Linguistics, Japanese Coordinator, Visiting

Professor to Chubu University)

Taka Suzuki (Director of Asian Studies Program, Japan Study Abroad Committee, Visiting Professor to Chubu University)

Teruhisa (Terry) Masada (Graduate of Chubu and Ohio University, College of Engineering)

Diane Cahill (Director of International Student and Scholar Services, Interim Director of the Office of Global Affairs)

Becky Challenger (Professor of Instruction, Assistant Director of the Ohio Program of Intensive English)

Kristin Krzic (Volunteer Assistant with the Chubu Choki Program, Former Attendee at Degawa Hoikuen, Kasugai, Japan, Teacher at Madison Elementary School)

交換教授・田中・オハイオ賞受賞者・派遣教員・他関係教員

和崎春日 （中部大学名誉教授、田中・オハイオ賞受賞者）

河内信幸 （中部大学名誉教授、オハイオ大学客員教授、田中・オハイオ賞受賞者）

小森早江子 （中部大学 人文学部 日本語日本文化学科、田中・オハイオ賞受賞者）

今村洋美 （中部大学 人間力創成教育院 語学教育プログラム、田中・オハイオ賞受賞者）

田中　高 （中部大学 国際関係学部 国際学科、オハイオ大学客員教授）

上田美紀 （中部大学 人間力創成教育院、語学教育プログラム・日本語教育）

長谷川浩一 （中部大学 応用生物学部 環境生物科学科、国際センター副センター長、オハイオ大学客員教授）

趙　偉 （中部大学 経営情報学部 経営総合学科、国際センター副センター長、オハイオ大学客員教授）

岩堀祐之 （中部大学 工学部 情報工学科、田中・オハイオ賞受賞者）

野田明子 （中部大学 生命健康科学部 生命医科学科、オハイオ大学客員教授）

威知謙豪 （中部大学 経営情報学部 経営総合学科、オハイオ大学客員教授）

堀田典生 （中部大学 生命健康科学部 スポーツ保健医療学科、オハイオ大学客員教授）

藤吉弘亘 （中部大学 理工学部 AI ロボティクス学科、オハイオ大学客員教授）

棚橋美治 （中部大学 理工学部 宇宙航空学科、オハイオ大学客員教授）

野口真由美 （中部大学 国際センター・日本語教育）

Susan Gilfert （Ohio University English teacher at Chubu University, 1983-86）

John Miller （Former OPELT/PASEO Program Director, 1996-1999; instructor, 1990-1992）

Timothy Hoffman （Former OPELT Director, 1999-2004; instructor, 1998-1999）

Gregory A. King （中部大学 人文学部 英語英米文化学科、1993 年・94 年 中部大学に留学、田中・オハイオ賞受賞者）

David Laurence （中部大学 人文学部 英語英米文化学科、Former OPELT/PASEO Program Director, 2010-2013）

Ashley Ford （Nagoya City University, Former OPELT/PASEO Program Instructor, 2010-2014）

Pat Maher （Iwate Prefectural University - Morioka Junior College, Former OPELT/PASEO Instructor, 2011-2016）

Kevin Jambor （中部大学 OPELT/PASEO Program Director, 2019-；Instructor, 2018-2019）

Olga Miyachi-Sormaz （中部大学 OPELT/PASEO Program Instructor, 2019-2024）

Adam Martinelli（中部大学 OPELT/PASEO Program Instructor, 2023-2012 年 中部大学に留学、2021 年 同大学院卒業、）

オハイオ大学 大学院修了者

安永權二（1978 年 電子工学研究科修了、元 NEC ワイヤレスネットワークス）

市川和彦（1984 年 機械科修士課程修了、米国クレーン社日本法人代表取締役社長・極東アジア統括ディレクターを経て、カスターニエナ合同会社代表）

正田輝久（Terry Masada）（1986 年 都市工学研究科修了、1996 年 都市工学博士後期課程修了、オハイオ大学工学部教授、在米）

倉田孝弘（1986 年 電子工学研究科修了、（株）ソニーに勤務後退職、国際コーチング連盟の認定プロフェショナル・コーチ）

濱渕明寿（1990 年 中部大学工学研究科修了、1995 年 国際学研究科修了、1996 年 会計学研究科修了、米国公認会計士、在米）

長瀬慎治（1998 年 政治学研究科修了、国連ボランティア計画収財調査官などを経て日本 NPO センター）

野村（岡本）恵里歌（Erica Nomura）（1997 年 国際開発学研究科修了、元防衛省事務官）

Sachiko Sugiyama（杉山幸子）（1997 年 国際開発学研究科修了　テイ・エステックなどを経て介護福祉士、在豪）

畑山ゆかり（1998 年 国際学研究科修了、JICA ジャマイカ事務所）

貝原塚二葉（2000 年 国際学研究科修了、フレンチレストラン経営）

ダルース・柴山友子（2000 年 国際学研究科修了、伊藤忠 Aviation America、在米）

出口良太（2000 年 言語学研究科修了、OU 日本語教員を経て中部大学職員）

廣瀬豪保（2000 年 MBA 修了、ニコン・エシロール　グローバルマーケティング・事業開発本部 本部長）

出口綾子（2003 年 言語学研究科修了、2022 年までオハイオ大学で日本語教師）

筒井博司（2005 年 国際学研究科修了、米州開発銀行、JICA などを経て、中部大学国際連携課長）

鹿島崇司（2006 年 国際学研究科修了、中部大学工学部事務室事務長）

三島恵理子（2006 年 教育学研究科修了、大学教員）

木村健二（2006 年 国際学研究科修了、理化学研究所国際部）

太田嘉奈子（2007 年 言語学研究科 / 教育学研究科修了、愛知県公立高校教員）

Masayasu Higuchi（樋口正康）（2008 年 国際学研究科修了、難民を助ける会）

門田（仲間）優希（2008 年 国際学研究科修了、岐阜県公立高校教員）

杉山優太（2012 年 教育学研究科修了、大学嘱託講師）

柳澤頼昵（2012 年 教育学研究科博士後期課程退学、NTT 西日本勤務後、LINE ヤフー株式会社・マーケティング部）

田中宏樹（2015 年 電子工学科博士後期課程修了 Ph.D.、Intel Corporation, USA・研究開発員、在米）

Akihisa Miwa（三輪晃久）（2016 年 国際学研究科修了、MLB 勤務を経て Business owner、在米）

Aki Tanaka（田中亜季）（2017 年 教育運営学博士後期課程修了 Ed.D. Diplomacy, LLC, President/CEO）

佐藤　空（2018 年 教育学研究科修了、日本語教師、在米）

内藤優吾（2020 年 金融経済学研究科修了、Sumitomo Electric Wiring Systems, Inc.　在米）

竹之越将斗（2021 年 言語学研究科修了、桜丘高校教員）

仲田弘大（2022 年 国際学研究科修了、沖縄県公立高校教員）

田崎　佑（2024 年 言語学研究科修了予定）

オハイオ大学長期研修・派遣留学・個人留学体験者

尾崎　弘（1997 年　機械工学科卒、第一回長期研修参加、観光業、在 NZ）

Nori Shirasu（白須則行）（1997 年建築学科卒、アーティスト、在米）

伊藤ゆうこ（1998 年　国際関係学科卒、大学職員）

有紀子トーマス（1999 年　国際関係学科卒、移動寿司店経営、在カナダ）

大島智之（1999 年　国際文化学科卒、大島智之税理士事務所）

スミス（渡辺）晃子　（Akiko Smith）（2004 年オハイオ大学卒、ウィスコンシン大学大
　学院修了、言語聴覚士、在米）

松田佳子（2004 年 英語英米文化学科卒、会社員）

鈴木康平（2006 年 英語英米文化学科卒、Tik-Tok アートディレクター）

古崎　徹（2006 年 英語英米文化学科卒、大阪府小学校教員）

太田　翼（2006 年 英語英米文化学科卒、㈱トヨタツーリストインターナショナル）

杉本祐介（2007 年 英語英米文化学科卒、㈱リクルートを経てスタートアップ企業）

大坪知佳（2007 年 英語英米文化学科卒、大学非常勤講師）

幸島沙織（2007 年 英語英米文化学科卒、愛知県公立中学校教員）

不破理恵子（2007 年 英語英米文化学科卒、元 JAL 地上勤務）

服部憲明（2007 年 英語英米文化学科卒、愛知県警）

杉浦達也（2007 年 英語英米文化学科卒、会社員）

小倉 新（2007 年 英語英米文化学科卒、長野県自家用操縦士協会会長）

青木（近藤）絵里菜（2009 年 英語英米文化学科卒、自営業）

室津拓也（2010 年 英語英米文化学科卒、言語聴覚士、静岡県立総合病院）

稲福貴史（2010 年 英語英米文化学科卒、東京オリンピック・パラリンピック競技大会
　組織委員会を経て日本スポーツ振興センター）

中島江梨香（2012 年 工学研究科博士後期課程修了、中部大学応用化学科教員）

Mika Hartshorn（山本実香）（2013 年 英語英米文化学科卒、元日系 IT 企業シカゴ支社、
　在米）

若尾三花（2013 年 英語英米文化学科卒、Amazon Japan G.K.）

髙橋聡子（2015 年 英語英米文化学科卒、団体職員）

入米蔵康平（2017 年 英語英米文化学科卒、トヨフジ海運海外営業部）

岩崎（大西）真似（2018 年 英語英米文化学科卒、エンジニアを経て物流会社）

小林将輝（2018 年 英語英米文化学科卒、伊勢湾海運、在インドネシア）

西尾みさ（2018 年 英語英米文化学科卒、自動車系部品メーカー ）

植田海輝（2018 年 英語英米文化学科卒、在ドイツ）

齋藤友実（2021 年 英語英米文化学科卒、グローバル企業）

今泉ひかる（2022 年 長期研修、2023 年 OPIE に個人留学、英語英米文化学科在学中）

渡邊未空（2023 年 長期研修参加、現代教育学科在学中）

高橋樹里奈（2024 年カナダにてワーキングホリデー、英語英米文化学科在学中）

日本語・日本文化研修、交換留学、大学院留学参加者、アシスタント

Robert King（1993, 94 , 96 年 3 度に渡り中部大学に留学、奈良先端科学技術大学院大学職員）

S. Patrick Eaton（1996 年 中部大学に留学、Nintendo, Manager）

Christopher Hartsel（2004 年中部大学に留学、Honda America を経て、Forensic Accountant, Federal Bureau of Investigation (FBI)）

Nicholas Norman（2007 年 中部大学に留学、OPIE Special Programs Assistant, Fire Fighter, Entrepreneur, Japanese-English Translator）

Matthew Lanigan（2008 年 中部大学に留学、2010 年 中部大学大学院に留学、Engineer）

Rana McKenzie（2009 年 中部大学に留学、English Instructor）

Julian Hartshorn（2011 年 中部大学に留学、Japanese logistic company）

Kathryn Safreed（2014 年 OPIE Special Programs Assistant, Journalist）

Evan Lewis（2015 年 中部大学に留学、OPIE Special Program Assistant, English Instructor）

Dakota Williams（2015 年 中部大学に留学、Audio Visual Specialist and Studio Producer）

Kayla Irvin（2015 年 中部大学に留学、English teacher in Shiga）

Melanie Potraz（2015 年 OPIE Special Programs Assistant、Library PSP）

Zachary Hughes（2017 年 中部大学に留学、JP Morgan Chace & Co.）

Zach Delin（2017, Official JET Program's ALT）

Kyra Jeffers（Ohio Honors' Global Buddy Program participant, Current student, Department of English, Creative Writing）

Grace Cobb（2023 年 中部大学に留学、Current student, Department of Virtual Reality and Game Development）

Brooke Shelley（2023 年 中部大学に留学、Current student, Department of English）

Savannah Barnes（OPIE Special Program Assistant, Current student, Department of Linguistics,
2024 年 中部大学に留学予定）

編者紹介

塩澤　正（Tadashi Shiozawa）
　中部大学人文学部英語英米文化学科教授　国際センター長　専門は「国際英語論」と文化間コミュニケーション。主な著書に『「国際英語論」が日本の英語教育を救う』（くろしお出版、共著）、『英語教育と文化』（大修館書店、共編・著）、『私たちの異文化体験』（大修館書店）、『現代社会と英語』（大修館書、共編・著）、*Global Activator*（Kinseido、共著）、『新しい時代の英語科教育法』（学文社、共著）他がある。博士（人間・環境学）

Gerard Krzic（ジェリー・カージック）
　Director of The Ohio Program of Intensive English at Ohio University. Ph.D. in Intercultural Communication. Former Fulbright scholar, Peace Corps Volunteer, Visiting Professor, Study Abroad Coordinator, and President of the University and College Intensive English Program Consortium (UCIEP). He currently serves as the President of Friends of Korea. He has worked in Brazil, Korea, Japan, Yugoslavia, and Hungary. He is the author of numerous articles, conference presentations and intercultural training workshops. He speaks Japanese, Korean and Serbo-Croatian.

John Miller（ジョン・ミラー）
　Advisor, Chubu Semester Abroad Program. Positions held: Associate Professor, National Security Studies, Air Command and Staff College, Alabama; Associate Professor, Defense Language Institute, California; Continuing Lecturer; OPIE, Ohio University; Director, OPELT, Chubu University, Japan; Associate Director for Education, US Peace Corps-Ukraine; Director, Foreign Language Center, Kyungsung University, South Korea. Ph.D., Communication Studies, Ohio University. Specialist in TESOL, teacher-training, and intercultural communication. Authored *Cross-Cultural Communication for Airmen,* a USAF textbook, and numerous journal articles. Enjoys writing short stories and poetry.

編集委員

鈴木清明	杉山侑姫
岡島　健	Gregory A. King
筒井博司	David Laurence
大矢エイミー	Kevin Jambor
三島恵理子	Adam Martinelli
杉山優太	

あとがき

　本書は中部大学とオハイオ大学の学術交流協定締結 50 周年記念事業の一つとして企画されたものである。当初は他にもそれぞれ Japan House や日本式の門の建立、「桜」マラソン大会の企画、オハイオ大学正門のレプリカの建設、大学マスコットの交換、奨学金の新設などがあった。様々な理由により、その多くは別の形になり、また実現には至らなかった。

　だが、私たちはこのエッセイ集の出版だけは実現したかった。留学が人生に与えるインパクトについてはよく見聞きするが、50 年に渡り 2,000 人以上が関わったプログラムを基にしたエッセイ集は、他にはない非常に貴重な資料になることが分かっていたからだ。そして、彼らが留学先で感じた辛さ、くやしさ、喜び、感動、驚き、感謝、自己成長などの記録を、具体的なエピソードとともに、この機会に多くの大学内外の関係者に伝えて欲しかった。

　ところがこれは想像以上に大変な作業であった。広く多くの方々に書いていただきたかったが、連絡先さえ分からないのである。SNS はもとより、卒業名簿をもとに手紙を書くなど、可能な限りの伝手をたどり原稿を依頼し、最終的に 141 名が執筆してくださった。連絡するとほとんどの方が「ぜひ、書かせてください」と二つ返事であった。彼らの留学体験が "Life-Changing Experiences" として心に強く残っていたようだ。集まったエッセイはまさに「珠玉の原稿」の山であった。さらに大勢に執筆していただきたかったが、出版日が迫っていたため 2023 年の秋に締め切った。

　実はこの本と同じ趣旨の英語版も企画されている。当初は日英両言語で一冊のエッセイ集の制作を考えていたが、原稿数が増え、日本語版と英語版の別々のエッセイ集を出版することとした。オハイオ大学ではすでに本書の第 5 章に掲載されている原稿以外に多くの英文エッセイが集まり、ウェブ上に公開されている。この中には本学の卒業生も英語で原稿を寄せている。近い将来、英文エッセイ集がオハイオ大学から出版されることを楽しみにしている。

　最後になったが、本書は執筆者はもとより両大学の歴代の学長はじめ、関係教職員、とりわけ国際交流センターの職員や本書の編集委員会メンバーの協力なしには到底完成には至らなかった。心より感謝したい。また、本書の制作過程で、長年中部大学の学生が言葉に表せないほどお世話になった Joung Hee Krzic 先生がお亡くなりになった。ご冥福を祈り本書を先生に捧げたいと思う。

編集代表　塩澤　正、Gerry Krzic, John Miller

留学・国際交流が人生に与える影響
50 年・2000 人の証言

2024 年 5 月 15 日　第 1 刷発行　（定価はカバーに表示してあります）

編　者	塩澤 正
	Gerard Krzic
	John Miller
発行所	中部大学
	〒 487-8501　愛知県春日井市松本町 1200
	電　話　0568-51-1111
発　売	風媒社
	〒 460-0011 名古屋市中区大須 1-16-29
	電　話　052-218-7808

＊印刷・製本／モリモト印刷
乱丁本・落丁本はお取り替えいたします。
ISBN978-4-8331-4164-2